Viver e escrever em trânsito entre Angola e Portugal: Entrevistas e ensaios

Outono 2023/Primavera 2024

Tagus Press
Center for Portuguese Studies and Culture
University of Massachusetts Dartmouth
Portuguese Literary & Cultural Studies (PLCS) 40/41

PREVIOUS ISSUES

Fronteiras/Borders (PLCS 1)
Edited by Victor J. Mendes, Paulo de Medeiros, and José N. Ornelas

Lídia Jorge in other words / por outras palavras (PLCS 2)
Edited by Cláudia Pazos Alonso

Pessoa's Alberto Caeiro (PLCS 3)
Edited by Victor J. Mendes

2001 Brazil: A Revisionary History of Brazilian Literature and Culture (PLCS 4/5)
Edited by João Cezar de Castro Rocha

On Saramago (PLCS 6)
Edited by Anna Klobucka

A Repertoire of Contemporary Portuguese Poetry (PLCS 7)
Edited by Victor K. Mendes

Cape Verde: Language, Literature & Music (PLCS 8)
Edited by Ana Mafalda Leite

Post-Imperial Camões (PLCS 9)
Edited by João R. Figueiredo

Reevaluating Mozambique (PLCS 10)
Edited by Phillip Rothwell

Vitorino Nemésio and the Azores (PLCS 11)
Edited by Francisco Cota Fagundes

The Other Nineteenth Century (PLCS 12)
Edited by Kathryn M. Sanchez

The Author as Plagiarist—The Case of Machado de Assis (PLCS 13/14)
Edited by João Cezar de Castro Rocha

Remembering Angola (PLCS 15/16)
Edited by Phillip Rothwell

Parts of Asia (PLCS 17/18)
Edited by Cristiana Bastos

Facts and Fictions of António Lobo Antunes (PLCS 19/20)
Edited by Victor K. Mendes

Garrett's Travels Revisited (PLCS 21/22)
Edited by Victor K. Mendes and Valéria M. Souza

Economies of Relation: Money and Personalism in the Lusophone World (PLCS 23/24)
Edited by Roger Sansi

Lusofonia and Its Futures (PLCS 25)
Edited by João Cezar de Castro Rocha

Literary Histories in Portuguese (PLCS 26)
Edited by João Cezar de Castro Rocha

The South Atlantic, Past and Present (PLCS 27)
Edited by Luiz Felipe de Alencastro

Fernando Pessoa as English Reader and Writer (PLCS 28)
Edited by Patricio Ferrari & Jerónimo Pizarro

The Eighteenth Century (PLCS 29)
Edited by Bruno Carvalho

Transnational Africas: Visual, Material and Sonic Cultures of Lusophone Africa (PLCS 30/31)
Edited by Christopher Larkosh, Mario Pereira & Memory Holloway

Luso-American Literatures and Cultures Today (PLCS 32)
Edited by Christopher Larkosh with Maggie Felisberto, Jo-Anne Ferreira and Emanuel da Silva

Ocean Crossings (PLCS 33)
Edited by André Nóvoa

The Open Veins of the Postcolonial: Afrodescendants and Racisms (PLCS 34/35)
Edited by Inocência Mata and Iolanda Évora

Heritages of Portuguese Influence: Histories, Spaces, Texts, and Objects (PLCS 36/37)
Edited by Miguel Bandeira Jerónimo, Anna M. Klobucka, and Walter Rossa

O Ensino das Literaturas em Português (PLCS 38/39)
Editado por Ana Bela Almeida e Joana Meirim

Portuguese Literary & Cultural Studies (PLCS) is an interdisciplinary, peer-reviewed hybrid online and print journal that publishes original research related to the literatures and cultures of the diverse communities of the Portuguese-speaking world from a broad range of academic, critical and theoretical approaches. PLCS is published semi-annually by Tagus Press in the Center for Portuguese Studies and Culture at the University of Massachusetts Dartmouth.

Manuscript Policy

Portuguese Literary & Cultural Studies welcomes submission of original and unpublished manuscripts in English or Portuguese appropriate to the goals of the journal. Manuscripts should be between 6,000–8,500 words in length and must be accompanied by an abstract. Manuscripts should be in accordance with *The Chicago Manual of Style* (latest version) with parenthetical documentation and a list of works cited. The author is responsible for the accuracy of all quotations, titles, names, and dates. Manuscripts should be double-spaced throughout. All of the information must be in the same language (e.g., abstract, body of the article, bio-blurb). Updated guidelines are available at https://ojs.lib.umassd.edu/index.php/plcs/index. PLCS encourages submission of manuscripts in the form of a single attached MS Word document.

Portuguese Literary & Cultural Studies 40/41

Viver e escrever em trânsito entre Angola e Portugal: Entrevistas e ensaios

Editado por Doris Wieser

Tagus Press
UMass Dartmouth
Dartmouth, Massachusetts

Portuguese Literary and Cultural Studies 40/41
Center for Portuguese Studies and Culture/Tagus Press
University of Massachusetts Dartmouth

Manufactured in the United States of America
Copyedited by Diana Simões and Laura Reed-Morrisson
Designed by Richard Hendel
Cover design & typesetting by Inês Sena

For all inquiries, please contact:
Center for Portuguese Studies and Culture/ Tagus Press
University of Massachusetts Dartmouth
285 Old Westport Road
North Dartmouth MA 02747–2300
Tel. 508–999–8255
Fax 508–999–9272
https://www.umassd.edu/portuguese-studies-center/

Cover Image: Fidju Maria – Mónica de Miranda e prétu

Este trabalho é financiado por fundos nacionais portugueses através da FCT – Fundação para a Ciência e a Tecnologia, I.P., no âmbito do projeto Identidades Nacionais em Diálogo: Construções de Identidades Políticas e Literárias em Portugal, Angola e Moçambique (1961-presente) (IF/00654/2015).

ISSN: 1521-804X (print)
ISSN: 2573-1432 (online)
ISBN: 978-1-951470-31-9 (pbk.: alk. paper)
ISBN: 978-1-951470-32-6 (Ebook)

Library of Congress Control Number: 2024932905

5 4 3 2 1

Índice

Viver e escrever em trânsito entre Angola e Portugal
Entrevistas e ensaios

Essay

Viver e escrever em trânsito entre Angola e Portugal: Entrevistas e ensaios

DORIS WIESER

Apresentação: Viver e escrever em trânsito entre Angola e Portugal. Entrevistas e ensaios

Este número da revista *Portuguese Literary & Cultural Studies* (PLCS) tem como foco a experiência pessoal e a produção literária de escritores e escritoras cujas vidas têm transitado de diferentes maneiras e em diferentes épocas entre Angola e Portugal. Estão sob o foco, mais concretamente, as seis pessoas que entrevistei, em 2020, para a realização do documentário *Viver e escrever em trânsito: entre Angola e Portugal* (2021), isto é, Ana Paula Tavares, Aida Gomes, Kalaf Epalanga, Raquel Lima, Yara Monteiro e Zetho Cunha Gonçalves.[1] Este grupo dificilmente pode ser abrangido com um único termo, tal como migrantes, refugiados/as, africanos/as da diáspora, afrodescendentes, afro-portugueses etc., pelo que optei tanto no título do documentário como no título deste número especial pelo termo "trânsito" com o intuito de abordar as mais diversas experiências de deslocamentos entre Angola e Portugal – impregnadas, inevitavelmente, pela história do colonialismo, do seu fim e das suas sequelas – e as suas repercussões na literatura. Tanto o documentário como a presente publicação são resultados do projeto "Identidades nacionais em diálogo: construções de identidades políticas e literárias em Portugal, Angola e Moçambique (1961-presente)", financiado pela Fundação para a Ciência e a Tecnologia (IF/00654/2015/CP1283/CT0004).[2]

Este número especial inclui, por um lado, a transcrição das seis entrevistas e, por outro, ensaios de corte teórico e/ou analítico-interpretativo sobre as obras dos/as entrevistados/as, bem como de uma outra escritora "em trânsito entre Angola e Portugal" (Djaimilia Pereira de Almeida).

As entrevistas

As seis entrevistas publicadas neste número, apresentadas em ordem cronológica de acordo com o ano de nascimento da pessoa entrevistada (da mais velha à mais jovem), são as versões integrais das conversas realizadas entre setembro e dezembro de 2020, e filmadas para o documentário. Como é natural, os recortes que aparecem no documentário são apenas pequenos fragmentos de conversas muito mais longas, pelo que se impõe agora a publicação das entrevistas em formato de texto para poderem ser lidas e usadas como fontes para os estudos literários e material para aulas. Existem, no entanto, versões resumidas destas entrevistas, que publiquei ao longo do ano 2021, no portal *Buala*, coordenado por Marta Lança, a quem agradeço o acolhimento (veja-se a lista no final deste texto). Uma vez que se trata de versões comprimidas, compostas por uma seleção de momentos particularmente interessantes, é possível que, em alguns casos, o texto não seja idêntico ao que se publica agora. Nos fragmentos selecionados foram omitidos, além do mais, alguns detalhes a meio dos parágrafos para respeitar a necessária economia de espaço em meios digitais de caráter mais jornalístico. Nestas versões curtas das entrevistas, também as minhas questões foram adaptadas aos excertos escolhidos e podem não coincidir inteiramente com as que aparecem agora nas versões integrais.[3]

Tal como as entrevistas publicadas no *Buala*, as transcrições integrais, que agora se publicam, foram adaptadas ao registo escrito da língua, sem apagar, no entanto, algumas das marcas características da fala de cada entrevistado/a. Neste processo, procurou-se manter a transcrição literal no caso dos fragmentos que aparecem no documentário. Agradeço a Paulo Geovane e Silva, bolseiro do mencionado projeto, as transcrições e a adaptação dos textos. Adicionalmente, os textos foram revistos por Ana Marques, bolseira do Centro de Literatura Portuguesa (FLUC) e, naturalmente, por mim própria.

Além da publicação dos textos no *Buala*, cada entrevista foi também divulgada através de um videoclipe, de entre quatro e cinco minutos, disponível no meu canal de *YouTube*. Estes videoclipes, editados por Paulo Geovane e Silva, não são simples recortes do documentário, mas produtos à parte, que foram pensados como *teasers* antes do lançamento do documentário (veja-se lista no final deste texto).

Os ensaios

Os ensaios que complementam as entrevistas e o próprio documentário foram escritos por seis investigadores/as doutorados/as, a meu convite, e seis doutorandos/as do Programa em Literatura de Língua Portuguesa (FLUC), no qual ensino. Todos/as eles/as tiveram acesso às versões integrais das entrevistas e aceitaram responder ao propósito transversal desta publicação de tomar o documentário e as entrevistas como ponto de partida e fio condutor para os diversos estudos realizados. Apostei nesta conceção do número especial também com o intuito de juntar, por um lado, vozes mais experimentadas que assegurassem o avanço sólido na investigação da literatura de escritores/as “em trânsito entre Angola e

Portugal", e, por outro, novas vozes que apresentassem abordagens exploratórias e criativas, articuladas por quem está a afirmar-se no campo da investigação. Assim, em duas edições do seminário de doutoramento "Tópicos de Pesquisa em Literaturas Africanas de Língua Portuguesa", em 2021 e 2022, trabalhei com os/as estudantes sobre obras dos/as entrevistados/as. Na edição do seminário de 2021, o documentário ainda não estava pronto, mas os/as doutorandos/as puderam acompanhar a produção dos videoclipes e ter acesso às transcrições das entrevistas. Na edição de 2022, já pude trabalhar com o documentário finalizado e debruçámo-nos sobre obras distintas, desta vez. Em ambas as edições, abri aos/às participantes a possibilidade de, após aprovação do seu trabalho final, reelaborarem os seus textos para esta publicação que aqui apresento. Não foi apenas um desafio e uma oportunidade para eles/as, mas também um treino para a tarefa hercúlea que têm pela frente (a escrita da tese), uma vez que comentei e revi várias versões dos seus trabalhos antes da submissão para *peer review*. O resultado é o que podemos ler neste número especial. Espero que as suas vozes se consolidem nos próximos anos, na área das Literaturas Africanas de Língua Portuguesa. Os seus artigos constituem uma grande mais-valia para este projeto, não apenas pela capacidade intelectual dos/as doutorandos/as, mas também por terem crescido em contextos culturais diversos (Angola, Brasil, Canadá) e por terem feito uso da sua bagagem cultural, às vezes especializada relativamente ao tema tratado, para a elaboração de interpretações bastante singulares.

Dispenso-me de uma apresentação detalhada dos contributos de quem se juntou a este projeto, uma vez que cada artigo dispõe de um resumo que cumpre esta função perfeitamente. O meu objetivo será, agora, esclarecer a organização dos artigos, que espelha a mesma ordem em que surgem as entrevistas. Abordarei os ensaios em duas etapas, os primeiros seis, e os últimos seis, marcando desta forma uma lógica de progressão interna. A secção dos ensaios abre-se com o ensaio de minha autoria "Trânsitos literários entre Angola e Portugal: em busca de uma categorização possível", no qual forneço um enquadramento geral do documentário e do grupo de entrevistados/as, com o objetivo final de identificar e propor uma categoria que permita caraterizar este grupo: "trânsitos afropolitanos".

Seguem-se cinco ensaios de doutorandos/as sobre obras de Ana Paula Tavares e Zetho Cunha Gonçalves, os mais velhos do grupo de entrevistados/as, que se demarcam do resto justamente por não oscilarem entre uma identidade e outra (angolana ou portuguesa), mas por se afirmarem como angolanos, pertencentes à geração que viveu a luta pela independência de Angola, e que têm memória própria dela. Dois artigos, os de Francisco Monteiro Daniel e de Rayssa Marinho Pacífico das Neves, debruçam-se sobre diferentes crónicas de Ana Paula Tavares, do livro *A cabeça de Salomé*. Enquanto Francisco Daniel procura destrinçar os nós dos traumas causados pela guerra civil, presentes nas crónicas, Rayssa Neves reflete sobre o significado da metáfora o "fogo da palavra" e a presença da memória da guerra civil na perspetiva das mulheres. Por sua vez, Roque dos Reis Tito Suequel propõe uma interessante releitura do livro inaugural de Paula Tavares, *Ritos de passagem*, enraizada no sólido conhecimento cultural do autor da zona onde cresceu a poeta, e incidindo sobretudo na representação das mulheres através de metáforas de frutas. Segue-se um trabalho comparativo da poesia de Paula Tavares e Zetho Cunha Gonçalves pelas mãos de Salvador Bonifácio Domingos Tito, que trabalha com poemas selecionados de *Como veias finas da terra* e *Noite vertical*, respetivamente, com o objetivo de compreender a relação criada nos poemas entre espaço, memória e identidade. Por fim, Andréa de Carvalho propõe uma leitura muito fina de poemas de Zetho Cunha Gonçalves, também do poemário *Noite vertical*, em que trabalha com a ligação entre origem (semelhante ao conceito do espaço no ensaio de Salvador Tito) e identidade. Não é por acaso que em todos estes artigos o termo "identidade" aparece no título, uma vez que foi justamente a palavra-chave do projeto "Identidades nacionais em diálogo: construções de identidades políticas e literárias em Portugal, Angola e Moçambique (1961-presente)", projeto que, como já aqui se afirmou, deu origem ao documentário e a esta publicação, e que também guiou muitos debates nas aulas.

A segunda metade dos ensaios é introduzida novamente por uma contribuição de corte teórico, uma vez que agora entram em jogo vozes literárias de uma geração que viveu a luta pela independência de Angola em criança ou já nasceu após a declaração da independência de Angola, geração essa que carrega outras memórias e que é marcada sobretudo por uma identificação plural. Dá início a esta segunda sequência de ensaios a contribuição de Marco Bucaioni, que apresenta e problematiza vários conceitos relacionados com a literatura de afrodescendentes e carateriza este campo da literatura em Portugal.

Seguem-se novamente trabalhos sobre obras dos/as entrevistados/as, a maior parte deles escritos por investigadores/as com experiência. Fabio Mario da Silva analisa a personagem de Silvério, do romance *Os pretos de Pousaflores*, de Aida Gomes, incidindo no seu pensamento de matriz colonialista, e fazendo também um valoroso levantamento bibliográfico sobre a obra. Paulo Geovane e Silva questiona a identidade nacional através dos conceitos-metáfora "descontinuidade" e "continuidade" no romance *Também os brancos sabem dançar*, de Kalaf Epalanga. Sandra Sousa analisa a representação da (pós-)memória no romance *Essa dama bate bué!*, de Yara Monteiro, e estende-a, de seguida, ao poemário *Memórias Aparições Arritmias*, da mesma autora. Jessica Falconi, num aparente desvio do proposto neste número, debruça-se sobre diversos trânsitos urbanos e suburbanos, referentes à Lisboa ficcionalizada em três obras de Djaimilia Pereira de Almeida. De facto, se esta autora não faz parte do grupo de entrevistados/as, foi apenas por uma questão de força maior. Fecha este número especial o ensaio sobre a mais jovem dos/as entrevistados/as, Raquel Lima, escrito por Patrice Mendes Pacheco, também doutoranda da FLUL, que faz uma leitura interartes da obra da poeta e artista e que, com muito entusiasmo, fez uma breve entrevista adicional à autora, por email, que anexou ao seu ensaio.

Esperando que este volume sobre produções literárias "em trânsito entre Angola e Portugal" possa ser lido em qualquer parte do mundo e ser usado tanto na investigação como em contextos de ensino, apostei na publicação na revista *Portuguese Literary & Cultural Studies*, uma vez que se trata de uma revista académica especializada relevante, prestigiada pelos nomes que tem atraído, e que assegura tanto a publicação digital como em papel. Neste sentido, agradeço a Mario Pereira e a Anna M. Klobucka o amistoso acolhimento desta proposta.

NOTAS

1. Disponível no *YouTube*. Veja-se a indicação no final deste texto.

2. O projeto esteve sediado, entre janeiro de 2017 e agosto de 2019, no Centro de Estudos Comparatistas (CEC), da Faculdade de Letras da Universidade de Lisboa (FLUL), e entre setembro de 2019 e dezembro de 2021, no Centro de Literatura Portuguesa (CLP), da Faculdade de Letras da Universidade de Coimbra (FLUC). Esta mudança de instituição deveu-se ao facto de eu ter assumido funções como Professora Auxiliar na FLUC.

3. Optei, na escrita, por formulações concisas das questões que, na situação oral, foram mais extensas e pormenorizadas.

PUBLICAÇÕES RELACIONADAS

Entrevistas no portal *Buala* (por ordem de publicação)

Wieser, Doris. 2021. "Fui angolana antes de ser portuguesa. Entrevista a Raquel Lima". *Buala*, 20 de julho, 2021. https://www.buala.org/pt/cara-a-cara/fui-angolana-antes-de-ser-portuguesa-entrevista-a-raquel-lima.

Wieser, Doris. 2021. "A palavra nómada. Entrevista a Aida Gomes". *Buala*, 30 de julho, 2021. https://www.buala.org/pt/a-ler/a-palavra-nomada-entrevista-a-aida-gomes.

Wieser, Doris. 2021. "Só consigo escrever quando me relaciono com uma alma angolana. Entrevista a Ana Paula Tavares". *Buala*, 14 de agosto, 2021. https://www.buala.org/pt/cara-a-cara/so-consigo-escrever-quando-me-relaciono-com-uma-alma-angolana-entrevista-a-ana-paula-tav.

Wieser, Doris. 2021. "As solas dos meus pés não saíram nunca das quedas do rio Cutato. Entrevista a Zetho Cunha Gonçalves". *Buala*, 07 de setembro, 2021. https://www.buala.org/pt/cara-a-cara/as-solas-dos-meus-pes-nao-sairam-nunca-das-quedas-do-rio-cutato-entrevista-a-zetho-cunha.

Wieser, Doris. 2021. "As minhas raízes são africanas e as minhas asas são europeias. Entrevista a Yara Monteiro". *Buala*, 14 de outubro, 2021. https://www.buala.org/pt/cara-a-cara/as-minhas-raizes-sao-africanas-e-as-minhas-asas-sao-europeias-entrevista-a-yara-monteiro.

Wieser, Doris. 2021. "Angola e os lugares do afeto. Entrevista a Kalaf Epalanga". *Buala*, 19 de novembro, 2021. https://www.buala.org/pt/cara-a-cara/angola-e-os-lugares-do-afeto-entrevista-a-kalaf-epalanga.

Videoclipes, disponíveis no *YouTube* (partes 1-6)

Raquel Lima – Viver e escrever em trânsito: entre Angola e Portugal (parte 1) (Videoclip, R: Doris Wieser, 2021, 4:32 min). https://youtu.be/WfG_h2KooYw.

Aida Gomes – Viver e escrever em trânsito: entre Angola e Portugal (parte 2) (Videoclip, R: Doris Wieser, 2021, 4:22 min). https://youtu.be/boOcvgBdXCM.

Ana Paula Tavares – Viver e escrever em trânsito: entre Angola e Portugal (parte 3) (Videoclip, R: Doris Wieser, 2021, 5:08 min). https://youtu.be/83raNC7bPhE.

Zetho Cunha Gonçalves – Viver e escrever em trânsito: entre Angola e Portugal (parte 4) (Videoclip, R: Doris Wieser, 2021, 5:20 min). https://youtu.be/rjgJ9JK2b9M.

Yara Monteiro – Viver e escrever em trânsito: entre Angola e Portugal (parte 5) (Videoclip, R: Doris Wieser, 2021, 4:54 min). https://youtu.be/hFDRNKffGhc.

Kalaf Epalanga – Viver e escrever em trânsito: entre Angola e Portugal (parte 6) (Videoclip, R: Doris Wieser, 2021, 5:28 min). https://youtu.be/tpKPlDPkfvY.

O documentário

Wieser, Doris, dir. 2021. *Viver e escrever m trânsito: entre Angola e Portugal*. Portugal. 63 min. https://youtu.be/gjx_CtQ1xUs. (Disponível no *YouTube* desde 28 de abril, 2023).

DORIS WIESER é professora da Faculdade de Letras da Universidade de Coimbra (FLUC) e membro do Centro de Literatura Portuguesa (CLP) da mesma instituição. É doutora em Literaturas Ibero-Românicas pela Universidade de Göttingen e mestre em Estudos Hispânicos, Portugueses e Germânicos pela Universidade de Heidelberg (Alemanha). Fez um pós-doutoramento na área das Literaturas Africanas de Língua Portuguesa com uma bolsa da Fundação Alexander von Humboldt, na Faculdade de Letras da Universidade de Lisboa. Entre 2017 e 2021, coordenou o projeto "Identidades nacionais em diálogo. Construções de identidades políticas e literárias em Portugal, Angola e Moçambique (1961-presente)" (IF/00654/2015/CP1283/CT0004), financiado pela Fundação para a Ciência e a Tecnologia (FCT). Os seus interesses de investigação giram em torno da construção de identidades e memórias coletivas, do romance policial e dos estudos de género nas literaturas africanas de língua portuguesa e nas literaturas latino-americanas.

Entrevistas

"Só consigo escrever quando me relaciono com uma alma angolana" Entrevista a Ana Paula Tavares

Ana Paula Tavares nasceu numa aldeia da província da Huíla, em 1952. Os seus pais, um homem mestiço e uma mulher branca nascida em Angola, viviam num ambiente rural e com poucos recursos, pelo que decidiram procurar "padrinhos coloniais" para a filha, na esperança de que tivesse acesso a uma boa formação. Assim, Ana Paula Tavares foi criada pelos seus padrinhos portugueses sob uma rígida educação católica, mas nunca perdeu de vista as sociedades agropastoris da região que a influenciaram profundamente. Absorveu os saberes das mulheres, as vozes e os sons da terra e das línguas bantu como necessidade de identificação com a terra. Enquanto os seus avós, pais e irmãos vieram para Portugal na altura da independência de Angola, a poeta decide ficar e questionar o seu lugar neste mundo, numa época marcada pela guerra. No ano de 1992, muda-se para Lisboa e consagrar-se-á como escritora e professora universitária. Nos seus livros de poesia usa o nome Paula Tavares, nos seus livros em prosa e trabalhos académicos assina com Ana Paula Tavares.

Nesta entrevista realizada em novembro de 2020, Ana Paula Tavares aborda o processo de construção da sua angolanidade, a oralidade e a economia da sua palavra literária, os modos de vida dos habitantes da Huíla e a consciencialização de si no mundo colonial que estava prestes a ruir.

DW: Ana Paula Tavares, obrigada por ter aceitado o nosso convite e por estar connosco neste domingo outonal de Lisboa. Como lhe tinha dito, a primeira parte da entrevista consiste em fazer-nos, por favor, a sua autoapresentação, destacando a sua construção identitária nos trânsitos entre Angola e Portugal.

APT: O meu nome é Ana Paula Tavares ou Paula Tavares. Isto dos nomes nasce de uma brincadeira da União dos Escritores Angolanos (UEA). Na altura, Angola não tinha editoras e a UEA era a nossa editora. O Luandino Vieira, que era então o secretário-geral da União dos Escritores, achou que o nome poético teria que ser Paula Tavares. Eu decidi alinhar na brincadeira, não porque considere que Paula

Tavares seja um heterónimo ou uma qualquer construção que tenda a esquecer a Ana Paula Tavares. Isso era uma brincadeira que não fazia mal nenhum e não prejudicava nem a poetisa, nem a funcionária da então Secretaria de Estado da Cultura, onde eu trabalhava. Portanto, convivi bem com essa dupla designação, Ana Paula Tavares/Paula Tavares. Esse jogo não significa nenhuma assunção de um eu/outro. Significa apenas que todos os nomes fazem parte do meu nome e que posso usar um ou outro. Cada vez mais a Ana Paula Tavares vem substituindo Paula Tavares, mas isso realmente não me incomoda muito, nem tem impacto nenhum no tipo de escrita a que eu me dedico.

DW: De onde vêm a Ana Paula Tavares e a Paula Tavares?

APT: Nasci no sul de Angola, numa região chamada Huíla, numa pequena aldeia, perto do centro da capital da província da Huíla, província que tem o mesmo nome da aldeia. A capital, na altura, chamava-se Sá da Bandeira, mas o verdadeiro nome nas línguas locais é Lubango, nome que voltou a assumir. Nasci nessa pequena aldeia, junto a comunidades pastoris, os Nyaneka, que falam uma língua bantu, língua na qual eu não fui iniciada. Era muito comum entre as famílias angolanas da época, famílias menos favorecidas, deixar que os seus filhos fossem criados por padrinhos portugueses mais ricos e que poderiam dar a essas crianças uma maior possibilidade de frequentar a escola, o liceu e, quem sabe, a própria universidade.

Portanto, desde muito criança fui viver com os padrinhos portugueses de uma aldeia daqui de Portugal, perto de Viseu, e que foram para Angola nos anos 20 do século XX. Era gente que tinha construído uma fábrica e lojas numa região que não era a sua. No entanto, a minha madrinha, por exemplo, tinha recriado, para além da casa, um pomar com todas as árvores típicas de Viseu, com todos os animais típicos da sua região de origem. Era possível, porque a região se situa num planalto a dois mil metros de altitude, pelo que o clima não é tão quente, nem tão húmido, como nas outras regiões tropicais vizinhas. Nessa casa, rodeada de laranjeiras, figueiras, morangueiros, eu cresci. De vez em quando visitava os meus irmãos e os meus pais, que viviam nessa tal aldeia, muito mais próxima dos Nyaneka. Enquanto eu, muito cedo, vivi uma vida urbana, os meus irmãos viviam no campo, numa sociedade mais próxima das comunidades pastoris que referi.

Há um facto curioso nisto. A minha mãe é descendente direta de portugueses, enquanto o meu pai era mestiço, como se dizia na altura, descendente de um português e de uma angolana pertencente a uma comunidade de pastores.

Mas os meus irmãos, que viveram no campo, eles sim, foram ensinados e aprenderam que deviam sair dali e que deveriam ser portugueses. É muito curioso porque eles viviam mais próximo dessa realidade que a mim me encantava e que eles rejeitavam. Toda essa história levou a que, por exemplo, por alturas da independência de Angola, toda essa família próxima (avós, pais, irmãos) viesse para Portugal em 1975 e eu fui a única da família que fiquei em Angola. Fiquei por opção, como resultado de todos estes questionamentos que acabei de referir. Eu nunca perdi o contacto com os meus irmãos, nunca cortei relações de amizade com eles. Somos amigos até hoje. Mas realmente houve da parte deles uma tentativa de esquecimento da sociedade onde cresceram, uma tentativa de verdadeira assimilação daquilo que era proposto pela sociedade branca, pelo liceu, pela universidade.

DW: Como descreveria a Angola da sua infância e adolescência?

APT: Fui-me apercebendo, desde muito cedo, de que qualquer coisa naquela sociedade não batia certo: era uma sociedade profundamente violenta e injusta, onde a divisão entre brancos e negros era bem evidente, bem óbvia e bem marcada; marcada pela legislação que dava o poder à comunidade colonial, à comunidade branca, e que transformava todos os outros em indígenas, ou seja, em não cidadãos, uma vez que nenhuma dessas pessoas poderia ter um bilhete de identidade, nenhuma dessas pessoas era considerada um cidadão português. Para se ser, nessa altura, cidadão português, tinha que se fazer uma candidatura. Passava-se por uma série de exames. A pessoa tinha que provar que falava a língua portuguesa fora e dentro de casa, que era escolarizada, que sabia ler e escrever, que não habitava numa casa de pau-a-pique, que habitava numa casa de tijolo, caiada, com jardim, etc. Portanto, exigia-se que a pessoa imitasse a forma de vida dos portugueses. Esses eram os assimilados.

Rapidamente me fui apercebendo então dessas divisões, dessa diferença, do exercício de poder por parte duma minoria sobre uma vasta maioria completamente silenciada e silenciosa. Essa maioria era a verdadeira dona do espaço onde se instalaram os agentes coloniais e, mais tarde, colonos, porque houve uma política imperial portuguesa que permitiu a instalação de colonos brancos para o povoamento da região. Em toda a minha infância, adolescência e, mais tarde, até à entrada na faculdade – uma vez que eu ainda entrei na faculdade em situação colonial – fui dando conta dessa diferença, desses muros que separavam uma sociedade da outra, fui dando conta que, para o sistema, para a organização, havia quem importava, quem tinha voz, quem escrevia nos jornais, e havia uma grande maioria que era completamente ignorada, silenciada. No entanto, naquele caso concreto, os pastores, criadores de gado, eram mais ricos do que a maioria das famílias brancas, sobretudo as famílias que lá tinham sido colocadas no âmbito desses programas de povoamento branco, programas que começam a ser pensados no início do século XX e que, depois, têm sucessivas levas de colonos brancos que se fixam naquela região. Portanto, esses outros não eram tidos em conta, esses grupos que possuíam bois e que tinham uma sociedade completamente organizada em torno dessa figura principal. Não entendiam, por exemplo, que o boi não era para ser vendido, mas sim um elemento estruturador dessa mesma sociedade. O meu crescimento, a minha infância e a minha adolescência fizeram-se na aprendizagem dessa diferença e dessa injustiça.

Como vos disse, fui criada por uma madrinha e um padrinho brancos portugueses. Ambos fizeram todo um esforço para me ensinar a ser portuguesa, a aprender a língua portuguesa, a falar em português. Portanto, era completamente interdito o uso de qualquer palavra das línguas bantu que me rodeavam. No entanto, dava-me conta de todos os sons que me chegavam aos ouvidos, os sons com os quais ficava impressionada, as vozes das mulheres. Era nessas línguas que elas me apareciam, línguas às quais eu não tinha acesso, línguas para as quais eu não tinha a chave. Lentamente fui-me apercebendo de que havia ali um campo de investimento no qual eu precisava pensar e que me ajudaria a formar uma consciência, de tal maneira que me interrogava: "Mas de que lado estou? Eu sou daquele lado ou sou deste lado?" Essas interrogações eram (e tinham que ser) feitas em língua portuguesa. Não me tinha sido dado o acesso a esse universo das outras línguas, o que determinou em mim uma vontade muito grande de sair, passar a serra, ir ver como era o resto do mundo do lado de lá daquela serra intensa. Como o tempo ia passando e não tinha essa oportunidade de saltar a serra, então fui-me voltando para a aprendizagem dessas mesmas comunidades que viviam à minha volta. Isso foi um grande processo de crescimento e de iniciação. Além disso, tive também outra iniciação: a iniciação cristã, a igreja, o batismo, o crisma, a iniciação religiosa, todo o tipo de iniciação da obediência, do aprender a obedecer. Eu tinha sido preparada para ser uma mulher bem-comportada, para cozinhar muito bem, para bordar e coser. Assim, o que estava em mente era um projeto de criar uma mulher temente a Deus e, provavelmente, aos homens. Na ideia da minha madrinha, eu deveria crescer, casar com alguém e ser mãe de muitos filhos, como seria normal, não é?

DW: Os padrinhos chegaram a colocar algum obstáculo para a sua formação?

APT: O facto de eu ter frequentado a escola, ter frequentado o liceu e ter entrado na universidade não era visto, pelas pessoas que me criavam, como profundamente suspeito. Ninguém me impediu de dar um salto para a universidade e de começar um caminho de autonomia pessoal, autonomia de pensar. Ninguém se apercebeu de que a biblioteca do liceu estava à minha disposição, e que eu tinha lido tudo o que estava lá, bom e mau, tudo o que me permitia formar uma consciência das coisas, interrogar os textos, saber das histórias, saber que havia um mundo para além daquele que era um mundo liso e organizado da menina temente a Deus e bem-comportada.

Portanto, a biblioteca foi, digamos assim, esse lugar iniciático que me desafiou para outros mundos. Durante esse processo todo, também fui encontrando pessoas que não eram iguais à minha madrinha, ao meu padrinho ou ao padre que dava a missa e que separava, mesmo dentro da igreja, negros e brancos. Eram pessoas que me iam pondo nas mãos livros sobre o que se passava nos Estados Unidos, sobre a Guerra do Vietname e a luta da juventude norte-americana contra essa guerra. Vi a inquietação da poesia, alguns poetas malditos foram-me chegando às mãos e eu fui lendo tudo, muitas vezes sem perceber a total dimensão do que estava ali escrito, mas, ao mesmo tempo, pensando: "Há aqui um desafio que eu preciso perceber". Mesmo dentro da faculdade havia professores que queriam formar os futuros alunos para terem o curso e não se preocupavam com mais nada, enquanto outros se preocupavam com que lêssemos determinada literatura. Gabriel García Márquez chega-me às mãos na faculdade. Quando conheci João Cabral de Melo Neto, fizemos um grupo de teatro e encenámos *Morte e vida severina*. Eu fiz o papel do Severino e, enquanto mulher, essa ambiguidade de representar um homem e de representar (ou perceber) a pobreza mexeu muito com a nossa cabeça. Éramos um pequeno grupo muito *outsider* em relação ao resto dos alunos da faculdade, que só queriam ter um diploma e ter uma vida melhor. Este grupo posicionava-se ou tentava perceber as coisas, tentava perceber que estávamos rodeados por um mundo de dominação e posse de uns sobre os outros, um mundo de vozes coloniais sobre um mundo de silêncio africano. Foi todo um processo de aprendizagem que cresceu dentro de mim e em que fui sendo ajudada por muita gente que percebia a injustiça e a violência do sistema.

DW: Comente um pouco mais, por favor, a perceção da sua própria angolanidade e a sua relação com Portugal, onde vive já há tanto tempo.

APT: Toda essa vivência de crescimento e de relação com um espaço, com uma gente, com a filosofia e com esse problema de dominado/dominador foi um processo lento, que determinou em mim a vontade de aprender como era e como se poderia resolver isso. Considero que esse percurso foi fundamental para uma inscrição identitária dentro de Angola, dentro do espaço político que é – ou poderia ser – a Angola então dominada, mas que poderia ser uma realidade completamente diferente. A palavra *angolanidade* criou alguns problemas teóricos na discussão sobre as literaturas angolanas. Várias pessoas reclamaram para si o cunhar da palavra *angolanidade*. O poeta Costa Andrade, o Ndunduma, dizia que tinha sido ele o primeiro a elaborar essa discussão, mas o Alfredo Margarido (investigador, pintor e também poeta português) dizia que não, que quem tinha cunhado essa questão da angolanidade tinha sido ele.

Acho que a formulação, a escrita, a palavra em si, não consegue dizer a profundidade de tudo quanto nós sentimos quando dizemos *angolanidade*. Para mim, é mais do que uma palavra. É um conceito, é um mundo simbólico, é um local de pertença que foi trabalhado e construído em pessoas como eu, da minha geração, que nasceram num mundo chamado "português", pertencente ao império português e que recusaram de forma consciente esse local de presença, esse outro local de pertença. Mas mesmo agora, tantos anos depois de viver em Portugal, continuo a sentir-me angolana. Tenho definido Angola como local de pertença. Nós temos sempre que pensar que as questões de identidade só são questões qualitativamente importantes quando elas alargam o mundo em que vivemos, e não quando o estreitam. Portanto, não há da minha parte nenhuma vontade de estreitar o mundo no qual me insiro. Por outro lado, desconfio muito das pessoas que dizem: "Ah não, eu sou um cidadão ou uma cidadã do mundo". Eu não sei o que é isso. Não sei o que é ser uma cidadã do mundo.

DW: Com isto a Ana Paula quer dizer que Angola é o seu referente identitário mesmo vivendo em Portugal?

APT: Sou angolana, não só pelo passaporte. Se há qualquer referente identitário que eu possa invocar em todos os momentos da minha vida é essa minha relação com uma certa angolanidade. Não vou dizer que ela existiu desde sempre, porque a angolanidade, assim como a minha identidade, foi um processo de construção. Não se nasce angolano. Nasce-se num local que depois se reivindica

– ou não – como o seu local de pertença e de identidade. Realmente eu cresci a criar laços com esse mesmo lugar, com essas mesmas pessoas e com uma ideia de angolanidade que passava pela posse e pela descodificação dessa mesma linguagem, que me permitia conhecer comunidades, sítios, locais e que me ligava a um determinado estatuto. Portanto, eu costumo dizer que tudo isso foi uma aprendizagem dura, com muitas interrogações, com muitos questionamentos. De tal maneira isso foi uma aprendizagem e de tal maneira foi um questionamento que mesmo esta longuíssima vivência em Portugal não mudou nenhuma das minhas posições em relação a Angola enquanto lugar de pertença. Ainda é como angolana que eu penso, é como angolana que eu me interrogo e é como angolana que eu escrevo. É evidente que eu tenho profunda consciência de que o ato de descolonização não significou o fim do processo e, portanto, não restituiu a justiça. Angola foi descolonizada no meio de um conflito violento. Depois, durante o tempo pós-independência, esse conflito durou muitos anos e eu vivi-o.

Vivo em Portugal, mas só consigo escrever quando me relaciono – como dizia Ruy Duarte de Carvalho – com uma alma angolana, com um *corpus* identitário, um *corpus* de referentes que têm que ver com Angola. Sou angolana, sou do sul, sou do sul de Angola, que não é a mesma coisa que ser angolana em geral, e é com todos esses referentes que me identifico. Portanto, quando se fala na palavra *identidade*, para mim, não se trata de um canal estreito que define um nacionalismo fabricado, nem nada disso. É um conjunto de horizontes que alargam a minha ideia de pertença. E não consigo viver sem isso.

DW: Na nossa conversa prévia, tinha-lhe pedido que trouxesse consigo um objeto que represente uma memória afetiva de Angola. Poderia, por favor, apresentar-nos esse objeto e comentar um pouco as memórias angolanas aí evocadas?

APT: Para mim era difícil pensar Angola e pensar, ao mesmo tempo, a sua objetificação. Não quero dizer que eu não tenha talismãs. Há coisas que eu uso e toco porque, de alguma maneira, me fazem lembrar a infância ou uma parte importante da minha vida, que foi a vivência das muitas guerras em que Angola esteve envolvida.

A guerra é um tema que entra pela minha infância adentro. Eu ainda era muito pequena quando começou a por nós chamada Guerra pela Independência Nacional e pelos portugueses a chamada Guerra Colonial.[1] Era muito pequena quando ouvia dizer vagamente que, no norte, terroristas eram combatidos pelos valorosos soldados portugueses e que Angola era "nossa". Com "nossa" queriam os portugueses dizer "deles", não é? Ainda era muito miúda, estava na escola primária quando aconteceram as primeiras grandes revoltas camponesas na Baixa de Cassange, logo seguidas de uma revolta de alguns contratados e outros angolanos, na cidade de Luanda, que tentavam libertar das cadeias pessoas que estavam a ser sistematicamente presas desde os anos 50 do século passado. Portanto, a ideia de guerra entra na minha vida muito cedo. É verdade que durante uma grande parte da minha vida, essa ideia era longínqua, uma vez que o sul não estava realmente envolvido na guerra. Mas era nos quartéis do sul que se preparavam muitos dos soldados portugueses que iriam, depois, participar nessa guerra. Mas uma coisa é a ideia, o conceito da guerra, que podia ser qualquer coisa como os filmes sobre a guerra noutros continentes, noutros países. Outra coisa era a ideia de que um antes e um depois se iriam passar na região em que habitava.

Há sobretudo uma ideia que começa a invadir a linguagem de todos, muito presente em frases como "Bom, mas isto não é um Congo" ou "Aqueles que estão a ser combatidos pelos nossos não são o Lumumba". Portanto, essas duas palavras, Congo e Lumumba, começam a ter, na minha cabeça, um significado bastante diferente daquele que as pessoas que me rodeavam usavam. Com isso, ainda no liceu, nas conversas com colegas, surgia em mim a ideia de que ali ao lado se estavam a passar coisas que iam modificar toda a nossa vida.

Nesse processo, a palavra independência começa a surgir e muitos de nós arranjamos maneiras de contribuir para essa ideia de independência, que era uma ideia ainda vaga, mas começámos realmente a tomar partido, a deixar de estar contentes com a situação e a tentar, de uma maneira ou de outra, lidar com a ideia de liberdade, com a ideia de independência. Lembro-me de que o grupo a que pertencia resolveu aproveitar os locais de catequese, ou seja, os locais da igreja católica e das missões que existiam nos bairros periféricos, fingindo que íamos fazer catequese, ou seja, ensinar os indígenas a ser católicos, bons católicos. Começámos a fazer alfabetização e a ensinar as pessoas adultas a ler usando o método de Paulo Freire. Essa foi uma das primeiras formas de participar nalguma coisa cuja grandeza nós ainda não sabíamos bem qual seria.

Muitos de nós não participámos diretamente na luta pela independência de Angola, cujo processo foi longo e violento, estendido no tempo. Chegava-nos de maneira diferente, filtrado pela forma como a censura, os jornais e o cinema omitiam o facto de uma grande parte do território de Angola estar envolvida nessa guerra e nessa crise estrutural e violenta. Tínhamos uma ideia vaga de que alguma coisa se passava, mas, desde a polícia política até aos nossos pais, aos padrinhos, toda a gente nos procurava afastar dessa ideia de independência nacional. Mas todo o processo de angolanidade, como processo de aprendizado, foi lento e longo. Muitas vezes começamos até pela leitura. Quando lemos escritores da América Latina, por exemplo, o cubano Nicolás Guillén, nos interrogamos: "Mas, afinal, o que é que se passa em Cuba?" Foram degraus que fomos subindo nesse processo de consciencialização, de tal maneira que, já nos anos 70, todos nós fazíamos uma espécie de ativismo, por exemplo, ensinar a ler a quem não sabia, ou organizar as mulheres para um futuro que não sabíamos muito bem qual seria. O que quero dizer é que ninguém da minha geração estava indiferente àquilo que se passava em Angola, e que esperava ansiosamente o dia da chegada da independência nacional, dia que finalmente chegou, mais uma vez, numa situação de grande conflito, em 1975.

Havia três movimentos principais, os chamados movimentos para a libertação de Angola: o MPLA, a FNLA e a UNITA, que estavam em guerra.[2] Uma grande parte do país estava ocupada por esses diferentes grupos. No ano anterior a 1975, o exército sul-africano e o exército zairense tinham invadido Angola, digamos que para impedir uma tentativa de chegar a Luanda. Invadiram o país exatamente pela minha cidade de nascimento, onde eu já não vivia. Na altura eu vivia no Kwanza-Sul. Tinham entrado pelo sul e pelo norte, chegando até muito perto de Luanda. Uma grande batalha nos arredores da capital impediu que o exército chegasse e tomasse a cidade e assim foi declarada a independência no dia 11 de novembro de 1975.

DW: Ainda que com alguma distância, como foi vivenciar a independência?

APT: Eu digo sempre que vivi a independência de Angola debaixo de uma mesa. O Kwanza-Sul estava a ser invadido nesse dia pelas tropas sul-africanas e, portanto, todos nós estávamos em minha casa, mais ou menos resguardados debaixo daquilo que era possível (mesas, paredes, casas de banho). A cidade – que, na altura, ainda se chamava Novo Redondo – estava a ser bombardeada no dia da independência. Dois dias depois, fugimos e fomos para Luanda à espera que os sul-africanos saíssem do país. Ao chegar a Luanda sentia-me mal fisicamente e fui ao médico, queixando-me de vários problemas (enjoo, vómitos). Eu dizia ao médico: "Devo ter hepatite, porque nós andámos a fugir da guerra, devo ter bebido águas não tratadas". O médico riu-se e disse-me, olhando-me nos olhos, que a minha hepatite deveria ter outro nome: gravidez. Alguns meses depois, tive uma filha. Portanto, com a independência veio também uma filha, o que foi, digamos, o fim dum ciclo.

Tudo isso foi, para mim, um processo criativo na sua máxima expressão: o país independente, ser mãe, ter uma filha. É por isso que, nesses anos exatos – ou seja, a luta pela independência, a independência, o nascimento da filha –, não me lembro de ter escrito nada. A felicidade era tão grande, embora surgisse num ambiente terrível, crispado, de guerra. Eu às vezes até tenho medo de dizer que era uma pessoa muito feliz. Sentia-me feliz porque o país se tinha tornado independente, a minha filha tinha nascido e, apesar das guerras e das fugas, ela nasceu bem. Ouvia-se tiros por todo o lado, mas não estava preocupada. Eu pensava que tudo aquilo teria um fim, que ela iria crescer bem, num país que estava livre da injustiça do colonialismo. Esse era o meu pensar. Enganei-me só num aspeto: a guerra não acabou. Ao mesmo tempo que a minha filha ia crescendo, a guerra continuava. Nesse conflito, muitos jovens angolanos deram a sua vida. O conflito só terminou, no papel, em 2002, já no século XXI. Portanto, Angola foi realmente aquilo que um escritor e cientista inglês escreveu: "Esteve sempre no centro do furacão". No meio da Guerra Fria, Angola desempenhou um papel importante na jogada de todas as potências para o controlo da situação.

DW: Começou a escrever logo nessa época?

APT: Só depois da independência nacional comecei a pensar na escrita enquanto processo. Eu escrevia muita coisa, mas achava que nada daquilo era importante. Se havia uma guerra tão grande, se havia uma crise tão grande, se havia falta de comida, se havia gente que não dormia, se havia falta de hospitais e de médicos, como é que a minha escrita podia ser importante? Eu escrevia e guardava. Achava que não devia publicar, porque nada na minha escrita era, digamos, um retrato de tudo o que se passava à volta. A minha escrita recordava as tais vozes das mulheres que eu tinha deixado num sítio e que nem sequer sabia se estavam vivas ou mortas. A minha escrita lembrava os bois, o ciclo dos bois. E então dizia: "Mas no meio deste enorme conflito, no meio destas questões todas que se põem, como me vou atrever a falar de amor, de crescimento, de rituais de passagem, quando tudo leva ao conflito, à guerra, à crise, à doença, à morte?" Entretanto, a determinada altura, penso: "Neste momento, e com a minha idade, ou publico agora ou então calo-me para sempre e nunca mais ponho cá fora nenhum poema, nenhum verso". E foi isso que me levou a tomar essa decisão, a decisão de publicar um conjunto de poemas. O Luandino fez a capa, porque, na altura, não havia editoras em Angola e a União dos Escritores era uma espécie de editora. Lá, o Luandino fazia tudo: as capas, cortava, passava a *stencil*.

Embora a escrita fosse um processo muito anterior, a passagem à divulgação e à exposição foi um processo que seguiu a Independência Nacional. O caderninho então publicado, *Ritos de passagem* (1985), provocou algumas inquietações, não em mim. Eu não fiquei nada preocupada, porque achei que aquilo era o fim dum ciclo: escrever, publicar e deixar. Mas houve pessoas que ficaram bastante indignadas. Achavam que o caderninho abria a porta para as mulheres falarem de coisas que até aí pertenciam a um universo exclusivamente masculino: "Mas como é que uma mulher se atreve a falar do corpo? Mas como é que uma mulher se atreve a expor esse mesmo corpo? Uma mulher que se atreve a falar de traição, de dominação, de feminismo?" Houve pessoas que me trataram muito mal, mas isso a mim não me incomodou absolutamente nada. Tinha cumprido um ciclo e sabia que a minha escrita só poderia ser aquela. Muitas são as coisas sobre as quais se pode escrever. Houve muita gente que escreveu, e bem, sobre tudo quanto aconteceu a Angola em determinadas épocas, mas eu sabia dos meus limites e os meus limites levaram-me para aquele caminho. Com aquele livrinho, fechei um ciclo.

DW: A palavra feminismo tem conotações bastante negativas para muitas pessoas em África. No entanto, a sua obra foi amplamente analisada numa perspetiva feminista. Em que medida se identifica com este termo e em que medida é difícil ser feminista no continente africano ou, especificamente, em Angola?

APT: A minha identificação com a palavra feminismo é um processo *a posteriori*. Não me interrogo sobre o facto de certas pessoas, algumas delas muito bem-intencionadas, terem rotulado como feminista a poesia que faço. Contudo, o universo que conheço melhor é o universo feminino, é o universo da mulher. Portanto, eu não me posso atrever a falar de outros universos que conheço menos ou, em muitos casos, desconheço na sua totalidade. A minha dificuldade em relação a muitos rótulos do feminismo é que não gosto de assumir a fala, falar "em nome de". Não. Falo das coisas que me foram dadas a conhecer. Falo, por exemplo, do esforço que fiz para conhecer os silêncios e as vozes das mulheres de determinadas comunidades que conheci: o facto de elas se exporem, a sua relação com os filhos e os maridos, a sua relação com os antepassados e os mortos. Tudo isso fui conhecendo e, de certa maneira, foi possível tratar e falar disso. A discussão mais geral do feminismo e sobre o feminismo africano tem que ver com problemas teóricos a que eu cheguei posteriormente. Li na hora certa os feminismos europeu e norte-americano, naturalmente o feminismo dito e escrito por mulheres brancas. Nomes como Simone de Beauvoir não me eram estranhos, mas, ao mesmo tempo, nomes como Angela Davis também não me eram estranhos.

Houve muitas mulheres angolanas que, durante a guerra, ou participaram nessa mesma guerra ou dela foram absolutas vítimas. No pós-independência, muitas dessas mulheres foram esquecidas ou não foram entendidas enquanto totalidades, enquanto seres. Tudo isso me leva a pensar que uma coisa é o *corpus* teórico que, entretanto, se foi construindo e ao qual eu tive e tenho acesso, com o qual me debato e me interrogo. Outra coisa é a escrita em si, aquilo que se vai construindo com o sangue, com o osso, com a alma e que muitas vezes é menos tributária desse *corpus* teórico do que as pessoas podem pensar. Depois, as pessoas que me leem e a forma como me leem já não é um problema meu, é algo que não posso controlar. É verdade que acendi determinadas fogueiras, mas o facto de acender determinadas fogueiras não quer dizer que eu queira arder dentro delas.

DW: O fogo também é uma metáfora presente na sua poesia.

APT: Sim. Uma das coisas que aprendi com essas sociedades pastoris – homens e mulheres, mas sobretudo as mulheres – é que há muitas categorias de fogo. Se, por um lado, não podemos brincar com o fogo, por outro lado há um fogo que é nosso e que nos pertence. Há um fogo do qual eu sou dona e pretendo ser dona. Esse é o fogo das palavras. Não posso de maneira nenhuma ir procurar um caminho que eu não conheço, só para ter um grande nome na libertação feminista das angolanas. Não tenho essa veleidade. As angolanas são um processo múltiplo, que muitas vezes não conheço. Não conheço as mulheres que constroem quotidianos à tona de água, no meio de dificuldades inimagináveis.

DW: Na sua obra há referências aos espíritos dos antepassados, à adivinhação – como em "Cesto de adivinhação" (*A cabeça de Salomé*) – ou, ainda, à presença do sagrado na natureza. Tendo recebido uma educação católica, qual é a sua relação pessoal com a cosmovisão e as religiosidades africanas?

APT: É verdade que toda a minha iniciação religiosa foi cristã. Cresci dentro da igreja cristã, mais concretamente católica, e o meu afastamento da igreja católica foi progressivo. Deu-se na medida em que fui percebendo como a igreja católica, sobretudo aquela mais formal, era uma igreja muito próxima do poder colonial e isso determinou o meu afastamento. Ver aquela injustiça, ver como a igreja abençoava de certa maneira o domínio de uma comunidade pela outra, levou a um gradual afastamento da igreja e dos seus princípios. O afastamento de deus e da ideia de deus foi mais difícil e foi posterior, mas o facto de eu me considerar uma increia – alguém que não acredita – não deixa de desenvolver em mim sensibilidades para várias formas de religiosidade que conheço e que me foram dadas a ver. Uma delas é essa proximidade com rituais que celebram a força da natureza, que têm um culto especial dos antepassados, que se baseiam na crença de que os mortos continuam a cumprir os seus papéis de vigilância sobre os vivos. Daí que eu muitas vezes convoque esses rituais para a minha escrita.

Por vezes até acho que a escrita também faz parte desse ritual de convívio com universos e mundos que não fazem parte do meu quotidiano. Há, portanto, um normal, um quotidiano que está muito baseado nessa não-crença. No entanto, a escrita participa desse mundo não totalmente controlado e que transita entre o quotidiano normalizado e outros universos que vêm dos saberes dessas comunidades, saberes nos quais eu não fui iniciada. Sinto um profundo respeito pela forma como essas comunidades percebem a natureza, as árvores, os antepassados, as mulheres, sobretudo as mulheres velhas quando parecem já ter perdido a sua essência carnal, quando parecem participar dum universo que está mais para lá deste mundo em que nós vivemos. Portanto, vou muitas vezes buscar essas ideias, esses ensinamentos à memória desses rituais de iniciação, à memória das raparigas quando são preparadas para um casamento e para o nascimento. Há em mim um respeito profundo por todos esses ciclos da vida que têm que ver com o nascimento, o crescimento e a morte, com o semear e o colher, o dia e a noite, o claro e o escuro. Tudo isso tem muita importância e uma grande influência na construção da minha escrita, independentemente de eu ser ou não iniciada em algumas dessas crenças... não sou! Eu sou uma increia, quero dizer, alguém que não acredita.

DW: Muitas das suas crónicas e poemas começam com uma epígrafe que traz um provérbio, uma sabedoria tradicional ou popular. O provérbio, enquanto forma típica da oralidade, parece ter grande importância na sua obra, não só a nível de conteúdo como também a nível do estilo da escrita. Gostávamos de ouvi-la um pouco sobre a importância da oralidade no seu projeto literário.

APT: A oralidade começou por ser, para mim, um conjunto de sons que faziam, no meu ouvido, uma ressonância que eu não sabia muito bem explicar nem compreender, mas que desencadeou, desde logo, um processo de inveja daqueles sons que pareciam significar alguma coisa à qual eu não tinha acesso. Mais tarde, dei conta de que havia trabalhos de alguns missionários conhecedores da língua da região. Eles tinham registado um património de provérbios, contos, fábulas, adivinhas e outras formas fixas e breves desse continente da oralidade. O conhecimento dessas fórmulas foi-me muito útil na construção desses poemas. Quando olhei para aquelas fórmulas fixas, eu disse: "Se é possível dizer tanto em tão poucas palavras, então este é o caminho que eu quero seguir na minha escrita. Quero chegar a ser capaz de fazer um poema que consiga ter poucas palavras e dizer muita coisa". Portanto, eu não quero construir um poema palavroso, cheio de palavras. Quero tirar o maior número de palavras possível.

Muitas vezes percebi que faço isso na segunda fase do meu trabalho: escrevo e, depois, vou tirar tudo o que para mim não interessa. Nesse aspeto, conhecer esse universo do provérbio, do conto curto e de outras formas breves foi muito importante. É verdade que não conheço aquelas línguas. Se as conhecesse, poderia tirar um outro partido, porque tive acesso a esses provérbios e a essas fórmulas já traduzidas em língua portuguesa. Nesse sentido, houve ali um trabalho de mediação que muitas vezes não espelha a realidade na sua totalidade. Os missionários, quando transportam um texto da língua original para a língua portuguesa ou inglesa, traduzem, isto é, apropriam-se de sentidos como querem e, portanto, aquilo que chega a mim digamos que é em terceira ou em quarta mão. Depois dei comigo a fazer um investimento sobre esse material, de maneira a transformar em poesia aquilo que me chegava às mãos.

Data: 15 de novembro de 2020
Local: Lisboa, Portugal
Transcrição: Paulo Geovane e Silva

NOTAS

1. Ana Paula Tavares levou ao local da entrevista o DVD do documentário *Independência. Esta é a nossa memória*, realizado por Mário Bastos (2015).

2. MPLA: Movimento Popular de Libertação de Angola; FNLA: Frente Nacional de Libertação de Angola; UNITA: União Nacional para a Independência Total de Angola.

DORIS WIESER

"As solas dos meus pés não saíram nunca das quedas do rio Cutato" Entrevista a Zetho Cunha Gonçalves

Poeta, autor de literatura para a infância e juventude, tradutor de poesia, organizador de edições e antologias, Zetho Cunha Gonçalves nasceu no Huambo (Angola) em 1960. Cresceu numa pequena povoação chamada Cutato, lugar que identifica como a sua "pátria inaugural da Poesia". Frequentou um colégio interno na cidade de Huambo e, ainda muito jovem, passou pela guerra em Angola como soldado adolescente. No entanto, a família deixa Angola em 1975 e vem para Portugal, onde Zetho estuda agronomia e onde, depois de outras andanças, acaba por radicar-se. Na aba dos volumes I e II da sua obra *Rio sem margem* (2011 e 2013) abre-se um vasto leque de trabalhos que acompanharam o seu percurso de poeta: tratador de gado numa fazenda, empregado de escritório, vendedor de publicidade, publicitário, diretor adjunto de um jornal de turismo falido, empregado de mesa, pesquisador de notícias, intermediário e conselheiro de bibliófilos. A sua extensa obra é dedicada, por um lado, à recriação poética de material oriundo das tradições orais sobretudo de Angola, mas também de outras partes de África e da América Latina. Por outro lado, trabalha frequentemente temas ligados à sua origem e ao seu percurso de vida, sem, no entanto, limitar-se tematicamente a eles.

Em novembro de 2020, Zetho Cunha Gonçalves conversou comigo sobre a sua história, a sua relação com Angola e Portugal e o seu trabalho literário. Em 2021, já depois da entrevista, publica a sua poesia (quase) completa sob o título *Noite vertical. Poemas reunidos 1979-2021*.

DW: Zetho, obrigada por ter aceitado o convite para esta entrevista. O seu percurso de vida é marcado por imensas ruturas e trânsitos. Comente-nos, por favor, como chegou a ser o Zetho com quem hoje converso.

ZCG: Então vamos começar pelo começo do mundo. Nasci na cidade de Huambo, porque os meus pais viviam numa pequena povoação sem luz elétrica nem água canalizada no Kuando-Kubango, chamada Cutato. Nessa povoação não havia hospital. Por precaução, e como os meus avós maternos viviam na

Caála, que é uma cidade a 27 km do Huambo, fui nascer à cidade do Huambo. Como não mamava – a minha mãe sofreu imenso –, fiquei seis meses em casa dos meus avós maternos, de onde tenho a minha primeira memória. Portanto, vou para a casa dos meus pais já com seis meses e aí a maior parte dos meus amigos eram negros. Quando comecei a falar, imediatamente e naturalmente, a mesma palavra que começava a aprender a dizer em português, sabia dizer também em nganguela, que é a língua de um dos povos que habitam naquela região. Outros povos que ali habitam são os chokwe e, de passagem, também os khoisan. Brinquei também com meninos khoisan, que eram exímios nos jogos de mira: eles faziam pequeninos arcos e a flecha era um capim mais grosso. Apontavam a marimbondos ou a passarinhos e eram mais que certeiros. Eu nunca tive pontaria para nada, nem de fisga, nem nada disso.

Certa vez, eu teria cinco anos, porque ainda não andava na escola, a minha mãe, depois do almoço, em vez de me deixar brincar, sentava-me no colo dela. Com o lápis e a mão dela sobre a minha, desenhava-me as letras para aprender a ler e a escrever. Lembro-me de estar muito aborrecido, porque todos os meus amigos estavam a brincar; o meu irmão, que era mais jovem, andava a brincar na rua e eu ali fechado.

Quando fui para a escola primária, era o único menino que não era negro. E levei muita porrada do meu professor da primeira classe, do Jacinto Mundombe, com canas de bambu que doem, mas doem mesmo, porque com os meus amigos falávamos em nganguela. E não se podia falar em nganguela na escola. Só português.

Desde muito criança, o meu pai fez sempre questão de mostrar, a mim e ao meu irmão, Angola, para onde foi com 19 anos. Só voltou a Portugal em 1975, porque assaltaram a nossa casa. Senão, não teríamos vindo. A minha mãe foi para Angola com um ano e meio. Morreu muito jovem, com 56 anos, de cancro, e nunca chegou a conhecer a terra onde nasceu. Os meus avós maternos e dois tios meus, dois irmãos da minha mãe, estão sepultados na Caála. Portanto, aquela era a terra também dos meus pais.

O *moene*, o regedor de um *kimbo* chamado Xiengo, tinha um filho que estava na guerrilha no MPLA,[1] o António Correia Chinguar. Para se infiltrarem no Cuando-Cubango vindos do leste do Moxico, entrando em Angola pela Zâmbia, o *moene* Xiengo mandava um emissário ao meu pai e, durante a noite, no velho Land Rover, íamos levar sacos de fuba e malas de peixe seco para os terroristas. Então havia um pacto entre mim e o meu pai, que me dizia: “Zethinho, tu nunca digas a ninguém que o papá é amigo dos terroristas". Eu acompanhava o meu pai a ir deixar – num determinado sítio, no meio do mato, sem se ver ninguém – as coisas que ali descarregavam... ah, e sal! Sacos de sal. Andávamos um pouco mais para a frente e, quando voltávamos, já lá não estava nada. E o meu pai dizia: "Estás a ver? Já levaram tudo. Pronto, agora podemos ir para casa".

Nesse tempo, sentava-me no colo do meu pai e ia conduzindo. Foi assim que aprendi a conduzir. Nunca tirei carta de condução, não tenho automóvel. São aquelas coisas que as pessoas ditas normais todas têm (ou quase todas têm): carta de condução, automóvel, conta bancária, documentos, enfim. Agora tenho os meus documentos todos regularizados. Aquilo que as pessoas ditas normais não têm – e eu tenho – é algum talento para escrever poemas.

DW: Conte-nos mais sobre a sua experiência na escola.

ZCG: Depois da escola primária fui para um colégio interno na cidade de Huambo, o colégio Alexandre Herculano. Era um colégio de padres e aí aprendi uma coisa que é: a violentação contra a ternura. Quando vou para esse colégio, aos dez anos de idade, fiquei separado dos meus pais, dos meus amigos, do meu mundo, de tudo. Depois vivi a violentação, a falta de ternura. Os meus pais iam de 15 em 15 dias visitar-me, andavam 450 km para me irem visitar.

Toda uma série de liberdades me foram retiradas. A rotina era: acordar às 6 horas da manhã e rezar. Às 06:30 da manhã, ir para o salão de estudo ou para a aula de ginástica. No salão de estudo, rezar novamente. Às 07:30, pequeno-almoço, rezar antes da refeição e depois da refeição. Aulas entre as 8 e as 12, almoço das 12 às 14, intervalo, reza antes da refeição, reza depois da refeição. Das 14 às 16, aulas novamente. Não havia aulas? Íamos para o salão de estudo.

Eu nunca estudei. Costumava fazer cábulas e nelas descobri uma coisa fundamental: a condensação da matéria em pequenas folhinhas de papel. Mas hoje já ninguém faz cábulas. Um exemplo: quando se podia fumar nas aulas, que era uma coisa fabulosa, no pós 25 de Abril, havia uma marca de cigarros aqui em Portugal, o Ritz, que era um maço branco. Então eu recortava papelinhos do tamanho do maço, a lápis escrevia, ordenava-os e, conforme ia precisando, puxava o papelinho. Naquele colégio fiz-me um pequeno terrorista, porque aquilo era muito opressivo. Andei durante quatro anos ameaçado de ser expulso, até que, no dia 10 de junho de 1975 – ainda não era feriado –, fui expulso do colégio.

Entretanto, os movimentos começam a entrar em Angola em 1974, e optei pela FNLA, não pelo MPLA nem pela UNITA.[2] Daí ter sido um adolescente soldado, com 14, nas vésperas de fazer 15 anos. Andei lá naquelas loucuras todas, onde salvei todas as vidas que me foi possível salvar. E... algumas mortes que teriam sido evitadas se eu soubesse a tempo. Sobretudo provocadas pela UNITA. Enfim...

Dessas experiências de guerra, só consegui escrever quando finalmente a guerra acabou em Angola. Então escrevi alguns poemas que saíram publicados na *Noite vertical*[3], que são violentíssimos, e dois contos que estão numa antologia, ou melhor, em várias antologias da União dos Escritores Angolanos e depois foram traduzidas, inclusivamente na Alemanha.

A minha amiga Ninfa Parreiras também organizou um livro chamado *Cartas sem resposta*, que saiu no Rio de Janeiro. Nesse livro, cada pessoa escreveria uma carta a um dos seus poetas preferidos (ou escritor) já morto, daí o título da obra. Eu escrevi uma carta ao João Cabral de Melo Neto, porque ele é para mim o poeta do século XX na língua portuguesa. Não é o Pessoa, é o João Cabral de Melo Neto, um poeta absolutamente inimitável, uma voz e uma dicção absolutamente inimitáveis, um poder criador avassalador.

Eu encontrei o João Cabral durante a Guerra Civil. Quando a guerra saiu de Luanda, a segunda cidade a ser fustigada (de forma violentíssima) foi Malanje. As pessoas fugiram todas de Malanje e, nisto tudo, ocorreu um facto trágico: um jovem casal, com aquele pânico todo, não se apercebeu que tinha deixado cair o bebé de meses. Puseram a alcofa no automóvel e só 450 km depois, no Huambo, é que deram por isso. Eu era, nessa altura, comandante-geral do batalhão dum exército de jovens e adolescentes, portanto, meninos soldados. Um médico da Cruz Vermelha, o Dr. José Fialho, telefonou ao quartel para pedir-me ajuda. Quando eu lá chego, ele chama-me à parte e diz-me: "Zetho – com lágrimas nos olhos – preciso que tu vás a Malanje, porque aconteceu isto com este casal". Ao chegarmos a Malanje, a criança ainda estava viva, na porta de casa. Então eu disse ao casal: "Olha, se querem, tragam mais coisas, o que vocês quiserem". Bem! Enquanto eles apanhavam mais alguma coisa, eu observava já as casas todas saqueadas e, de repente, vejo um monte de livros no meio da rua. Chego lá e vejo um do João Cabral de Melo Neto que eu conhecia, da *Morte e vida severina* cantada pelo Chico Buarque. Peguei no livro e esse autor acompanhou-me anos e anos e anos. Às vezes, no meio dos tiroteios, os "Jogos frutais" era o poema que eu lia colado ao chão.

DW: Inclusive pediremos, a seguir, a leitura de alguns poemas que o Zetho considerar relevantes para o documentário, para a sua história de angolano, de escritor em trânsito.

ZCG: Tenho um poema que saiu n'*A palavra exuberante*, intitulado "O velho sábio". Esses versos falam sobre um *sekulo* que trabalhava na casa do meu pai, um senhor já bastante idoso. O trabalho dele era ser o guarda da casa, entre aspas, era fazer a comida dos cães. Nunca havia menos de 30 a 40 cães naquela casa, mais 10 ou 20 gatos, macacos, pássaros, enfim. Aquilo era um pequeno jardim zoológico. Os leões, as hienas ou as onças vinham à porta de casa e, de vez em quando, lá ia um cão levado pela onça ou pelo leão e a gente só ouvia aquele latido de estertor de morte. No dia seguinte é que ficávamos a saber, pelas pegadas na areia, na terra, se era leão, se era hiena, se era onça quem tinha levado e qual o cachorro ou a cadela que tinha sido comido. Muitas vezes tínhamos que parar na estrada porque o senhor leão estava no meio da via e ficávamos ali a olhar para ele até ele ir-se embora, porque buzinar não o incomodava. Portanto, toda esta vivência com a terra e com esses provérbios deixou algumas marcas. Nós, crianças, brincávamos a inventar os nossos provérbios. Não peçam um, que eu não me lembro. Não sei sequer um poema meu de cor, não tenho nenhum poema de ninguém de cor. Não tenho esse dom.

Bem, sobre a identidade: lá em casa dos meus pais ouvia-se a rádio dos terroristas. Então, às 7 horas, era A voz da Angola Combatente – agora não posso precisar se era primeiro A voz da Angola Combatente, do MPLA, emitida a partir de Brazzaville ou Voz d'Angola Livre, emitida a partir de Kinshasa, da FNLA. Como coincidia com a hora do jantar, mais ou menos, ouvíamos esses programas, todos codificados para os guerrilheiros! O locutor era o Adolfo Maria, a quem eu dedico *O sábio de Bandiagara* também. Ele de vez em quando lia poemas. Lembro-me de um poema, ou melhor, do impacto que a leitura de um poema que ele fez teve em mim. Não recordo que poema era, que autor, que poeta era, mas, quando ouvi aquele poema, virei-me para os meus pais e disse: "Quando crescer, eu vou ser poeta". O impacto daquele poema em mim foi um despertar mais ativo da minha identidade, da minha terra, porque a gente pertence só a um lugar: é o lugar onde, pela primeira vez, a terra absorveu uma gota do nosso sangue. Não é o sangue da nossa mãe quando nos dá à luz. É quando a gente parte a cabeça, esfola um joelho, a palma das mãos, os cotovelos, enfim... é esse o nosso lugar de pertença, quanto a mim.

Lembro-me bem das belíssimas quedas do rio Cutato, onde eu brinquei muitas vezes. Ali existe uma rocha em cujo topo há uma saliência como se fosse um jacaré. Eu falo sobre isso também noutro poema. Para os nganguelas, aquela saliência era um jacaré, o animal protetor das crianças. Portanto, o povo ganguela subia aquela rocha e deitava a criança (ainda muito bebé) sobre esse jacaré, ao meio-dia em ponto, quando não há nenhuma sombra, sob o zénite do cacimbo, o tempo mais seco, mais frio e sem chuva. Também eu estive lá deitado na pedra do jacaré.

Há também uma dança que se chama Cauêma e que não tem paralelo com nenhuma dança do fogo que eu conheço. Desde criança, os meus pais eram convidados sempre para irem assistir. Essa é uma dança feita no tempo do cacimbo, para celebrar as boas colheitas, e é dançada exclusivamente por mulheres numa noite de lua nova, em que a noite é mesmo negra. Em todo o *kimbo* (ou a sanzala, como lhe queiram chamar) não se acende nenhuma fogueira. As mulheres vão para o mato em redor da aldeia, onde se untam com um óleo feito à base de rícino e umas ervas que nunca soube o que eram. Envolvem-se em *londóvia* (*londóvia* entre a casca de arbustos, que serve para fazer cordas). Completamente nuas, envolvem o corpo todo nesses *londovos* untados com um outro óleo comburente. Depois, deitam fogo da cabeça aos pés. A dança começa com batuques e *chingufo* (*chingufo* é um tronco de árvore, enormíssimo, escavado em triângulo por dentro e percutido com umas grandes mocas envolvidas em panos). No início há um silêncio absoluto e assim ficam as pessoas. Todas as aldeias têm o seu centro, o *django*, que é a sala comunitária, e as pessoas ficam dum lado e do outro da aldeia. De repente, começa-se a ouvir aquele atroar de tambores, o chão estremece debaixo dos pés, a imitação de vozes de animais. Em seguida, começa-se a ver de um lado e do outro da aldeia umas pequenas fagulhas e as mulheres começam a dançar. Quando chegam ao centro da aldeia, são autênticas esculturas movediças de fogo, são uma brasa da cabeça aos pés, a moverem-se, e vão subindo umas por cima das outras em pirâmide, alternadamente, até uma conseguir chegar ao topo da pirâmide e a pirâmide sempre a rodar, sempre a dançar, sempre a dançar. Quando isso acontece, pode levar horas. Então toda a gente aplaude e acaba a dança, as mulheres descem, desparecem no meio da floresta, acendem-se as fogueiras novamente, elas voltam já vestidas e então há comida e bebida até o sol raiar. Toda essa memória e a paixão que tenho pelas literaturas de tradição oral, pelas oraturas, determinaram essa minha ligação com a terra, com tudo aquilo que, desde criança, eu vivi. O primeiro poema que eu escrevi foi um soneto. Vamos lhe chamar poema por comodidade de expressão. Tinha eu onze anos, ainda não tinha feito doze anos.

Havia guerra de giz e eu, como estava ameaçado de expulsão, tentava não fazer ondas. Mas o meu colega da frente esquiva-se de levar com o apagador. Eu levo com o apagador e aí eu não pensei duas vezes: agarrei no apagador, atirei-o para o meu colega que estava no quadro. Em vez de acertar no meu colega, ele desvia-se e eu acerto no padre, no professor. Pronto, fui para a rua. Eu disse: "Ó senhor padre, não marque falta disciplinar", e ele: "Vai-te embora lá para fora, vai-te embora, vai apanhar ar". Pronto. E aí escrevi um soneto, o único soneto que escrevi. Não penso voltar a escrever sonetos, com todas aquelas coisas que a lei da gramática manda, com as rimas, as métricas, as sílabas todas contadas. Afinal ainda estive lá mais três anos, infelizmente. Isso é das coisas que não me fizeram bem na vida, antes pelo contrário.

Depois de muitas peripécias, chego a Portugal, volto a Angola, para a guerra. Depois andei um bocado pelas Europas ligado à FNLA, até que vim parar a Portugal novamente. Como a gente tem que viver em algum lugar, fui ficando por aqui. Sempre fui do meu país um exilado, exilado na minha própria língua. A Portugal o que me ligava (e liga) é a grande poesia que tem e a gastronomia, que está a ser destruída com muita proficiência, infelizmente.

DW: Gostaria de aprofundar um pouco mais a sua relação com Portugal. Depois de tantos anos vividos em Portugal, não se sente também, e até certo ponto, identificado com este país?

ZCG: Os meus sapatos pisam e caminham pelas ruas mais variadas do mundo, mas as solas dos meus pés não saíram nunca das quedas do rio Cutato. Portugal poderia ser um pequeno paraíso na terra, mas é demasiada mediocridade de tudo isto... os senhores do poder, coitados. Posso dizer que conheço – como pouca gente – a poesia portuguesa, porque a leio e releio muito. Mas a poesia não é literatura, como digo no prefácio de *Noite vertical*: "A poesia é uma coisa demasiado séria e importante para se confundir com literatura".

Toda a grande ficção se aproxima da poesia. *Guerra e paz* é um longo poema sinfónico. O Ruy Duarte de Carvalho, que é um dos maiores poetas e escritores angolanos para mim, quando começa a escrever mais ficção, quando começa com o *Vou lá visitar pastores* e faz a tetralogia, são longuíssimos poemas toda aquela prosa. E é essa prosa que me interessa, ou seja, é a sabedoria. E a poesia é outra coisa, a poesia tem a idade da voz humana, a poesia é a nomeação criadora das coisas. Se não fossem os poetas, o ser humano não sabia o que era a paixão. Aliás, a poesia é anterior a Deus, porque foi preciso um poeta criar e nomear Deus para que ele existisse. Todos os povos têm a sua literatura de tradição oral. E quando um povo se esquece dela, e cada vez mais dela se esquece, nestes tempos de assassinato da memória, e se recusa a olhar para as origens, então esse povo está mal, é um povo doente.

Como diz o meu velho e querido amigo Octavio Paz: a baixa qualidade estética da poesia é o primeiro sinal de que uma sociedade está doente ou moribunda. E isso é facto. Vemos hoje que os grandes poetas que ainda respiram têm já bastante idade. Eu tento ver um pouco, pelas línguas que domino, a grande poesia, aquela que me inquieta, porque a poesia é para inquietar, não é para apaziguar nada. A poesia é para nos pôr diante do nosso rosto mais secreto. Eu não estou a dizer com isto que a poesia deva ser sádica, não! No fundo, toda a arte é. Estando tudo já feito, tudo inventado, tudo já criado, há que fazer o novo. Como dizia o velho Ezra Pound, "make it new" – refazer tudo a cada instante. Essa é uma outra preocupação que tenho com a minha escrita. Tento não me repetir e, de livro para livro, sendo as obsessões sempre as mesmas, os temas são sempre os mesmos, tento dizer tudo de uma outra forma.

DW: Voltando às questões iniciais, tinha-lhe pedido que trouxesse um objeto que evocasse alguma memória de Angola. Poderia explicar-nos do que se trata?

ZCG: [Olha e aponta para o céu]. Este não é o azul do meu céu. Este não é o céu do meu sangue. A noite aqui é uma noite branca, por causa da luminosidade. Não há noites negras, o céu nunca é negro e o azul não é o azul com aquele caráter, com aquela limpidez, aquele azul, absolutamente sem poder ser pintado, do meu céu. Este é o objeto que trouxe: o céu. Uma das coisas que me faz sentir mais acentuadamente o exílio em que estou, para além de todas as outras questões inerentes ao exílio, é este céu. Esse é o céu que nós temos sobre a cabeça, mas que, às vezes, dói. É um céu que dói. Aliás, em *Noite vertical* saiu um poema breve e que passou por muita reescrita. Chama-se "Na alegria da terra":

Os meus dias
trazem
o fulgor dos horizontes,

a espessura exata
do Sol,
onde nasci. Os meus dias,
– lenta cortina de prodígios,
sortilégios

que a palma das mãos
acolhe
– verso, noite vertical.

E é *Noite vertical* porquê? Em Angola não existe crepúsculo. Quando é lua nova, o céu forma uma imensíssima bola de fogo e, num fechar de olhos, ele desaparece e fica aquela noite negra. Quando é lua cheia, ficam aquelas estrelas todas e aquela lua colossal. O tempo das luas é o tempo de tudo. Mais do que o tempo solar, é o tempo lunar que rege as nossas vidas. Costumamos dizer: "Estás com a cabeça na lua". Estamos sempre com a cabeça na lua quando estamos um bocado mais connosco mesmos.

DW: A sua poesia traz muitos elementos da tradição oral de diversos grupos etno-linguísticos de Angola, mas também de outras partes de África, como também da América Latina. Estes elementos traduzem uma certa visão de mundo apoiada por rituais, pela sabedoria dos mais-velhos e pela presença dos espíritos. Qual é a sua relação pessoal com as visões africanas do mundo, e que encontro pretende produzir entre esses elementos culturais e o público português ou internacional?

ZCG: Creio que o fundamental é que o poema seja efetivamente um poema. Por exemplo, *A palavra exuberante* é produto de vinte anos de trabalho ininterrupto. Não me preocupo com os leitores. Costumo dizer (e não é, de modo algum, por arrogância): "Não sei quem são os meus leitores". Felizmente os meus livros de poesia têm encontrado leitores. Estão praticamente todos esgotados neste momento.

Era para ter saído, ainda no ano passado, a reunião da minha poesia, porque completei quarenta anos de livros publicados. Há de sair um destes dias, agora com este problema todo dos tempos tenebrosos em que estamos todos envolvidos, mas vai sair.

Para se escrever há duas coisas fundamentais: 1) a vida vivida é fundamental e, depois, 2) ter alguma coisa para dizer ou imaginar e dizê-la de uma forma que se não confunda. Criar uma voz pessoal é um trabalho de uma vida inteira e nunca estamos satisfeitos. Qual é o meu melhor livro? O meu melhor livro é aquele que eu ainda não escrevi e que apenas existe na minha cabeça. Tenho alguns poemas para um próximo livro, escrevi dois pequenos livros, cada um tem dez poemas. Um, durante a pandemia, que é *A respiração suspensa*, e um outro,

Exorcismos para ler em voz alta. Em alguns desses poemas entram o quimbundo, o nganguela e umbundo.

O *Exorcismos para ler em voz alta* é um livro violento. Os poemas d'*A respiração suspensa* são muito mais violentos ainda. Posicionam-se contra o poder, contra os poderes que são, em absoluto, contra o ser humano, e nisso a poesia tem que ter alguma voz. Toda a poesia, toda a manifestação de arte é um acrescento de beleza à beleza que o mundo não tem. Não é o real quotidiano que deve fazer a poesia, mas, ao contrário, a poesia é que deve, em absoluto, criar o real quotidiano.

Aqui vamos para outra questão: a escola é a responsável pelas pessoas que não gostam de poesia. Não obstante, essas mesmas pessoas trauteiam canções de que gostam e essas canções têm palavras por trás. Não são poemas, mas textos. Por outro lado, há algumas canções que são efetivamente grandes e bons poemas. Estou-me a lembrar do Chico Buarque, do Caetano Veloso em "Língua", das canções com textos de Vinícius de Moraes ou do Léo Ferré.

DW: Quais foram as suas experiências ao levar a poesia às escolas?

ZCG: Então vamos voltar à questão da escola: quando se vai para a escola primária, as crianças são esponjas que absorvem tudo – e adoram poesia. Eu tive essa experiência e vou contar uma história com uma escritora portuguesa cujo nome não revelo. Ela vendeu muitos milhares de livros. Um dia estávamos num festival literário aqui em Portugal e havia umas turmas de alunos com nove até aos treze anos de idade. Essa senhora começou a falar dos seus livros. A maior parte daquelas crianças vinha de fora, de aldeias, tinham que se levantar muito cedo para apanhar os transportes. E, então, algumas delas começaram a cochilar, todas acotoveladas umas nas outras. Eram por aí uns 80 ou 90 alunos. A tal senhora a falar dos seus livros, muito moralista: "Os meninos têm que ler, os meninos têm que fazer isto". Quando chegou a minha vez, peguei num poema e disse: "Quem é que quer ler aqui comigo, porque eu nasci muito cansado?" E já toda gente queria ler o poema. Assim segui: "Então vamos fazer o seguinte: cada um lê uma palavra para começar e vai passando o livro ao outro". Assim fiz, porque eu só tinha um exemplar comigo. Passado um bocado, acabou o poema e eis que uma criança diz: "Ó Zetho, eu ainda não li". "Então olha, vamos fazer outro jogo: vou escrever aqui no quadro estes versos e vocês respondem, porque é refrão do poema". Bem! Aquilo transformou-se num autêntico concerto: as crianças adoraram aquilo. É uma coisa que eu já fiz muitas vezes. Entretanto, a senhora ficou absolutamente minha inimiga por causa disso. Aquelas crianças andaram durante todo o tempo atrás de mim: "Mas o senhor é poeta? O que é isso de ser poeta?" São aquelas perguntas.

Depois, sai-se dali, vai-se para o secundário e lá vêm as métricas, as rimas, a gramática. A gramática é para aprender-se e esquecer, porque um escritor ou um poeta que não crie a sua gramática está perdido. Daí haver muitos versos todos muito bem acamados: sujeito, predicado, complemento direito, etc. São coisinhas acamadas umas em cima das outras que não têm fulgor, não têm nada lá dentro. Chega-se à universidade: estudar poesia! Poesia não se estuda, meu deus! Poesia é para se reler, porque não há como estudar poesia, não há! Se um poema é realmente um poema, ele nunca poderá ter a mesma leitura em duas pessoas. Infelizmente, na escola, o aluno orienta a sua leitura em relação ao gosto do professor: "O que é que o professor quer que eu diga disto?" E toda a criatividade, toda a fulguração e o gosto literário são desincentivados desde a infância até a faculdade. Lamento muito vocês serem professores universitários, mas isto é um facto.

Isso, quanto a mim, é terrível, porque comecei a escrever aos onze anos, e nunca li nenhum livro que fosse obrigado a ler durante o tempo que andei a estudar. Tinha toda a ligação às oraturas, mas a forma como me obrigavam a ler era demasiado limitante. Depois, em Angola, nós tínhamos que saber todos os rios de Portugal, os ramais do caminho de ferro... para quê? Dividir e classificar orações... ó diabo! Um horror!

Não havia nada que levasse os alunos a gostarem de literatura. Que eu saiba, os únicos abencerragens que se dedicaram às literaturas fomos eu e o Carlos Mendes de Sousa, o meu colega durante quatro anos no Alexandre Herculano. Ele tem poemas que de certeza não publica, mas enveredou pelo ensino e pelo ensaísmo. Ao contrário de mim, o Carlos Mendes de Sousa lia todos os livros, foi o único que leu A *morgadinha dos canaviais* no terceiro ano, quer dizer, o único de nós todos!

DW: O Zetho, ao escrever ou reescrever tradições orais, oraturas, parece fazer um exercício de tradução em vários sentidos: de uma cultura para outra, de uma língua para outra e, por fim, da oralidade para a escrita. É nisto que consiste o seu projeto literário?

ZCG: O projeto do *Rio sem margem* nasce da minha paixão pelas oraturas. Começo a ir ao que está publicado em recolhas de provérbios, de adivinhas, de motejos, de poesia tradicional. Olhando para aqueles trabalhos, que na sua maioria são muito bons, faltava ali o dom do poema, faltava ali poesia. Então, sem trair toda essa poesia que estava lá implícita, tenho tentado e vindo a criar ou a devolver a poesia que aqueles adágios, aqueles provérbios, aqueles motejos têm, mas que, na língua portuguesa, estava perdida nas traduções literais. Então, o *Rio sem margem* é um projeto de recolha das tradições orais e de recriação autoral, porque aquilo que ali está é um trabalho de autor. Apesar de no primeiro volume haver poemas das oraturas maias, incas, da Etiópia e de Moçambique, decidi, no segundo volume, incluir apenas oraturas de Angola.

Entretanto... é tudo muito trágico. Houve um prédio que explodiu aqui em Lisboa, onde eu tinha guardadas as coisas mais sagradas para mim: os meus álbuns de fotografia desde criança, os álbuns dos meus pais, os documentos dos meus pais, inclusivamente o bilhete de barco do meu pai em terceira classe no navio Cuanza para Angola em 1933. Havia também cartas de poetas para mim. Uns 30 poemas do terceiro volume do *Rio sem margem* arderam nesse incêndio. Durante muito tempo não voltei ao projeto do *Rio sem margem*.

Entretanto, decidi fazer algo diferente com *O sábio de Bandiagara*. Fui buscar à internet alguns livros em PDF das literaturas da América Latina e descobri aquelas sete mulheres de Chiapas, do Taller Leñateros, que me encantou! Então fui traduzindo, montando poemas a partir das oraturas africanas, mas não de Angola, e da América Latina. Criei um livro altamente político com dois continentes despedaçados pelo exterior. Disse-me: "E se eu pegasse e fizesse um jogo com poetas contemporâneos e a poesia ancestral de vários povos?" E depois disso: "E se retirasse as origens e as autorias e o leitor só as tivesse disponíveis no fim do livro?" Ótimo! Assim nasce *O sábio de Bandiagara. Esconjuros, ebriedades e ofícios*, em que há também três poemas meus.

Tinha, porém, a ideia de dedicar o livro ao Luandino Vieira, ao Arnaldo dos Santos e ao Adolfo Maria, porque são da mesma infância lá no Makulusu, na Ingombota. O Luís Carlos Patraquim então sugere-me algo. É ele que, no fundo, cria a dedicatória. As dedicatórias são a essas pessoas e ao Uanhenga Xitu pela sua relação com a oralidade. Então definimos:

Este livro é dedicado
a João Vêncio e Mestre Tamoda;
à vida verdadeira de Adolfo Maria;
aos Rios do Tempo
e ao vento que desorienta o caçador.

Quando estava a compor *O sábio de Bandiagara*, havia poemas que o livro recusava e que vieram depois a dar *O leopardo morre com as suas cores*. Os livros é que sabem quando é que acabam, o que é que querem... eu não mando nos livros. Como é que eu hei de explicar isto? Quando há alguns poemas soltos e eu não sei o que hei de fazer com aquilo, o livro diz: "Não, isto aqui não cabe, porque apenas para encher, não". Isso faz nascer pequenos livros que têm o volume que têm. Espero mesmo é que o seu interior não decresça, isso é o mais importante.

DW: Em *O sábio de Bandiagara*, o Zetho trabalha com um leque de poesia de diferentes regiões, nomeadamente África e América Latina. E depois também tem o poema "Canto de nomeação", em *A palavra exuberante*, escrito totalmente numa língua africana, o bosquímano. Em que medida acha que o termo "literaturas africanas de língua portuguesa", usado na academia, faz sentido quando se fala da sua obra? Enquadra-se a sua obra neste termo?

ZCG: Isto vocês na academia é que devem saber. Eu, para mim, sou angolano, não sou outra coisa. A minha poesia, como é que eu hei de dizer? Angola está lá. Mesmo quando aparentemente não está, é Angola que lá está. Talvez os *Alumbramentos* seja aparentemente um livro onde não há uma referência explícita e, no entanto, isto é tudo Angola. Já a *Noite vertical* foi um livro que me deixou exausto. Aliás, todos os livros me deixam numa tenebrosa exaustão, mas este particularmente, porque a última parte contém prosas-poemas para amigos mortos. Foi um livro que me deixou num vazio terrível.

Em mim, pelo menos, a escrita é sempre contra o desespero e contra a estupidez humana com a qual infelizmente temos que coabitar, com a qual temos que conviver quotidianamente. Só escrevo realmente quando não consigo não escrever. O meu processo de escrita é ir anotando, fazendo cábulas. O que parece uma boa ideia para um poema muitas vezes não dá nada. Outras vezes, sim. Então acumulam-se papéis e papéis e papéis. Depois vou trabalhando, escrevendo e reescrevendo até chegar a um mínimo de satisfação. Escrevo poesia com caneta de tinta permanente. Eu nunca consegui escrever um poema no computador. Quando achava que em manuscrito o poema estava pronto, eu datilografava-o na máquina de escrever.

Depois desse vazio da *Noite vertical* e com a concentração de dizeres nas prosas-poema, eu disse: "Bom, o poema em prosa dá a sensação de que a dicção é mais expansiva". É claro que isto era eu a enganar-me a mim mesmo para tentar escrever alguma coisa. E assim foi escrito os *Alumbramentos*. Nos *Exorcismos para ler em voz alta*, há um poema que evoca o caso de uma senhora que eu conheço, uma cabo-verdiana que, num processo de divórcio, com um filho de quatro ou cinco anos, estava numa guerra tenebrosa para a custódia da criança. Esta história fez eclodir em mim um poema violentíssimo.

DW: No início da nossa conversa, disse que se considera um exilado do seu país. Isso tem a ver também com o facto de ter pertencido à FNLA? Trata-se de não pertencer a um certo paradigma que venceu em Angola?

ZCG: Esta é a razão. Ainda hoje pago em Angola um preço alto por isso. Em 1975, eu era preso ou era morto. Mas isso é a lei da guerra e as leis da guerra são pouco belas. Ainda que tenha muitos amigos do MPLA, estive em Angola, mas há sempre um estigma do Outro. Eu, da minha parte, tenho tudo muito bem resolvido, não tenho nenhum problema com nada.

DW: Diz-se muitas vezes que a poesia é intraduzível. Como tradutor de poesia, o que pensa sobre esta afirmação?

ZCG: Tenho transposto, transmudado, transvertido para português uma série de poemas. Muita coisa está inédita. Tenho para mim que, ao passar um texto de uma língua para outra, o importante é que, na língua de chegada, se crie um poema absolutamente poema, sem trair a ideia. Mas é impossível a respiração de uma língua ser transposta para a respiração de outra língua. Então, com estas coisas todas, eu disse: "Vou escrever um poema que seja mesmo impossível de traduzir, seja lá para que língua for", e escrevi o "Canto de nomeação", que dá cinco páginas de glossário de hipotética tradução.

A questão do glossário para mim é um respeito pelo meu leitor, seja quem for, mas é um respeito por quem lê. O meu leitor não tem que saber nem ganguela, nem chinês. Há autores que não põem glossário. Isso é com eles! Eu tenho o maior respeito pelo meu leitor, porque eu escrevo, primacialmente, para mim, para estar bem comigo mesmo, ainda que eu nunca me aborreça comigo mesmo. Adoro a solidão, o que também é óbvio em função desta profissão extremamente solitária que tenho – embora eu possa ler e escrever muitas vezes em cafés, quando havia cafés, agora já não há cafés. Hoje isso é um pouco mais difícil, mas, sempre que posso, ainda trabalho nesses locais, porque me dá prazer.

Eu nunca me aborreci comigo. Nunca me zanguei comigo. O que me irrita realmente é a má poesia, a má literatura. Isso sinceramente tira-me do sério, porque a poesia e a literatura são a grande arte do equívoco. Irritam-me também os cânones. O que é um cânone se, como disse o Jorge Luís Borges, "o grande antologiador é o tempo"? Depois temos a questão das gerações, outra coisa também muito engraçada. A minha geração qual é? A que geração pertence o Camões, os poetas que eu amo, o Dante, as oraturas? A minha geração é a dos grandes poetas, dos que são para mim grandes poetas. É essa a minha geração e, portanto, é temporal, porque toda a poesia é temporal. Por exemplo, um poeta de que eu gosto imenso: o Lao Tsé, com o *Tao-te king*. A sua poesia traz muitos provérbios, todos de tal forma retrabalhados – num sistema de colagem, de montagem, de criação poética – que ainda hoje, 2600 anos depois, há gente à procura de onde vem, de onde veio aquele poema ou um verso de determinado poema. Não há nada mais moderno do que isso, do que o *Tao-te king*, do que a obra do Rumi, do Omar Khayyam, os petrarcas, a Odisseia, tudo isso... a atemporalidade é outra questão que me interessa.

DW: Ao ler os seus livros, nota-se uma ausência do tópico pós-colonial, seja como tema ou como discurso do texto. O conceito de pós-colonialidade faz sentido para si?

ZCG: Não sei e não faço a mais pequena ideia do que seja pós-colonialidade. Posso, isso sim, colocar a questão desta forma e responder com outra pergunta: seria tudo isso uma forma de neocolonialismo ou neocolonização, recolonização? Será aferir os princípios que vêm da velha Grécia e transpô-los egocentricamente, como sempre a Europa faz, em relação ao Outro? Não sei... sinceramente, não faço ideia do que seja nem me preocupo em estar *à la page*, na moda.

O que me interessa é criar uma obra que não se confunda e escrever o melhor que consigo: acrescentar um pouco de beleza à beleza que falta ao mundo. E, se conseguir que os meus leitores, as minhas leitoras, ao lerem um poema meu, se sintam mais felizes... que maravilha! Porque... é a felicidade! Eu nasci para ser feliz e não permito nunca que me roubem ou destruam a felicidade que é minha e só a mim pertence. As pessoas felizes são dadivosas por natureza e a dádiva não espera nada em troca, não é um comércio. A felicidade também não é um comércio, mas as pessoas têm um medo pavoroso de ser felizes. Por exemplo, aqui em Portugal há uma expressão que diz: "Estou hoje muito contente. Não deve estar para me acontecer coisa boa". Que povo mais catastrófico e trágico! Daí que a sabedoria seja o que mais me interessa. E a sabedoria o que é? Atravessar o vidro sem o partir, de um lado para o outro, e não com o olhar, mas com o corpo todo, com a alma toda.

Data: 16 de novembro de 2020
Local: Lisboa, Portugal
Transcrição: Paulo Geovane e Silva

NOTAS

1. MPLA: Movimento Popular de Libertação de Angola.

2. FNLA: Frente Nacional de Libertação de Angola; UNITA: União Nacional para a Independência Total de Angola.

3. Refere-se ao poemário de 2017 (publicado pela editora Língua Morta) e não ao homónimo livro de poesia reunida de 2021 (publicado pela editora Maldoror).

"A palavra nómada"
Entrevista a Aida Gomes

Nascida em Lundimbale (Huambo, Angola) no ano de 1967, filha de mãe angolana e pai português, Aida Gomes veio para Portugal com o pai em 1975, fugindo de uma situação de iminente perigo e guerra. Aos dezoito anos muda-se para a Holanda para trabalhar como *au pair* e é também nesse país que estuda Ciências Sociais. A pesquisa para a sua dissertação de mestrado levou-a novamente a África, no entanto não a Angola, que ainda estava em guerra, mas a Moçambique. Aida Gomes andou por vários territórios do mundo: Guiné-Bissau, Camboja, Suriname, Sudão e Libéria, onde trabalhou em missões de paz da ONU. *Os pretos de Pousaflores* (2011), o seu romance de estreia, com quase dez anos de lançamento, continua a abrir algumas das feridas da memória coletiva portuguesa. Não sendo um romance autobiográfico, conta uma história polifónica, inspirada na realidade, que se prende com as experiências de um outro "retorno de África", a chegada de crianças e jovens não-brancas a uma aldeia portuguesa.

Nesta entrevista, concedida em outubro de 2020, Aida Gomes partilha reflexões sobre o seu percurso, marcado por tantos trânsitos, a construção da sua identidade, impregnada por muitas confluências culturais, bem como sobre o seu romance.

DW: Aida, obrigada por ter aceitado o meu convite. Comecemos com uma autoapresentação sua. Conte-nos, por favor, o seu percurso de vida, o seu sentido de pertença a diferentes lugares e o impacto que isso teve (e tem) na sua visão de mundo e no seu projeto literário.

AG: A minha relação com a escrita, com as letras, começou em Angola muito cedo: o meu pai ensinou-me a ler muito cedo. Lembro-me que, aos quatro anos, eu sabia ler e escrever e queria muito ir para a escola. Ainda fiz a primeira classe em Angola e depois houve um ano conturbado em que não havia escola, não havia nada. Foi mais ou menos a altura em que a guerra começou. Quando cheguei a Portugal, lembro-me muito bem de uma escola no cimo de uma serra, na aldeia onde o meu pai nasceu. Essa escola tinha dois edifícios, cada um com duas das quatro classes do ensino primário. Tenho a memória de, naquela altura, ter escrito um poema. E tenho essa lembrança porquê? Porque a professora gostou tanto dos meus versos que pegou no poema e foi para o outro lado do edifício mostrá-lo à outra professora. Infelizmente eu nunca consegui recuperar esse poema, porque a professora tinha uma espécie de armário de vidro, com muitas coisas lá guardadas, onde deixou também o meu caderno aberto na página em que estava o poema. Quando acabei a escola lá, não tive coragem de pedir para me devolverem o caderno. Sei que o texto tratava de uma borboleta. Eu dizia que queria ser uma borboleta azul. Eu devia ter oito ou nove anos na altura. E nesse poema eu dizia que queria ser uma borboleta azul porque, quando as crianças me vissem pousada na erva ou pousada à beira da estrada num arbusto, ninguém me ia fazer mal porque iam pensar que eu era um pedacinho caído do céu. E esse poema – isso já foi há quarenta anos atrás – reflete um bocadinho a minha experiência nessa escola, uma vez que eu era a única pessoa de cor que as pessoas ali tinham visto. Fui constantemente atormentada de todas as maneiras possíveis, chamavam-me certos nomes. As crianças, naturalmente, são muito cruéis umas com as outras.

Tenho também a lembrança de, na escola secundária, escrever muita coisa. As professoras de Português eram muito simpáticas comigo, partindo do princípio de que eu era uma das poucas pessoas de cor ali e de que eu não tinha mãe. Acho que houve até uma professora que me queria adotar. Então, nesse sentido, senti-me aconchegada.

Nós, em casa, não tínhamos muito dinheiro. Como eu gostava de desenhar, a minha estratégia foi, muitas vezes, escrever poemas e trocá-los por desenhos, folhas de papel de resma ou por canetas. Entre os meus escritos, estavam aqueles poemas ao estilo Carlos Drummond de Andrade: "O João ama Maria, a Maria ama a Alice..."[1], etc. Esses versos eram mais ou menos sobre a Maria que gostava do Manuel, de modo que saía assim um poema da Maria a revelar o seu amor ao Manuel, esse tipo de coisas.

Eu sempre carregava comigo cadernos onde "escrevinhava" todo o tipo de coisas à minha volta. Quando fui para a Holanda, foi a primeira vez que tive, para já, um contacto com uma língua que não fosse a materna. Mas isso também da língua materna é estranho, porque, segundo o meu pai, eu falava umbundu quando criança, já que a minha mãe era angolana e falava comigo em umbundu. Ela deixou de estar presente na minha vida quando eu tinha catorze meses. Depois, havia sempre as meninas que tomavam conta de mim, e elas falavam-me em umbundu também. Há uma familiaridade no som, eu gosto do som, principalmente o cantar, mas não me lembro, não sei nenhuma palavra em umbundu.

Então, chego à Holanda e sou confrontada com uma outra língua, muito árida, muito dura, muito mais difícil. Comecei lá a escola secundária para poder ter o diploma do secundário. Lembro-me também de tentar escrever em holandês e da diferença que havia entre o holandês e o português: o português é como uma espécie de rio fluente, as palavras espalham-se, a língua tem um ritmo que se alarga, e o holandês são tijolos, são pedras sobrepostas. Mais tarde, comecei a escrever em holandês. Num desses escritos, criei a imagem da neve e de uma luz a brilhar nesse ambiente gélido. Essa luz era uma espécie de pirilampo no meio de uma nuvem. É claro que essa imagem é impossível, porque os pirilampos costumam aparecer numa noite quente de verão. Mas era exatamente essa a imagem. Anos mais tarde, um amigo tradutor ficou irado comigo: "Isto é impossível de ser dito, tu não podes dizer isto em holandês. Vai contra toda a lógica!" Digo isso só para exemplificar os meus contactos entre esses países e as suas respetivas línguas.

DW: Pode comentar um pouco mais sobre a sua juventude?

AG: Os anos 90 são especiais porque eu era jovem e o típico da juventude são os ideais. Essa foi a época em que estudei Sociologia, porque queria ser jornalista. Nessa década havia a guerra da Jugoslávia, havia o Ruanda, havia a guerra na Libéria, Angola estava em guerra, Moçambique estava quase a ter acordos de paz, mas ainda estava submersa em conflitos. Então, para mim, África estava completamente num caos. E a única coisa positiva naquela altura foi a libertação do Nelson Mandela e depois a sua eleição. De resto, era um mundo terrível em termos de guerras e falta de esperança. Contudo, também havia uma espécie de espírito, a nível mundial, de que era preciso fazer alguma coisa. Lembro-me que, na época, o Kofi Annan também se tornou Secretário-Geral da ONU – a primeira pessoa negra. Não o primeiro africano, porque antes esteve o egípcio Boutros Boutros-Ghali.

Durante os meus anos de estudo na universidade, um mundo levantou-se para mim em termos de conhecimento, em termos de alegria de viver. Abria-se todo um leque de possibilidades. Acabei por fazer o mestrado em Estudos do Desenvolvimento, porque tinha aquele sentimento de que tinha que voltar a Angola, a África, tinha que fazer alguma coisa pelo continente que me fez nascer, pelo continente com que realmente eu tinha muita afinidade em todos os sentidos, porque nunca deixei de ser angolana, tanto aqui em Portugal, quando vim aos oito anos, como na Holanda, onde cheguei aos dezoito anos.

Na Holanda, por exemplo, havia alguém que tinha uma amiga portuguesa e estava sempre com muita vontade de me apresentar essa senhora. Quando esse encontro se concretizou, a minha amiga disse: "Olha, está aqui a Aida. Ela também vem de Portugal". Essa senhora olhou para mim e disse: "Ah, mas ela não é portuguesa!" Eu olhei para ela e pensei: "Ela tem razão, não sou portuguesa". Essa senhora ficou muito desiludida!

Num certo sentido, senti-me sempre angolana, tanto por mim própria quanto pela reação externa à minha presença neste mundo. Lembro-me quando foi para fazer a pesquisa de mestrado. Eu queria muito ir a Angola, mas nessa altura tinha rebentado a guerra outra vez e não era possível voltar. Então escolhi Moçambique para fazer a minha pesquisa. Fiquei lá um tempo e depois nunca mais parei num sítio certo. A minha vida foi: oito anos em Angola; depois, entre os oito e os dezoito, dez anos em Portugal; depois, o total do tempo que estive na Holanda foram nove anos. Nesse sentido, a palavra "nómada" talvez se aplique muito bem à vida que tive até agora. E voltei a Moçambique, para o trabalho. Também trabalhei em Angola, um bocadinho mais tarde, nos últimos anos da guerra. Estive ainda no Sudão, tanto em Darfur como no sul do Sudão.

DW: Essa vida nómada foi muito marcante para si?

AG: Dos países onde estive, penso que todos me marcaram, mas a Guiné-Bissau marcou-me muito, muito... especialmente pela terra que é: uma espécie de paraíso com muitos aspetos infernais, infelizmente, para as pessoas. Na Libéria tive experiências fantásticas, em Darfur, também em Cartum, a capital do Sudão. Em todos os sítios onde estive absorvi qualquer coisa. Mas, quando estou em mim, quando penso sobre quem sou, de certeza que haverá, portanto, talvez dois ou três países que de uma maneira ou outra determinam aquilo que sou. E aquilo que é a minha herança, definitivamente, é Portugal e é Angola, de uma maneira ou outra. E foi por essa razão que escrevi *Os pretos de Pousaflores*, por estas andanças que eu tinha feito pelo mundo. Houve uma curiosidade em tentar perceber como é que dois países – Angola e Portugal – se cruzaram na história que me fez escrever *Os pretos de Pousaflores*, para me perceber melhor, para perceber determinados trajetos. E aquele trajeto de que fala *Os pretos de Pousaflores* não é especificamente a minha trajetória pessoal, mas tinha um pouco a ver com os percursos de famílias, de homens, mulheres e crianças, de brancos, negros e mestiços, tanto na herança colonial portuguesa como também naquilo que é o passado de Angola. Era isso que eu queria aprofundar de uma maneira ou de outra.

DW: O que significam as palavras "identidade" e "memória" para si, a nível pessoal, literário ou político?

AG: A identidade é um termo que pode ser muito específico, mas, para mim, é vago. Esse conceito pode estar relacionado com o cabelo loiro, os olhos azuis ou ser moreno. Pode ser uma origem, uma raça, um país, um passaporte ou até uma identidade pessoal em termos de traje (uma pessoa pode escolher ser *punk*, ser *nerd* ou ser alternativo). Nessa perspetiva, sinto que há uma componente muito pessoal em termos do que seja a identidade. Supostamente, a maior parte das pessoas nem sequer pensa muito nisso, enquanto outras pessoas refletem um pouco mais e assumem a sua própria identidade na aparência, na nacionalidade ou mesmo no lugar onde vivem. Outras conformam a sua identidade pelo facto de não se identificarem com o lugar em que estão ou por andarem pelo mundo. Portanto, o que posso dizer da minha identidade? Há uma parte angolana. Assumo também uma parte portuguesa, porque o meu pai era português e porque tenho aqui algumas origens. Mas, de certeza, Angola, como eu disse, é o meu berço.

Nesse sentido, acho que a memória é o que, de uma ou outra forma, recompõe aquilo que seria uma parte da minha identidade, porque eu recomponho, reconstruo no momento em que estou a escrever. É o momento em que pego em assuntos ou impressões que me marcaram. Na escrita, a memória é sempre inventada, tal como a identidade. Voltamos sempre àquelas sensações da infância, porque aí aprendemos a sentir. É sendo criança que aprendemos a sentir o vento, ouvimos o vento, vemos os rios, vemos as flores, vemos os bichos, os pássaros. Isso é o que faz parte da escrita: estamos constantemente a redefinir e a definir o mundo a partir daquilo que é a nossa memória e do que são os nossos focos identitários.

DW: Tinha-lhe pedido que trouxesse algum objeto que, para si, denote uma memória afetiva de Angola. Vimos que trouxe algumas fotografias. O que representam?

AG: Trouxe esta foto com a minha mãe. Eu também estou nesta foto, feita pela minha filha. Foi no dia em que ela apanhou o avião de Lubango, no sul de Angola, e veio para Luanda. Eu estava a viver em Luanda e ela veio ficar meio ano comigo. Eu encontrei a minha mãe no meio da guerra, entre 2000 e 2001. A paz só veio no ano 2002 em Angola. E foi um momento muito emocionante, porque eu já tinha estado com ela em Lubango. Foi quando combinámos tudo: era preciso tratar dela, porque ela estava mais ou menos como refugiada. Depois de tudo tratado, finalmente veio o dia em que ela conseguiu apanhar o avião, já com a documentação, e ir para Luanda. Eu e a minha mãe fomos separadas quando eu tinha catorze meses. Significa, portanto, que não tenho memória consciente dela. Mas foi bom reencontrá-la naquele sentido de que me reconheci muito nela, não só no sorriso, mas também na sua estatura e no seu sentir. Já me tinham dito que ela era uma andarilha; nunca parava num sítio. E durante a guerra andou sempre de um lado para o outro. Além disso, ela tinha histórias. Nunca foi aquela pessoa vitimista. Sempre falava do que passou durante os anos de guerra com uma enorme lucidez, sem chorar. A minha mãe contou partes da guerra que eram dilacerantes, de gente queimada, de casas, cubatas queimadas. Mas a única coisa que me disse para realmente mostrar o quão horrível aquilo tudo foi, foi que ela, durante muitos anos, não conseguiu comer carne grelhada. Não suportava esse cheiro. E, nesse sentido, lembro-me de sentir que ela era uma mulher muito forte. Para além disso, tinha um sentido de humor muito grande. E esse sentido de humor é que eu relaciono muito com ser angolano. Lembro-me de estar em Moçambique e fazer a comparação com os angolanos. Havia aquela diferença: os moçambicanos são, vamos dizer, modestos, meigos – diria até ponderados – e têm um sentido de humor completamente diferente. Os angolanos são barulhentos, gostam de se afirmar e riem-se com qualquer situação.

A minha mãe teve três homens na vida: o Gomes, que foi o meu pai. Depois ela teve um filho (a quem deu o nome Guerra) com um capitão da UNITA.[2] Tempos depois, esse capitão foi morto. Ela andou pela guerra, perdida, refugiada, deslocada. Mais adiante encontrou um sujeito com o apelido Gusmão, que era já daqueles tempos coloniais. Se alguém em Timor-Leste falava muito, mandavam para Angola. Se alguém falava muito em Angola, mandavam para a Guiné. Andavam sempre a mudar, a desterrar quem falava muito. Então, o Gusmão foi parar ao sul de Angola e a minha mãe teve o terceiro filho com ele. E eu perguntei: "Então teve esses três maridos e agora está sozinha?". "Ah, filha... estou mesmo sozinha", disse ela. "Mas porquê?". "Não, quero estar sozinha, porque o que eu aprendi na vida foi: a vida é muito difícil com homem, é difícil sem homem, ah, é melhor estar sozinha. A vida é difícil na mesma".

DW: A Aida tem contacto ainda com os seus meios-irmãos?

AG: Há alguns anos que não. É uma história muito complicada. Um deles eu tentei ajudar, tentei, tentei. Isso é muito complicado no contexto africano, porque o dinheiro não chega. Mandei o dinheiro ao meu irmão e ele nunca o entregou à minha mãe. Ao meu irmão mais novo em Luanda, dei-lhe montes de coisas, mas vendem tudo, percebe? É aquela coisa africana muito complicada, de modo que tu não consegues ajudar efetivamente. Eles não percebem que, para eu juntar mil euros, também tenho que fazer enormes coisas, mas depois eles são capazes de pegar nos mil euros e fazer uma festa durante uma semana. Entretanto, aquele dinheiro deveria servir por muito tempo. Por outro lado, a questão é que, com o tempo, a relação se limita ao dinheiro.

DW: É um choque cultural, realmente.

AG: Sim, porque pensam que sou riquíssima.

Esta foto vem de um projeto muito bonito, em Luanda, chamado Stories for Trees, (Histórias para Árvores). Eu acho que foi aí por volta de 2001. A ideia era tirar fotografias e depois saiu um livro desse projeto. Esta fotografia é a imagem de capa do livro, onde escrevi um conto. Esta imagem para mim é lindíssima, porque simboliza Angola, mas também simboliza, para já, a engenharia capilar, ou o que lhe chamemos. Em qualquer parte de África é lindíssimo ver os penteados, os entrançados, as formas, a criatividade. Este penteado é lindo, porque realmente lembra os baobás africanos. E depois esta senhora da imagem, este céu azul claro, fantástico, o sol sempre a brilhar. Nem toda a gente pode contar com isso aqui nesta parte do mundo. Além disso, eu acho piada ao traje dela, porque ela já está num contexto, vamos dizer, doméstico.

DW: Dando sequência ao nosso jogo de palavras-chave, o que a Aida nos poderia comentar sobre a palavra "género"?

AG: Não é por nada que existe aquele *cliché* da mamã África ou da Terra Mãe. A mulher africana tem uma força suprema de sobrevivência. E qualquer pessoa que tenha estado em África sente que, de uma certa forma, os homens têm uma vida muito mais folgada. Há imensos homens que assumem toda a responsabilidade da vida, mas são maioritariamente as mulheres que assumem isso com muita força, com muita garra, que criam as crianças e que mantêm aquele espírito comunitário de entreajuda. Eu estive muito tempo a tratar de questões de desenvolvimento e percebi a importância de projetos envolvendo as mulheres. Quem apoia profissionalmente ou financeiramente uma mulher africana apoia uma família inteira. Quando alguém apoia um grupo de mulheres, apoia a aldeia inteira. O mesmo já não se poderá dizer quando os homens estão envolvidos. E ainda assim, muitas vezes eles é que se põem à frente, eles é que dominam o panorama.

DW: Passando agora para o seu livro, *Os pretos de Pousaflores* (2011), gostaria que comentasse um pouco sobre como essa narrativa aborda o "retorno de África".

AG: A questão do retorno é interessante para mim. *Os pretos de Pousaflores* foi publicado em 2011. Eu acho que foi em 2008 que me sentei para o escrever e estive mais ou menos um ano ocupada na escrita, na revisão, etc. *Os pretos de Pousaflores* era uma versão mais complexa de um outro livro que eu escrevi aos 23 anos e que era uma reflexão minha sobre o que foi sair de Angola, ir para Portugal e estar na Holanda. Essa versão chamava-se *O meu nome é Elis*. Tinha um amigo tradutor de literatura portuguesa e infantojuvenil e ele gostou muito da obra. Ele vinha regularmente a Portugal – estamos a falar do princípio dos anos 90 – e trouxe uma cópia do livro para falar com vários editores. Mas a resposta que obteve de toda a gente foi: "Ah, isso dos retornados e dos africanos, ninguém está interessado nisso. Nem pensar!" Na época em que comecei a escrever *Os pretos de Pousaflores*, peguei outra vez naquela versão e vi que não era exatamente aquilo o que eu queria escrever.

O retorno ou a expressão "os retornados" esteve, durante várias décadas, sempre interligada a um grupo de pessoas maioritariamente portuguesas que foram para Angola e retornaram. Isso claramente é uma simplificação da realidade. Concordo com aqueles que dizem que Portugal não esteve quinhentos anos em África, já que essa colonização andou nas costas, na parte litoral. Mas mesmo em África, se calhar, pode dizer-se que, durante pelo menos duzentos ou duzentos e cinquenta anos, existiu uma presença portuguesa mais permanente.

Houve várias vagas de portugueses em Angola e elas representaram vários períodos do colonialismo português no país. Há a presença colonial antes de 1910, no período monárquico, e há depois as diferentes vagas que surgiram no século XX. E o retorno não será a palavra mais adequada para classificar o que significou a vinda, a revolução portuguesa, as independências de Angola, de Moçambique e dos outros países que estavam sob o domínio português. Eu não utilizaria a palavra "retorno". Acho que a palavra "retorno" ficou um bocadinho em voga para identificar um determinado tipo de portugueses. Acho que as vagas de colonização do século XX realmente sentiram que Angola estava a crescer, que era o paraíso, que era maravilhoso para esses portugueses que ali estavam e tinham uma vida maravilhosa, de reis, tudo a rolar como devia ser e, de repente, acabou-se o paraíso deles e voltaram a Portugal. Eles também dizem: "Deixámos tudo". Ali ficou um sentimento de perda, um sentimento de saudosismo que representa o tal retorno, os tais retornados.

DW: Quais seriam os problemas por trás desse saudosismo e desse discurso sobre o retorno?

AG: Há nuances, na palavra "retorno", que se perdem. E essas nuances perderam-se, porque o discurso dominante do retorno foi sempre expresso e articulado por uma classe de portugueses, a maior parte brancos, que falavam de uma África mítica, maravilhosa.

Muitos aspetos se perderam no discurso sobre o retorno. É claro que o que veio ao de cima realmente foi a Guerra Colonial ou a Guerra da Libertação, de uma maneira ou outra. Essa questão foi articulada de uma forma política, em termos ou de uma direita conservadora (que se fixou pela parte do saudosismo e de uma independência mal conseguida e mal organizada) ou de uma fação portuguesa progressista, esquerdista, que fez o 25 de Abril, que se sentiu jubilante e que também deu algum espaço a um bocadinho de autorreflexão sobre os que estavam do lado certo da História e os que não estavam do lado certo da História. E por aí se ficou. Penso que não houve um debate entre as duas partes. Uma parte ficou-se mais pelas perdas e a outra parte ficou-se mais pelo júbilo de se ter tornado independente. Muito menos se falou, por exemplo, do significado do encontro entre as culturas e da violência que foi a imposição de uma ordem colonial. Falou-se muito pouco da integração daqueles que não eram brancos, mas que eram negros ou mestiços e que ficaram pela marginalidade urbana, nos arredores de Lisboa. Falou-se muito pouco da maneira como os portugueses olham o Outro, o negro. Sinto que em Portugal há muitas opiniões, mas não há uma reflexão, um conhecimento do Outro. Há ainda muito preconceito e muito saber opinativo. As discussões reduzem-se a expressar opiniões.

Recentemente, saiu aquela reportagem na SIC sobre "A Montra do Império"[3], uma das exposições coloniais que houve no Porto em 1934, se não estou em erro. Esse evento fez uma amostra daquilo que era o império português colonial e havia gente da Guiné, de Timor-Leste, de Moçambique. Não sei se havia gente de Angola e de Cabo Verde. E estamos em 2021. Desde os anos 90, na Holanda, em França e nos Estados Unidos já se falava disso abertamente. Em Portugal abre-se, de vez em quando, um véu. Surgem alguns assuntos ou episódios dolorosos da História. Mas suponho que não existe muito interesse em aprofundar o conhecimento, porque há imensos temas que acabam por não ser tratados, ou que são tratados muito superficialmente. Por exemplo, a questão do racismo. Este ano o debate sobre o racismo ficou em voga, por causa de George Floyd e das várias manifestações que houve nos Estados Unidos. Aqui em Portugal, também vimos manifestações e uma visibilidade maior da questão do racismo. Mas como é que, depois, pegam nessa questão? Não houve um tratamento do facto de que o racismo é presente na sociedade portuguesa. Em janeiro, um moço cabo-verdiano foi morto com barras de ferro em Bragança. Entretanto, quando esses episódios acontecem, não geram um debate. Sinto que aqui as elites pensadoras não gostam muito de pensar. Gostam de dar opiniões. E essas opiniões são ou do cunho progressista da esquerda, que diz sempre "Fora o racismo! Fora isto, fora aquilo!", ou dos conservadores, que dizem "Ah, mas não...". E nenhuma das partes aprofunda os temas.

Os pretos de Pousaflores já saiu há muitos anos. A proposta do romance foi entrar a fundo, por exemplo, na questão colonial da presença portuguesa, na oscilação histórica dos vários períodos coloniais. Assim, a figura do Silva Porto está aí por esse motivo, porque ele representa um outro tipo de colonialismo, um colonialismo de interesse comercial, mas que, pouco a pouco, se estava a transformar numa colonização pela força militar. Silva Porto foi alguém que viveu anos a fazer amizade e a respeitar as chefias tradicionais angolanas. Ele sentia-se muito mal pela força abrupta que entrava por Angola adentro. Isso é uma parte do colonialismo. Depois, há outra parte que é a pacificação, porque a violência militar foi constante, ocorreu durante mais de quinhentos anos, desde que o Diogo Cão aportou em Angola. No século XX, na primeira metade, até à Segunda Guerra Mundial, houve guerras de pacificação. Portanto, não foi a Guerra Colonial ou a Guerra da Libertação que de repente explodiu uma confrontação militar. A intenção também foi mostrar isso.

Ou seja, o que queria mostrar no romance é que a reinserção dos angolanos negros, mestiços ou de famílias misturadas foi uma história diferente daquilo que era o retorno, porque aqueles que realmente se inseriram muito bem na sociedade portuguesa fizeram-no porque tinham vínculos na sociedade, ou porque tinham poder económico e até social. Houve uma parte esquecida, da qual não se falou e que continuou a ser uma presença na sociedade portuguesa e que se traduziu nas mulheres da limpeza, nas assistentes. A ascensão social em Portugal é muito difícil: há vários mecanismos de exclusão. A pobreza é um mecanismo de exclusão, o racismo é outro, mesmo o nortenho e o rural português são também excluídos.

DW: O seu romance é polifónico; cada uma das personagens torna-se narrador/a na primeira pessoa em determinados capítulos. Conte-nos um pouco sobre as características e a conceção das personagens.

AG: Há dois aspetos nas personagens d'*Os pretos de Pousaflores*: o primeiro tem que ver com as características que cada um tem em termos funcionais para a história que eu quis contar. Uma das coisas mais importantes para mim foi a linguagem que utilizei. Eu saí de Portugal em 1985-86 e, a partir desse momento, não estive diariamente em contacto com a língua portuguesa, de modo que quase precisei de a reaprender. Não esqueci o português, evidentemente que não, mas já não tinha aquele vocabulário, porque estive sempre a trabalhar em inglês, um bocadinho em francês, e o holandês continuou, portanto, a ser a base do meu dia-a-dia. E, n'*Os pretos*, uma estratégia importante foi não construir um narrador omnisciente, o que foi uma escolha muito lógica, porque eu queria que o leitor se apercebesse, ele ou ela própria, das contradições de cada uma das personagens.

O segundo aspeto importante relativamente às personagens foi a linguagem: a ruralidade ou a regionalidade, a maneira de a Marcolina falar, que é aquele português, eu não diria arcaico, mas de aldeia. É claro que as pessoas na aldeia não falam assim. O que eu fiz foi entrar naquelas maneiras de pensar e de falar muito impregnadas de religiosidade. Com o Justino, por exemplo, tentei outra vez pegar naquele jeito de pensar e de estar angolano. As meninas têm uma determinada estrutura de pensamento, um jeito de estar e de dialogar que são diferentes do que vemos numa pessoa adulta de sessenta anos, como é o Silvério, ou de uma mulher como a Deodata, que terá uns trinta anos quando entra n'*Os pretos*. A Deodata é angolana e, nesse sentido, ela traz muito da minha interpretação de uma mulher angolana. O Silvério é português, o único português de gema na história (com a irmã dele). Ele é o português colonial, colonizador. A princípio, ele era o mais potente na narrativa. A sua linguagem era marcada pelo estilo das personagens do século XIX ou princípio do século XX, em cujas vozes há uma maneira muito distinta e elegante de articular as frases e mesmo de pensar. Tentei que a linguagem deles representasse também aquilo que eles eram. Fiz muito esforço para que cada uma das personagens fosse reconhecível pela sua própria linguagem, pelo seu vocabulário, pelo seu modo de expressão – isto também para as pessoas não ficarem confundidas em relação a quem está a falar em cada capítulo do romance. A história está a ser contada a partir de vozes e o leitor só se apercebe do que está a acontecer à medida que cada uma das personagens se revela.

A minha intenção não foi criar uma hierarquia de personagens, havendo uma principal e as outras secundárias. O objetivo era que cada uma tivesse a sua força no sentido daquilo que é a história. Assim, o Silvério realmente representa o colonizador. E não é por acaso que ele teve três filhos com três mulheres angolanas em três períodos distintos da colonização de Angola. Em cada um desses períodos, houve uma certa forma de estar, de colonizar e de abordar principalmente as mulheres. Portanto, a história que ele conta é a narrativa de como viveu e de como é que ele também teve relações íntimas com a população local. Mas, por outro lado, Silvério é contraditório, porque não é uma pessoa dura. Ele é uma pessoa até com uma certa sensibilidade. No momento em que chega a Portugal, é a primeira vez que começa a refletir e a fazer um ato de "autoexpiação" sobre o papel que teve como colonizador.

A Deodata, como angolana, tem uma filha com um homem branco e isso determina a sua vida. Ama a filha e faz tudo para vir para Portugal e encontrá-la. Ela é a personagem que melhor se adapta a Portugal, porque, talvez, como colonizada, também já interiorizou uma certa maneira de adaptação. Contudo, ao mesmo tempo, tem a força que é dela, a força que lhe vem de ser angolana. Ela sabe o que quer como mulher, como mãe e como companheira do Silvério. Ela é a mais consistente de todas as personagens. Enquanto isso, o Silvério é, de certa forma, a pessoa mais frágil, o que também representa todo o processo de descolonização, porque ele simboliza o fim de um sonho, uma utopia que acabou, que está despedaçada. As três crianças têm que fazer o caminho delas.

O Justino chega a Portugal com 18 ou 19 anos, vindo de uma juventude angolana dos anos 70, que era muito mais cosmopolita do que a juventude portuguesa. Portugal era um país fechado e o Justino chega com o cabelo à Jimi Hendrix, ele sabia que música se escutava nos Estados Unidos, no Brasil, e isso era possivelmente uma certa diferença entre quem era jovem em Angola nos anos 70 e quem era jovem aqui em Portugal. Ele é o contraste disso tudo, já que vem com aquela insegurança e, ao mesmo tempo, com aquela força cosmopolita dos grandes sonhos, com uma certa mentalidade *hippie* e libertária que é emperrada quando chega a Portugal. Entretanto, o Justino acaba por ter que se conformar com o lugar que lhe dão na sociedade – de contrário, a única saída era voltar a Angola.

As meninas, Ercília e Belmira, representam o que foi esse encontro entre Angola e Portugal, entre o colonizado ou a colonizada e o colonizador, entre o negro e o branco. Elas são duas meninas que representam a vulnerabilidade de ser menina e de crescer num Portugal em que é muito mais fácil ser-se espezinhado, maltratado como ser humano vulnerável. Espero que isso tenha mudado desde a publicação do livro, mas naquele tempo era assim. Além disso, elas representam também aquele exotismo da mulher negra, mulata, supostamente sempre pronta para o sexo. Há uma sexualização muito forte de quem tem uma cor, de quem é mestiço ou negro e é essa a vulnerabilidade que elas representam.

Data: 24 de outubro de 2020
Local: Valongo, Portugal
Transcrição: Paulo Geovane e Silva

NOTAS

1. Refere-se ao poema "Quadrilha".
2. UNITA: União Nacional para a Independência Total de Angola.
3. Aida Gomes foi uma das pessoas entrevistadas nesta reportagem de 2020.

DORIS WIESER

Angola e os lugares do afeto
Entrevista a Kalaf Epalanga

Kalaf Epalanga nasceu em Benguela no ano de 1978 e, nos anos 90, com 17 anos, para escapar da guerra e para poder estudar, mudou-se para Lisboa. Rapidamente começou a fazer parte da efervescente cena musical que se fazia sentir na cidade, convertendo-se num elemento fundamental da mesma. Tornou-se produtor musical, destacou-se por fazer parte da banda Buraka Som Sistema, responsável por levar os ritmos do kuduro a vários locais do mundo, e foi dando os primeiros passos na literatura. Radicado atualmente em Berlim, não deixou de circular por Portugal, Angola, e outras partes do mundo.

Nesta entrevista, Kalaf Epalanga fala sobre as memórias e os percursos que o marcaram, os lugares de afeto relacionados com a sua angolanidade, a Guerra Civil, entre outros assuntos que o movem. Houve ainda espaço para refletir sobre as suas obras, os livros de crónicas *Estórias de amor para meninos de cor* (2011) e *O angolano que comprou Lisboa (por metade do preço)* (2014), e o seu romance *Também os brancos sabem dançar* (2017).

DW: Kalaf, obrigada por aceitar o nosso convite para esta entrevista. Gostaríamos de começar com uma autoapresentação sua, a partir do seu percurso de vida. Podia contar-nos em que medida o seu percurso tem um impacto no seu trabalho musical e literário?

KE: Chamo-me Kalaf Epalanga, sou escritor, músico, angolano radicado em Berlim e em trânsito entre Lisboa e o mundo. Cheguei aqui na segunda metade dos anos 90 com o intuito de estudar, adquirir uma formação académica e regressar para Angola. Entretanto, com o passar do tempo, me apercebi que escrevendo conseguiria estar mais próximo a Benguela, a Angola, o lugar onde eu nasci, e, com isso, poderia também criar uma espécie de catálogo de memórias que estavam a escapar-me das mãos e que precisava resgatar, como quase fotografias. O meu primeiro contacto com a literatura foi através da música. Começo a escrever canções para vários músicos à minha volta e comecei a ganhar uma reputação. Por ter uma voz grave, uma voz que cabe no conceito musical de alguns produtores de música eletrónica, fui convidado também a gravar canções. E essas canções percorreram o país, cativaram editores, jornalistas, e eles começaram a abrir espaço para as minhas ideias e para aquilo que eu queria transmitir com a escrita.

O primeiro convite surgiu do *Público*, com a editora Bárbara Reis, e depois da Caminho, por meio do Zeferino Coelho. Assim foi a minha introdução ao mundo da literatura. Entretanto fui adiando a publicação do romance, que é a obra de maior fôlego a que toda a gente aspira e que procura. O adiar não foi por falta de vontade de escrever ou nada do género. Simplesmente eu estava a correr o mundo com música.

Fiz e ainda faço parte da Buraka Som Sistema, uma banda que teve e tem um sucesso considerável. Viajei pelos quatro continentes e esse entusiasmo do viajar, do conhecer outras culturas, do conhecer outras realidades foi-me afastando do ato de escrever, que é um ato mais solitário, que exige mais silêncio e uma concentração um pouco maior. Depois de dez anos de música intensa, resolvi focar-me na literatura e publiquei o livro *Também os brancos sabem dançar*, em 2017.

DW: E o que significam, para si, as palavras Angola e Portugal? Além disso, o conceito de identidade nacional parece-lhe útil?

KE: Angola para mim é casa. É o lugar que me vem à mente sempre que a questão do eu se coloca. Sempre que inicio um diálogo com o outro, Angola é o ponto de partida. Em Portugal – e talvez esta tenha sido a razão principal que me levou a escrever –, nunca me senti minoria, porque sei de onde venho. Esta é uma perceção que tenho até algum pudor em verbalizar, pois tenho refletido muito sobre o lugar do africano do continente e do africano da diáspora. Sei que esse é um lugar de dor e tento não fazer da minha identidade uma afronta, razão pela qual costumo dizer: o meu eu tem Angola presente, eu me inicio a partir daquele lugar, mas tenho em mente que não me encerro naquele lugar. A geografia, as fronteiras daquele espaço não me definem e procuro encontrar uma certa humanidade, uma certa abrangência universalista partindo do ponto de que sou angolano, sou africano, sou um homem, mas, mais do que isto, sou as somas de todos os lugares por onde passei, de todas as pessoas com quem me encontrei e que causaram alguma espécie de impacto na minha formação e na minha personalidade.

Angola é importante para mim, mas não Angola no sentido de nação, no sentido de pátria, porque essa é uma construção e é uma construção que não foi iniciada por angolanos. Ela foi sendo trabalhada e moldada de acordo com os ventos e acontecimentos da história. Eu não posso imaginar Angola sem a presença colonial, sem os efeitos do colonialismo. Por outro lado, não consigo imaginar Angola, pelo menos a Angola atual, sem ter em conta que existem várias Angolas, a Angola dos ovimbundos, a Angola dos kikongos, a Angola dos chókwés. Essas Angolas são diferentes da minha, mas também são iguais à minha. Ou seja, para a nossa formação identitária, é muito importante pensarmos Angola também antes da chegada dos portugueses, porque a história do país não começou com a chegada do Diogo Cão. De qualquer forma, não costumo perder muito tempo neste lugar, porque a soma, para mim, é muito mais interessante, partindo das somas das diferentes Angolas, tanto no seu contexto regional quanto no seu contexto universal.

DW: E como se relaciona com Portugal?

KE: Portugal é essencialmente a língua. Eu acho que a minha relação com Portugal é íntima pelo facto de eu falar a língua que define a identidade deste lugar. Não é propriamente uma relação de amor, é uma relação de conveniência, é-me útil. Escrevo em português, então é uma ferramenta. Conheço Portugal através dos livros, através das histórias, através da música, então é uma relação que está ainda em construção. Mas já com Lisboa, pelo facto de me ter abraçado, de me ter aberto as portas e de ter sido generosa comigo, tenho uma relação de amor. Uma das coisas que me veio logo à mente foi o facto de Lisboa me ter permitido estar em contacto com outros falantes de português, que de certa forma adensaram até a minha própria forma de trabalhar a língua e o quão elástica eu gosto que ela seja.

DW: Já que o Kalaf está radicado em Berlim, pode, por favor, elaborar um pouco mais o conceito de identidade nacional em relação às suas vivências e relativamente à presença da Alemanha na sua vida?

KE: As coisas que me entusiasmam na questão da identidade estão mais ligadas com a ideia de escolha. Sinto-me mais próximo das identidades poéticas, dos lugares de afeto, dos lugares emocionais. Essas são as ligações que mais me dão prazer, porque cresci num país em guerra, vi os efeitos dos conflitos armados, como é que eles destroem as famílias. A família é o primeiro lugar, é o primeiro país, a casa é a nossa primeira nação. Vi demasiados lares destruídos em volta da ideia do que é a pátria, do que é a nação. Nasci no sul. Benguela está na fronteira entre o norte e o sul do país, logo o conflito UNITA-MPLA estava na soleira da minha porta.[1] Isso nunca me cativou, porque tenho familiares nos dois lados do conflito. Tenho tios e avós que amo e, quando eles estavam na minha casa, a política não estava presente. Por isso, a identidade nacional nunca foi algo que me empurrasse para a frente.

Não sinto que alguém que pensa diferente de mim seja menos angolano, no caso de Angola especificamente, nem que um português de adoção seja menos português pelo facto de ter ou não nascido naquele território. Isso explica também, em parte, o facto de nós termos, até há bem pouco tempo, angolanos e angolanas de adoção no campo das letras: uns nasceram lá, no seio de famílias que vinham doutro lugar. E eu nunca os senti menos angolanos, pelo menos porque via que eles tinham essa identidade afetiva, essa ideia da angolanidade que nasceu do contacto com o lugar, com as pessoas do lugar e com a sua própria formação individual.

DW: E agora escolheu viver em Berlim...

KE: Sou totalmente pró amor e escolha. A escolha é um ato político que se manifesta das mais variadas formas. Ela não é imposta por uma ideia externa, mas vem das nossas vísceras. Viajo muito, tenho conhecido vários países e escolhi viver em Berlim. Gosto e luto pela razão, pela vontade e pela necessidade de um indivíduo ter escolha. Por isso é que, por mais complicada que seja a democracia, não há sistema político melhor, porque o ato de escolher é sem dúvida a única coisa por que vale a pena morrer. E escolhi Berlim exatamente pelo facto de poder escolher. Gosto da cidade, gosto da forma como a cidade é construída, gosto da dor que curva o espírito daquela cidade, que está patente e lhe dá uma certa rebeldia, silenciosa mas muito acutilante, muito precisa.

Outra coisa que encontrei em Berlim foi esse contacto com as outras Áfricas. Sei que a Alemanha tem uma relação um pouco complicada com o seu passado em África, mas está presente e é visível e palpável, embora a maior parte dos alemães não tenha essa consciência. Obviamente, as atrocidades que aconteceram naquele país adiaram essas questões. Há problemas maiores sobre os quais os alemães se debatem do que estar agora a pensar sobre o seu passado em África. Mas este passado está presente e podemos descobri-lo. As fronteiras em África foram definidas num encontro em Berlim. E depois, claro, as pessoas: acho que nunca encontrei africanos com tanto conhecimento como encontrei em Berlim. Acho estimulante engajar-me com pessoas que se parecem comigo de uma forma intelectual, numa troca intensa sobre conhecimento que não é condicionado pela política da raça, não é? Ou seja, nós africanos, negros essencialmente, quando nos encontramos, não falamos sobre essa condicionante. Isso geralmente se impõe quando estamos em contacto com outras cores. É claro que, em alguns momentos, se debate o colorismo, um assunto que, embora pouco explorado na literatura e na cultura em geral, está presente e define muito das relações não só no continente africano, mas também na diáspora. Em Berlim, essas conversas são realmente estimulantes e isso agrada-me.

DW: A descrição que o Kalaf faz de Berlim é realmente emocionante, pois expressa a relação identitária-literária com a cidade.

KE: Obrigado. Berlim ainda não está muito presente na minha escrita, porque esta é uma relação que vai sendo construída, mas aí está: escolhi Berlim por essas razões todas e também pela forma como a cidade prima pelo anonimato. O berlinense não é invasivo, não é cusco. E isso agrada-me, pois assim tenho espaço para estar aqui com os meus botões a pensar e a refletir sobre as coisas que me são importantes.

Além disso, estou a aprender o alemão, uma língua de filósofos. A propósito, foi assim que conheci a história de Anton Wilhelm, um menino escravo que foi adotado por uma família alemã, por um conde qualquer. Ele foi o primeiro africano, negro, a ingressar numa universidade europeia. Formou-se em Filosofia e exerceu a atividade, deixou documentos, deixou obra. Depois ele voltou para o Gana, onde nasceu.[2] Tudo o que dele encontrei está escrito em alemão. Ele é um personagem riquíssimo. Acho incríveis essas características e essa diversidade que a Alemanha tem.

DW: O Kalaf referiu um pouco da sua própria memória da guerra civil e como ela pode dividir famílias. No que diz respeito às literaturas africanas de língua portuguesa, a memória tem tido algum peso, com diferentes matizes de representação e significação. Segundo o seu ponto de vista, em que ponto está a construção de uma memória coletiva relativamente ao colonialismo e ao conflito armado em Angola e em Portugal?

KE: Existem muitos silêncios sobre a questão colonial. Ou seja, quando as nações se tornam livres e precisam unir fronteiras, criar os seus mitos, os seus heróis, as coisas que agregam a identidade nacional, geralmente o lugar da dor não tem espaço, porque diminui o ímpeto progressista, a vontade de evoluir, a vontade de crescer, a vontade de grandiosidade, digamos assim. Tenho a sorte de ter vivos alguns parentes que conhecem de forma íntima a Angola colonial, mas não há propriamente um debate. Acho que se produz pouca documentação sobre isso. A maior parte dessas memórias me chegam no formato de ficção através do Luandino, através do Pepetela, os poetas daquela geração dos nacionalistas, Agostinho Neto, Viriato da Cruz, mas há poucas memórias. Seria muito interessante ler as memórias de Agostinho Neto, inclusive as memórias de José Eduardo dos Santos, de todas essas figuras que tiveram um protagonismo na formação política e social em Angola. Agora começo a procurar e a encontrar livros de memórias, por exemplo, de pessoas ligadas à UNITA e à FNLA.[3] E é muito interessante, porque não dá para pensar Angola sem os incluir, não dá para pensar Angola sem incluir toda a gente, quer se queira, quer se goste, quer não... é importante. Da mesma forma, não dá para imaginar e pensar a Europa sem incluir os heróis e os carrascos da própria identidade europeia, porque fazem parte da nossa memória e da nossa história, porque é importante estudá-los e contextualizá-los.

Eu tenho dois filhos e dei-lhes nomes nacionais, nomes angolanos. Em conversa com os meus pais, foi interessante descobrir a dimensão do que é a família angolana (a minha é bastante fragmentada e com muitos traumas, enfim...). Em conversa com eles, disse-lhes os nomes que tinha escolhido para os meus filhos. Eles ficaram um pouco dececionados e perguntaram-me por que estava a dar nomes com tanto peso aos meus filhos, inclusive nascidos na Europa. Como resposta, eu disse-lhes: "A escolha desses nomes tem o objetivo de criar mapas. São pequenos iscos que estou a deixar na personalidade dessas crianças e que, à parte da minha própria vontade, as tornará curiosas". Ou seja, não lhes quero impor a minha ideia de Angola. Quero apenas que eles descubram Angola por eles mesmos, começando pelos seus próprios nomes.

Depois, descobri que ninguém tem o meu sobrenome, além da minha família. Ou seja, o meu pai tem o sobrenome Ângelo e passou-o aos filhos todos, mas ninguém mais na família tem esse sobrenome. Não existem sobrenomes na tradição de onde os meus pais e os meus avós vêm, isto porque o sobrenome é uma construção europeia. Na geração dos nossos avós, era comum eles terem um nome europeu, por questões administrativas, burocráticas, e também um nome tradicional, que algumas famílias mantiveram e outras, com o passar do tempo, foram perdendo. Imagina: eu, escritor, e alguém a dizer-me: "Olha, ninguém na tua família se chama Ângelo. Na tua linhagem, na tua árvore genealógica não existem Ângelos. Vocês são os únicos". E existe uma razão histórica para isso, o que torna a coisa muito mais interessante. Estes factos, para mim, são exatamente as consequências do colonialismo. Para a nossa formação identitária, é muito importante pensarmos Angola antes da chegada dos portugueses.

DW: No seu primeiro livro de crónicas, o Kalaf usou o apelido Ângelo, e no segundo Epalanga. Como sucedeu essa escolha?

KE: Não foi uma escolha. O primeiro livro foi-me quase arrancado das mãos. Eu não tive muito tempo para refletir, estava na estrada, em *tournée*, e o meu editor disse-me: "Vamos publicar agora. Manda-me os textos". Mandei-lhe, imaginámos a capa e não refleti sobre porque faria mais sentido impor o nome Epalanga. De facto, chamo-me Epalanga, ou seja, o meu nome é Kalaf Epalanga Alfredo Ângelo. Mas a escolha é ter dito "Ok, o meu nome de escritor são os meus nomes tradicionais". Kalaf não é um nome angolano, mas o Epalanga é. Então era importante para mim trazer o cunho identitário, digamos assim. Mas acho que vai além disso: para mim é o emocional, porque, quando estava a escrever ou quando estava a compilar o segundo volume de crónicas que publiquei, tinha visitado o Huambo. O meu avô tinha falecido há pouco tempo e a minha mãe deu-me os diários dele, deu-me as notas e tudo mais o que ele escrevia. Ele chama-se Faustino Alfredo. Epalanga é o nome dele, mas aí está, ele identificava-se como Faustino Epalanga. Nunca usava esse nome, não era comum usar. Em todos os atos públicos ele usava o nome que ganhou e que foi adotado com a presença colonial. Essa escolha foi uma homenagem, porque herdei o nome Epalanga dele, sou xará do meu avô nesse sentido. Decidi, "ok", o Ângelo pouco peso tem. Na árvore genealógica, o Ângelo começa em nós, no núcleo familiar, mas já o Epalanga tem um peso diferente. Por causa do meu avô, que se chama Epalanga, senti que era altura de começar a assinar Kalaf Epalanga.

DW: O seu livro *Estórias de amor para meninos de cor* tem um título apelativo e ao mesmo tempo político. As crónicas abarcam vivências em Angola e em Portugal, com referências também ao seu percurso musical. Como surge esse título?

KE: *Estórias de amor para meninos de cor* é um título que eu há muito tempo tinha, porque queria escrever um romance que tinha como personagens os afrodescendentes que conheci em Lisboa. Não pensei em contribuir para o legado da literatura angolana, nem me imaginei a fazer parte do tecido cultural da cidade. A minha vontade era chegar a Portugal para aprender algo bastante concreto e prático que me ajudasse a sobreviver em Angola quando regressasse. Longe de mim pensar que estaria envolvido com a cultura ou algo do género. Mas as questões com as quais os afrodescendentes se debatiam, principalmente a segunda geração... essas pessoas inspiravam-me.

Queria muito escrever sobre esses meninos de cor, porque a cor era um assunto tão presente na vida deles e tão presente nas suas relações com o mundo, que eu achava interessante. Penso que acabei até por não explorar isso de uma forma tão aguda naquelas crónicas, porque estava a descobrir-me a mim mesmo, daí esse título ser uma forma meio *naïf* de apresentar o livro. Ali estava eu a experimentar ideias, a expor coisas que até então eram íntimas e que não tinha vontade de partilhar com ninguém. A música que eu estava a fazer também tinha esse cunho e essa vontade de pegar aquilo que tínhamos no nosso quintal e com isso conquistar o mundo. Essa audácia a que me dei é uma coisa não muito comum, não muito presente. Se calhar, e aí está o meu privilégio de ter vindo de fora, não carrego os mesmos traumas que um afrodescendente que nasceu aqui, que enfrentou o infantário, o ensino primário e depois o liceu e a faculdade. Cheguei aqui já sabendo quem eu era, já meio que a pisar em terreno firme, embora com a ideia de um regresso muito presente, porque eu não estava com vontade de ficar em Portugal. De certa forma, o título foi uma vontade de dizer um "obrigado" às pessoas com quem tive contacto inicialmente.

Esse livro levou-me a muitas escolas. Achava muito interessante quando chegava lá e a primeira coisa que fazia era explicar porque dei esse título à obra: "Será que o livro é só para meninos negros?" E eu dizia: "Não, é para meninos de todas as cores". Era interessante esse debate, porque não é muito comum discutir-se, nas escolas, a cor. E eu levava essa discussão para além da ideia de cor, não é? Porque é uma ideia, é uma construção, alguém decidiu dizer "Tu és branco, tu és negro", e assim foi.

DW: Então foi à escola ainda, através do livro? Isso é muito bom!

KE: Fui e é muito engraçado. Tenho resistido a escrever um novo livro de crónicas. Agora escrevo muito para uma revista brasileira chamada 451. Ando com esta dúvida: se publico ou não publico. O Brasil conhece algumas das minhas crónicas, mas não tem nenhum livro de crónicas publicado lá, então estou a refletir sobre isso. Neste momento, estou a escrever contos, um trabalho que está a deixar-me assim bastante entusiasmado, porque eu também gosto de usar essa escrita como um lugar onde inicio algumas ideias que depois vão ser desenvolvidas num formato mais extenso. Por exemplo: o romance está em diálogo com muitas das ideias que estão presentes nas crónicas, mas isso é algo que aprendi com o Agualusa. Com ele entendi que não existe escrita gratuita, tudo o que tu escreves é, de certa forma, um caminho para um objetivo maior. Se tencionas publicar romances, podes aproveitar as crónicas para experimentar ideias e assuntos. Depois podes voltar a visitar esses textos, desenvolvê-los na forma de ficção ou de ensaio. De qualquer forma, a escrita semanal é muito exigente, não é? Eu agora só consigo uma vez por mês. Para o Brasil escrevo, mas semanalmente já não consigo.

DW: No seu outro livro de crónicas, *O angolano que comprou Lisboa (por metade do preço)*, a crónica "Saudação" chamou-me a atenção, sobretudo a frase "a cor negra é uma pátria, uma nacionalidade". O que está por trás desse entendimento, dessa troca de olhares entre pessoas negras em sociedades de maioria branca, que descreve nessa crónica?

KE : Quando se vive ou quando se circula num lugar onde somos minoria, uma das coisas que é interessante observar é a forma como essas pessoas se reconhecem, a saudação, que, pelo menos do meu ponto de vista, é um reconhecimento da outra presença, do outro corpo, porque é muito comum o corpo negro estar invisível, ou seja, ele não está invisível na forma física mas, no contexto psicológico e no contexto emocional, ninguém se preocupa ou se questiona sobre como é que aquela pessoa se sente, como aquela pessoa está a sobreviver num determinado espaço. Tenho presentes todas as vicissitudes do que é ser imigrante num país europeu, ou pelo menos ocidental, digamos assim. Então, quando nós nos cruzamos, é muito comum termos esse saudar, esse pequeno acenar, uma troca de olhares, um sorriso ou um sinal com a cabeça. Está um pouco mais presente entre a população masculina por uma questão até numérica. Durante anos, era muito comum vermos os homens na rua, porque as mulheres estavam, por exemplo, no serviço doméstico. Criou-se quase um ritual com isso. Esse saudar é um reconhecimento da luta do outro, é dizer "Olha, não estás sozinho", é um conforto, porque não sabemos se essa pessoa passou o dia todo sem ter essa troca de olhares que humaniza e aquele reconhecimento que conforta.

DW: Em *O angolano que comprou Lisboa (por metade do preço)*, numa das crónicas propõe, num tom provocativo, irónico, a criação de um Museu da Kizomba. Conte-nos um pouco mais sobre esta proposta e o seu percurso na música.

KE: Existem várias razões para essa proposta, que ainda está válida. De quando em quando, vou cutucando não só as pessoas que poderiam pôr isso em andamento, mas também os africanos e afrodescendentes com uma ligação ou com um papel cultural aqui nessa cidade ou nesse país. Isso é um desafio, porque, para muita gente, a música é a porta de entrada na cultura africana, é o primeiro contacto com o pensamento criativo africano. Ou seja, antes de estudarmos Achebe ou Fanon (embora este seja da diáspora africana), provavelmente tivemos contacto com Fela Kuti, Miriam Makeba, Bonga, Waldemar Bastos, Cesária Évora... a lista é longa. A música costuma ser o primeiro lugar onde a gente chega e diz: "Aquela cultura também tem um pensamento poético, também procura beleza, também faz crónicas da sua existência através da cultura, através do ato criativo". Tenho muito respeito por isso.

Eu, por exemplo, nasci em 78 e toda música que me formou tinha um cariz político. Na época, eu ouvia os Irmãos Mingas, o Bonga, que era meio proibido nos anos 80 em Angola. Eram discos que só se ouvia quase à porta fechada em casa. Lembro-me de encontrar os vinis do Bonga na última prateleira do armário na casa dos meus tios e perguntar-lhes: "Quem são essas pessoas?" Eles então me explicavam o porquê de o Bonga estar a ser censurado, digamos assim, em Angola: porque ele era contestatário, criticava o governo e, por criticar o governo, associavam-no à UNITA, que era o inimigo. Nem sei se ele era da UNITA ou não. A verdade é que ele fez uma das músicas mais belas que Angola já ouviu e produziu. Por isso, ouvir Bonga era um ato político para mim. Isso em Angola. Imagina então chegar a Portugal e ouvir esses discos. Esses vinis foram as únicas coisas que vieram comigo: trouxe Luiz Visconde, Bonga, Ruy Mingas. Sei exatamente a importância que essa obra tem na formação individual, emocional, política e social do angolano. Nesse sentido, os músicos são os primeiros embaixadores reais do que é a africanidade, do que é pertencer a esse lugar. Esses são os nossos cronistas e a função deles é catalogar a nossa identidade, digamos assim.

DW: Por acaso, o primeiro disco angolano que comprei foi do Bonga; foi em Berlim, no Dussmann, ainda antes de eu começar a estudar literaturas africanas. Foi justamente através do Bonga que me aproximei de Angola.

KE: Sim. E o mais importante: eu faço parte da geração dos que cresceram nas zonas urbanas e que, por isso, perderam o contacto com as línguas nacionais. A música era justamente o que mantinha a presença constante das línguas nacionais nas nossas casas. Não consigo pensar como seria crescer sem isso, porque essa música é tão importante como o *Luuanda* ou *Mayombe*. É tão importante ou se calhar mais, de certa forma, porque, quando cheguei à literatura, já era consciente. A poesia já é diferente: ela está na formação do jovem angolano, entra um pouco mais cedo, na escola, através de nomes como Viriato da Cruz, lido na quarta classe. Cresci também com *As aventuras de Ngunga* (1972), de Pepetela, e com *Quem me dera ser onda* (1982), de Manuel Rui. Os livros de grande fôlego da literatura angolana só me chegaram mais tarde, mas, de qualquer forma, a música estava ali desde o primeiro dia.

DW: A oralidade enquanto forma de transmissão de conhecimento e sabedoria, mas também enquanto forma e arte retórica, é um grande tema nas literaturas africanas. O Kalaf diria que se pode fazer uma ponte entre a oralidade e a música?

KE: A música em África é também um dos braços, digamos, da oralidade, mas não só. Acho que todo o indivíduo, todo o ser humano, em qualquer parte do mundo, é formado por histórias. As histórias nos humanizam, são a forma de nos ligarmos não só ao presente, mas ao passado, e permitem imaginar um certo futuro. O que é interessante nas literaturas africanas é que publicar um livro é provavelmente o lugar que os intelectuais procuram no sentido de participar da grande festa que é a literatura universal. Mas a literatura, ou o ato de contar histórias, para nós começa bem antes, começa nas nossas mães, nos nossos avós. Eu considero que a forma para definir eloquência nas nossas línguas é como tu consegues estabelecer um diálogo, uma conversa coloquial, e a quantidade de provérbios que consegues incluir nessa conversa a explicar coisas corriqueiras e mundanas. Isso é o que define eloquência, isso é o que define o intelecto do indivíduo. Foi assim que cresci.

Tenho primos mais ou menos da minha idade e que dominam essa arte de uma forma extraordinária, mas nenhum deles imagina sequer publicar um livro, o que obviamente não os diminui. Para os meus primos, os livros são maravilhosos. Um deles é o Tininho, um primo muito importante para mim e de quem falo no meu romance. Foi interessante levá-lo a um dos meus lançamentos em Lisboa. Ele estava a visitar e eu disse "Tenho um lançamento essa noite, vem comigo!" Embora orgulhoso, ele esteve hora e meia a rir-se porque estava a ver ali transmitido exatamente aquilo que nós somos. Ele é intelectual, um advogado preocupado com a ideia de deixar um legado, de escrever, etc. Mas ele estava a rir-se, porque o meu livro tratava das histórias que nós nos contamos e às quais ele provavelmente não dá valor. Estamos a falar de coisas tão pequenas, no ponto de vista dele, que não merecem o esforço daquilo numa página, mas, no meu caso, essas histórias são as somas desses pequenos momentos que me formam como escritor. É aí que, de certa forma, me coloco quando imagino a cultura, a oralidade, a música. O lugar que cada uma dessas artes ocupa na minha formação e na formação do nosso grupo, da nossa tribo, da nossa nação é definido por esses aspetos e pela importância que nós damos a cada um deles. Para mim, a oralidade vem antes. Os livros e a música são só mais um veículo, mais um caminho para chegarmos ao lugar da cultura.

DW: No seu romance *Também os brancos sabem dançar*, há episódios que têm uma base real e nos quais surge o Kalaf ficcionalizado, como, por exemplo, numa viagem da Suécia para a Noruega, onde se encontrava sem passaporte e foi preso por um polícia de migração. Conte-nos um pouco sobre essa projeção do Kalaf real para o Kalaf ficcionalizado.
KE: Há uma corrente literária que começa a ganhar mais espaço, que é a autoficção. Acho esse exercício estimulante, porque gosto de esticar os limites daquilo que nos é permitido fazer na literatura – da mesma forma que, por exemplo, muitos dos nossos escritores brincam e esticam a própria ideia do realismo mágico, que se tornou quase um cânone e só se imaginava a literatura africana a ser produzida dentro dessas balizas. No caso do romance, o subtexto é a migração, as diferentes migrações, de norte para sul e sul para norte. E tendo como pano de fundo a música, chegar ao Brasil, por exemplo, e ver como o país transformou os valores culturais que foram trazidos pelas pessoas escravizadas com o comércio transatlântico; ver isso no Caribe, ver isso nas Américas, ou seja, todas essas coisas, para mim, tinham o elo e o ponto comum da música. Logo senti, "Ok, a música é também um dos personagens". Quanto às migrações e às consequências das migrações, obviamente não pude voltar tão atrás no romance e falar de 1400, mas, de certa forma, esse percurso está ali implícito. Falo muito sobre como o fado se deu e as transformações que teve, sobre as suas possíveis origens (do Magrebe e do norte da África ou do Brasil). Mesmo que eu não explique exatamente as consequências da chegada dos portugueses a África e ao Brasil, essa crítica está implícita. Essas foram algumas das ligações que eu achei interessante explorar.

DW: O livro já foi caracterizado como uma história ou biografia do kuduro. Li também que o Kalaf foi incitado por José Eduardo Agualusa a escrever uma biografia sobre o kuduro, é verdade?

KE: Sim, tanto pela falta de documentação sobre as trocas que existiram entre africanos, europeus e índios, os brasileiros nativos, quanto pela forma como alguns antropólogos tratavam do assunto "baile funk": com respeito, com uma preocupação histórica, completamente o oposto daquilo que eu via em relação ao kuduro, inclusive em Angola. Nós celebramos e gostamos de dançar essa música, mas, no que diz respeito ao tratamento intelectual daquela manifestação artística, é muito raro vermos uma leitura adequada sobre essas manifestações culturais. Isto ocorre também porque achamos inválido tudo o que nos é próximo e tudo o que não nasça do pensamento ocidental, até chegar um ocidental e dizer "Isso é fantástico, isso é válido", e vamos lá colocar isso num museu. Por outras palavras, geralmente temos uma certa resistência em intelectualizar as nossas manifestações culturais, porque elas nascem, às vezes, de circunstâncias que não são favoráveis. Muitas vezes, nascem de lugares miseráveis, de lugares com violência, de lugares em que não temos mesmo investimentos culturais, onde não existe o cinema, a livraria, o museu e outras instituições culturais. Contudo, esses lugares conseguem produzir, conseguem inventar e reinventar-se constantemente. Isso é extremamente estimulante.

No Brasil, mais especificamente num encontro literário com o Agualusa como moderador, surgiu a conversa sobre a importância do kuduro em contraste com a importância do baile funk também no Brasil. Foi chocante. Estávamos num evento chamado Back to Black, um festival de música que tinha também um braço literário. Aquela foi a primeira vez que eu estive diante de uma audiência maioritariamente negra, porque o evento acontecia num espaço na fronteira entre a zona sul e a zona oeste, a Cidade das Artes, no Rio de Janeiro. Obviamente, todo o enquadramento da curadoria do festival primava pela cultura negra. Logo, a população era maioritariamente negra. O choque que tive foi de observar e ver a ignorância, não no sentido lato do termo, pois eles sabem exatamente onde está Angola e as suas ligações culturais e emocionais com o Brasil, mas uma certa ignorância sobre as questões urbanas que afetavam Angola. De certa forma, eles tinham uma ideia, meio congelada no tempo, de Angola, e eu dizia: "Angola está em diálogo constante com o Brasil e o kuduro é só uma dessas manifestações". Aquele diálogo e aquela ignorância da plateia sobre as questões urbanas que afetavam Angola me deram uma certa aflição e, ao longo da conversa, acabei por assumir uma postura que não me agrada, mas acabei por assumir ali um discurso um pouco didático sobre a história da música angolana dos anos 90 até a atualidade. Não sei se isso terá ajudado alguém, mas o

Agualusa achou importante escrever essa biografia do kuduro, muito na senda daquilo que são as biografias do Carnaval ou as biografias da bossa nova.

Aceitei o desafio, não é? Isso foi em 2014 e pensei: "É interessante. Vou escrever!" Entretanto, não tinha o tempo e a disponibilidade física de viajar para Angola e entrevistar cada um dos intervenientes do género musical em questão. Senti que, ainda assim, seria possível escrever algo que tivesse esse cunho biográfico, digamos assim, algo contado sob o ponto de vista de alguém que esteve exposto a esse género musical. Daí a minha personagem fazer todo o sentido, porque eu podia, obviamente, ter inventado outra personagem qualquer, mas senti que, como eu queria articular a questão da imigração (ou das migrações) com o olhar sobre o indivíduo, sobre um género musical, senti que a minha biografia era mais interessante naquele momento, até porque eu vinha de dois livros de crónicas em que basicamente falei sempre na primeira pessoa. Por isso, não queria estar muito longe de algumas ideias que já tinha explorado, principalmente no livro *O angolano que comprou Lisboa*. Senti que tenho esse narrador já presente nos livros de crónicas e, por isso, resolvi continuar com ele no romance também.

DW: A segunda parte do romance é narrada por Sofia, filha de "portugueses de segunda", como naquele tempo eram chamados os portugueses nascidos em solo angolano. Conte-nos um pouco sobre a conceção desta personagem.

KE: Quanto à história de Sofia, tenho muito prazer em observar a construção da angolanidade. Acho que a angolanidade é múltipla, ela não se dá só na ideia dos angolanos autóctones. Angola também se manifesta nos que vieram e se fixaram, se formaram e se ergueram como indivíduos a partir daquele lugar.

Sofia traz ao de cima essa forma de viver e de estar com a ideia de Angola, representada em muitas obras literárias e de cinema também. Ao mesmo tempo que essa forma de estar é diferente da minha, acaba por ser também muito próxima, porque a maioria das coisas com as quais esses indivíduos se preocupam são também as coisas com as quais eu me preocupo. Quando se escreve um romance, é preciso ter em conta que ele é escrito também na edição, não é? Depois de escrever o romance, li-o e fiz as revisões todas que foram necessárias, mas existem coisas sobre a biografia dos pais da Sofia, por exemplo, que acabaram por ficar de fora, guardadas em mim. Como o livro tem as migrações como pano de fundo, acho interessante a história da mãe da Sofia, uma angolana branca que retorna para Portugal. Ela nasceu em Angola, mas não é numa casa portuguesa, com certeza, e, de certa forma, é quase impossível não sentires esse cunho migratório, nem que seja na biografia dos próprios pais, que é muito íntima.

É interessante ver essa personagem em Portugal a sentir-se completamente imigrante, quando a transição de um lugar para o outro é, na realidade, anterior à existência daquela pessoa. Essa personagem sente a presença de Portugal na forma como celebram aqui o Natal, como se relacionam com a literatura, enfim. Não sei se explorei esse aspeto o suficiente. Às vezes, a minha tendência é não ler muito profundamente os livros fora do momento que estou a escrevê-los e a fazer as revisões necessárias, porque depois fico a pensar nas falhas, nas insuficiências e é mais importante tentar responder essas questões na obra seguinte.

Tenho um certo prazer em observar como é o Moçambique do Mia Couto, sendo que o Moçambique do Mia Couto e o Moçambique do angolano são diferentes, mas também são os mesmos. Há pessoas que politizam ou antagonizam esse diálogo, mas continuo a pensar que esses Moçambiques andam de mãos dadas, porque a ideia de Moçambique nasceu, provavelmente, do encontro de ideias. O mesmo se passa com Angola, ou seja, a Angola do Luandino e a Angola do Manuel Lima são distintas, mas são a mesma também. Da mesma forma, a Angola do Pepetela e a minha Angola são diferentes e, ao mesmo tempo, a mesma. Somos os dois de Benguela. Acho isso bonito, aprendo com isso, porque não consigo voltar à história, não consigo corrigir o passado. Só consigo construir a partir do ponto onde nos encontramos. E o ponto onde nos encontramos nos inclui a todos. Logo, a ideia de Sofia é uma construção a partir desse pensamento sobre a Angola que nós temos, um pensamento feito de trânsitos e migrações.

DW: Sim, é também o que tento fazer nesta série de entrevistas: mostrar diferentes trânsitos, questionar a formação de diferentes angolanidades, identidades em trânsito, ou até uma certa portugalidade. No seu caso, e falando especificamente da capital portuguesa, o que essa Lisboa – igual e diferente – lhe deu?

KE: É difícil para mim fazer muitas reflexões sobre o espaço que ocupo, porque gosto também de me deixar surpreender. Não sinto que esteja num momento de tirar demasiadas conclusões sobre a minha relação com Lisboa, porque é um lugar que gosto de visitar e ainda quero me deixar surpreender por aquele espaço. Então, não perco muito tempo a analisar a minha relação com Lisboa sob o prisma do que essa cidade transformou em mim, porque sinto que essa troca ainda está a acontecer. Logo, acho mais estimulante, por exemplo, observar como a minha presença em Lisboa também transformou os lisboetas com quem me cruzei e que já estavam lá antes de mim. Essa Lisboa transformada é também a Lisboa que, se calhar, me estimula, ou seja, estou a achar interessante essa Lisboa depois da minha presença.

A relação com determinado lugar tem que ser alimentada, tal como as relações humanas. Tenho que contribuir para a cidade constantemente, a toda a hora, porque esse investimento é também aquilo que vou colher de volta. Penso que não existem relações passivas com lugares ou pessoas. Se nós queremos alguma coisa em troca, temos que dar primeiro. Por isso, a minha relação de amor com Lisboa se dá nesse ponto, porque estou ainda a contribuir para essa troca. Obviamente, não estou interessado na Lisboa do Chega, por exemplo.[4] Ela existe, mas eu não me engajo com ela. Respondendo àquela pergunta: "Já sofreste racismo em determinado lugar?" Sim, mas não me engajo com isso. Logo, esse tema não está presente na minha obra, não com a importância que poderia ter, sendo eu negro a circular no espaço onde sou minoria. Não sei se escrevo muito ou pouco sobre racismo no meu trabalho, mas o facto é que não me engajo com isso.

DW: Lisboa está no título de um dos livros de crónicas, em que resgata experiências de pessoas negras que fazem parte da cidade. Mas há uma parte da cidade que não as quer ver.

KE: Sim, mas o título nasceu de um diálogo. Se eu não estivesse naquele lugar e naquele momento da conversa, esse título não me chegaria. O livro nasceu, porque a conversa que tive com uma pessoa, bem como as conversas que fui tendo depois e a forma como a própria cidade se relacionava com a minha presença, me levaram a discutir os temas que decidi debater ali. Existe um provérbio que diz: "Quem planta vento colhe tempestade". Eu acredito nessa premissa, ou seja, somos aquilo que plantamos: se plantamos amor, colhemos amor; se plantamos ódio, colhemos ódio. Não há outra coisa. Agora entra aqui uma questão bem angolana: os provérbios como parte da construção das ideias.

DW: A terceira parte do seu romance é narrada por um agente da Polícia de Migração norueguesa. Essa personagem tem um espírito crítico e questiona a política do seu país e o seu próprio papel nela.

KE: Um dos propósitos maiores da literatura é aproximarmo-nos de realidades que não nos são comuns e das pessoas que carregam histórias fora do nosso dia a dia. Não tenho amigos polícias, não conheço o quotidiano dessas pessoas. O que fiz para construir essa personagem foi mergulhar nos jornais noruegueses, ler teses sobre políticas de administração interna, etc. Nesse exercício, por exemplo, descobri coisas interessantes. Eu tinha a ideia de construir o polícia, mas não sabia em que contexto colocá-lo.

Depois, a investigar e a ler sobre a Noruega, deparei-me com a história de um físico e geólogo iraquiano que migrou para aquele país, porque era casado com uma norueguesa. Com um filho doente, a família foi para a Noruega à procura de tratamento, pediu lá uma autorização qualquer no governo, porque obviamente uma pessoa com aquele conhecimento não pode sair do país assim pela sua própria vontade. Esse homem chegou mais ou menos na altura da descoberta do petróleo, exatamente quando o país estava a imaginar como é que ia explorar esse recurso, sem muita ideia de como aquilo ia funcionar. Esse homem pegou no seu currículo, não porque soubesse que estavam a procurar alguém com aquelas características, mas calhou, um dia. Ao passar por Oslo, ele disse: "Vou bater à porta do recém-criado Ministério da Geologia e Minas" e entregou o seu currículo. Um indivíduo olhou para o documento, viu as qualidades do senhor que estava ligado à exploração de petróleo no Qatar ou no Kuwait, agora não me lembro bem. Foi lá acima aos seus diretores e disse: "Olha, está aqui um senhor com essas características, exatamente aquilo que estamos a discutir sobre como fazer". Esse indivíduo foi contratado. Ele construiu e desenhou todo o programa de exploração do petróleo norueguês, que todo mundo celebra e acha uma obra genial, porque é muito generoso para com os cidadãos e investe nos fundos globais, etc. É uma história de sucesso. Mas essa história de sucesso foi escrita ou, em parte, teve o forte contributo de um imigrante, não é?

Ou seja, eu construí esse polícia essencialmente para falar sobre essas questões. Se calhar, muitos escritores assim o fazem também. Para mim, são mais importantes as personagens secundárias e as histórias que estão à volta de determinada personagem do que essencialmente a personagem em si. A personagem é importante, claro, mas o que me estimula é a descoberta que se dá quando dou liberdade para que a minha personagem me guie.

Data: 08 de dezembro de 2020
Local: Tavira, Portugal
Transcrição: Paulo Geovane e Silva

NOTAS

1. UNITA: União Nacional para a Independência Total de Angola. MPLA: Movimento Popular de Libertação de Angola.

2. A história de Anton Wilhelm foi referida recentemente também por Kwame Antony Appiah no seu livro *The Lies that Bind. Rethinking Identity* (2018). Appiah (2018: 158) demonstra como esta história acabou por ser um experimento com o objetivo de testar se os negros têm a mesma inteligência dos brancos. Uma vez que Anton Wilhelm chegou a fazer um doutoramento em 1734, e a ser professor universitário em Halle e Jena, a inteligência do negro foi comprovada. No entanto, o preconceito contra os negros nem por isso foi quebrado.

3. FNLA: Frente Nacional de Libertação de Angola.

4. Chega: partido político português de extrema-direita, com cariz populista e conservador.

"As minhas raízes são africanas e as minhas asas são europeias" Entrevista a Yara Nakahanda Monteiro

Yara Nakahanda Monteiro nasceu no Huambo (Angola) no ano de 1979 e com dois anos de idade, em 1981, veio para Portugal com a família. Formou-se em Recursos Humanos no Instituto Politécnico de Setúbal, área na qual trabalhou ao longo de vários anos e que a levou a viver em Angola e no Brasil. É neste último país que inicia uma busca de si mesma que a impele a começar a escrever. Em 2018, publica o romance *Essa dama bate bué!*, ainda sob o nome Yara Monteiro. Já depois desta entrevista, em 2021, publicou o livro de poesia e fotografias *Memórias Aparições Arritmias*, agora com o acréscimo de um nome de meio, o nome da sua trisavó, que usa como marca identitária: Yara Nakahanda Monteiro.

Na entrevista realizada em dezembro de 2020, Yara Monteiro reflete sobre os trânsitos que marcaram o seu percurso e a influência que tiveram na sua vida e no seu trabalho literário.

DW: Yara, obrigada por ter aceitado o meu convite. Começo por lhe pedir que fale um pouco sobre o seu percurso de vida entre Angola e Portugal, desenvolvendo, também, em que medida teve um impacto no seu trabalho literário.

YM: Chamo-me Yara Monteiro, nasci em Angola em 1979, na cidade de Huambo. No ano de 1981, vim para Portugal com os meus avós, com a minha mãe e a minha tia. Cresci na margem sul de Lisboa, mais especificamente no Fogueteiro. Depois, fomos viver para a Amora. Fiz a minha educação toda em Portugal, afastada das minhas origens angolanas e africanas. Licenciei-me em Recursos Humanos, mas a minha vontade sempre foi ser escritora.

Sempre tive um interesse pela escrita, pelas palavras, pelos papéis. Essa curiosidade brotou no escritório do meu avô, onde eu passava as tardes a mexer em livros, nas faturas, nos jornais. A minha avó conta que, quando eu era mais pequenina, costumava andar com um livrinho feito pela minha mãe e usado pela minha avó (que era professora primária), e dizia que aquele livro era meu. Houve sempre duas coisas que eu gostei de fazer na vida: escrever e falar. A minha avó também conta que, sempre que o telefone tocasse, eu era a primeira a atender o telefone.

Depois de me licenciar, trabalhei algum tempo em Portugal, mas, no fim da Guerra Civil de Angola, regressei a Luanda, em 2005, onde trabalhei numa grande petrolífera. Parte deste meu percurso profissional levou-me também ao Brasil, onde acabei por descobrir a minha identidade africana, a minha negritude. É interessante que isso não tenha acontecido nem em Portugal nem em Angola. Em Portugal, acho que não terá acontecido especialmente pela educação que tive: a escola em Portugal fala exatamente dos feitos da navegação, daquilo que se pode chamar "os descobrimentos", mas não conta o outro lado da história. Então, para mim, a história de Angola teria começado com a chegada dos portugueses, o que não é verdade. No Brasil, apesar de estar com a vida bastante organizada, tinha uma grande insatisfação: saber quem é que eu era, de onde vinha. Comecei então um processo de autodescoberta que passou exatamente pela análise interior e por conversas com a minha avó sobre a minha história. Tenho um nome tradicional, que nunca chegou a ser registado. Tudo isso tem a ver com a cultura umbundu e a especificidade da minha história.

Depois estabeleci-me no Alentejo, onde estamos, e decidi começar a escrever o meu romance *Essa dama bate bué!*, baseado em memórias e na minha trajetória de retorno às origens. Não é um livro autobiográfico, mas, como é óbvio, tem muito de mim. Vitória, como eu, nasceu em Angola, mas, devido à Guerra Civil, veio para Portugal com a família materna, onde cresceu e ficou até à fase adulta. Enquanto jovem mulher, decide fugir de um casamento, regressa a Angola, vai à procura da mãe que nunca conheceu, uma ex-combatente, e chega a uma terra que é sua, mas que não reconhece e pela qual não é reconhecida.

É interessante também partilhar que o título do livro, *Essa dama bate bué!*, foi uma tentativa de ocupação linguística, porque "bué" é uma palavra angolana, e achei que seria interessante ter esse título num livro, porque traz uma parte da minha identidade.

DW: Porque é que a Yara escolheu fazer a entrevista em Alcácer do Sal?

YM: Em Alcácer do Sal viveram africanos e descendentes de africanos, escravizados ou livres, que deixaram um grande legado, pois estiveram aqui desde o século XV e trabalharam nas salinas, trabalharam na agricultura, tendo sofrido bastante miséria e também bastante violência social. Achei interessante escolher exatamente esta área, porque existe um grande desconhecimento dessa herança africana no Alentejo.

DW: Como é que a Yara se percebe em relação aos trânsitos culturais e territoriais que viveu entre Angola e Portugal?

YM: É uma pergunta interessante... eu sinto Angola como a mátria e Portugal como a pátria. Acho que poderei dizer que a minha identidade também está em trânsito, continua e continuará sempre em trânsito. Eu sei de onde vim. Costumo dizer que as minhas raízes são africanas, são angolanas, mas as minhas asas são europeias, são portuguesas. Eu gosto de, por exemplo, no sábado, comer uma muamba e no domingo um cozido à portuguesa. Não sinto que esteja repartida, não sinto que esteja dividida. Sinto que há um conjunto que faz parte de mim como pessoa, que veio acrescentar mais do que dividir. Tenho muito orgulho da minha ascendência, da minha herança angolana que vem também de uma herança e ascendência portuguesas, com todas as suas complexidades, que me tornam luso-angolana, uma cidadã do mundo. Portanto, até costumo dizer que eu sou de onde estou.

DW: O romance *Essa dama bate bué!* encena uma tensão entre memória e esquecimento através de um ritual à volta de uma árvore. Podia elaborar sobre como essa tensão perpassa a sua obra?

YM: Se calhar, é importante eu partilhar parte do inconsciente que se torna consciente exatamente nestas conversas. A criança Vitória, de acordo com o ritual do esquecimento a que é submetida, teria que ser mergulhada na água, no mar da nova terra. E é interessante que eu escolhi exatamente essa situação, porque a minha primeira memória não é a árvore, mas o mar da Praia das Maçãs, com a minha avó. Foi por isso que também quis relacionar a minha primeira memória com a primeira memória da Vitória, sendo a primeira memória da Vitória a árvore, porque a árvore, para mim, no livro, tem a conotação da raiz, e o mar tem a conotação da nova terra, do novo lugar. O ritual não funcionou porque as mulheres não quiseram que funcionasse. A avó de Vitória deu as voltas à mulemba, mas na realidade não se permitiu o esquecimento porque deixava uma filha para trás, deixava algo que poderia ser uma raiz.

Isto também aconteceu na minha família, no sentido em que a memória de Angola foi uma construção. Eu cresci com uma Angola imaginada. Há um dito em português que diz que "quem conta um conto acrescenta um ponto", mas também costumo dizer que "quem conta uma memória acrescenta uma vida". Portanto, houve toda uma construção de uma vivência, de uma realidade que vivi como se usasse uma roupa em segunda mão, ou em terceira: aquelas não eram as minhas roupas, mas tornaram-se minhas, tendo eu própria criado imagens, vivências... Quando era pequena, passava bastante tempo a ver álbuns de fotografias da família, criando histórias para cada fotografia. Depois, na vida adulta, quando fui à procura dessa Angola retratada pelos meus avós e pela minha mãe, não foi a Angola que encontrei. Houve um choque térmico e um choque emocional. Mas as memórias foram o GPS para o meu regresso. Precisei de regressar para entender-me e também para compreender aquilo que eu própria quero manter e aquilo que quero deixar para o esquecimento. O problema da memória é que ela pode ser também uma fronteira para a nossa evolução e felicidade. A vivência da minha família era quase a de terem sido expulsos do paraíso. Portanto, guardaram apenas as boas memórias e remeteram para o esquecimento (ou não verbalizavam, pelo menos à minha frente) aquilo que teria sido menos positivo. Acabei por descobrir muitas más memórias, que só mais tarde me foram reveladas pela minha avó, por exemplo.

DW: Por falar em memória, havia sugerido que a Yara trouxesse objetos que, para si, carregam alguma memória de Angola. Vemos que a Yara trouxe fotografias.

YM: Nesta primeira fotografia, estou eu com a minha mãe, ainda bebé, na casa em que vivíamos no Huambo, da qual eu não tenho memória. Aqui estou a olhar a rua. Ainda criança, recordo-me imenso de tentar imaginar o que poderia estar nesta rua, para lá desta rua. Lembro-me de observar as flores cor-de-rosa, pelas quais sempre tive um grande fascínio e que cá também existem.

Esta é outra fotografia em que estou com a minha mãe. Gosto bastante dela e acho que a escolhi também por ser a minha mãe... estamos as duas muito bem. Nesta outra fotografia, estou com a minha avó. Ela conta-me que, neste dia, ia trabalhar, ia para a escola. Estamos também bastante felizes aqui, a sorrir. Já esta fotografia tem um grande significado para mim, porque foi feita no dia do meu registo, um dia de festa, em que estou com a minha mãe, com o meu pai, com os primos, em família... é bastante interessante. Aqui nesta fotografia temos os meus avós a dançar, a minha tia Vanda a dançar, grandes sorrisos, muita alegria. Só algumas das fotografias que tenho foram tiradas no Huambo.

É isto que a minha memória herda e estas fotografias, na realidade, provam que nasci em Angola. Para pessoas que tiveram que escapar à guerra, não é muito comum verem registos fotográficos. Às vezes fica um grande vazio e, portanto, para mim estas são imagens preciosas. Eu fico bastante emocionada.

DW: Muito obrigada pela partilha. São memórias muito especiais. Além das fotografias, trouxe ainda outros objetos.

YM: Sim. Há um envelope, que é da minha família da Gamba, do Bié, porque a minha família é do Bié. Eu nasci no Huambo, porque a minha família, em 1975, já teve que fugir do Bié. É uma prova, por assim dizer. Fernando Garcia é o meu avô, com quem eu cresci aqui em Portugal, e o José Garcia era o meu bisavô. Este era um negócio que eles tinham na Gamba, no Bié, ainda Nova Sintra, pois aqui ainda falamos do tempo colonial. Este é um registo familiar de que tivemos na Gamba.

DW: E o que há mais?

YM: Este é o meu livro da primeira classe. A minha avó era professora primária e, na altura, devido ao contexto de guerra, não havia manuais escolares, então era a minha mãe quem ajudava a fazer uma parte dos livros, desenhando-os, colocando as frases e, numa certa altura, eu apropriei-me deste livro.

Durante todos estes anos, a minha avó guardou este manual. Na verdade, eu só adquiri este caderno depois de ter publicado o meu primeiro romance e ela disse-me: "Ah, olha... tu, na realidade, já tinhas o teu primeiro livro". Nesse dia ela contou-me essa história e depois lá foi ao baú buscar, porque a minha avó guarda tudo.

Aqui temos a *Antologia poética angolana*[1], um livro de grande referência para mim. Tenho uma grande estima por ele, porque é poesia de Angola, é uma grande referência literária. Acho que os escritores e a literatura são importantes também para a criação de uma identidade nacional, social, cultural de uma comunidade. A propósito, temos aqui também Agostinho Neto e Alda Lara.

Trouxe também esta gramática. Já na fase adulta, decidi aprender umbundu e ainda tive algumas aulas. Não sei falar, confesso com grande pena minha, mas tenho uma gramática de umbundu. A gramática, na verdade, é da minha tia, mas eu apropriei-me dela para estudar e tenho feito alguns trabalhos visuais com o umbundu.

Este é o *Itinerário da literatura angolana*[2], livro pelo qual também tenho muita estima: é livro d'Angola, porque nos fala da importância da oralidade na perpetuação da história, das memórias e cobre também o desenvolvimento da imprensa, de parte da literatura escrita. Este foi um livro com o qual aprendi bastante.

DW: O seu romance traz um poema falado/cantado que, além de dar título ao livro, convoca uma oralidade moderna de Angola, apresentando a oralidade africana. Como surgiu esse poema?

YM: Fui eu que escrevi o poema. E descobriu quem é "a dama que bate bué"?

DW: Sim, é Luanda.

YM: Sim, é Luanda... as pessoas às vezes leem e não percebem e por isso é que perguntei.

DW: Pensei que se tratava de um poema de uma pessoa real, um *rapper* que a Yara conheceu em Luanda...

YM: Não... Eu é que escrevi como se fosse, porque a personagem que o diz é um poeta de rua.

DW: O facto de as pessoas não identificarem quem é essa dama, isso tem acontecido só no contexto português, entre pessoas sem conhecimentos específicos sobre Angola, ou em geral?

YM: É generalizado. Não entendem quem é a dama, e eu digo-lhes: "Leste o poema?" A dama é Luanda.

Esta folha parece-me ser de uma aula de português da minha tia. Está datada de 14/05/1975 e está aqui uma classificação dos povos bantos. É bastante interessante, porque vou sempre encontrando mais informação, mais papéis, mais fotografias nas páginas dos livros e cadernos.

Este objeto é um cinzeiro que representa o mapa de Angola. Tanto na casa dos meus avós como na casa da minha mãe, da minha família, há sempre referências visuais e artísticas de Angola.

A oralidade é bastante importante, porque ela explica exatamente como as memórias são preservadas. Se não fosse através da oralidade, eu não saberia a minha história. Depois há os guardiões da memória, que na minha vida é a minha avó. São exemplo disso as conversas que fui tendo com ela, por meio das quais fui descobrindo a minha história e recolhendo informação também para a elaboração do meu livro. Por isso, há que também saber preservar exatamente a palavra falada.

DW: Em *Essa dama bate bué!*, Luanda acaba por ser descrita como uma cidade que testemunha a guerra, mas também como uma cidade que é preconceituosa e classista. Vitória sofre um verdadeiro choque diante desse cenário urbano e social. A certa altura da narrativa, vemos uma cena que se passa na entrada de uma discoteca. A narrativa diz: "A cor é a fronteira que separa os que são bem-vindos dos renegados. Os brancos entram direto. Os mulatos são selecionados e os negros esperam. A escolha do porteiro talvez tenha uma base mais capitalista". Pretendia criticar a cultura da capital com estas imagens?

YM: Nós não nos podemos esquecer da herança colonial. Foi exatamente o colonialismo que criou essa divisão, essa hierarquia de tonalidades que acabei por retratar na Luanda de 2005. Aliás, quando eu tirei o meu primeiro BI em Angola, ainda existia a classificação da raça, se seria negra, se seria branca, se seria mestiça. É engraçado, porque poderia vir o que fosse dependendo de quem nos estaria a olhar. Até em termos de linguagem, por exemplo, surge a palavra mulato, que tem uma conotação negativa, como é óbvio, mas o seu uso no romance foi intencional, porque era assim que o estado português hierarquizava a população local. E quem eram os privilegiados no tempo colonial? Eram os portugueses, eram os brancos. Quem eram os segundos privilegiados nessa hierarquia? Eram os birraciais, não é? Quem eram os menos privilegiados, sobretudo se não fossem assimilados? Seriam os negros, os da terra, por assim dizer.

Esta analogia com a entrada na discoteca é exatamente a transposição dessa hierarquia social, que continua (ou continuava) a estar relacionada com o capital. O romance passa-se entre 2003 e 2005, logo no final da guerra. Ainda não existia, por assim dizer, uma grande elite negra, mas, na altura em que lá fui, o branco era muito associado ao expatriado, ao estrangeiro que estava em Angola, que trabalhava numa petrolífera, numa ONG ou que tinha dinheiro para gastar.

DW: Se, na capital portuguesa, a protagonista não constrói nenhuma conexão com as origens, é com o Huambo que Vitória tece laços emocionais com as próprias raízes, nomeadamente através das histórias que escuta de Mamã Ju. Foi consciente a criação de um certo contraste entre essas duas cidades, entre duas Angolas, uma mais assustadora e a outra mais emocional?

YM: Muito do que está retratado no livro, sobre Luanda, foi por mim vivido. Como Vitória, tive exatamente a mesma sensação de choque, de estar numa cidade em que a guerra tinha acabado, mas não tinha acabado; sensação de que, portanto, a guerra continuava, uma guerra não de armas, mas uma guerra que continuava a ser bastante espiritual, emocional. Foi uma fase em que eu sentia que só conseguia absorver, nem sequer diluir ou traduzir aquilo que estava a absorver, porque era tudo muito intenso.

Como Vitória, eu também fui ao Huambo, fui visitar a minha cidade, e encontrei também uma outra realidade, encontrei verde, encontrei raiz, encontrei calmaria também, tempo para pensar, para sentir, porque estava longe do frenesim de Luanda. Não que a vida fosse mais fácil no Huambo, mas senti que era uma vida mais crua, mais próxima da terra. Talvez tenha sido esta a razão pela qual movimentei Vitória daquele contexto social em que, de certa forma, não tinha autonomia, porque era bastante controlada pela Romena ou pelo General Vindu, e coloquei-a numa posição de confronto interior, num ambiente que pudesse possibilitar a reflexão. Mas estas duas realidades existem e é importante também frisar que Angola não é Luanda: Luanda faz parte de Angola, é a capital, é a cidade de Angola, mas, em termos de geografia do país, é mínima.

DW: A Yara mencionou, no início da entrevista, que tem um nome africano. E a Vitória descobre que havia outro nome previsto para ela e que ela não sabia. A seu ver, qual é a importância dos nomes para a construção identitária de um indivíduo que está em trânsito entre nações?

YM: No livro, a Mamã Ju diz a Vitória: "A origem da tua história começa no teu nome". Wayula é o nome tradicional dela, e que ela desconhecia. Eis o que eu fiz no livro, sobretudo quando Vitória descobre qual é o seu nome: toda a narrativa passa a ser relatada, deixando de ser narrada na primeira pessoa, e isto também tem a ver com uma transição do Eu. Não é que ela deixe de ser Vitória, mas passa a ser algo mais. É quando ela, na realidade, se encontra. Eu também descobri que o meu nome tradicional é Navitangue, em que "vita" quer dizer "guerra". Mas o meu avô não quis que eu fosse registada com o nome tradicional. Os meus pais eram muito novos. Quando nasci, trouxe alguns problemas sociais e tradicionais à própria família. E foi só neste percurso de procura da memória que entendi e aceitei parte dessa minha história.

No contexto colonial em Angola, os nomes tradicionais africanos não podiam ser registados, o que depois foi alterado. Portanto, eu poderia ter sido registada com o meu nome tradicional, o meu avô é que não o quis.

DW: As personagens de seu romance parecem ter uma necessidade de perdão ou de expiação, sobretudo em relação às decisões que tomaram durante a confusão da guerra. Para a Yara, em que ponto está a sociedade angolana relativamente a esse perdão? E em que ponto estão também as pessoas na diáspora?

YM: É interessante, porque, como é óbvio, a Guerra Civil dividiu o povo. Houve conhecidos que assassinaram conhecidos. Há ali muita mágoa, muita revolta e seria necessário, na minha opinião, fazer um luto, um *komba* nacional ao invés de pôr os problemas debaixo do tapete. É claro que temos que seguir em frente, mas existe uma necessidade de perdoar, de abraçar, de unir, de construir uma identidade nacional dentro de uma multiculturalidade que existe. É preciso aceitar o conflito. É algo de que não se gosta de falar, mas depois as emoções acabam por vir ao de cima. E são exatamente estes problemas não resolvidos que continuam a existir nos militares, nas famílias, no cidadão comum que passou pela morte, que viu alguém morrer. Estas mágoas também foram transportadas para o exílio. Pensamos que não existem, mas vêm escondidas nas malas. Por muito que se faça a roda do esquecimento, continuam lá e depois têm impacto nas gerações futuras, porque não são resolvidas. Acho que é um trabalho que tem que ser feito a todos os níveis, a nível individual, mesmo por quem não viveu mas tem a lembrança (por exemplo, pessoas como eu), e a nível coletivo, enquanto país e nação.

Esta é uma questão não apenas de Angola, mas de Angola e Portugal, porque somos povos irmãos apenas quando convém e, quando não convém falar de certas coisas, não se fala. Por isso, é preciso construir um processo de recuperação, de união, de reconciliação da história, das várias vozes, não só de uma única voz dominadora.

E quero falar de uma outra coisa importante: o colonialismo foi um ato atroz, desumano, violento. Mas o processo de descolonização também, e não se fala muitas vezes deste processo de descolonização para quem ficou. Ganhou-se a liberdade, ganhou-se uma nação, mas é como se existisse um abandono. Há um trauma, ou seja, há todo um contexto pós-traumático que não foi resolvido.

DW: *Essa dama bate bué!* conta basicamente a história de três mulheres: Vitória, Rosa e Mamã Ju. Por outro lado, essa relação que a Vitória tem com uma mulher em Portugal é um elemento que aparece de forma bastante natural. Houve uma preocupação de género específica?

YM: Não gosto de dizer que é um livro feminino ou que é um livro de mulheres, porque não colocamos esta questão quando falamos de livros que só têm personagens masculinas, mas é um livro em que dei destaque a personagens femininas. Penso que, por um lado, isso surgiu de forma natural. Por outro lado, eu tinha recentemente lido um livro da Margarida Paredes, *Combater duas vezes* (2015). Gostei bastante do que descobri na leitura e, de certa forma, quis também ficcionar histórias de mulheres e exatamente o contributo da mulher angolana na construção da paz em Angola. Achei importante focar a narrativa a partir da perspetiva feminina. E resolvi colocar essa cena em que Vitória se relaciona emocional e sexualmente com outra mulher, porque, na altura, e também resultado do Código Penal Português, que nunca tinha sido alterado em Angola, as relações entre pessoas do mesmo sexo eram criminalizadas. Acho também que a sexualidade tem que ser normalizada, assim como a cor dos olhos. Daí eu ter situado exatamente esta cena emocional de forma natural. Não tentei fazer disto uma bandeira de identificação de género ou identificação sexual, mas exatamente normalizar, porque é uma característica de qualquer ser humano.

Quando estava a fazer o desenvolvimento de personagens, defini que Vitória seria estrábica, teria cabelo escuro e passaria por relacionamentos com mulheres. Penso que é importante também, para nós escritores e escritoras, normalizar essas questões através da literatura. Isso ajuda-nos a chegar mais longe, a derrubar preconceitos, a normalizar o que no fundo é normal.

DW: Ainda sobre as mulheres, além da busca de Vitória pela figura materna, as tias conjuram um ritual evitando que Vitória quebre a raiz. Qual é o significado dessa cena?

YM: Sim, isso também teve um significado. Tive uma formação religiosa que, na minha opinião, foi bastante castradora. No livro, de certa forma, nós temos as Liliths: a revolta ou a libertação da mulher do patriarcado, que é representado, neste caso, pelo avô de Vitória. Mas também fiz esta tentativa de revolta e de projeção das mulheres da família em Vitória. Por isso criei, na obra, alguns símbolos que retratam muito do que é a condição feminina, da condição da mulher no mundo atual, no mundo africano também e até europeu: a imposição do casamento, a imposição da obediência ao homem, que vem muito da religião católica. Isto está relacionado, por um lado, com a negação da mulher e, por outro lado, com a sua contribuição tanto num contexto extremo de guerra como no contexto social em geral. A Romena pode ser um exemplo disso. Nesse sentido, no meu livro, os homens acabam por ser os frágeis, enquanto as mulheres mostram a sua força feminina. Isso foi intencional porque, na realidade, também é o que se vê muito em Angola, desde a zungueira, que também está bastante retratada, até a Romena, uma mulher de classe média. Temos essas imagens presentes em todos os estratos das sociedades e quis dar algum reconhecimento especial a essa realidade.

Data: 07 de dezembro de 2020
Local: Alcácer do Sal, Portugal
Transcrição: Paulo Geovane e Silva

NOTAS

1. Livro organizado por A. Neves e Sousa (et al.) e publicado em Sá da Bandeira pela Colecção Imbondeiro em 1963.

2. Livro de autoria de Carlos Ervedosa e publicado em Luanda pela Editorial Culturang em 1972.

"Fui angolana antes de ser portuguesa"
Entrevista a Raquel Lima

Filha de mãe angolana e pai são-tomense, Raquel Lima nasceu em 1983, na capital portuguesa, e cresceu na margem sul do Tejo, onde se encontrou com a música, a poesia, o *poetry slam* e a arte urbana, encontrando-se também com a inscrição da diferença no seu corpo. Na impossibilidade de obter, antes da maioridade, a cidadania do país em que nasceu, foi construindo a sua identidade – angolana, portuguesa, diaspórica – primeiro pela poesia oral e, agora, depois de mais de uma década de experiência no palco em festivais literários e de *spoken word* pela Europa e o mundo, por meio da palavra escrita. Assim, o seu livro de estreia, *Ingenuidade Inocência Ignorância* (2019), é também um audiolivro que contém um código para descarregar a faixa sonora. Além de poeta, *performer* e arte-educadora, Raquel Lima é doutoranda do Centro de Estudos Sociais da Universidade de Coimbra, onde desenvolve a sua investigação sobre a oratura são-tomense.

Nesta entrevista, realizada em setembro de 2020, Raquel Lima reflete sobre o seu percurso, a construção da sua identidade, bem como sobre o seu primeiro livro, que inaugura uma voz poética.

DW: Raquel, obrigada por teres aceitado o meu convite. Como sabes, a primeira parte da entrevista vai ser a tua autoapresentação. Sei que nunca foste a Angola, mas, pela história da tua família, Angola tem algum impacto na tua vida. Qual é o teu percurso e em que medida ele tem um impacto no teu trabalho literário?

RL: Eu nasci em Lisboa, em 1983. A minha mãe é angolana, nasceu na Ilha de Luanda e chegou a Lisboa grávida de oito meses de mim. Nasci em janeiro de 83, num hospital em São Sebastião da Pedreira. E passámos a viver na margem sul do Tejo, onde eu sempre estudei, onde tinha um circuito de amigos com quem brincava e escrevia aventuras. Então, essa paixão pela escrita surgiu nessa altura, mas depois, quando fiz 18 anos, comecei a interessar-me também por encontros de poesia, então eu participava nos clubes literários. Mais tarde conheci o *poetry slam* e o *spoken word* e comecei não só a participar, mas também a organizar eventos de poesia. Terminei o secundário na área de ciências, de científico-natural.

Depois tive uma incursão em Farmácia, Ciências da Natureza, Antropologia. E só mais tarde é que fiz a licenciatura em Estudos Artísticos/Artes Performativas na Faculdade de Letras da Universidade de Lisboa. A partir daí, comecei a trabalhar como produtora em estruturas de dança contemporânea: fui para o Rio de Janeiro, depois vivi em Paris, trabalhei com o coreógrafo Rachid Ouramdane e depois voltei para Portugal, onde estive sempre nessa missão de produção, comunicação e assessoria de imprensa dentro de estruturas da cultura.

Entretanto, a ida ao Brasil fez-me pensar muito na ligação entre os países que falam português. Quando estive na Bahia, senti o cheiro do acarajé e do vatapá, ingredientes que a minha mãe também usa em Angola, mas que eram feitos de maneira diferente. Essa curiosidade sobre como essas relações se construíram fez com que eu cofundasse, em 2011, a Associação Pantalassa, que partiu dessa vontade de perceber como as artes mobilizam o espaço de língua portuguesa. Nós partimos desse conceito de *lusofonia* com muitas hesitações, por causa das conotações políticas que ele tem, mas assumimos um lugar muito genuíno ao reconhecer que há ligações gastronómicas, culturais, musicais, afetivas, religiosas e espirituais entre os territórios. Então, a Pantalassa foi uma forma também de fazer algum trabalho sobre as minhas próprias raízes.

Cresci sempre com a minha mãe, crescemos a ouvir e a dançar música angolana, crescemos com muitas festas de família em que a comida e a história eram todas sobre Angola. Então, é um território que faz parte de mim, apesar de que nunca estive em Angola. Sinto que uma boa percentagem da minha identidade e da minha subjetividade se encontra nesse lugar. Mesmo a questão linguística: eu cresci a ouvir a minha mãe a falar quimbundo. Ela também fala umbundo. E depois, algumas tias falavam quicongo. Então, Angola faz parte da minha identidade.

DW: Como toda essa experiência contribuiu para a construção da tua cidadania?

RL: As questões de cidadania são interessantes. Fui angolana antes de ser portuguesa, apesar de ter nascido cá. Legalmente, fui angolana até aos 21 anos. Então, costumo dizer que a minha primeira terra é o meu sangue, porque, na verdade, não havia uma lei da nacionalidade que me reconhecesse como portuguesa. E o ser angolana também teve várias consequências a nível de acessos, a nível de cidadania, porque estamos a falar da impossibilidade de ter algumas bolsas de estudo, de poder viajar sem ter um visto, para não falar da simples questão de ter um BI azul e os meus amigos terem um BI amarelo. Esse facto de ser angolana atravessou-me durante muitos anos.

Atualmente, estou a fazer o meu doutoramento em Coimbra e, recentemente, consegui lançar o meu primeiro livro, *Ingenuidade Inocência Ignorância* (2019), que resulta de vários anos a participar em eventos de poesia oral e que também representa um pouco esse percurso feito de algumas viagens e apresentações.

DW: Antes do nosso encontro, pedi que trouxesses um objeto que, para ti, denote uma memória afetiva de Angola. Explica-nos, por favor, o que é e qual é o significado desse objeto para a tua vida.

RL: Sim. O significado do objeto que trouxe, na minha memória e também em relação à minha família, está em compreender uma grande fase da minha vida, porque estamos a falar de um documento que atravessou as nossas rotinas. Isto é uma Autorização de Residência do tipo temporária. Lembra-me muito os percursos de renovação da residência, em que nós tínhamos que acordar muito cedo, às cinco da manhã, porque as filas do SEF eram enormes, para renovar o nosso documento oficial de identidade. Este sempre foi um documento muito controverso para mim, porque ele é feito de uma grande contradição: ele diz "Raquel Lima, nascida em Lisboa" e, mais abaixo, "nacionalidade angolana". Isso diz muito sobre o que significa o processo de naturalização e o que significa mesmo todo o sistema jurídico e legal de Portugal com a sua herança colonial. É um objeto que me liga a Angola de uma forma efetiva, porque, de facto, eu passo a ter a nacionalidade de um país que desconheço fisicamente. Por outro lado, este documento acaba por ser uma espécie de herança da minha mãe, porque foi graças a ela que consegui ter esta autorização.

Em relação à minha família, este documento também mostra uma certa ausência, porque o meu pai é de São Tomé e Príncipe, e a impossibilidade de eu fazer o meu processo de naturalização mais cedo deveu-se ao facto de ele não estar presente. Tive que fazer 18 anos para, enquanto maior de idade, poder fazer o processo de naturalização, que, por sua vez, demorou três anos. Aos 21 anos, tive o meu primeiro bilhete de identidade português. Então, este documento também fala muito sobre uma família monoparental, sobre raízes que não conheço, tema que também está presente na minha escrita, essa procura das raízes, essas gavetas que nós abrimos e nas quais encontramos objetos que depois ganham significados para além deles próprios.

DW: O que te vem à mente quanto ouves as seguintes palavras: Angola, Portugal, identidade nacional?

RL: Penso realmente que é muito importante considerarmos esse pluralismo das identidades nacionais. E penso muito na própria ideia de nação, se for de um ponto de vista fronteiriço, tal como conhecemos hoje, que tem a ver com superfícies, linhas e pontos que foram politicamente impostos. Acho que estamos a falar de uma construção extremamente violenta. Acima de tudo, quando olhamos para o continente africano ou, concretamente, para um país como Angola, estamos a considerar fronteiras impostas desde uma Conferência de Berlim, de uma forma geométrica, quadrada, e que não considera uma série de relações étnicas, relações tribais, relações de movimento e a própria relação de fronteiras que não sejam ontologicamente eurocêntricas. A mim, o que me parece é que, quando pensamos em fronteiras coloniais, isso é interessante do ponto de vista da organização, porque os países têm, ao fim e ao cabo, de seguir uma constituição, seguir uma série de normas e leis para que o povo tenha o mínimo de direitos e de cidadania. Mas, ao mesmo tempo, é preciso considerar essa permeabilidade das fronteiras. Estou a pensar em exemplos como a tribo dos herero: eles estão ali numa região limítrofe em que tanto são da Namíbia quanto de Angola. Então, essas fronteiras também atravessam as diferentes identidades nacionais, que são variadíssimas, diversas.

Por isso mesmo, tenho algumas tensões sobre esse conceito, não só porque ele é construído através dum processo violento de destituição cultural, muitas vezes. Estou a pensar também em manifestações culturais que estão no centro da identidade nacional de determinados países, como o tango: muitas pessoas não sabem que é uma palavra que vem do quicongo, do norte de Angola, e que só chega à Argentina graças à escravatura e aos rituais de matriz africana que aconteciam nessa região. Então, as identidades nacionais são feitas de apropriações, de manifestações, de epistemicídios e, para mim, acabam por ser muito mais complexas do que aquilo que entendemos como Estados-nação e fronteiras de Estados-nação.

Muitas vezes, ficamos com essa sensação de que os países colonizados são os que estão sujeitos a esse tipo de recorte, mas, se olharmos para países como Espanha, por exemplo, onde encontramos uma série de movimentos independentistas, de línguas, de tensões, vemos que as fronteiras não são lugares confortáveis. A identidade nacional não é única, não é singular dentro dessas fronteiras. Em relação a Portugal, acho que acontece o mesmo, apesar de não termos muitos movimentos a contrariar o nosso retângulo, que está mais ou menos estável. A verdade é que temos uma influência – se pensarmos na nossa língua – do galego, do latim, do árabe. Então, o que é essa identidade nacional do ponto de vista orgânico? Acho que acaba por ser tudo muito político, mais do que orgânico, e feito de relações de poder que também vão mudando ao longo do tempo. Este novo acordo ortográfico mostra-nos muito isso: quem determina o que é uma língua, o que é a língua portuguesa e o que não é. Então, vejo esse conceito de uma forma plástica, móvel e fluida. Se tivesse que optar, optaria por *identidades nacionais* no plural. Penso que a relação mesmo entre Portugal e Angola, e a presença de uma diáspora angolana – e africana, em geral – em Portugal também criam tensões sobre essa identidade nacional, porque estamos a falar de uma população que produz e se reproduz constantemente. Essa produção gera encontros e trocas que determinam o significado de uma identidade.

E como isso me atravessa individualmente? Acho que a minha identidade é muito separada da minha cidadania. Por um lado, preciso de reivindicar a minha portugalidade, de uma forma efetiva, através de um processo de naturalização; de uma forma mais subjetiva, usando filigranas, por exemplo, para dizer que "a casa é nossa"[1] e que nós fazemos parte desse território. Mas isso tem a ver com a minha cidadania do ponto de vista concreto e objetivo. A minha identidade é uma coisa bem mais subjetiva, singular e que não se define através de fronteiras físicas concretas.

DW: Dirias que as identidades nacionais estão em crise? Onde te situas no meio destas crises?

RL: A questão da crise de identidade nacional tem muito a ver com uma dificuldade que sentimos, dentro das próprias nações, em lidar com a diversidade de pessoas que habitam os territórios. Quando falo em uma crise de identidade nacional, neste caso, em Portugal, tem a ver com muitas das matrizes que estão na fundação dessa identidade: vamos pegar, por exemplo, no fado, que tem uma grande influência africana e cigana, tal como o flamenco. Parece-me que a própria ideia partilhada dessa identificação não reconhece, na sua origem, quais são as influências que constroem essa identidade. E, quando pensamos nessa questão que nos atravessa ultimamente muito, que é ser negro em Portugal – no meu caso concreto, ser mulher negra em Portugal –, estamos a falar de um constante apagamento e silenciamento daquilo que é a produção não só cultural, mas também científica que essas mulheres realizam. Então nós, enquanto pessoas da diáspora africana, temos esse papel duplo, também, de revisitar a memória, de reconstruir as nossas histórias, de reconsiderar outras mulheres que fizeram parte deste panorama nacional e que contribuíram imenso para aquilo que

Portugal é hoje. Parece-me que esta é uma luta muito legítima, mas que acaba por ser desgastante. Para mim, ser mulher negra em Portugal implica fazer esse trabalho de procurar referências, procurar influências, aquelas que não nos são demonstradas e oferecidas durante o nosso processo de crescimento. É esse trabalho também de perceber como é que nós conseguimos ocupar este lugar, não só na literatura, mas também nas artes, nas ciências, na política. Então, acho que ser mulher negra em Portugal, neste momento histórico, implica essa responsabilidade de estarmos numa constante negociação sobre os espaços que ocupamos, as parcerias que fazemos ou com quem colaboramos. E, nesse sentido, há um processo de apagamento que nós próprias temos que fazer, ou de desaprendizagem de uma série de referências que nos foram dadas como normas, como padrões e como cânones literários, cânones artísticos, etc.

DW: O que te vem à mente quando digo: resistência?

RL: Penso que esta palavra também deve ser revisitada. Não podemos estar sempre numa condição de resistência: queremos, acima de tudo, estar numa relação de existência e de coexistência. Então, a resistência como fim parece-me um mau princípio, porque, idealmente, nós queremos chegar a um estado de sociedade onde possamos coabitar sem ter que reivindicar constantemente os nossos direitos, a justiça e até mesmo este território como nosso. Essa resistência tem um papel fundamental neste momento, mas espero – esperamos todos – que, a longo prazo, ela vá perdendo a sua razão de ser. Sabemos que este será um longo caminho, até porque a história nos diz que isto é um processo circular, de vários momentos de resistência constante, de continuidades históricas de opressão.

Por outro lado, conseguir encontrar uma leveza nesse caminho, em que possamos ter o nosso direito à contemplação, sem estar constantemente a lutar, isso também é uma luta: a luta de poder contemplar. Isto tem tudo a ver com a memória enquanto um dos principais veículos da nossa identidade. Quando imagino Angola, penso muito, como já disse, nos rituais familiares, nas músicas, na gastronomia. Tudo isso só é possível quando passado por memórias, pela oralidade e pelas experiências (que a minha mãe teve e que conta). Por isso mesmo é muito importante trabalhar a ideia de pós-memória, não só numa perspetiva de três gerações ou de um tempo linear, mas pensá-la como algo a ser abordado a longo prazo, num sentido de tempo circular. Podemos pensar também que há uma memória coletiva e uma memória genética que transportamos no nosso corpo, na nossa voz, no nosso trabalho e isso não pode ser lido de uma forma linear apenas.

DW: Em alguns dos teus poemas, o sujeito lírico não consegue identificar-se plenamente com Portugal, nem com a Europa, nem com África. No poema "ser poeta é ser mais baixo"[2], diz que ser poeta significa "estar cansado de representar Portugal / e viver dentro das suas margens". No poema "claimer-disclaimer" nota-se um conflito com os conceitos de Europa, de Portugal e de Ocidente. E cito ainda o poema "planeta áfrica": "gostaria que África [...] / fosse um planeta em vez de um continente". O que nos dizes sobre essa aparente dificuldade de identificação?

RL: O poema "ser poeta é ser mais baixo", onde eu digo que ser poeta "é estar cansado de representar Portugal / e viver dentro das suas margens", tem a ver com eu ter ganho o prémio nacional de *poetry slam*. E, consequentemente, fui representar Portugal a vários países. A minha resistência e a minha tensão têm a ver com de repente eu ter que responder a uma expectativa do que é ser poeta portuguesa. E aí, sinto que não só uma grande parte da minha identidade é posta de lado, é retirada, como eu tenho que levar comigo toda essa bagagem da portugalidade.

E isso encontra-se em vários outros poemas, nomeadamente no "claimer-disclaimer", que já é uma questão com o Ocidente:

as cidades, o ocidente
a burguesia e seus privilégios
os europeus e seus pensadores
filósofos e doutores.

Isso tem a ver com a desaprendizagem de que falava antes e que implica uma visão crítica sobre aquilo que nós aprendemos, não só do ponto de vista formal, mas também no que diz respeito à nossa forma de pensar e estar no mundo. Quanto mais vou pesquisando sobre a filosofia africana e sobre outras ontologias, percebo que há alguns padrões da visão eurocêntrica, nomeadamente a divisão entre corpo e espírito, ou entre razão e emoção. Estes são os temas e problemas relativamente aos quais convém entrar em disrupção e com os quais não me identifico.

Esse poema, "claimer-disclaimer", tem a ver com as sociedades onde o individualismo acaba por ser uma consequência das dinâmicas capitalistas, muito baseadas na competição e em relações que não são necessariamente de comunidade e coletividade, mas de uma sobrevivência que parte do indivíduo sozinho.

Então, esse é um "poema-sátira", porque, no final, eu digo: "disseram-me que o aglomerado sou eu / e que vou morrer / sozinha". Na ausência de espírito crítico, a tendência seria acabar por internalizar esse tipo de postura, de estar sozinha.

Esta discussão pode ser encontrada logo no primeiro poema, o "insipiente / incipiente". Nós temos "insipiente" com *s* e "incipiente" com *c*, palavras que, embora não se distingam foneticamente, têm significados muito diferentes. Aqui eu quis trazer uma questão linguística: como a língua portuguesa é um espaço armadilhado? O próprio título do livro – *Ingenuidade Inocência Ignorância* – partiu desse jogo de encontrar palavras muito ambíguas, muito contraditórias, que tanto podem ter conotações muito coloniais e religiosas, de pureza e de virgindade, como podem ser, de repente, interpretadas como algo da dimensão da estupidez, da parvoíce e da credulidade. Parece-me que a língua portuguesa em si transporta essas contradições, essas ambiguidades que fazem parte do ser humano, mas que me colocam numa relação um bocado esquizofrénica com a literatura: viver dentro destas margens linguísticas e, ao mesmo tempo, querer reinventá-las.

O poema "planeta áfrica" tem a ver com eu ver-me numa diáspora africana sem conhecer o território africano. Tive uma experiência, em 2013, de residência em São Tomé e Príncipe, que é o país do meu pai. Foi o único país africano em que estive. A ideia da África é muito romantizada, não é? E nós acabamos por criar uma ilusão sobre o que isso pode significar para nós em termos de lugar, eu não diria perfeito, mas de lugar original. Quando pensamos em todo o processo neocolonial e na forma como esse corpo-território é explorado, violado e roubado, dá-me essa ansiedade da fuga, que tem a ver também com a minha procura de um lugar que desconheço e que não é só um continente. Isso tem a ver com dilemas de viver na diáspora e de ser mulher negra na Europa.

DW: Alguns dos teus poemas expressam preocupações sociais, por exemplo "retratos", com a cabo-verdiana Dona Jasmim, ou o poema "Tejo", que trata das margens sul e norte do Tejo e a sua diferença social, além de *sul* e *norte* serem conceitos-metafóricos dos estudos sobre a globalização. É uma preocupação central do teu projeto artístico?

RL: Eu cresci na margem sul do Tejo. Então, a própria ideia de periferia foi uma coisa que nós fomos percebendo no corpo: a cada vez que ia trabalhar ou estudar, eu tinha que aguardar pelo autocarro, fazer uma imensa travessia, apanhar um barco de oito minutos para chegar à capital ou ao centro – o centro cultural, epistemológico. A periferia enquanto espaço de existência foi-se construindo em mim e com todas as modalidades artísticas que isso implica: o *street art*, o *hip-hop*, o *rap* e outras coisas associadas a esses territórios menos acessíveis, digamos assim. No poema "retratos" – que é um poema muito antigo, é dos primeiros, acho que o escrevi em 2009 –, comecei a sentir que a minha poesia era para ser partilhada, nunca foi uma escrita para ficar só na gaveta, de modo que comecei a participar nesses eventos de *poetry slam* e de *spoken word*. Assim, eu percebia que a poesia não era um lugar só para mim, mas também para a identificação de outras pessoas, para o diálogo, para chegar a temas que fossem partilhados pelo público. De uma forma muito inata, comecei a preocupar-me sobre o que nos incomoda enquanto sociedade. É claro que, mais tarde, fui perceber que isso era ingénuo, porque há pessoas que se preocupam e outras que não.

Os "retratos" falam sobre precariedade, sobre a dependência de drogas, sobre alcoolismo, sobre exploração infantil e sobre a Dona Jasmim, essa senhora que estaria há muito tempo em Portugal já e que, por isso, o "ser portuguesa com certeza", para trazer um pouco desta música da Amália Rodrigues, mas também para dizer que ela passa a habitar dois lugares em simultâneo: esse Portugal e esse território de Cabo Verde, que é donde ela viria. Preocupam-me não só as questões sociais mais prementes, mas também como essas questões atravessam a identidade e a existência das pessoas. Isso aparece, por exemplo, no poema "práticas e instruções anti-terroristas para a explosão de uma bomba interior".

Já o poema "Tejo" tem a ver com a maravilha que era chegar a esse centro que, hoje em dia, já vejo como um dos centros: há vários centros e a periferia também é um centro. Nesse sentido, o poema "Tejo" é uma homenagem às várias travessias que fiz ao longo da minha vida e ao modo como Lisboa foi aparecendo para mim de uma forma diferente. Este é um poema menos social e mais contemplativo. A questão norte e sul está lá também como metáfora, porque o sul global, se quisermos, é um lugar que não é geográfico, mas mental; é um lugar estrutural, partilhado de várias formas. Então, sim, acho que dentro desse sul estão vários "suis" possíveis, dentro e fora de Portugal.

DW: Três dos teus poemas parecem ser entradas de dicionários que definem as três palavras que dão título ao livro. Nota-se uma preocupação linguística, uma busca dos traços semânticos das palavras, um questionamento da polissemia das palavras e da fala. Trata-se de uma tentativa de descolonizar a língua?

RL: Acho que sim, sempre me preocupei muito com a questão da descolonização da língua e da linguagem, com o que nós podemos fazer enquanto autores, trabalhando com essa matéria, para perceber como a língua oprime e liberta, como voltar a olhar para a língua (na sua relação colonial) nos vai ajudar a perceber a montagem do sistema.

Não fiz isso de uma forma muito programática ou cerebral, e esta pode ser uma história interessante: eu queria muito que este livro tivesse sido escrito numa máquina de escrever que tenho, dos anos 30, do tempo do Salazar. É uma máquina com um teclado de modelo português, porque, em 1937, o Carmona e o Salazar decidiram que, à semelhança de outros países, como Alemanha, Espanha e França, Portugal devia ter um teclado modelo português, o que facilitaria muito a dignificação da nossa língua. Comprei a máquina sem saber que aquele teclado era diferente. Só quando cheguei a casa é que percebi que aquilo era "HCESAR" e não "QWERTY" ou "AZERTY". Embora fosse difícil escrever nesta máquina, o meu interesse era exatamente este: entender como nós podemos, através de um projeto colonial, escrever a nossa própria história e desconstruir os modelos da língua. Obviamente esse projeto caiu por terra, porque, na prática, era muito complicado dactilografar, paginar e imprimir um livro.

O livro está organizado em três partes: cada parte corresponde a uma das palavras do título; e começa com uma definição que fez o mapeamento dos vários significados possíveis, não só de um dicionário, mas de diversos dicionários, uns mais antigos, outros mais contemporâneos. E há várias coisas que me surpreenderam. Por exemplo, em "ingenuidade", uma das definições é: "condição de pessoa que nasceu livre, que nunca foi escrava". Então, temos aqui toda a dimensão colonial: como é que uma pessoa ingénua consegue autodeterminar essa ingenuidade se uma pessoa escravizada não está na sua condição natural, ou seja, como é que a própria língua legitima uma série de diferenças sociais e de vida. Tentei imiscuir-me um pouco na língua também, novamente com a questão do *insipiente/incipiente*, para compreender, mais do que as palavras enquanto ferramentas de trabalho, o que nós temos que fazer – enquanto artesãos da palavra – para perceber de onde elas vêm, como refletem um programa social, como elas – mais do que o seu significado de partida ou oficial – trazem outras dimensões. Acho que isso é uma preocupação. Como já disse, essa descolonização da língua não foi feita de uma forma muito programática. Foi muito natural, porque me interesso por palavras, sempre gostei muito de aprender línguas, aprender de onde elas vêm, os provérbios, as anedotas, as lenga-lengas. Isso, para mim, são territórios muito ricos para entender o ser humano.

DW: Vários dos teus poemas têm momentos humorísticos, irónicos ou satíricos e isso é muito interessante. Por que trabalhas com estes recursos?

RL: O humor e a ironia são mecanismos de defesa, são espaços onde podemos autorridicularizar-nos, ou seja, podemos brincar com situações de tristeza, de opressão e de discriminação. E eu cresci exatamente assim, com a minha mãe e com a minha irmã. Posso dizer ainda que isso é uma coisa até bem cultural. Há uma palavra em angolano que se usa muito – angolano, na verdade, não existe, mas é mais uma gíria – que é a *estiga*: as pessoas estigam muito umas com as outras. "Estigar" pode ter o sentido de brincar com situações não só de nós próprios, mas do outro, e isso é mais ou menos consensual, faz parte e as pessoas não ficam ofendidas. Então, nós crescemos muito a estigarmo-nos uns com os outros. Não tenho a certeza sobre isto, mas muitas vezes penso que o humor é dos poucos lugares onde consigo aceitar piadas que, superficialmente, podem parecer racistas, por exemplo, mas que têm exatamente a função de questionar o racismo. É claro que isso tem que ser bem feito e também depende do espaço de enunciação, de quem está a dizer a piada. O humor acaba por aparecer nos meus poemas, porque, mesmo tratando de questões sociais ou de injustiça, é uma lufada de ar fresco.

O poema "entrevista", por exemplo, resulta de uma série de entrevistas: quando volto do Rio de Janeiro e de Paris, começo a procurar trabalho e deparo-me com a condição dos recibos verdes, que basicamente é uma forma de fiscalizar ou declarar um serviço prestado. Chocou-me a forma como isto é feito em Portugal. As pessoas estão a fazer um trabalho independente e não são contratadas a longo prazo. Para mim, foi muito surpreendente, por exemplo, em entrevistas, dizerem-me que iam só pagar parte do salário e que a outra parte seria paga pelo Estado, ou que eu deveria ficar em formação durante algum tempo até ser efetiva. Acho que a única forma possível de brincar com a situação foi demonstrar até que ponto as pessoas são condescendentes com isso e acabam por partir para as entrevistas numa postura de submissão e de aceitação das condições mais cruéis. Aqui, o humor acabou por ser um mecanismo de construção literária para atenuar questões sérias, para torná-las menos densas. E isso acontece também um bocadinho no "ser poeta é ser mais baixo", não só por ser uma revisitação do poema da Florbela Espanca, mas por se apropriar de alguns versos e reinventá-los. De um modo geral, não acho que estejam muito presentes a ironia e o humor – tal como o amor, que também não está muito presente nesta obra –, mas essas dimensões entram neste livro de uma maneira muito pontual e muito passageira, por ser uma forma de criticar sem ser evidente.

DW: A oralidade é um elemento essencial do teu projeto literário. A teu ver, o que acrescentam a encenação e a declamação ao poema?

RL: Sobre a oralidade: como eu venho de um percurso muito ligado à *performance* e ao *spoken word*, percebi que o corpo tem um papel na poesia, tem o papel de coreografar o que as palavras estão a dizer, tem o papel de tornar flagrante a nossa hesitação, a nossa respiração, a nossa insegurança. Acho que a voz é uma marca que nos deixa completamente vulneráveis perante o público ou, neste caso, o leitor, por trazer camadas de memórias, de traumas, de vícios, de muletas orais. Isso fez com que eu nunca tivesse muita urgência em publicar um livro.

DW: E como essa dimensão da oralidade influenciou o processo editorial do teu livro?

RL: Sempre achei que o mercado editorial acaba por formatar um bocado o que fazemos do ponto de vista do que é poesia e do que não é, do que é o cânone literário, se vou ou não para a prateleira da poesia, da literatura africana, afrodiaspórica ou negra. Acho que o mercado editorial categoriza o nosso trabalho de uma forma nem sempre muito negociada.

Quando decidi fazer o livro, tinha que ter essa componente de oralidade e, mais do que a oralidade, da oratura mesmo. Então tive que encontrar uma editora de audiolivros, que é a Boca, e tive que encontrar também uma editora que tivesse uma preocupação especial com a estética do livro, com a questão da impressão, da serigrafia, a Animal Sentimental. E tive que encontrar uma pessoa que pudesse dialogar comigo nessa construção oral, neste caso, um músico, Yaw Tembe, para também conseguirmos fazer um objeto que fosse completo, que demonstrasse como a poesia se contamina com outras artes – a poesia como lugar transdisciplinar, como lugar que pode ser ocupado pela dança, pelo teatro, pela música, pelas artes plásticas. Nesse sentido, o livro não podia deixar de ser um audiolivro.

Ainda na questão da oralidade e da oratura: acho que também há outra responsabilidade de os artistas em geral reivindicarem o lugar do corpo nas artes, nas fases em que nós estamos cada vez mais a desconsiderar o que é um corpo, um corpo que morre de COVID-19, um corpo que morre no Mediterrâneo. Começamos a falar muito em números e parece que o corpo perde o seu significado e o seu respeito. Nesse sentido, acho que é diferente uma pessoa ler um poema e outra coisa é ouvir quem escreveu o poema, ouvir esse corpo. Por fim, faço um bocado uma reivindicação na introdução do livro sobre a poética do corpo presente, em que estou a falar disto mesmo: sobre a necessidade de existir um corpo para além dos arquivos, para além dos livros, e que seja presente.

Data: 29 de setembro de 2020
Local: Coimbra, Portugal
Transcrição: Paulo Geovane e Silva

NOTAS

1. "A casa é nossa": referência ao espetáculo *Aurora Negra*.

2. Não se trata de um erro de digitação. Os títulos dos poemas de raquellima começam com letra minúscula.

Ensaios

DORIS WIESER

Trânsitos literários entre Angola e Portugal: em busca de uma categorização possível

RESUMO: Se o documentário *Viver e escrever em trânsito: entre Angola e Portugal* foi realizado com o objetivo de, por um lado, visibilizar escritores e escritoras, literaturas e a temática da identidade, e por outro, criar um material interessante para um público leitor mais amplo e para o ensino destas literaturas, este artigo tem como objetivo fornecer um suporte para o contexto de ensino e para amantes da literatura. Para tal, abordarei a história da conceção e realização do filme, resumirei os aspetos mais marcantes desses trânsitos entre Angola e Portugal dos e das participantes, sistematizarei as suas características e indagarei quais os termos mais adequados para caracterizar o grupo (afrodescendente, diáspora africana, afro-europeu, afropeu, afropolitano).

PALAVRAS-CHAVE: documentário; Angola; Portugal; diáspora africana; literatura afropeia; afropolitanismo.

ABSTRACT: If the documentary *Living and Writing in Transit: Between Angola and Portugal* was created with the aim, on the one hand, to make writers, literatures, and the theme of identity visible, and on the other hand, to create interesting material for a wider readership and for teaching these literatures, this article aims to provide support for the teaching context and for readers. To this end, I will address the story of the film's conception and production, summarize the most striking aspects of these transits between Angola and Portugal of the participants, systematize their characteristics, and question which terms are most appropriate to characterize the group (Afro-descendant, African diaspora, Afro-European, Afropean, Afropolitan).

KEYWORDS: documentary; Angola; Portugal; African diaspora; Afropean literature; Afropolitanism.

1. The Making of *Viver e escrever em trânsito: entre Angola e Portugal*

Baseado em seis entrevistas com escritoras e escritores cujas vidas têm transitado de diferentes maneiras e em diferentes épocas entre Angola e Portugal – Ana Paula Tavares, Aida Gomes, Kalaf Epalanga, Raquel Lima, Yara Nakahanda Monteiro, Zetho Cunha Gonçalves – o documentário *Viver e escrever em trânsito: entre Angola e Portugal* apresenta narrativas de rutura e de (re)conciliação em relação a esses espaços. Os entrevistados e as entrevistadas abordam os seus percursos biográficos, caracterizados por trânsitos geográficos, culturais, emocionais ou até metafóricos, motivados por eventos históricos como a luta de libertação nacional de Angola, o chamado "retorno" da África, e a guerra civil angolana, e gerados também por decisões familiares ou individuais. Os/as escritores/as refletem ainda sobre os seus respetivos projetos literários e o sentido de pertença a um ou vários lugares ou países em que chegaram a viver e a construir-se como pessoas e artistas.

Neste artigo pretendo abordar, num primeiro momento, a conceção do documentário e a história da sua realização e, num segundo momento, debruçar-me-ei sobre os tópicos que foram centrais para o projeto no qual se insere o filme: a construção de identidades nacionais e culturais em trânsito. Para atingir este objetivo, apresentarei os percursos dos/as entrevistados/as e discutirei a pertinência de uma série de termos para caracterizá-los, no intuito de chegar a uma proposta terminológica adequada.

No âmbito do projeto "Identidades nacionais em diálogo: construções de identidades políticas e literárias em Portugal, Angola e Moçambique" (IF/00654/2015/CP1283/CT0004), propus-me procurar obras e temas que me permitissem trabalhar este "diálogo" que faz parte do título, ou seja, interessou-me analisar processos de construção de identidades nacionais – e o relacionamento individual de escritores/as e obras com estas identidades – focando especificamente um ir e vir entre dois contextos nacionais. Um tema que se impôs nesta busca foi o surgimento recente de obras literárias, em Portugal, escritas por pessoas oriundas de contextos migratórios, e com vivência ou herança familiar por um lado em Angola ou Moçambique e por outro em Portugal. Não é por acaso que Sabrina Brancato, no seu artigo de 2008, intitulado "Afro-European Literature(s): A New Discursive Category", não mencione Portugal.[1] Na altura da publicação do artigo, de facto, aquilo que se pode classificar, com algum direito, de "literatura afro-europeia" praticamente não existia em Portugal, ou, se existia, não tinha nenhuma visibilidade no mercado do livro ou mesmo na academia. No âmbito do projeto, de que Brancato fez parte, "Afroeurpe@ns: Black Cultures and Identities in Europe"[2], foram publicados dois livros de ensaios (López 2008 e Brancato 2011), nos quais Portugal se faz presente através de artigos de Joana Passos, que afirma por duas vezes que ainda não há um corpus de literatura escrita por imigrantes africanos (Passos 2008, 148; 2011, 65), pelo que a autora se refugia, por um lado, em casos isolados (p. ex. Joaquim Arena), e, por outro, na questão da receção das literaturas africanas de língua portuguesa em Portugal.

São certamente os livros de crónicas de Kalaf Epalanga, publicados em 2011 e 2014 (*Estórias de amor para meninos de cor* e *O angolano que comprou Lisboa (por metade do preço)*, respetivamente), os que abrem este paradigma em Portugal de uma maneira visível, paralelamente ao romance *Os pretos de Pousaflores*, também de 2011, de Aida Gomes. E é, sem dúvida, a publicação de *Esse cabelo*, de Djaimilia Pereira de Almeida, em 2015, que fortifica o paradigma, tendo a autora alcançado um amplo reconhecimento pela crítica, não apenas por esta obra, mas também pelas subsequentes. Juntam-se nomes como o da *rapper* Telma Tvon, que publicou o romance *Um preto muito português*, em 2017, o de Yara Monteiro, com o romance *Essa dama bate bué!*, em 2018, ou, na poesia, Gisela Casimiro, com *Erosão*, em 2018, e no *poetry slam* e *spoken word*, Raquel Lima, com *Ingenuidade Inocência Ignorância*, em 2019.

Em Portugal, outra categoria, não idêntica, mas que apresenta uma ligação íntima com a literatura afro-europeia, (re)surgiu na mesma altura com algum vigor: a literatura de pessoas brancas, associadas ao "retorno" de África e que se identificam, em primeiro lugar, como portuguesas, como é o caso de Isabela Figueiredo e o seu *Caderno de memórias coloniais*, de 2010, e de Dulce Maria Cardoso, que lançou o romance *O retorno* em 2012, ou ainda Júlio Magalhães, que apostou numa escrita de recorte mais popular e romântica com *Os retornados. Um amor nunca se esquece*, publicado em 2008.[3] Em todo o caso, estas produções literárias são recentes, pelo que a sua investigação e teorização se impõe.

Há ainda um terceiro grupo de escritores ligados a África. Trata-se daqueles que, identificando-se claramente como africanos, independentemente da sua cor da pele, vivem em Portugal há anos ou décadas, ou vivem por temporadas cá e por temporadas no seu país de origem. São escritores e poetas como Ana Paula Tavares e Zetho Cunha Gonçalves, entrevistados para o documentário, mas também muitos outros, não só angolanos, que não tenciono enumerar por não possuir informação fiável sobre os movimentos de cada um entre os vários espaços. Seja como for, trata-se de escritores cuja obra continua a ser, pela sua temática e a intenção implícita, sobretudo africana.

No âmbito do projeto, o levantamento dos nomes de escritores/as ligados/as, por um lado, a Portugal e, por outro, a Angola ou a Moçambique, mostrou que há, neste momento, a viver em Portugal, uma maioria de escritores com origens familiares em Angola, enquanto aqueles com origens familiares em Moçambique constituem uma minoria.[4] Por esse motivo, e também para garantir a coesão interna do documentário, decidi debruçar-me sobre o grupo de escritores e escritoras com raízes em Angola. Elaborei, numa equipa com Paulo Geovane e Silva e Luciana Moreira, um guião para as entrevistas no intuito de: a. falar de tópicos centrais do projeto de investigação que garantissem a comparabilidade das entrevistas e permitissem a posterior justaposição das respostas; e b. abordar a particularidade das obras de cada um/a. Uma vez que o objetivo foi fazer um filme, para diversificar o material visual pedi que c. cada um/a trouxesse algum material à sua escolha que carregasse uma memória afetiva de Angola, e que falasse sobre este objeto na entrevista.

Tendo isto em conta, defini que, a primeira parte (a) da entrevista seria praticamente idêntica em todos os casos, e que a segunda e terceira (b e c) seriam específicas, diferentes em cada entrevista. A primeira parte estruturou-se em dois passos. Começou com a autoapresentação biográfica de cada um/a, enfatizando, dentro do possível, o seu percurso literário nesse trânsito entre Angola e Portugal. Assim, os/as entrevistados/as tinham liberdade de frisar aqueles aspetos que mais lhes interessavam. No segundo passo, indiquei algumas palavras-chave e pedi que elaborassem o significado que estes termos têm para eles/as. As palavras-chave previstas eram: Angola, Portugal, identidade nacional, e memória. A escolha destes termos deve-se às linhas científicas que guiaram este projeto e cuja teorização resumirei tocando os seus pontos centrais.

De acordo com Stuart Hall ([1992] 2006, 48), as nações produzem significados na medida em que não são apenas entidades políticas, mas também sistemas de representação cultural. No mundo moderno, as nações constituem uma das principais fontes de identidade cultural. Isto é, ao definirem-se, os indivíduos costumam mencionar a sua nacionalidade. Contudo, caracterizar-se através da nacionalidade é uma forma metafórica de falar de si, uma vez que as identidades nacionais não são genéticas, como é óbvio, mas noções abstratas e bastante vagas. Mesmo assim, Hall reforça que "nós efetivamente pensamos nelas como se fossem parte de nossa natureza essencial" ([1992] 2006, 47). Amartya Sen (2007, 43-44), por sua vez, distingue entre pertenças que escolhemos livremente e outras que nos são atribuídas, sem escolha, ou com uma escolha limitada. No caso do grupo em questão, nota-se, de facto, uma tensão entre escolhas e limitações, isto é, uma tensão entre cidadania/nacionalidade, por um lado, e sentido de pertença/identidade, por outro. A nacionalidade é atribuída às pessoas à nascença e é, portanto, isenta de escolha, pelo que não corresponde necessariamente ao sentido de pertença, à identidade cultural das pessoas. Esse é caso de Raquel Lima, até aos seus 21 anos (nacionalidade angolana, identificação portuguesa), e de Zetho Cunha Gonçalves (nacionalidade portuguesa, identificação angolana).

Nas entrevistas, perguntei também pela memória (comunicativa e cultural), uma vez que os sentidos de pertença e as identidades culturais se constroem com base na sua evolução ao longo do tempo. Para Jan Assmann (2016, 117), tanto a identidade individual como a identidade coletiva formam-se através da memória, pelo que a identidade tem sempre e inevitavelmente uma dimensão diacrónica. Partindo destes pressupostos teóricos, e de acordo com o curso das entrevistas, acrescentei outras palavras-chave para aprofundar alguns temas relacionados com os já mencionados, por exemplo, as palavras "racismo" e "género".

Pela sua própria natureza, o documentário é um apanhado de vozes às quais demos, em equipa, uma forma possível, criando interligações, na edição do material, entre as respostas dos/as entrevistados/as. Realizamos as entrevistas de forma separada, cada uma com uma duração de aproximadamente duas horas, pelo que o filme é a condensação de momentos particularmente interessantes de conversas muito mais longas. Assim sendo, houve obviamente escolhas a fazer, mas não quis posicionar-me, por exemplo, através de um *voice over*, uma vez que a identificação das pessoas com contextos nacionais é um processo profundamente subjetivo. Nas várias exibições do filme[5], houve por vezes vozes no público que diziam que não concordavam com algum dos posicionamentos feitos. No entanto, não vejo a minha função como realizadora ou investigadora em concordar ou discordar com algo que não tem juízo possível por se tratar de uma questão íntima e subjetiva.

O objetivo geral deste documentário é criar uma visão de conjunto de posicionamentos possíveis, dentro de uma parcela pequena do campo literário em Portugal, uma parcela específica que caracterizarei de seguida de forma mais pormenorizada. A minha intenção foi criar um material, isto é, uma fonte, que pode ser ponto de partida para trabalhos nos estudos literários (como é o caso dos ensaios deste número especial). Contudo, é também propósito deste documentário a disseminação destas literaturas e das temáticas que as têm ocupado, entre um público mais amplo, não apenas académico, mas também escolar, e não apenas português e angolano. É por isso que, ainda durante a execução do projeto, encarreguei a criação de legendas, em português e inglês, ao tradutor Ricardo Cabrita. E foi por uma feliz conjuntura de interesses que Luca Bacchini, professor da Sapienza Università di Roma, coordenou, em 2023, a tradução das legendas para italiano, realizada por um grupo de 27 estudantes.[6]

Pouquíssimas pessoas participaram de forma direta na produção do documentário, nenhuma delas com experiência prévia em cinema: eu própria; o bolseiro do projeto, Paulo Geovane e Silva, então doutorando do programa de doutoramento em Literatura de Língua Portuguesa (FLUC) e responsável pela parte técnica (câmara, áudio e edição), bem como pela transcrição das entrevistas; Luciana Moreira, professora de Português e minha companheira, corresponsável pela conceção do guião e pela leitura de fragmentos de textos, que esteve presente com os seus conselhos na maioria das entrevistas. Colaborou ainda, de forma pontual, Salvador Tito, doutorando do mesmo curso de doutoramento em Literatura de Língua Portuguesa, no qual leciono, com a leitura de fragmentos de textos literários. Para todos nós, foi a primeira vez que fizemos um filme. Devido à falta do necessário conhecimento técnico, em 2018, ainda como investigadora do CEC/FLUL, participei numa formação de uma semana em Évora, com o título "Low Budget Science Film Making", lecionada por George Chan, onde aprendi a usar ferramentas que foram absolutamente essenciais para o sucesso deste projeto. Fico profundamente grata pela experiência e os ensinamentos de George Chan.

As entrevistas foram filmadas entre setembro e dezembro de 2020. A versão final do filme data de setembro de 2021. Neste período, a marcação das entrevistas e a organização da produção foram dificultadas pela pandemia de COVID-19. Podiam ter sido mais entrevistas, mas nestas circunstâncias não foi possível, uma vez que dependíamos do rígido cronograma do projeto. Foi um contexto complicado e algumas recusas justificadas com a necessidade de isolamento acabaram por levar-nos a uma redução que nos conduziu a estas seis entrevistas. Mesmo assim, são vozes bastante diferentes entre elas e que, ao mesmo tempo, se complementam, como mostrarei na próxima secção.

2. Apresentação das pessoas entrevistadas[7]

2.1. Ana Paula Tavares

Ana Paula Tavares nasceu numa aldeia da província da Huíla, em 1952. Os seus pais, um homem mestiço e uma mulher branca nascida em Angola, viviam num ambiente rural e com poucos recursos, pelo que decidiram procurar "padrinhos coloniais" para a filha, na esperança de que tivesse acesso a uma boa formação. Assim, foi criada por portugueses sob uma rígida educação católica, e com o intuito de ensiná-la "a ser portuguesa" e de prepará-la para casar e ter filhos. Aprendeu a "ser uma mulher bem-comportada, para cozinhar muito bem, para bordar e coser, [...] temente a Deus e, provavelmente, aos homens". No entanto, nunca perdeu de vista as sociedades agropastoris da região que a atraíam profundamente. Absorveu os saberes das mulheres, as vozes e os sons da terra e da língua nyaneka (que não aprendeu falar), como uma necessidade de identificação com a terra. Enquanto jovem a crescer e a viver em Angola, desenvolveu uma perceção aguda da injustiça e violência do colonialismo, baseado numa legislação e em práticas racistas. Neste contexto, interrogava-se: "Mas de que lado estou? Eu sou daquele lado ou sou deste lado?" Enquanto os seus avós, pais e irmãos vieram para Portugal na altura da independência de Angola, Ana Paula Tavares decidiu ficar, apesar da guerra civil, e publica em 1985 o seu primeiro livro de poesia, *Ritos de passagem*. No ano de 1992, muda-se para Lisboa e consagra-se como escritora e professora universitária. Nos seus livros de poesia, usa o nome Paula Tavares, nos seus livros em prosa e trabalhos académicos assina com Ana Paula Tavares.[8]

O conceito de angolanidade evoca-lhe sentimentos profundos que se conectam com as vivências de pessoas da sua geração que partilham a experiência e a memória do colonialismo português em Angola. A angolanidade, nesta leitura, é a recusa de pertencer a este sistema, e a recusa de identificar-se como portuguesa dentro de uma ideia de império. Numa referência livre ao dito de Simone de Beauvoir "Não se nasce mulher: torna-se mulher", Ana Paula Tavares salienta o caráter construtivo da angolanidade: "Não se nasce angolano. Nasce-se num local que depois se reivindica – ou não – como o seu local de pertença e de identidade". E esta construção tem muito que ver, no caso dela, com a compenetração do local em que nasceu e cresceu, e as injustiças sistémicas que observou. "Tenho definido Angola como o local de pertença", diz com firmeza, e deixa entrever uma certa incompreensão ou desconfiança perante a identificação de outras pessoas como “cidadãos do mundo”: “Eu não sei o que é isso. Não sei o que é ser uma cidadã do mundo”.

O seu sentido de pertença não foi alterado pelos longos anos em que vive em Portugal: “Ainda é como angolana que eu penso, é como angolana que eu me interrogo e é como angolana que eu escrevo”. Efetivamente, ao ler a sua obra poética e as suas crónicas, percebe-se que giram à volta de Angola e não de Portugal. No entanto, a angolanidade da escritora é, e isso também é notável na sua obra, particular, na medida em que não se identifica tanto com o país inteiro, com essa vaga ideia de uma cultura nacional abrangente, mas sim com uma certa região como parte de uma entidade mais vasta e heterogénea ou “conjunto de horizontes”. Nas suas palavras: “Sou angolana, sou do sul, sou do sul de Angola, que não é a mesma coisa do que ser angolana em geral, e é com todos esses referentes que me identifico”.

2.2. Zetho Cunha Gonçalves

Poeta, autor de literatura para a infância e juventude, tradutor de poesia, organizador de edições e antologias, Zetho Cunha Gonçalves nasceu no Huambo em 1960, como filho de colonos portugueses. O seu pai tinha ido a Angola aos 19 anos, e a sua mãe foi levada para lá em bebé (com um ano e meio), pelo que não tinha memória própria de Portugal. A mãe nunca chegou a conhecer o seu lugar de nascimento, tendo morrido antes do regresso da família para Portugal. Zetho Cunha Gonçalves cresceu numa pequena povoação chamada Cutato, no Cuando-Cubango, lugar que identifica como a sua “pátria inaugural da Poesia”[9]. Das memórias da infância, ressalta ter tido sobretudo amigos negros, com os quais aprendia e falava nganguela, e ter sido o único aluno branco na escola primária, onde o falar em nganguela era castigado fisicamente. Frequentou um colégio interno de padres na cidade de Huambo e, ainda muito jovem, passou pela guerra em Angola como soldado adolescente da FNLA (Frente Nacional de Libertação de Angola), com 14 anos. No entanto, a família deixa Angola em 1975 e vem para Portugal, onde Zetho estuda agronomia e onde, depois de outras andanças, acaba por radicar-se. A sua adesão à FNLA faz com que se sinta um exiliado em Portugal, sem projeto de regresso à Angola do MPLA (Movimento Popular de Libertação de Angola): “Ainda hoje pago em Angola um preço alto por isso. Em 1975, eu era preso ou era morto. Mas isso é a lei da guerra e as leis da guerra são pouco belas”. Ao viajar a Angola, continua a sentir-se tratado com “o estigma do Outro”.

A sua extensa obra é dedicada, por um lado, à recriação poética de material oriundo das tradições orais sobretudo de Angola, mas também de outras partes da África e da América Latina. Por outro lado, trabalha frequentemente temas ligados à sua origem e ao seu percurso de vida, sem, no entanto, limitar-se tematicamente a eles.

À semelhança de Ana Paula Tavares, Zetho Cunha Gonçalves sente-se profundamente ligado à sua terra de origem, onde cresceu, e dá voz a este sentimento na sua obra poética. Segundo as palavras do poeta, teria sido Adolfo Maria, num programa de rádio que ouviu em Angola, que despertou nele o desejo de ser poeta e, ao mesmo tempo, de conectar a sua voz à sua identidade construída através deste forte sentimento de pertença ao lugar da infância. Neste sentido, as frases mais emblemáticas da entrevista talvez sejam estas:

> O impacto daquele poema em mim foi um despertar mais ativo da minha identidade, da minha terra, porque a gente pertence só a um lugar: é o lugar onde, pela primeira vez, a terra absorveu uma gota do nosso sangue. Não é o sangue da nossa mãe quando nos dá à luz. É quando a gente parte a cabeça, esfola um joelho, a palma das mãos, os cotovelos, enfim... é esse o nosso lugar de pertença, quanto a mim.

No grupo de pessoas entrevistadas, Zetho Cunha Gonçalves é provavelmente o poeta que mais frequente e explicitamente evoca a infância como lugar de formação identitária. Refere a sua experiência de assistir a rituais da região, como a "dança de fogo", mas também de assistir aos diversos modos da tradição oral, e a profunda impressão que lhe criaram. É também este lugar mais restrito que, à semelhança de Ana Paula Tavares, o poeta define como lugar de pertença, em vez de referir-se ao país inteiro: "Os meus sapatos pisam e caminham pelas ruas mais variadas do mundo, mas as solas dos meus pés não saíram nunca das quedas do rio Cutato".

2.3. Aida Gomes

Nascida em Lundimbale (Huambo) no ano de 1967, filha de mãe angolana e pai português, Aida Gomes foi separada da mãe aos quatorze meses e veio para Portugal com o pai em 1975, aos oito anos, fugindo de uma situação de iminente perigo e guerra. Aos dezoito anos, muda-se a Holanda, para trabalhar como *au pair* e é também nesse país que estuda Ciências Sociais e onde acaba por ficar nove anos. A pesquisa para a sua dissertação de mestrado levou-a novamente a África, no entanto, não a Angola, que ainda estava em guerra, mas a Moçambique. Aida Gomes viveu, de seguida, em vários países em diferentes regiões do mundo: Guiné-Bissau, Camboja, Suriname, Sudão e Libéria, onde trabalhou em missões de paz da ONU. *Os pretos de Pousaflores* (2011), o seu romance de estreia, abre algumas das feridas da memória coletiva portuguesa e angolana. Não sendo um romance autobiográfico, conta uma história inspirada na realidade, polifónica, que se prende com as experiências de um outro "retorno da África", a chegada de crianças e jovens não-brancas a uma aldeia portuguesa, do seu pai, português com a mentalidade do colonizador, e da mãe da última das crianças, mulher angolana que reivindica o seu lugar neste mundo.

Apesar de Aida Gomes referir a infância como o momento de formação identitária, esta não tem o mesmo peso no discurso nem na obra dela do que tem para Zetho Cunha Gonçalves e, de certa maneira, também para Ana Paula Tavares. Aida Gomes conecta-se, na entrevista, com a infância, de uma forma geograficamente menos concreta e mais sensorial, enfatizando o caráter construtivo dessa memória e da própria identidade: "Na escrita, a memória é sempre inventada, tal como a identidade. Voltamos sempre àquelas sensações da infância, porque aí aprendemos a sentir. É sendo criança que aprendemos a sentir o vento, ouvimos o vento, vemos os rios, vemos as flores, vemos os bichos, os pássaros".

Se bem que se identifica como angolana e define Angola como o seu "berço", a expressão do seu sentido de pertença não é tão unívoca como o de Tavares e Gonçalves. Tendo deixado Angola numa idade mais nova do que estes, a nacionalidade portuguesa do pai, com quem cresceu, e a década que viveu em Portugal na sua infância e adolescência acabaram por acrescentar uma parte importante à sua identidade: "Há uma parte angolana. Assumo também uma parte portuguesa, porque o meu pai era português e porque tenho aqui algumas origens". O reencontro com a mãe foi uma conquista na idade adulta, tal como o seu regresso a África como estudante de Mestrado e funcionária da ONU. Aida Gomes descreve-se metaforicamente como "nómada", tendo vivido em muitos países do mundo como funcionária da ONU, lugares que a preencheram com experiências que fazem parte da sua personalidade. No entanto, nota-se o constante regresso a Angola, Portugal e Holanda: "Em todos os sítios onde estive absorvi qualquer coisa. Mas, quando estou em mim, quando penso sobre quem sou, de certeza que haverá, portanto, talvez dois ou três países que de uma maneira ou outra determinam aquilo que sou".

2.4. Kalaf Epalanga

Kalaf Epalanga, nascido em Benguela em 1978, veio para Portugal aos 17 anos para estudar e fugir da guerra civil, com o intuito de regressar a Angola. Começou a escrever canções para os músicos que conheceu em Lisboa, e descobriu que a escrita o conectava ao seu lugar de origem: "me apercebi que escrevendo conseguiria estar mais próximo a Benguela, a Angola, o lugar onde nasci e, com isso, poderia também criar uma espécie de catálogo de memórias que estavam a escapar-me das mãos". Destacou-se como produtor musical e membro da banda Buraka Som Sistema, que popularizou o kuduro em Portugal e noutras partes da Europa. Vive atualmente com a sua família em Berlim, por escolha, sem deixar de circular por Portugal, Angola, e outros países.

A sua perceção de si, em termos de sentimento de pertença a lugares e contextos nacionais, é de um "angolano radicado em Berlim e em trânsito entre Lisboa e o mundo". A palavra "trânsito" foi justamente o termo que escolhi para o título do documentário e como denominador comum das pessoas entrevistadas. Angola ocupa claramente um lugar central na sua identidade: "Angola para mim é casa. É o lugar que me vem à mente sempre que a questão do eu se coloca. Sempre que inicio um diálogo com o outro, Angola é o ponto de partida". No entanto, Kalaf Epalanga diferencia Angola como nação de uma Angola mais íntima, regional ou local, diferenciação feita também por Ana Paula Tavares e Zetho Cunha Gonçalves. O autor frisa a artificialidade das fronteiras nacionais, traçadas pelo colonialismo, e relembra as comunidades culturais que continuam a ser uma referência identitária importante para muitas pessoas: "não consigo imaginar Angola, pelo menos a Angola atual, sem ter em conta que existem várias Angolas, a Angola dos ovimbundos, a Angola dos kikongos, a Angola dos chókwés". À semelhança das outras entrevistas, também para ele, a primeira identificação decorre na infância, no seio da família: "A família é o primeiro lugar, é o primeiro país, a casa é a nossa primeira nação".

Em relação à sua vivência em Portugal, distingue entre a experiência dos "africanos da diáspora" e dos "africanos do continente", incluindo-se na última categoria. Enquanto a diáspora é percebida por ele como um "lugar de dor", uma vez que encerra a experiência de crescer sendo minoria e de ser discriminado (por comportamentos racistas), o seu lugar como africano do continente é de quem se sente seguro de si e da sua identidade. Esta segurança, este chão firme, também lhe permite abrir-se para outras experiências e adicioná-las à sua personalidade: "Sou angolano, sou africano, sou um homem, mas, mais do que isto, eu sou as somas de todos os lugares por onde passei, de todas as pessoas com quem me encontrei e que causaram alguma espécie de impacto na minha formação e na minha personalidade". A componente emocional é importante para Epalanga, que se sente livre de escolher os seus "lugares de afeto". Neste sentido, para ele, os "angolanos e angolanas de adoção no campo das letras" (que nasceram "no seio de famílias que vinham doutro lugar") têm toda a legitimidade de se afirmarem como angolanos, uma vez que a sua angolanidade é uma "identidade afetiva".

2.5. Yara Nakahanda Monteiro

Yara Nakahanda Monteiro nasceu no Huambo, em 1979. Veio para Portugal com os avós, a mãe e a tia, em 1981, com dois anos de idade, pelo que não tem memórias próprias de Angola. Cresceu no Fogueteiro, na margem sul de Lisboa, e estudou Recursos Humanos no Instituto Politécnico de Setúbal, área na qual trabalhou ao longo de muitos anos. Decidiu voltar a Angola depois do fim da guerra civil, e conseguiu um emprego em Luanda, em 2005, numa petrolífera. Trabalhou também no Brasil, país onde afirma ter descoberto a sua identidade africana e a sua negritude: "No Brasil, apesar de estar com a vida bastante organizada, tinha uma grande insatisfação: saber quem é que era, de onde vinha. Comecei então um processo de autodescoberta que passou exatamente pela análise interior e por conversas com a minha avó sobre a minha história". Instigada pela transmissão da memória no seio da família, inicia uma busca que a impele a escrever. De regresso a Portugal, estabeleceu-se no Alentejo e escreveu o seu primeiro romance *Essa dama bate bué!* (2018), sob o nome de Yara Monteiro, inspirado na sua busca de memórias e no seu retorno às origens. Publicou em 2021, já depois da entrevista realizada para o documentário, o livro de poesia *Memórias Aparições Arritmias*, com o acréscimo do nome da sua trisavó, Nakahanda, que aparece, entre outros, na dedicatória do seu romance, e que usa agora como marca identitária e para honrar a sua ancestralidade negra.[10]

Yara Nakahanda Monteiro articula um sentido de pertença duplo, a Angola e a Portugal. Sendo mestiça e tendo vindo para Portugal em criança pequena, voltou a Angola só na idade adulta, pelo que a sua construção identitária tem algumas semelhanças com a de Aida Gomes. Não obstante, difere por ela não ter tido a oportunidade de criar uma ligação afetiva própria com o seu lugar de nascença como foi o caso de Aida Gomes, ligação essa que foi estabelecida posteriormente e de forma mediada através das memórias da sua família: "a memória de Angola foi uma construção. Eu cresci com uma Angola imaginada". E essa

Angola imaginada foi problemática, uma vez que a família fugiu da iminência do perigo e da violência da guerra civil, pelo que os seus familiares, que se sentiam quase como tendo "sido expulsos do paraíso", transmitiam apenas boas memórias, guardando as mágoas das más recordações para si.

A autora caracteriza "Angola como a mátria e Portugal como a pátria". A figura da mãe (presente na palavra mátria) é tradicionalmente associada com a ideia da origem, do berço e da educação emocional, enquanto a figura do pai (presente na palavra pátria) se associa tradicionalmente com a formação formal e a sociabilização fora da família. Outra afirmação aponta para o mesmo sentimento: "Costumo dizer que as minhas raízes são africanas, são angolanas, mas as minhas asas são europeias, são portuguesas". Angola aparece aqui novamente como origem (raiz) enquanto Portugal como lugar de crescimento e formação (asas).

Yara Nakahanda Monteiro acrescenta, à semelhança de Kalaf Epalanga, que a sua "identidade também está em trânsito, continua e continuará sempre em trânsito". A autora não sente este trânsito como um peso que deve carregar, não sente a necessidade de escolher entre uma pertença ou outra. Reconciliou-se com este trânsito e até o incorpora como algo positivo, enriquecedor e instigante na sua vida quando afirma: "Não sinto que esteja repartida, não sinto que esteja dividida. Sinto que há um conjunto que faz parte de mim como pessoa, que veio acrescentar mais do que dividir". No intuito de dar um nome à sua identidade, fala em "luso-angolana" e "cidadã do mundo". Este último termo expressa a sua capacidade e vontade de conectar-se com o lugar em que vive atualmente, que expressa também na frase "eu sou de onde estou".

2.6. Raquel Lima

Filha de mãe angolana e pai são-tomense, Raquel Lima nasceu em 1983, na capital portuguesa, e cresceu na margem sul do Tejo. De acordo com as leis portuguesas, a sua ascendência, e não o lugar de nascimento, foi decisiva para a sua cidadania[11], pelo que, até aos 21 anos, foi legalmente angolana, vivendo em Portugal com uma autorização de residência temporária. No entanto, sentindo as limitações que isto significava para a sua vida (necessidade de renovação da residência, impossibilidade de concorrer a certas bolsas, necessidade de pedir visto para viajar etc.), fez o pedido da nacionalidade portuguesa quando foi legalmente possível. Na sua infância, devido à presença da mãe e de outros parentes do lado materno, e a ausência do pai, Angola foi um constante ponto de referência: "crescemos a ouvir e a dançar música angolana, crescemos com muitas festas de família em que a comida e a história eram todas sobre Angola. Então, é um território que faz parte de mim, apesar de que nunca estive em Angola".

Raquel Lima estudou Estudos Artísticos na Faculdade de Letras da Universidade de Lisboa e fez-se conhecer através do *poetry slam*. Em 2011, vence o *Poetry Slam Portugal* e, na sequência, é convidada a participar em festivais na Europa e noutras partes do mundo. À semelhança do que aconteceu com Yara Monteiro, também para Raquel Lima uma viagem ao Brasil tornou-se fonte de inspiração: "Quando estive na Bahia, senti o cheiro do acarajé e do vatapá, ingredientes que a minha mãe também usa em Angola, mas que eram feitos de maneira diferente". Essa experiência motivou-a a cofundar, em 2011, a Associação Cultural Pantalassa, que, de acordo com a página web, "se dedica à pesquisa do património, memória e identidade do universo cultural africano e afrodiaspórico do 'espaço lusófono'"[12]. Em 2019, lança o seu livro de poesia de estreia, *Ingenuidade Inocência Ignorância* (2019), que junta as suas composições poéticas de uma década de atividade no *poetry slam*, e uma faixa sonora para *download*. A autora optou pela grafia do seu nome raquellima nesse livro.[13] Já depois da entrevista realizada em 2020, avançou com um projeto artístico, uma vídeo-instalação intitulada "O meu útero não está na Europa" (2023), exposta no Museum for the Displaced (Galeria da Boavista, Lisboa).

Raquel Lima afirma que a sua identidade subjetiva é separada da sua cidadania. Por um lado, por ser negra e não ser reconhecida no quotidiano de forma espontânea como portuguesa, reivindica a sua "portugalidade" através de elementos culturais como brincos de filigrana. Por outro, esta portugalidade, em certas circunstâncias, torna-se um peso e uma limitação. Fez esta experiência ao participar em festivais de *poetry slam* noutros países, onde foi apresentada como "poeta portuguesa": "E aí sinto que não só uma grande parte da minha identidade é posta de lado, é retirada, como eu tenho que levar comigo toda essa bagagem da portugalidade". Consequentemente, sente uma constante necessidade e até responsabilidade de combater o silenciamento e apagamento das pessoas negras na sociedade, em geral, e no campo cultural e científico, em particular, através da reconstrução da sua história e memória e do seu contributo para o país Portugal. Nessa luta, que encara ao mesmo tempo como legítima e desgastante, Raquel Lima procura recuperar sobretudo referências a mulheres negras. Para definir um "nós", um grupo de pessoas com as quais se sente identificada, usa o termo "diáspora africana"[14].

3. Características das pessoas entrevistadas

Ao olhar para o grupo, surge uma dificuldade terminológica: como denominar este grupo? Sem querer transformar a seguinte reflexão num estudo sociológico, criei uma tabela com a intenção de mostrar quais são os aspetos a ter em conta, e para visualizar a heterogeneidade e as linhas de conexão do grupo.

(1) Ano de nascimento: A diferença de idade entre estas seis pessoas é de 31 anos, tendo nascido uma na década de 1950 (Ana Paula Tavares), duas na de 1960 (Zetho Cunha Gonçalves e Aida Gomes), duas na de 1970 (Kalaf Epalanga e Yara Nakahanda Monteiro) e uma na de 1980 (Raquel Lima). Em termos geracionais ligados à história de Angola e de Portugal, três pessoas têm memória própria da luta pela independência em Angola (Ana Paula Tavares, Zetho Cunha Gonçalves e Aida Gomes), e três não têm, por terem nascido depois da Revolução dos Cravos e da declaração da independência de Angola (Kalaf Epalanga, Yara Nakahanda Monteiro e Raquel Lima).

(2) Lugar de nascimento: Em relação ao lugar de nascimento, chama a atenção que ninguém do grupo nasceu ou cresceu em Luanda. A experiência das pessoas concentra-se em cidades e aldeias de províncias do interior (Huambo, Huíla e Cuando-Cubango) e na segunda cidade maior do país, Benguela. Apenas uma das entrevistadas nasceu em Portugal, Raquel Lima.

(3) Cor da pele: O grupo compõe-se por pessoas de diferentes tons de pele. Tendo em conta o racismo colonial e a prolongação do racismo estrutural até hoje, este é um fator que se inscreve inevitavelmente na identidade dos indivíduos e, na maioria dos casos, é também tema das suas obras literárias. O grupo compõe-se por três pessoas mestiças (Ana Paula Tavares, Aida Gomes e Yara Nakahanda Monteiro), duas negras (Kalaf Epalanga e Raquel Lima) e uma branca (Zetho Cunha Gonçalves). No entanto, cabe lembrar que as categorias que racializam os indivíduos não são objetivas, ou seja, o tom de pele não coincide necessariamente com a perceção social da "raça", porque esta depende também de outros fatores. Nas palavras de Yara Nakahanda Monteiro, no seu primeiro BI angolano, que ainda previa a classificação da raça, "poderia vir o que fosse dependendo de quem nos estaria a olhar".

Nome	1. Ano de nascimento	2. Lugar de nascimento	3. Cor da pele	4. Sexo
Ana Paula Tavares	1952	Lubango, Huíla	Mestiça	f
Zetho Cunha Gonçalves	1960	Huambo (cresceu no Cutato, Cuando-Cubango)	Branco	m
Aida Gomes	1967	Huambo	Mestiça	f
Kalaf Epalanga	1978	Benguela	Negro	m
Yara Nakahanda Monteiro	1979	Huambo (família do Bié)	Mestiça	f
Raquel Lima	1983	Lisboa (mãe angolana)	Negra	f

Tabela 1: Características das pessoas entrevistadas.

(4) Sexo: Em relação ao sexo/género, a minha intenção inicial foi criar um equilíbrio entre homens e mulheres. No entanto, o grupo acabou por se compor por uma maioria de mulheres (quatro) e uma minoria de homens (dois), uma vez que o agendamento das entrevistas foi condicionado pelo contexto da pandemia. Vale ressaltar que, neste momento, o grupo de escritores e escritoras afrodescendentes em Portugal é composto sobretudo por mulheres; no entanto, não se pode dizer o mesmo em relação aos/às escritores/as africanos/as (neste caso angolanos/as) que vivem em Portugal.

(5) Vinda para Portugal: Além da idade, outro fator temporal que condiciona o percurso e o sentido de pertença dos/as entrevistados/as foi o momento em que vieram de Angola para Portugal. De acordo com o estudo realizado por Eduardo Ferreira, Carlos Lopes e Maria João Mortágua (2008, 16), Portugal é o principal destino para emigrantes de Angola, dadas as diversas ligações

5. Vinda para Portugal	6. Tipo de trânsito	7. Identificação principal	8. Espaço tematizado na obra
1992, aos 40 anos	Imigração	Angolana	Angola
1975, aos 15 anos	Retorno/ exílio	Angolano	Angola
1975, aos 8 anos	Refúgio/ retorno	Angolana, portuguesa +, "nómada"	Ambos, Vinda para Portugal
1995, aos 17 anos	Imigração/ refúgio	Angolano do continente	Ambos, Portugal dos afrodescendentes, Portugal/ Europa observados por um angolano
1981, aos 2 anos	Refúgio/ retorno	Luso-angolana, cidadã do mundo, em trânsito	Ambos, Regresso a Angola
Nascida em PT	Imigração, 2ª geração	Afro-descendente, afrodiaspórica, portuguesa negra	Portugal dos afrodescendentes, outros temas

entre os dois países decorrentes da história do colonialismo, nomeadamente a questão da língua em comum, e os laços familiares existentes. Na história recente, os autores identificam três grandes vagas de imigração angolana. A primeira é consequência do fim do império português, da independência angolana e do início da guerra civil neste país; é a vaga do chamado "retorno" da África (1974-1977). A segunda vaga é ocasionada pela austeridade económica e a limitação da liberdade individual numa sociedade ainda fechada sobre si mesma, a meados da década de 1980. E a terceira, de 1992 e anos seguintes, é fruto da retomada da guerra civil depois das primeiras eleições legislativas e presenciais.

Duas pessoas do grupo vieram na primeira destas vagas, na época do "retorno" (Zetho Cunha Gonçalves e Aida Gomes), uma alguns anos mais tarde por decisão familiar (Yara Nakahanda Monteiro), momento que ainda não coincide com a segunda vaga, dois por decisão própria ou familiar nos anos 1990

(Ana Paula Tavares e Kalaf Epalanga), que corresponde à terceira vaga, e uma nunca pisou o chão de Angola (Raquel Lima). Em relação à idade que tinham na altura deste trânsito, nota-se que uma era uma criança pequena (dois anos) que não reteve memória de Angola (Yara Nakahanda Monteiro), uma era uma criança já na idade escolar (oito anos) com memórias próprias (Aida Gomes), dois eram adolescentes com uma formação identitária bastante mais avançada (15 anos, Zetho Cunha Gonçalves, e 17 anos, Kalaf Epalanga), e uma já era uma adulta nos seus 40 anos (Ana Paula Tavares). Fica fora desta lista novamente Raquel Lima, tendo nascido em Portugal.

(6) Tipo de trânsito: A correlação entre o momento político da deslocação para Portugal, a idade que tinham e o porquê desta deslocação permitem classificar estes trânsitos de diferentes formas. No caso das famílias de Zetho Cunha Gonçalves, Aida Gomes e Yara Nakahanda Monteiro, os termos refúgio e "retorno" sejam talvez os mais adequados – refúgio porque as famílias fugiram da iminência da guerra civil em Angola; e "retorno" porque se deslocaram de facto na altura da vaga do "retorno" da África, ou alguns anos mais tarde. No entanto, o termo não capta certos matizes e diferenças. Na linguagem comum, associam-se com a palavra "retorno" sobretudo pessoas brancas que "voltaram" efetivamente de África, opacando o facto de terem estado entre elas tanto pessoas negras e mestiças, como brancas nascidas na África. No que diz respeito à situação de Zetho Cunha Gonçalves, pode-se dizer que, se, por um lado, a sua família fugiu de Angola na altura de 1974/75, por outro, ele próprio se identifica como exiliado, tendo pertencido à FNLA. Também a família de Ana Paula Tavares veio para Portugal na altura do "retorno". No entanto, ela decidiu ficar em Angola, mudando-se para Portugal apenas em 1992, por escolha pessoal, facto pelo qual talvez o termo imigração seja o mais adequado. Kalaf Epalanga também é um imigrante, pois veio por decisão própria e da família para estudar. No entanto, é inegável que esta deslocação tem ao mesmo tempo caraterísticas do refúgio, uma vez que serviu para proteger o então jovem Kalaf de ser recrutado para a guerra civil. O caso de Raquel Lima é outro ainda. Veio para Portugal na barriga da mãe, pelo que não é partícipe direta da experiência da deslocação, mas sim pertence à primeira geração de afrodescendentes nascidos em Portugal.

(7) Identificação principal: Acrescenta-se a correlação entre a idade e a identificação pessoal com Angola e Portugal. A observação mais evidente é que, quanto mais tempo viveram em Angola, mais se identificam com este país. Para Ana Paula Tavares, não há nenhuma dúvida sobre o facto de ela ser angolana, tendo vindo para Portugal já na idade adulta. Mas também para aqueles que vieram como adolescentes, Zetho Cunha Gonçalves e Kalaf Epalanga, esta questão é bastante clara. Quem veio em criança, reivindica a sua angolanidade (Aida Gomes), acrescentando outras influências importantes. No caso das duas que cresceram em Portugal (Yara Nakahanda Monteiro e Raquel Lima), a sua ligação a Portugal é mais forte e clara. Yara Nakahanda Monteiro reivindica ambas as identificações, Raquel Lima sentiu necessidade de reivindicar sobretudo a sua cidadania portuguesa que lhe foi negada, mas separa a questão da cidadania da sua identidade. Identifica-se como afrodescendente e afrodiaspórica.

(8) Espaço tematizado na obra: Se os pontos 1-7 exploram fatores extraliterários, o último ponto da tabela interroga um aspeto intraliterário: o espaço geográfico e cultural em que se inscrevem tematicamente as obras. No entanto, este aspeto tem uma correlação bastante direta com o sentido de pertença dos/as entrevistados/as (ponto 7). Os universos poéticos de Ana Paula Tavares e Zetho Cunha Gonçalves são profundamente impregnados por Angola e inseparáveis dos seus contextos locais. A poesia de Raquel Lima situa-se no polo oposto. Os seus poemas versam, entre outros, sobre ser afrodescendente em Portugal, sem empreender uma busca de identidade em Angola. Os outros três, Aida Gomes, Kalaf Epalanga e Yara Nakahanda Monteiro, escrevem sobre ambos os países e os diferentes trânsitos entre eles. No caso de Aida Gomes, o que está em foco é a vinda de Angola para Portugal e as dificuldades de se encaixar na sociedade portuguesa; no caso de Kalaf Epalanga, não é tanto a vinda para Portugal e a questão da adaptação, mas sim o olhar analítico e crítico de um angolano que observa atentamente a sociedade portuguesa e europeia, em particular a situação dos afrodescendentes; no caso de Yara Nakahanda Monteiro, esse trânsito é o regresso a Angola e a busca de raízes.

É pertinente perguntar a que literaturas pertencem as obras destes escritores e escritoras e qual é o fator decisivo para a resposta. Será mais determinante o lugar onde nasceram, onde cresceram, ou o espaço nacional/cultural sobre o qual escrevem? Estes e outros pontos da tabela são certamente relevantes.

Além disso, o lugar de publicação das suas obras, o público-alvo, e os diversos paratextos (editoriais, jornalísticos, televisivos, académicos) que encaminham a leitura dessas obras para um certo entendimento. Neste sentido, a literatura de Ana Paula Tavares e Zetho Cunha Gonçalves é classificada consensualmente como angolana; a literatura de Aida Gomes, Kalaf Epalanga e Yara Nakahanda Monteiro pertence provavelmente, com diferentes graus de intensidade, a duas literaturas, a angolana e a portuguesa[15], pelo que se pode denominar transnacional, transterritorial e/ou poli-identitária; e a literatura de Raquel Lima é, provavelmente, sobretudo portuguesa.

4. Trânsitos afropolitanos: um possível denominador comum

Voltando à questão de haver um denominador comum do grupo das pessoas entrevistadas, questionarei, nesta secção, o significado de vários termos oriundos do vasto campo dos estudos pós-coloniais, relacionados com as suas vivências, a saber: afrodescendente, diáspora africana, afro-europeu, afropeu, afropolitano.

O número especial 34/35 da revista *Portuguese Literary & Cultural Studies*, intitulado, em alusão ao famoso livro de Eduardo Galeano, *The Open Veins of the Postcolonial. Afrodescentans and Racism*, e organizado por Iolanda Évora e Inocência Mata (2022), tomou como ponto de partida a indicação da Década Internacional dos Afrodescendentes (2015-2024) pela Organização das Nações Unidas (ONU). O termo "afrodescendência" baseia-se num critério étnico-racial, referindo-se a pessoas negras nascidas fora de África. Por este motivo, o foco do número especial é diferente do foco do documentário, como também indica o subtítulo do número especial que contém a palavra-chave "racismo". No seu artigo, as autoras elucidam as lutas concretas dos afrodescendentes em Portugal, tais como a luta contra o estigma de serem considerados imigrantes, enquanto são e se sentem portugueses, portugueses negros (Évora e Mata 2022, 45). Assim, o termo é aplicável a apenas uma das entrevistadas, Raquel Lima, que nasceu em Portugal.

Coloca-se também a questão da pertinência do termo "diáspora africana". O que é, afinal, a diáspora africana? O termo aplica-se apenas a pessoas negras e mestiças ou também a brancas? Refere-se apenas a deslocações forçadas, nomeadamente ao tráfico de escravizados, ou também às migrações em busca de melhores condições de vida, ou ainda às deslocações voluntárias? No estudo sociológico de Ferreira, Lopes e Mortágua (2008), a expressão "diáspora angolana em Portugal" é usada como sinónimo de "imigração angolana".[16] Por isso, não é de estranhar que Sandra Sousa afirme: "It is well established that there is no formal consensus on what a diaspora is" (2023, 136). No caso do termo "diáspora africana" observa-se um fenómeno de ampliação do seu significado, passando a designar todas as pessoas de origem africana, ou melhor dito, da África Subsaariana, que vivem fora desse continente, independentemente da sua cor, e que mantêm laços culturais e afetivos com a África. O escritor angolano João Melo (2022) usa o termo, sem titubear, em relação tanto a Ana Paula Tavares como a Zetho Cunha Gonçalves. Kalaf Epalanga diferencia entre africanos do continente (grupo ao que pertence) e da diáspora (afrodescententes). O sujeito poético do poema "Planeta África", de Raquel Lima, afirma "sou afrodescendente, / [...] / afrodiaspórica" (2019, 24). Em Sabrina Brancato (2008, 2-3), que trabalha com o termo "Afro-European literature(s)", também encontramos o termo "Afrosporic literatures" (na Europa), usado de forma sinónima. A autora questiona o termo "Afro-European" tanto através das características dos/as autores/as quanto através de critérios intratextuais, isto é, temáticos, com o intuito de demonstrar a dificuldade de definição, correndo esta o risco constante de ser ou demasiado inclusiva ou exclusiva.[17] Nota-se nestes pequenos exemplos que o termo não é usado apenas para falar de pessoas que foram vítimas do tráfico de escravizados ou outras emigrações forçadas e dos seus descendentes, mas também de outros tipos de migrantes e seus descendentes, que se deslocaram de forma semivoluntária ou voluntária. Não é o meu propósito chegar a uma conclusão sobre as ressematizações atuais da palavra. Para isso seria necessário um estudo linguístico mais amplo sobre o uso comum e desviante do termo nos dias de hoje. Concluo apenas que o uso é subjetivo; depende de quem fala.

Outro termo que entrou no debate mais recentemente é "afropeu", a contração de "afro-europeu", que denota uma unidade antes de uma divisão ou indecisão entre duas pertenças. O termo vem do mundo da música, da década de 1990, passou a ser usado na literatura da escritora fraco-camaronesa Léonora Miano (*Afropean soul et autres nouvelles*, 2008) e foi teorizado em anos recentes pelo jornalista britânico-americano Johny Pitts (*Afropean. Notes from Black Europe*, 2019) e também pela própria Léonora Miano (*Afropea. Utopie post-colonial et post-raciste*, 2020). Para Pitts (2021, 15), o termo permite encarar a negritude como partícipe da identidade geral europeia e é uma tentativa de construir uma ponte através do cerco que determina quem está dentro e quem está fora, ou seja, quem pertence e quem não pertence à Europa (Pitts 2021, 20). Marco Bucaioni (2024), no seu ensaio contido neste número especial, resume a ainda curta história do termo e refere algumas propostas para a sua definição. No entanto, nas entrevistas realizadas para o documentário, o termo não surgiu de forma espontânea. Ambos os termos, afro-europeu e afropeu, *nolens volens*, não insinuam apenas uma identidade panafricana mas também paneuropeia (ambas muito amplas, panorâmicas). Julgo que seja essa a razão por que, neste momento, ainda não se pode observar uma adesão espontânea a esta proposta identitária entre o grupo em questão.

Talvez o conceito proposto pela primeira vez em 2005 pelo filósofo camaronês Achille Mbembe, "afropolitanismo"[18], e que suscitou uma discussão ampla e diversificada, consiga contornar estas dificuldades de identificação. Mbembe usa o termo "dispersão" para teorizar os variados movimentos migratórios de África para fora, dos quais a diáspora (migração forçada) no novo mundo e no espaço árabe-asiático seria só um. O filósofo relaciona a dispersão com outro conceito metafórico mais vasto, a "circulação dos mundos" (2015, 69). Do ponto de vista dos africanos, esta compõe-se pela já mencionada "dispersão" e pela "imersão", isto é, por um movimento para dentro do continente de pessoas de outras geografias e culturas (por exemplo, diversos europeus e asiáticos). Na tentativa de ultrapassar o termo "hibridização" como explicação central da identidade cultural africana, Mbembe serve-se do termo "imbricação de diferentes mundos". É essa imbricação que está na base do seu conceito-chave "afropolitanismo":

> A consciência dessa imbricação do aqui e do alhures, a presença do alhures no aqui e vice-versa, essa relativização das raízes e dos pertencimentos primários e essa maneira de abraçar, com todo conhecimento de causa, o estranho, o estrangeiro e o distante, [...] é precisamente essa sensibilidade cultural, histórica e estética que o termo "afropolitanismo" indica. (2015, 70)

E é justamente pelo facto de ser a consciência desta imbricação o critério definidor do conceito afropolitanismo que o termo não se baseia num critério racial, mas inclui a diversidade étnico-racial e migratória. Mbembe propõe o termo, em primeiro lugar, para a teorização do campo da cultura: "O afropolitanismo é uma estilística, uma estética e uma certa poética do mundo" (2015, 70). Os/as entrevistados/as partilham caraterísticas que, com algum direito, podemos classificar como afropolitanas, uma vez que "eles têm a sorte de ter feito a experiência de vários mundos e praticamente não cessaram de ir e vir, desenvolvendo, na esteira desses movimentos, uma incalculável riqueza do olhar e da sensibilidade" (2015, 71).

De facto, o menor denominador comum deste grupo, além de serem escritores/as, consiste na sua experiência com (pelo menos) duas culturas diferentes, a angolana e a portuguesa, ligadas uma à outra pela história do colonialismo português, experiência essa condensada no título do documentário, *Viver e escrever em trânsito: entre Angola e Portugal*, na palavra "trânsito". Proponho o termo de "escritores/as em trânsito" no intuito de não limitar o grupo através da aplicação excludente de algum dos critérios (as colunas da tabela) ou dos termos acima discutidos. A produtividade do termo parece-me evidenciada pelo artigo de Jessica Falconi (2023), contido neste número especial. Acrescentaria, com alguma cautela, porque não foram os próprios que usaram o termo, que se trata de "trânsitos afropolitanos". Se o conceito do afropolitanismo se baseia na ideia de trânsito (dispersão e imersão), ao mesmo tempo que recusa o critério excludente da cor da pele, estes autores e autoras são afropolitanos. Mesmo nos casos de deslocações definitivas, sem intenção de regresso, as suas identidades continuam em trânsito, num sentido metafórico, uma vez que a sua memória e a sua identificação cultural continuam impregnadas pelo país de origem ou de ascendência.

Para concluir, cabe reforçar que o documentário *Viver e escrever em trânsito: entre Angola e Portugal* mostra que não há como adivinhar identificações de pessoas a partir de cores de pele e percursos de vida, apesar de que há certamente probabilidades maiores e menores de identificação. É preciso ouvir as pessoas para compreender "quem são". Todas as experiências e todas as identificações são válidas, porque são as suas. A meu ver, não nos cabe nenhum tipo de juízo sobre a pertinência ou não pertinência de uma afirmação identitária ou outra. E nesse sentido, não é uma contradição que Ana Paula Tavares diga, no filme, que não sabe o que é ser uma cidadã do mundo e que Yara Nakahanda Monteiro, logo a seguir, se identifique desta forma.

NOTAS

1. A autora debruça-se sobre o Reino Unido, França, Itália e Espanha.

2. Projeto financiado pelo Ministério de Educação da Espanha, e sediado na Universidade de León.

3. Uma ampla gama de estudos sobre o tema do "retorno" na literatura e noutros campos da cultura fornece o livro organizado por Elsa Peralta (2022), *The Retornados from the Portuguese Colonies in Africa. Memory, Narrative, and History.*

4. O projeto visava trabalhar especificamente com estes países. Cabo Verde, Guiné-Bissau e São Tomé e Príncipe não estavam previstas em sede de candidatura.

5. Veja-se a lista das exibições no texto descritivo do vídeo no YouTube: https://youtu.be/gjx_CtQ1xUs.

6. Os nomes dos/as estudantes encontram-se no texto descritivo do vídeo no YouTube.

7. A ordem das apresentações segue o critério da idade. Todas as citações desta secção são das entrevistas realizadas para o documentário e contidas neste número especial. Para não obstaculizar a legibilidade do texto, prescindo aqui das indicações das páginas.

8. Optei, na entrevista e no documentário, por Ana Paula Tavares, uma vez que não a quis retratar apenas como poeta, mas como pessoa.

9. Último verso do poema "Rio Cutato", publicado em *Noite vertical* (2017).

10. Usarei de seguida esse nome, porque tudo indica que o seu uso será continuado, como demonstram a publicação do romance no Brasil e as traduções do romance para inglês e alemão, já publicadas com o nome de meio.

11. Após o 25 de Abril de 1974, Portugal acautelou-se da chegada massiva de pessoas não-brancas, ao substituir a lei de nacionalidade portuguesa, que se baseava até então na *ius solis*, por uma nova lei (Decreto-Lei 308-A/75, de 24.06.1975), que implementava a *ius sanguinis* (Kalter 2017, 108).

12. https://pantalassadotorg.wordpress.com/ (acedido a 30 de maio, 2023).

13. Visto que não a pretendo retratar aqui apenas como autora desse livro, uso a grafia Raquel Lima.

14. Nos últimos anos, tem passado longas temporadas em trabalho de campo em São Tomé e Príncipe para a sua tese de doutoramento sobre a oratura são-tomense, aproximando-se desta forma do legado do seu pai, tema que não foi abordado na entrevista.

15. Para João Melo (2022), as obras de Kalaf Epalanga e Yara Nakahanda Monteiro pertencem à literatura angolana, as de Djaimilia Pereira de Almeida não, pela "perspetiva e a forma" da sua obra. Refere, no entanto, que Lídia Jorge, numa conferência na Brown University, afirmou que Djaimilia é "as duas coisas", ou seja, uma escritora portuguesa e angolana.

16. Veja-se, por exemplo, o uso dos termos na pág. 35 do referido livro.

17. Doris Lessing seria uma autora "afro-europeia" ou não? Escritores/as negros/as que vivem na Europa, mas que têm origens americanas, seriam afro-europeus ou não? Brancato não dá respostas taxativas a estas perguntas.

18. No mesmo ano, o termo foi elaborado pela escritora e fotógrafa britânica-americana, de ascendência ganesa e nigeriana, Taiye Selasi. Para Selasi os afropolitanos são pessoas de ascendência africana, em situação migratória, que se caracterizam sobretudo por serem "highly skilled" (2005, 528), razão pela que associa os afropolitanos com o conceito do "brain drain" (2005, 530).

REFERÊNCIAS BIBLIOGRÁFICAS

Assmann, Jan. 2016. "Memória comunicativa e memória cultural". Em *Estudos de Memória. Teoria e Análise Cultural*, organização de Fernanda Mota Alves, Luísa Afonso Soares e Cristiana Vasconcelos Rodrigues, 117-128. Ribeirão, V.N. Famalicão: Húmus.

Brancato, Sabrina. 2008. "Afro-European Literature(s): A New Discursive Category?". *Research in African Literatures* 39 (3): 1-13.

Brancato, Sabrina, org. 2011. *Afroeurope@n Configurations: Readings and Projects*. Newcastle upon Tyne: Cambridge Scholars Publishing.

Bucaioni, Marco. 2024. "Literatura afrodescendente em Portugal. Algumas questões". *Portuguese Literary & Cultural Studies* 40/41: 234-254.

Évora, Iolanda e Inocência Mata. 2021. "As Veias Abertas da Afrodescendência: Herança Colonial e Contemporaneidade". *Portuguese Literary & Cultural Studies* 34-35: 42-65.

Falconi, Jessica. 2024. "DecliNações 'transitórias' sobre e na obra de Djaimilia Pereira de Almeida: *Esse Cabelo, Luanda Lisboa Paraíso, Maremoto*". *Portuguese Literary & Cultural Studies* 40/41: 312-336.

Ferreira, Eduardo de Sousa, Carlos M. Lopes, e Maria João Mortágua. 2008. *A Diáspora Angolana em Portugal: Caminhos de Retorno*. Cascais: Principia.

Hall, Stuart. (1992) 2006. *A identidade cultural na pós-modernidade*. Tradução de Tomaz Tadeu da Silva e Guaracira Lopes Louro. Rio de Janeiro: DP&A.

Kalter, Christoph. 2017. "Gente pós-colonial: quem eram os retornados?". Em *Retornar. Traços de memória do fim do império*, organização de Elsa Peralta, Bruno Góis e Joana Oliveira, 85-99. Lisboa: Edições 70.

López, Marta Sofia, org. 2008. *Afroeurope@ns: Cultures and Identities*. Newcastle: Cambridge Scholars Publishing.

Mbembe, Achille. 2015. "Afropolitanismo". Tradução de Cleber Daniel Lambert da Silva). *Áskesis* 4 (2): 68-71. DOI: https://doi.org/10.46269/4215.74. [Originalmente publicado em francês, no jornal *Le Messager de Douala*, Camarões, 20 dez. 2005. Disponível em: https://africultures.com/afropolitanisme-4248/.]

Melo, João. 2022. "Diáspora(s) e literatura (conclusão)". *Jornal de Angola*, 07.12.2022. https://www.jornaldeangola.ao/ao/noticias/diaspora-s-e-literatura-conclusao/.

Passos, Joana. 2008. "Talk Back and Think Beyond: The Reception of African Literatures in Portugal and the Self-Definition of Postcolonial Nations through

Literature". In *Afroeurope@ns: Cultures and Identities*, organização de Marta Sofia López, 65-78. Newcastle: Cambridge Scholars Publishing.

Passos, Joana. 2011. "Liminality as Critical Empowerment: Second Generation Immigrants, 'Guerrilheiro' Memories and Nomad Woman Poets". In *Afroeurope@n Configurations: Readings and Projects*, organização de Sabrina Brancato, 140-156. Newcastle upon Tyne: Cambridge Scholars Publishing.

Peralta, Elsa. 2022. *The Retornados from the Portuguese Colonies in Africa. Memory, Narrative, and History*. New York, London: Routledge.

Pitts, Johny. (2019) 2021. *Afropäisch. Eine Reise durch das schwarze Europa*. Tradução de Helmut Dierlamm. Frankfurt a. M.: Suhrkamp.

Selasi, Taiye. 2013. "Bye-Bye Barbar". *Callaloo* 36 (3): 528-530. DOI: https://doi.org/10.1353/cal.2013.0163.

Sen, Amartya. (2006) 2007. *Identidade e violência. A ilusão do destino*. Tradução de Maria José de La Fuente. Lisboa: Tinta da China.

Sousa, Sandra. 2023. "Reclaiming an Individual Space. The Angolan Diaspora in Portugal". In *Twenty-First Century Arab and African Diasporas in Spain, Portugal and Latin America*, organização de Cristián H. Ricci, 135-49. New York: Routledge.

Wieser, Doris. 2021. *Viver e escrever em trânsito: entre Angola e Portugal*. Portugal. 63 min. https://youtu.be/gjx_CtQ1xUs.

Wieser, Doris. 2024a. "Angola e os lugares do afeto: entrevista a Kalaf Epalanga". *Portuguese Literary & Cultural Studies* 40/41: 54-71.

Wieser, Doris. 2024b. "A palavra nómada: entrevista a Aida Gomes". *Portuguese Literary & Cultural Studies* 40/41: 41-53.

Wieser, Doris. 2024c. "As minhas raízes são africanas e as minhas asas são europeias: entrevista a Yara Nakahanda Monteiro". *Portuguese Literary & Cultural Studies* 40/41: 72-82.

Wieser, Doris. 2024d. "As solas dos meus pés não saíram nunca das quedas do rio Cutato: entrevista a Zetho Cunha Gonçalves". *Portuguese Literary & Cultural Studies* 40/41: 25-40.

Wieser, Doris. 2024e. "Fui angolana antes de ser portuguesa: entrevista a Raquel Lima". *Portuguese Literary & Cultural Studies* 40/41: 83-95.

Wieser, Doris. 2024f. "Só consigo escrever quando me relaciono com uma alma angolana: entrevista a Ana Paula Tavares". *Portuguese Literary & Cultural Studies* 40/41: 11-24.

DORIS WIESER é professora da Faculdade de Letras da Universidade de Coimbra (FLUC) e membro do Centro de Literatura Portuguesa (CLP) da mesma instituição. É doutora em Literaturas Ibero-Românicas pela Universidade de Göttingen e mestre em Estudos Hispânicos, Portugueses e Germânicos pela Universidade de Heidelberg (Alemanha). Fez um pós-doutoramento na área das Literaturas Africanas de Língua Portuguesa com uma bolsa da Fundação Alexander von Humboldt, na Faculdade de Letras da Universidade de Lisboa. Entre 2017 e 2021, coordenou o projeto "Identidades nacionais em diálogo. Construções de identidades políticas e literárias em Portugal, Angola e Moçambique (1961-presente)" (IF/00654/2015/CP1283/CT0004), financiado pela Fundação para a Ciência e a Tecnologia (FCT). Os seus interesses de investigação giram em torno da construção de identidades e memórias coletivas, do romance policial e dos estudos de género nas literaturas africanas de língua portuguesa e nas literaturas latino-americanas.

FRANCISCO MONTEIRO DANIEL

Guerras e traumas como referenciais identitários em *A cabeça de Salomé*, de Ana Paula Tavares

RESUMO: O presente artigo propõe uma análise sobre os traumas resultantes da guerra civil em Angola e presentes – enquanto referenciais identitários – na obra *A cabeça de Salomé* (2004), da escritora angolana Ana Paula Tavares, nascida perto do Lubango, província da Huíla. Trata-se de uma obra composta por 36 crónicas, das quais foram selecionadas duas – "Receita para ultrapassar os domingos" e "Edith Södergran" –, escritas originalmente para o jornal *O Público*, de 1999 a 2000. Busca-se compreender, neste ensaio, as maneiras como Ana Paula Tavares, ao rememorar o passado angolano de guerra fratricida, reconstrói noções de identidade coletiva. Mediante recortes teóricos dos conceitos de identidade, identidade nominalista e identidade essencialista, guerra e trauma, a partir de Dubar (2006), Hall (2006), Laranjeira (1995), Pearce (2017) e Brittain (1999), entre outros, tenciona-se realizar uma análise complementar entre as duas crónicas supracitadas.

PALAVRAS-CHAVE: Ana Paula Tavares; identidade; guerra; traumas.

ABSTRACT: This article proposes an analysis of the traumas resulting from the civil war in Angola and present – as identity references – in the work *A cabeça de Salomé* (2004), by the Angolan writer Ana Paula Tavares, born near Lubango, Huíla province. It is a work composed of 36 chronicles, of which two were selected – "Receita para ultrapassar os domingos" and "Edith Södergran" –, originally written for the newspaper *O Público* from 1999 to 2000. The goal is to understand the ways in which Ana Paula Tavares, by recalling the Angolan past of fratricidal war, reconstructs notions of collective identity. Through theoretical clippings of the concepts of identity, nominalist identity and essentialist identity, war and trauma, drawing on Dubar (2006), Hall (2006), Laranjeira (1995), Pearce (2017) and Brittain (1999), among others, the article intends to carry out a complementary analysis between the two aforementioned chronicles.

KEYWORDS: Ana Paula Tavares; identity; war; trauma.

1. Introdução

Depois de ter deixado a fase apologética – de construção de sujeitos literários cujos desígnios se consubstanciavam na defesa e na reconstrução do espaço e dos seus referenciais culturais destruídos no contacto com o regime colonial português –, a literatura angolana tem buscado uma nova perspetiva de abordagem ao texto literário, nomeadamente após a independência, feito alcançado a 11 de novembro de 1975. Nesse período, as razões para a mudança de paradigma são variadas. Entre elas destacam-se as seguintes: 1. está-se a viver o novo país, independente, cujo destino depende exclusivamente dos seus filhos e filhas, que partilham a esperança de que já ninguém tenha que passar por censura, prisão ou tortura, por ter escrito um texto panfletário; 2. surgem novos/as escritores/as que assumem a responsabilidade de escrever e reescrever uma nova literatura, embora tenham herdado determinados postulados das gerações anteriores, tal como observa Laranjeira (1995, 171): "Passada a época em que a política se imiscuía determinantemente no texto, essa novíssima geração entrou a trilhar vias entretanto abertas pelas principais figuras da geração dos anos 70, continuando com o seu labor nos anos mais recentes".

Não obstante a mudança de paradigma, a construção do texto literário focada nos destroços causados pela guerra de libertação nacional ressurge com certa incidência, dado que o país mergulhara numa guerra civil após o fracasso das negociações entre a FNLA (Frente Nacional de Libertação de Angola), MPLA (Movimento Popular de Libertação de Angola) e UNITA (União Nacional para a Independência Total de Angola) para a criação de um governo de transição, situação que resultou numa batalha renhida entre tais forças político-militares pela capital Luanda:[1] "Na própria véspera do Dia da Independência, os zairenses[2], com uma equipa de apoio logístico constituída por 26 sul-africanos, empreenderam uma batalha decisiva pelo controlo de Luanda" (Brittain 1999, 34).

A abordagem da guerra, reconstruída sob o viés das suas consequências, torna-se paradigmática na literatura: desde as mortes, a destruição das infraestruturas e do espaço, o aniquilamento dos sonhos de crianças, jovens, mulheres, famílias, um conjunto de situações que promove a miséria humana e agudizam o sofrimento. A guerra deixa um rastro doloroso de destruição que os/as sobreviventes deverão carregar consigo pelo resto da vida. Nesse contexto desolador, a literatura não serve apenas de reconstrução do espaço triste e doloroso, mas constitui-se também numa alternativa nos momentos difíceis, causados pela guerra civil em Angola, como frisa Laranjeira (1995, 171): "A temática da guerra, da degradação social [...] emerge[m] do discurso como semântica da recuperação do gosto de viver, afirmando-se como matéria moldável em sonhos de beleza, libertando-se da contingência destrutiva e pessimista".

Ana Paula Tavares (1952-), natural de Lubango, província da Huíla, figura entre os/as escritores/as angolanos/as que, tendo vivido os terríveis horrores da guerra civil em Angola, reconstroem esse passado através de uma narrativa literária memorialística. Nessa prática literária, a nostalgia não representa somente a saudade profunda pelo passado que obviamente já não volta, mas também serve de "bálsamo" para as mágoas, frustrações e desilusões resultantes desses tempos idos.

Sendo assim, no presente ensaio, tenciona-se analisar a guerra e os traumas como referenciais identitários no livro *A cabeça de Salomé* (2004), de Ana Paula Tavares, concretamente nas crónicas "Receita para ultrapassar os domingos" e "Edith Södergran".

O ensaio está dividido em três partes: a primeira faz uma breve incursão teórica a respeito dos conceitos de identidade, partindo da etimologia do termo, cuja base será o *E-Dicionário de Termos Literários*, no verbete de Sofia Paixão; a abordagem teórica passa também pelas noções de identidade essencialista e nominalista, bem como de sujeito sociológico e pós-moderno. De seguida, procura-se compreender de que forma a literatura contribui para a construção da identidade cultural angolana. Por fim, buscarei os temas que sublinham a guerra e os traumas, partindo de uma análise complementar das duas crónicas selecionadas, verificando em que medida as crónicas se complementam relativamente a esta temática.

2. Identidade: conceções teóricas

Uma discussão profunda sobre as várias conceções de identidade, pela sua complexidade e amplitude, não caberia numa meia dúzia de páginas. Entretanto, buscarei analisá-las a partir de três estudiosos.

O ponto de partida será o conceito apresentado por Sofia Paixão (2009) no *E-Dicionário de Termos Literários*, que define o termo "identidade" com base em sua etimologia latina: trata-se de um vocábulo "formado a partir do adjectivo 'idem' (com o significado de 'o mesmo') e do sufixo '-idade' (indicador de um estado ou qualidade)". Assim, a identidade pode ser entendida, a princípio, como "algo que permanece", que é idêntico, fixo ou inalterável – abordagem análoga à teoria da identidade essencialista defendida por Dubar (2006, 7).

Para o referido estudioso, a formulação da identidade deve ser compreendida em duas perspetivas: 1. essencialista, cuja autoria é atribuída a Parménides (530 a.C.-460 a.C.) que, por sua vez, se ancorou no aforismo "O ser é, o não ser não é"; 2. nominalista, de que Heráclito (500 a.C.-450 a.C.) se faz precursor com a célebre frase "Não se pode tomar banho duas vezes no mesmo rio" (Dubar 2006, 8). Na perspetiva essencialista[3], os referenciais identitários são compreendidos como categorias permanentes que definem as características comuns de um determinado grupo. Tais "categorias [...] garantem a permanência dos seres, da sua mesmidade que se torna assim definida de maneira definitiva" (Dubar 2006, 8). A segunda perspetiva, a nominalista, opõe-se à primeira na medida em que descarta a possibilidade de existirem essências, ou seja, reconhece que todos os referenciais identitários estão sujeitos a constantes mutações, dependendo da época e do ponto de vista adotado pelos sujeitos em causa.

Dubar (2006, 8-9) prossegue reafirmando que a identidade não é um processo idêntico/permanente devido ao facto de ela resultar de uma dupla operação linguística: diferenciação e generalização. A primeira conceptualiza a diferença como o elemento que faz de alguém um ser distinto em relação ao Outro. Já por via da generalização, procura-se "definir o ponto comum a uma classe de elementos todos diferentes: a identidade é pertença comum" (*ibidem*, 9). Sendo assim, a identidade, no entender deste sociólogo, constitui-se num fenómeno inseparável da alteridade.

A tese de Dubar (2006), especificamente na segunda perspetiva, encontra respaldo em Hall (2006), que distingue três fases históricas diferentes de conceber a identidade. De acordo com Hall, o sujeito do Iluminismo, o sujeito sociológico e o sujeito pós-moderno foram ideados de formas diferentes, mas é nos últimos dois que recai o nosso interesse aqui. Para Hall, a formação identitária do sujeito sociológico realiza-se no contacto frequente com "as outras pessoas importantes para ele" (Hall 2006, 9-12). Aqui, o meio social é fundamental na transformação do indivíduo e o exterior faz-se decisivo na construção da identidade individual. Esta transformação constante promove a fragmentação das identidades, que, algumas vezes, passam a ser contraditórias, tornando o processo de identificação provisório e problemático.

É nesta circunstância, de acordo com Hall (2006, 12-13), que se constrói o sujeito pós-moderno, caracterizado por não possuir uma identidade fixa ou permanente: os seus referenciais identitários estão em constantes transformações no contacto com as distintas representações simbólicas dos sistemas culturais que o rodeiam. Assim, esse sujeito assume, "em diferentes momentos, identidades que não são unificadas ao redor de um 'eu' coerente". Portanto, é com base nesta perspetiva de construção identitária sociológica e pós-moderna que analisarei a guerra e os seus traumas em *A cabeça de Salomé*, de Ana Paula Tavares. Nas crónicas em questão, nomeadamente em "Receita para ultrapassar os domingos", a narradora constrói um conjunto de propostas que se traduzem nas várias identidades adquiridas pelos sujeitos ao longo da narrativa: desde a preocupação com a noite e com os fantasmas que vagueiam nesse período, os quais obrigam ao redobrar de cuidados ao circular pela cidade, bem como os conselhos dados pela narradora no sentido de se visitar a Ilha e sentar-se de costas para o mar, para evitar que as notícias tristes resultantes dos estragos da guerra pudessem abalar os ânimos dos citadinos. Essas variadas reconstruções dos sujeitos luandenses são feitas sob o prisma dos distintos estados de alma provocados pela guerra.

3. Construção da identidade na literatura angolana

A literatura, o cinema, a música e a dança são algumas das tantas formas de representações culturais através das quais se forma a identidade de um povo. O seu impacto depende do espaço que as manifestações artísticas ganham nas sociedades. Ainda assim, essas manifestações artísticas não se encontram em posições equitativas: umas são mais destacadas em relação às outras, pois, no contexto angolano, a literatura e a música, em comparação com as outras formas de arte, são as que mais contribuíram para a formação da identidade.

No caso do papel da literatura na construção da identidade angolana, ela antecipa-se ao discurso oficial/político. Para ser mais preciso: a construção da angolanidade começa sob a batuta do texto literário, dado que o processo de criação literária acompanhou as distintas fases que marcaram o desenvolvimento da identidade nacional. Cada fase teve as suas marcas e seus protagonistas.

Das fases mais representativas na construção da identidade nacional, a tensão entre a cultura autóctone e a cultura invasora (colonial) é a que mais se destaca. Aliás, como afirma Dubar (2006), não é possível falar de identidade na ausência de alteridade, do Outro. Portanto, os distintos espaços e atividades literárias (a Casa dos Estudantes do Império, os prémios literários, a revista *Mensagem*, o Movimento dos Novos Intelectuais de Angola, entre outros, realizados em oposição ao regime salazarista) contribuíram para a edificação da identidade nacional.[4]

Dentro das estratégias utilizadas pelos colonizados para se libertar dos colonizadores, a cultura faz-se esteio, pois, por via da reconstrução do passado – a busca de narrativas sobre heroísmos de antepassados que lutaram contra as distintas invasões estrangeiras –, são promovidos os valores identitários que norteiam os povos subjugados, colocando em causa a pretensa cultura superior dos colonizadores. Nesse prisma, os conceitos de *cultura* e *nação* confundem-se, de tal modo que a cultura é, na maioria das vezes, encarada como cultura nacional.[5]

A literatura e a cultura caminham paralelamente na definição e construção da identidade nacional. Ou seja, a cultura alvitrada e defendida deve consagrar o rosto da nação, assim como a literatura abarcaria determinada produção artística investida de espírito nacional. Nesse prisma, porém, a tese da existência de uma literatura nacional granjeia maior simpatia quanto ao debate relativo à cultura nacional, pois, para este último, dois fenómenos se impõem: se, por um lado, durante as lutas pela independência do país, a ideia de comunidade nacional ganha forma, tendo como vínculo dessa comunidade a língua portuguesa, por outro lado, a existência de diferentes grupos etnolinguísticos representa um empecilho ao projeto nacionalizador, sustentado pela rivalidade cultural dos diferentes povos que compõem o território angolano. A coabitação desses dois fenómenos (a língua portuguesa usada como meio unificador, e a diversidade etnolinguística existente) expressa a identidade cultural moderna de Angola.

4. Guerras e suas sequelas em *A cabeça de Salomé*

A guerra civil em Angola trouxe consigo várias consequências materiais, físicas e psicológicas – e sobre esta última debruça-se a minha análise, uma vez que Ana Paula Tavares busca, na sua reconstrução narrativa, o olhar desolador do narrador (ou, talvez melhor, da narradora) sobre um estado de coisas resultantes da guerra.

Na tentativa de análise da guerra e seus traumas como referenciais identitários, ocorre-me, desde já, refletir sobre a ideia de identidade alimentada pelos lados que se opõem na guerra. Ou seja, tratando-se de movimentos político-militares, todos eles angolanos e que se dizem lutar por Angola, com que lado o povo deverá identificar-se? Com o MPLA[6], a UNITA[7] ou a FNLA[8]? São observações que merecem reflexão aturada e distanciada da nossa parte, uma vez que, neste quesito, a abordagem é deveras complexa.

A respeito desta situação, Justin Pearce faz uma abordagem exaustiva sobre a condição identitária dos povos que viviam entre os espaços do MPLA e da UNITA, apresentando depoimentos de sobreviventes desse conflito fratricida: "quando eu era criança as FAPLA vinham atacar-nos,[9] depois a UNITA vinha atacar-nos, matavam pessoas, levavam colheitas [...]. As FAPLA diziam: vocês são da UNITA e a UNITA dizia vocês são FAPLA" (Pearce 2017, 13). O jogo duplo a que os povos estão sujeitos coloca-os numa posição vulnerável na qual o conluio com uma das partes se faz obrigatório. Entretanto, tal aliança não é definitiva; constitui-se, na maioria das vezes, num pacto circunstancial, tendo em conta a troca permanente do espaço habitacional das populações.

O processo de identificação circunstancial dos sujeitos com uma ou outra organização é descrito por Adriana, numa entrevista cedida a Pearce:

> Nas condições em que fomos levados, tínhamos de nos identificar como apoiantes da UNITA por uma questão de necessidade. Se nos identificássemos de outra maneira morreríamos. Desde que ficássemos com a UNITA éramos UNITA. Mas quando voltássemos para cá com o MPLA, passássemos a ser MPLA. (2017, 134)

Os populares não podiam estar neutros no ambiente de guerrilha. Deviam obrigatoriamente identificar-se com uma das partes, pois ter um número considerável de civis sob o seu controlo legitimava a "causa", ou seja, ficava fácil justificar as razões pelas quais lutavam, como se pode aferir na seguinte passagem: "No que diz respeito à estratégia de deslocações de populações para zonas controladas pelo governo [...] alguns dizem [que] a posse de pessoas tem um valor simbólico intrínseco que, em si mesmo, legitima o poder do movimento político (Pearce 2017, 141).

Na crónica "Receita para ultrapassar os domingos", pode-se observar a construção de uma narradora desolada com as transformações ocorridas no espaço diegético. Por isso, propõe um "preceito" para "curar" as feridas causadas pela transformação desse espaço – um receituário baseado na tradição oral, na experiência transmitida de geração em geração:

> Arruma o quarto, varrendo as cinzas da véspera, e não te esqueças de guardar a última brasa para que possa ficar a arder o alecrim, o eucalipto (que ainda guardas de um outro tempo no Huambo), os cheiros misturados da avó Xiquinha e um pouco de açúcar mascavado. O fumo e o pequeno som das folhas a crepitar na pá de zinco farão mais leve a saudade. (Tavares 2004, 37)

À medida que a narradora aconselha a organização para pôr as coisas em ordem no quarto, faz menção ao sintagma "a última brasa", cujo valor semântico possui um carácter dualista, significando, em primeira instância, o fogo que deve manter-se aceso para evitar a escuridão. Entretanto, a interpretação ao referido sintagma poderá ser mais extensiva, representando, assim, a esperança, ou seja, o facto de a narradora aconselhar o seu interlocutor a "guardar a última brasa" incentiva-o a manter a esperança de que as coisas podem mudar para melhor.

A esperança equivale, nesta abordagem, ao que Schmidt (2010, 4) considera de convalescença do espaço público, ou seja, a tentativa de recuperação da cidade: "é o espaço público da cidade, essa Luanda que, segundo a narradora, 'anda perdida de si mesma'. Na geografia da cidade, as marcas deixadas pela ação devastadora, que se imprime como marca indelével". Por isso, a narradora exorta:

> A propósito, evita, quando desceres, o Kinaxixi. Não se trata de um problema de sereias, esses seres nem machos nem fêmeas que o habitaram outrora. O problema tem a ver com pássaros que fugiram quase todos e foram inventar silêncio para outros cantos do mundo. Os que ficaram estão enredados nos limos do tempo e fabricam ninhos de seiva, na esperança de não morrerem. Não têm tempo para ti. (Tavares 2004, 38-39)

Ao analisar este excerto, Schmidt (2010, 4) cogita que "Afugentar os fantasmas e acordar os vivos é tarefa para depois da morte". Além do mais, consideramos a destruição dos espaços como consequência das guerras por que o país passou, em que vários lugares tradicionais deixaram de ser pontos de lazer e atração para os/as citadinos/as. Este foi o caso do Kinaxixi[10], lugar mítico, que noutros tempos terá sido muito frequentado e admirado pela beleza das árvores e pela estrutura arquitetónica do Largo com o mesmo nome. No entendimento da narradora, o ambiente vivido na época terá sido de incertezas sobre o futuro do país, facto que retira a possibilidade de as pessoas se divertirem, deixando, assim, vazios e isolados os locais de diversão, transformando-os em locais tenebrosos.

Por conseguinte, a cidade de Luanda em si é a representação alegórica de um espaço esmorecido, no qual os seus habitantes já não se sentem acomodados, inclusive as míticas sereias e os pássaros que, no dizer da narradora, deixaram de habitar a cidade e foram procurar confortos noutros espaços mais cómodos: "Não se trata do problema das sereias, esses seres [...] que o habitaram outrora. O problema tem a ver com os pássaros que fugiram quase todos e foram inventar silêncio para outros cantos do mundo" (Tavares 2004, 39).

Ao referenciar o silêncio dos pássaros, a autora remete-nos a uma reflexão profunda sobre o estado de coisas da cidade de Luanda da época, pois sabe-se que os pássaros, na cultura africana/angolana, simbolizam a paz, a tranquilidade e todo o clima que se reveste de sossego,[11] perspetiva que corrobora com o conceito europeu de Chevalier e Gheerbrant (1992, 100), segundo o qual as aves representam "os estados espirituais, os anjos, os estados superiores dos seres", bem como o elo sobrenatural entre o Céu e a Terra; o seu silêncio aliado ao facto de terem ido inventar silêncio noutros lugares poderá significar a passagem de um ciclo para outro. Por essa razão, quando esses seres voadores deixam de cantar ou, de forma abrupta, abandonam um determinado local, pode haver aí um sinal de mau presságio. Sendo assim, a fuga dos pássaros do Largo do Kinaxixi, bem como de toda a capital de Luanda, alude ao clima de crispação que a cidade vivia.

Na narrativa dos traumas e sequelas da guerra, Ana Paula Tavares não só reconstrói uma memória que podia ter sido esquecida, mas também abre caminhos para outros relatos esquecidos que se enquadram nos difíceis contextos por que Angola passou, conforme frisa a própria escritora em entrevista cedida a Doris Wieser em 2020: "A minha escrita recordava as tais vozes das mulheres que eu tinha deixado num sítio e que nem se quer sabia se estavam vivas ou mortas" (Wieser 2024, 20). Portanto, a construção da narrativa ancorada na experiência da dor faz-se fundamental para o sujeito enlutado, dado que a reapropriação desse relato vai contribuir para a recuperação de um passado perdido. Sendo assim, a narradora propõe um espaço de tensão entre o desejo de se preservar as memórias dolorosas e a necessidade de conjugação de esforços para que a lembrança não permaneça embevecida nas mágoas do passado, na medida em que "A lembrança imobilizada pela dor da perda levaria o sujeito [...] à impossibilidade de nomear a dor, o que fatalmente [o] conduz à queda na melancolia" (Schmidt 2010, 5).

A narrativa de Ana Paula Tavares representa, também, uma resposta ao vazio causado pelo desaparecimento do ambiente citadino, dos espaços de conversas, debates e cafés: Luanda, cidade de eleição narrativa, encontra-se desolada e esquecida; precisa, urgentemente, renascer. Trata-se de um apelo à reflexão sobre o *status quo* da cidade. Era urgente devolver a alegria, parar os conflitos, reconstruir, primeiro, as mentes enlutadas, traumatizadas pelos destroços da guerra. Ainda assim, na perspetiva de Simone Pereira Schmidt, "o sujeito das crônicas de Paula Tavares, que na expressão de sua experiência quer registrar também a experiência histórica recente de seu país, não está morto; pelo contrário, está nascendo, porque a escrita [...] é um jogo mortalmente sério" (2010, 5). Esse renascer contribuirá, também, para a restituição da beleza dos espaços, pôr em funcionamento todos os serviços sociais e, por fim, reerguer o país.

Quanto à crónica "Edith Södergran", a narradora abre o texto fazendo referência ao tempo cronológico que representa um período de incertezas, fase em que se vislumbrava o prenúncio da guerra civil, após a independência de Angola. Nesse tempo, o nomadismo faz-se paradigmático, por conta das constantes fugas que resultam dos frequentes ataques armados. Por força das circunstâncias, as populações, principais vítimas desse ambiente aterrorizado, veem-se obrigadas à adaptação e readaptação dos distintos espaços por que passam, transformando tais situações num modo de vida. O texto reconstrói, também, as sucessivas perdas resultantes da guerra e que causaram destroços no âmago da narradora. Recorda, ainda, os tempos de inocência, que se confundem com uma felicidade perdida:

> Entre Agosto de 1975 e Março de 1976, fugir deixou de ser uma mera palavra de ocasião, um verbo ilustrativo das mil e uma formas de conjugar, para se transformar num modo de vida, uma atitude, um estado de alma. [...] Assim fugíamos. De quê, para onde, são histórias para contar amanhã ou depois. Uma coisa era certa: ainda não fugíamos de nós, porque no meio do tempo frágil parecia haver, para nós, um chão sagrado que ainda não era, mas cujas feridas expostas nos dispúnhamos a sarar e plantar árvores e encher de filhos. (Tavares 2004, 41)

A narradora busca justificar o que Ana Paula Tavares explica em entrevista a Doris Wieser, sobre o valor secundário da escrita literária em tempo de guerra: "Eu escrevia muita coisa, mas achava que nada daquilo era importante. Se havia uma guerra tão grande [...], se havia falta de comida, se havia gente que não dormia, se havia falta de hospitais e médicos, como é que a minha escrita podia ser importante?" (Wieser 2024, 20). Segundo a escritora, naquele contexto, em que faltava quase tudo, desde abrigo, alimentação, vestuário, assistência médica, entre outros, não havia espaço nem tempo para que o texto literário pudesse vincular princípios e valores fundamentados na reconstrução da memória, tal como se registou, em tempo posterior, nas crónicas d'A *cabeça de Salomé*. Esse olhar de inexistência de quase tudo reflete-se, igualmente, na narrativa "Edith Södergran":

> Nesse tempo ainda não se cuidava da memória porque a terra farta, gorda, prometia e todos os dias os sonhos que morriam renasciam das cinzas juntos aos caminhos antigos, trilhos de sangue e de escravos que teimávamos em

> percorrer [...]. Estávamos cegos de luz e caminhávamos como animais alados, com um chão prestes a abrir-se debaixo dos pés [...]. (Tavares 2004, 41-42)

Duas abordagens se fazem paradigmáticas no texto em questão: o papel das mulheres e a guerra. Partindo do olhar sobre a figura feminina, a partir do título, percebe-se que o texto terá sido escrito em homenagem a uma poeta finlandesa, Edith Södergran, com a qual Ana Paula Tavares teve contacto através de um livro traduzido do sueco para o espanhol: "Foi então que, perdida no meio de fortes vozes suecas, traduzidas em espanhol, nos rebentou nas mãos a voz de Edith. [...] Foi ela que me trouxe inquietação e dúvida. Foi ela que, de modo manso, anunciou o dia em que teríamos que perder" (Tavares 2004, 42). Nesta crónica, a autora propõe um diálogo entre dois grupos de mulheres: as suecas, expressas nos livros de Edith, e as angolanas. Tal como afirma Rebello: "esta articulação revela um olhar e um processo de articulação de vozes e das referências crítica e esteticamente sempre recriadas no diálogo entre os signos de uma lógica cultural europeia e das distintas populações agropastoris de Angola" (Rebello 2019, 207).

Ainda sobre a perspetiva da mulher, a narradora projeta a figura feminina ligada a uma *comunidade imaginada*, nos termos de Schmidt (2010, 8), cujo perfil se fundamenta na "guerra e na violência, reivindicando os contornos da nação em devir, mas uma outra comunidade, feita pelas mãos e imaginação das mulheres, que experimentam, de forma distante mas comum, as dores do exílio e das perdas" (2010, 8). Essa a violência diária, de acordo com Chaves, citado em Rocha (2010, 7), promove "fatores de perturbação elevada mesmo no cotidiano de uma gente que aprendeu a conviver com a precariedade e o enfrentamento". Por essa razão, as personagens que representam a figura feminina no texto de Ana Paula Tavares, sobretudo os seus corpos, podem ser reinterpretadas como espaço de ultraje quando, em silêncio, gritam e tentam desfazer-se do cerco, mesmo sendo incapazes, pois são estas "as suas receitas para construir a fala e romper com o silêncio de um tempo contínuo em que tanto a tradição, como a modernidade, não reservam liberdades e autonomia às mulheres" (Souza 2015, 150).

Pode-se aferir, também, a inversão de papéis tradicionais das vozes marginalizadas, pois a narradora reconstrói histórias nas quais as mulheres são protagonistas, com as suas vozes e suas experiências, reivindicando o seu espaço na projeção de um país que se pretende igualitário. Mulheres que, com o seu poder maternal, vão contribuir para a construção de famílias que representam o alicerce do país: "Quando respiro, reponho vozes de mulheres de corpos maltratados e mãos prontas para começar o país e plantar, de novo, as árvores do pão, entretanto desfeitas. De longe, chega a voz de Edith, guiando-nos os passos para a 'terra que já não é'" (Tavares 2004, 43).

Ora, a perspetiva de guerra e suas sequelas também está presente na crónica em questão, embora com olhares diferentes em relação ao texto anterior. Aliás, a autora assume a temática da guerra como uma das motivações da sua escrita, como é possível aferir em entrevista cedida ao projeto *Nação e Narrativa Pós-colonial II*:

> [...] há dois livros meus que são escritos, quer dizer, há mais, porque há um antes e um depois, mas há dois livros meus que são escritos totalmente durante o período da guerra e que tentaram, digamos assim, aprisionar o papel de tudo o que se passou ou tudo o que eu projectei poder passar-se naquele período, ou seja, os vazios que a guerra cria, as ligações com os ancestrais perdidas, porque as pessoas mudam de terra e então, onde ficam seus antepassados? Onde ficam as suas ligações clânicas? Onde ficam suas ligações de casamento? Onde fica o seu parentesco? Então, que outras configurações a nação permite a essas pessoas? Que outras configurações e reconfigurações? Quando as pessoas mudam do campo para a cidade para fugir da guerra, como na cidade se ligam ou religam para, digamos assim, recriar laços que se perderam? (Leite *et al.* 2012, 56)

As mulheres representam, na constelação narrativa de Ana Paula Tavares, as principais vítimas da guerra: constituem o elo mais fraco do conflito, são abusadas e maltratadas e, na maioria das vezes, transformadas em espólios de guerra. Ainda assim, elas representam a maternidade, a força do renascer das cinzas. Situações similares ao que narra Ana Paula Tavares viveram-se um pouco por toda Angola no período de guerra e o autor deste ensaio pode presenciar alguns desses momentos. Depois de um ataque arrasador sobre as aldeias, os homens ficavam escondidos, sob pena de serem fuzilados ou levados para combater do lado do "inimigo". Entretanto, as mulheres, estas, continuavam aí, maltratadas, mas eram as primeiras a reacender a chama da esperança.

Segundo Pinto (2016, 772), até finais de 1994, a UNITA dominou pelas armas 75% do território angolano, sitiando e saqueando cidades e aldeias, espoliando e massacrando populações, minando estradas e arrasando o que restava das três grandes linhas férreas. Nesses saques, as principais vítimas eram as mulheres, pela fragilidade e pelo facto de serem mães: os homens, geralmente, fugiam somente com as roupas do corpo. Mas as mulheres, por serem mães, além de casacos e mantas, tinham filhos para carregar, situação que dificultava grandemente a locomoção e fazia com que acabassem nas mãos do "inimigo".

O ato de narrar as memórias do passado angolano vai representar, para a narradora, um processo de ressurreição. Ou seja, enquanto não sabia contar, a história estava morta, mas, a partir do momento em que descobriu o fascínio da narrativa, "Morri e renasci das doze cabaças da sorte. Bebi até ao fim o cálice amargo da derrota. À força de preparar e colocar a voz pelos caminhos, comecei a contar memórias. Agora sou o griot, contador de histórias" (Tavares 2004, 43). Esse renascimento é festejado pelo simples facto de participar desse processo de reconstrução narrativa, dando novas vozes a protagonistas, inviabilizando, assim, a possibilidade de obstrução da cultura/identidade angolana.

5. Conclusão

A construção da identidade nas crónicas em análise faz-se sob orientação da perspetiva nominalista de Dubar (2006), que, por sinal, coincide com o sujeito sociológico e o sujeito pós-moderno idealizados por Hall (2006), conceções que sublinham o carácter da identidade ambivalente na constelação narrativa de Ana Paula Tavares: a narradora apresenta um espaço em permanente transformação que obriga os sujeitos desse lugar a um processo de readaptação. Tanto num texto como noutro, a temática da guerra faz-se paradigmática, embora seja apresentada em ângulos distanciados, visto que, em "Edith Södergran", a abordagem sobre os efeitos da guerra parece ser mais profunda em comparação com a "Receita para ultrapassar os domingos", pois o facto de a narradora afirmar que "fugir deixou de ser uma mera palavra de ocasião [...] para se transformar num modo de vida" (Tavares 2004, 41) acentua a ideia de mutabilidade dos sujeitos, forçada pelas circunstâncias do conflito armado.

Em "Receita para ultrapassar os domingos", o olhar melancólico da narradora propõe uma prescrição que sirva de escapatória à monotonia, ao ambiente desolador que dominava a cidade de Luanda durante a guerra civil. Sente-se na voz da narradora a necessidade de se criar alternativas aos destroços, sobretudo psicológicos, causados pela guerra, possibilidades que passam pela quebra do ambiente enfadonho: levantar da cama, arrumar o quarto, andar pela cidade, visitar a ilha e sentar de costas para o mar. Nota-se, também, o apelo à recuperação dos espaços que, com o tempo conturbado, perderam o seu real valor.

Ora, em "Edith Södergran", a abordagem sobre os destroços da guerra é ainda superior, dado que a narradora, além de referenciar o tempo cronológico, lamenta as situações por que os angolanos passaram durante o período entre 1975 e 1976. As incertezas das populações – derivadas dos frequentes ataques armados entre os movimentos político-militares angolanos – dominam toda a narrativa. As fugas frequentes não só limitam os sonhos dos sujeitos como também os tornam apátridas: não se identificam com espaço algum, promovem fome, miséria; não há educação nem ensino num ambiente de guerra.

NOTAS

1. É de realçar que os três movimentos que lutaram pela independência de Angola, na fase de transição, teriam reforçado as suas parcerias nos países onde buscavam apoio político-militar. A FNLA e a UNITA tinham recebido apoios dos Estados Unidos de América, por via da CIA, bem como dos serviços secretos franceses e do governo chinês. O MPLA, por seu turno, buscava apoios na União Soviética e Cuba. Este último terá enviado seiscentos e cinquenta homens a Angola, com a missão de impedirem que os sul-africanos e zairenses chegassem a Luanda antes do dia 11 de novembro de 1975 (Brittain 1999, 33-36).

2. Zairense é um gentílico utilizado para designar pessoas naturais da República do Zaire, hoje República Democrática do Congo.

3. Esta categoria, por ser completamente reducionista, hoje, está ultrapassada.

4. Vários pesquisadores da literatura angolana já se debruçaram sobre esta temática. Ver, por exemplo: Ferreira 1989, 93-95, e Laranjeira 1995, 105-107.

5. Recorremos ao conceito de Taylor citado por Laraia (2006, 26), segundo o qual, cultura "em seu amplo sentido etnográfico [...] inclui conhecimentos, crenças, arte, moral, leis, costumes ou qualquer outra capacidade ou hábitos adquiridos pelo homem como membro de uma sociedade".

6. MPLA: Movimento Popular de Libertação de Angola, cuja data da fundação tem sido uma questão bastante polémica. A data oficial defendida e comemorada por este Movimento é 10 de dezembro de 1956. Entretanto, vários/as pesquisadores/as refutam essa tese, defendendo que, nesse período, não existia nenhuma organização nacionalista com esta designação. Nos dizeres de Pinto (2016, 689), "o MPLA como uma organização com estatuto, emblema e direção, terá surgido mais tarde, em janeiro de 1960, sob a seguinte liderança: Mário Pinto de Andrade (Presidente em Exercício), Agostinho Neto (Presidente Honorário) e Viriato da Cruz (Secretário Geral)".

7. UNITA: União Nacional para a Independência Total de Angola, movimento fundado por Jonas Savimbi, António da Costa Fernandes e Miguel Nzau Puna, em 1966 (Savimbi 1979, 18).

8. FNLA: Frente Nacional de Libertação de Angola, designada inicialmente por União dos Povos do Norte de Angola (UPNA) e depois União dos Povos de Angola (UPA).

Foi fundada por Barros Nekaka (tio) e Holden Roberto (sobrinho), em 1958 (Wheeler e Pélissier 2009, 245-247).

9. FAPLA: Forças Armadas para a Libertação de Angola, braço armado do MPLA.

10. O Kinaxixi, que serviu de *leitmotiv* para as várias narrativas de ficção angolanas, entre as quais se destacam as de Arnaldo Santos, Pepetela e Luandino Vieira, foi um mercado tradicional da cidade de Luanda que, infelizmente, tal como mostra Ana Paula Tavares, aos poucos foi perdendo o seu valor e, em 2010, foi completamente destruído para dar lugar à construção de dois edifícios com, possivelmente, dez andares cada.

11. Sobre a simbologia dos pássaros na cultura africana/angolana, veja-se Altuna 2006. *Cultura tradicional bantu*. Lisboa: Paulinas, 96-97.

REFERÊNCIAS BIBLIOGRÁFICAS

Altuna, Pe. Raul Ruiz de Asúa. 2006. *Cultura tradicional bantu*. Lisboa: Paulinas.

Brittain, Victoria. 1999. *A morte da dignidade: a guerra civil em Angola*. Tradução de Tânia Sofia Rocha. Lisboa: Publicações Dom Quixote.

Chevalier, Jean, e Alain Gheerbrant. 1992. *Dicionário dos símbolos*. Tradução de Cristina Rodrigues e Artur Guerra. Lisboa: Teorema.

Dubar, Claude. 2006. *A crise das identidades: interpretação duma mutação*. Tradução de Catarina Matos. Porto: Afrontamento.

Ferreira, Manuel. 1989. *O Discurso no Percurso Africano I*. Lisboa: Plátano.

Hall, Stuart. 2006. *Identidade e cultura na pós-modernidade*, 11ª ed. Tradução de Tomaz Tadeu da Silva e Guacira Lopes Louro. Rio de Janeiro: DP&A Editora.

Laraia, Roque de Barros. 2006. *Cultura: um conceito antropológico*, 19ª ed. Rio de Janeiro: Jorge Zahar.

Laranjeira, Pires. 1995. *Literaturas Africanas de Expressão Portuguesa*. Lisboa: Universidade Aberta.

Leite, Ana Mafalda, Sheila Khan, Jessica Falconi, e Kamila Krakowska. 2012. *Nação e narrativa pós-colonial: Angola e Moçambique (entrevistas)*. Lisboa: Colibri.

Paixão, Sofia. 2009. "Identidade". Em *Dicionário de termos literários*, organização de Carlos Ceia. https://edtl.fcsh.unl.pt/encyclopedia/identidade.

Pearce, Justin. 2017. *A guerra civil em Angola (1975-2002)*. Tradução de Suzana Sousa e Silva. Lisboa: Tinta-da-China.

Pinto, Alberto Oliveira. 2015. *História de Angola: Da pré-história ao início do século XXI*. Lisboa, Mercado de Letras.

Rebello, Rosana Bau. 2019. *Entre textos e contextos: a poesia e crónica de Ana Paula Tavares*. Tese de Doutoramento apresentada à Faculdade de Filosofia, Letras e Ciências Humanas da Universidade de São Paulo. https://doi.org/10.11606/T.8.2019.tde-28082019-151253.

Rocha, Jane Vieira da. 2010. "Luanda e as horas por resolver: representação do espaço pós-colonial no conto angolano". *Fazendo Gênero 9: Diásporas, Diversidades e Deslocamentos*: 1-8.

Savimbi, Jonas. 1979. *Angola: A resistência em busca de uma nova nação*. Lisboa: Agência Portuguesa de Revistas.

Schmidt, Simone Pereira. 2010. "Mulheres e memória da guerra nas crônicas de Ana Paula Tavares". *Mulemba* 1 (2): 14-23.

Souza, Larissa da Silva Lisboa. 2015. *Corpos ultrajados e suas representações em crônicas de Ana Paula Tavares*. Dissertação de Mestrado apresentada à Comissão Avaliadora do Programa de Pós-Graduação da Universidade Federal de São Carlos.

Tavares, Ana Paula. 2004. *A cabeça de Salomé*. Lisboa: Caminho.

Wheeler, Douglas, e René Pélissier. 2009. *História de Angola*. Tradução de Pedro Gaspar Serras Pereira. Lisboa: Tinta-da-China.

Wieser, Doris. 2024. "Só consigo escrever quando me relaciono com uma alma angolana: entrevista a Ana Paula Tavares". *Portuguese Literary & Cultural Studies* 40/41: 11-24.

FRANCISCO MONTEIRO DANIEL é doutorando em Literatura de Língua Portuguesa na Faculdade de Letras da Universidade de Coimbra; Mestre em Estudos Lusófonos pela Universidade da Beira Interior (2018); licenciado em Ensino da Língua Portuguesa pelo Instituto Superior de Ciências da Educação, Uíge-Angola. A sua linha investigativa está concentrada nas literaturas africanas de língua portuguesa, com particular realce para a literatura angolana moderna, sobretudo no seu género romanesco de luta anticolonial, onde o escritor de eleição é Manuel dos Santos Lima. Em 2017, participou, com a comunicação intitulada "Colonialismo: *leitmotiv* no romance de Manuel dos Santos Lima", no congresso de Literatura organizado pelo Programa Doutoral de Literatura da Universidade de Évora. Publicou, em 2020, na Revista *Entrelaces*, da Universidade Federal do Ceará, o artigo "Rutura e desconstrução do discurso colonial no romance de Manuel dos Santos Lima", tendo sido convidado como parecista na edição posterior da referida revista.

RAYSSA MARINHO PACÍFICO DAS NEVES

O arquivo da dor e o fogo da palavra: memória e identidade em *A cabeça de Salomé*, de Ana Paula Tavares

RESUMO: A construção da memória cultural está repleta de rupturas e continuidades, e a literatura tem um papel relevante na institucionalização das memórias. A partir da reflexão entre memória e identidade, este ensaio analisa o dialogismo dinâmico entre os processos criativos da escrita, da memória e da tradição oral no livro de crônicas *A cabeça de Salomé* (2004), de Ana Paula Tavares. A obra é analisada de forma panorâmica, fazendo uso dos recentes estudos acerca da memória como escopo teórico-metodológico, apontando para as técnicas mnemônicas e a relevância da inscrição arquivista da dor. As crônicas narram tempos de guerra, as ausências e o trabalho silencioso das mulheres na (re) construção e na manutenção da vida. Assim, a pesquisa conclui que é sobretudo a partir da potência criativa do fogo da palavra, com seus ecos mnemônicos, e dos ensinamentos da tradição que Ana Paula Tavares constrói um arquivo da dor.

PALAVRAS-CHAVE: Ana Paula Tavares; memória cultural; oralidade; identidade.

ABSTRACT: The constructivist process of cultural memory is full of ruptures and continuities, and literature plays a relevant role in the institutionalization of memories. Reflecting on the relations between memory and identity, this essay analyses the dynamic dialogism within the creative processes of writing, memory, and oral tradition in Ana Paula Tavares' short stories in *A cabeça de Salomé* (2004). The panoramic analysis of the book is enlightened by the recent findings on memory studies as a theoretical and methodological framework, indicating the mnemonic techniques and the relevance of the archivist inscription of suffering. The short stories narrate times of war, the void, and the silent work of women in the (re)construction and in the maintenance of life. Thus, this study concludes that it is essentially from the creative power of the words, with their mnemonic echoes, and from the teachings of oral tradition that Ana Paula Tavares constructs an archive of suffering.

KEYWORDS: Ana Paula Tavares; cultural memory; orality; identity.

1. Introdução

Pensar a escrita de Ana Paula Tavares é, sem dúvida, permitir-se mergulhar num universo em que as palavras são acometidas pela ambivalência de serem leves e, ao mesmo tempo, cruas, densas, sonoras, rítmicas, metaforizadas e, ainda assim, concretas. É certo que as suas obras pedem dedicação aos leitores. Contudo, a escrita complexa de Ana Paula Tavares – notavelmente a sua poesia – tem ganhado o espaço e a atenção das pesquisas acadêmicas. Dentro das temáticas mais trabalhadas estão a sexualidade, a espiritualidade numa perspetiva africana/angolana, os ciclos da vida e do corpo feminino, tópicos recorrentemente associados a leituras feministas e decoloniais. Embora não seja a minha pretensão dar aqui um enfoque feminista, é importante ressaltar que as encruzilhadas que compõem a subjetividade das personagens evidenciadas em *A cabeça de Salomé* (2004) são espaços generificados. A violência patriarcal e colonial são aspetos inerentes à construção narrativa de Tavares e, portanto, permearão a minha análise. Feminina é a dicção da escrita de Ana Paula Tavares, femininas são as vozes das memórias que a escritora produz. Assim, Tavares desloca as memórias de sofrimento do campo do silêncio, ou seja, do individual para o coletivo. A partir da mnemotécnica e da mimese da memória, a sua literatura produz um arquivo da dor. Ao ser produzido em um momento crítico para a história angolana, durante a guerra civil, *A cabeça de Salomé* (2004) insere – nas memórias cultural e histórica da nação – as mulheres como agentes da transformação e da manutenção do país.

Nascida em 1952 na cidade de Lubango, no sul de Angola, Ana Paula Tavares cresceu numa sociedade marcadamente colonial. Ainda muito jovem foi apadrinhada por um casal de colonos portugueses, experiência que a fez crescer afastada das comunidades pastoris dos Nyaneka[1] e mais próxima de uma vida urbana onde o português era a língua tanto de casa quanto da rua. Além de escritora e poeta, Tavares é também pesquisadora, historiadora e professora. Em entrevista a Doris Wieser (2023), Tavares fala sobre a importância do som das línguas nativas.

> A oralidade começou por ser, para mim, um conjunto de sons, digamos assim, que faziam, no meu ouvido, uma ressonância que eu não sabia muito bem explicar nem compreender, mas que desencadeou, desde logo, um processo de inveja daqueles sons que pareciam significar alguma coisa à qual eu não tinha acesso. (Wieser 2024, 24)

É, portanto, na procura destes ecos da tradição oral que Ana Paula Tavares se debruça no ofício da escrita. A autora é mais conhecida pelos seus livros de poesia, em especial seu primeiro livro, *Ritos de passagem* (1985, 2007) – que, entre outras questões, traz o corpo das mulheres negras como "*locus* de articulação da violência e da resistência" (Martins 2019, 1). *A cabeça de Salomé* (2004) é o seu segundo livro de crônicas, um volume composto por 36 textos inicialmente publicados no jornal português *Público* entre 1999 a 2002[2] – período em que Angola ainda vivia a guerra civil.

Para dar um pouco de contexto histórico, a literatura que surge e que se constitui como literatura nacional nasce extremamente engajada na luta pela independência e começa a ser pensada antes mesmo de o território se formalizar como Estado-nação. Logo após a conquista da independência em 1975, uma guerra civil começa em Angola e perdura até 2002. É, portanto, o cenário da guerra civil que permeia as narrativas das crônicas em *A cabeça de Salomé.* Um outro elemento que é preciso ter em conta quando pensamos em Angola é a heterogeneidade do território, composto por onze grupos étnicos cujo conhecimento e cultura são passados através da oralidade. A palavra, segundo Hampaté Bâ (2010), tem relação com a verdade e através da tradição oral são transmitidos os saberes ancestrais, os ensinamentos e elementos constitutivos da identidade dos povos africanos. Neste ensaio, entende-se que a oralidade pode ser concebida tanto como uma ferramenta quanto como um sistema de disseminação e construção de memória, um meio capaz de ligar um povo à sua história. Portanto, uma vez que a oralidade está no cerne das tradições africanas, ela tende a ser um dos elementos de diferenciação dos referenciais ocidentais. Na escrita de Ana Paula Tavares, isso não é diferente: a oralidade[3] e a memória estão fortemente presentes em sua obra.

Em *A cabeça de Salomé,* a autora cria um arquivo da dor tecendo histórias que, em sua maioria, estão entrelaçadas às memórias das mulheres, da guerra e da violência. Ao mesmo tempo que essa obra faz uma crítica às lacunas do projeto de nação expostas durante a guerra civil, Tavares insere as mulheres no espaço público como agentes políticos que sustentam e que fazem a manutenção e a reparação do Estado. Ainda que *A cabeça de Salomé* seja um livro cuja *ars memoriae* colabore na construção da noção de angolanidade, através da figuração da condição das mulheres, Tavares ultrapassa as fronteiras da nação. Além disso, na escrita de Ana Paula Tavares, a poesia está sempre lá, na economia do "dizer muito com poucas palavras", no buscar da materialização do som das vozes das mulheres de Huíla ecoando em sua escrita, no jogo mimético das "mnemônicas intertextuais" (Erll e Nünning 2006, 248) e da memória intratextual; e assim uma geração de escritores africanos toma para si a língua que lhes foi imposta, e acrescentam signos, des-semiotizam e re-semiotizam a escrita dita normativa, dominante, com elementos da tradição oral africana. No mais, a oralidade também se serve dos recursos da mnemotécnica, como a repetição, os símbolos e os sons.

São esses processos mnemônicos que interessam a esta pesquisa. Eles estão presentes na escrita da autora como estética e, também, como sentido. A memória funciona em vários níveis. Aqui, importa pensar a memória não como algo que está fixado no passado e que se evoca através da escrita; direciono-me, antes, à memória como um movimento criativo, isto é, a memória é aqui entendida como um processo em permanente construção. Assim, este ensaio busca refletir sobre a dinâmica entre os processos criativos da escrita em diálogo com os da memória e os da tradição oral. Busco também questionar se, na obra de Ana Paula Tavares, a escrita pode ser vista como um espaço de trânsito e afluências identitárias, possibilitando rupturas e continuidades na (re)construção de memórias culturais. Para isso, as crônicas da obra *A cabeça de Salomé* (2004) compõem o corpus desta pesquisa, feita à luz das recentes reflexões acerca dos estudos de memória como escopo teórico-metodológico.

2. Identidade, espaço e memória

O espaço ficcional da narrativa permite observar a problemática das identidades individual e coletiva nas suas instâncias mais complexas, isto é, a literatura coloca a questão identitária para além dos agrupamentos seccionados de raça, grupos étnicos, gênero, classe, nação, religião. Principalmente quando nos referimos à literatura contemporânea e pós-colonial, é preciso levar em consideração os deslocamentos e cruzamentos – voluntários ou não – que complexificam as relações e as posições sociais de opressão e sujeição. O colonialismo provocou não somente desajustes territoriais como também da percepção de si e do outro, numa prática estruturante e estruturada na violência. Assim, para além das problemáticas nas organizações sociais já existentes, a violência colonial vai demarcar tanto no corpo quanto no pensamento as "linhas abissais" (Santos 2007) de que é feita.

Em "Cultural Identity and Diáspora", Stuart Hall (1990) utiliza o exemplo do cinema caribenho que, ao trazer o sujeito negro para o centro, coloca questões à noção de identidade cultural, tais como o aspecto da enunciação, da posicionalidade daquele que fala e das práticas de representatividade. O autor destaca que quem fala o faz de uma posição que nunca é a mesma daquele de quem se fala. Isso alerta-nos para as dinâmicas sociais e de poder que estão articuladas nas comunidades, tendo em conta a pluralidade étnica, cultural e linguística de um determinado território, bem como as suas representações nas narrativas ficcionais. Essa percepção da posicionalidade vai impulsionar uma crescente de narrativas pós-coloniais dando voz a sujeitos dissidentes e a diferentes formas de narrar.

Em se tratando de Angola, por volta dos anos 40 do século XX, a nação começa a ser imaginada antes mesmo de existir como tal, constituindo-se assim um período de narrativas e poemas que falavam sobre Angola. Porém, na sua maioria, essas vozes tecem um olhar colonial, precedendo a conquista da independência que se concretiza apenas em 1975.[4] No entanto, surge um movimento de intelectuais politicamente engajados questionando essas ideias e narrativas. Uma figura importante nesta fase é Mário Pinto de Andrade[5], que vai contestar a percepção do luso-tropicalismo e, por consequência, combater o conceito de crioulidade estruturado nessa concepção enquanto uma ideia de fronteira, um espaço híbrido.

É comum ver ensaios e pesquisas que se debruçam sobre a literatura angolana, inclusive a de Ana Paula Tavares, ainda sob o entendimento de esta se tratar de uma escrita híbrida, porque justapõe elementos do universo ocidental e africano. No entanto, a meu ver, embora seja indiscutível que haja contaminações a nível linguístico e sociocultural em muitas dessas produções literárias, é perigoso reduzi-las à hibridez, uma vez que esta compreensão pode reforçar uma noção de diferença que solidifica um caráter de mestiçagem em favor de uma superioridade epistêmica ocidental. Quiçá seja mais justo pensar tais produções não como uma literatura híbrida, que se constrói na fronteira, mas enquanto uma literatura que se singulariza ao pensar e dizer Angola a partir dos seus e dos seus elementos culturais. É a partir desse lugar de enunciação que uma geração, como a de Tavares (que nasceu dentro de um espaço de confluências identitárias regidas por um sistema político e uma organização social opressora), passa a reivindicar o seu local de pertença. Em entrevista a Doris Wieser, Tavares fala da angolanidade como algo que se constrói.

> Para mim, [a angolanidade] é mais do que uma palavra. É um conceito, é um mundo simbólico, é um local de pertença que foi trabalhado e construído em pessoas como eu, da minha geração, que nasceram num mundo chamado

> "português", pertencente ao império português e que recusaram de forma consciente esse local de pertença, esse outro local de pertença. [...] Portanto, quando se fala na palavra identidade, para mim, não é um canal estreito que define um nacionalismo fabricado, nem nada disso; é um conjunto de horizontes que alargam a minha ideia de pertença. E não consigo viver sem isso. (Wieser 2024, 17)

Logo, o conceito de angolanidade pode contrapor aqui a noção de crioulidade e, assim, caracterizar a literatura como enunciação do lugar de pertencimento, como um espaço em que protagonizam as representações da cultura e dos povos autóctones de Angola. Kandjimbo propõe uma divisão entre angolanidade arquitópica e angolanidade literária, estando a segunda inserida na primeira. Para o estudioso,

> a angolanidade arquitópica [...] representa a herança e a memória coletiva da tradição, a textualidade virtual, diatópica, transindividual e transdisciplinar, uma totalidade plural com dimensões parcelares que, do ponto de vista analítico, categoriza as várias esferas constitutivas de Angola como expressão unitária da existência coletiva das comunidades étnicas angolanas fundada em elementos históricos antigos que precedem o contacto com a modernidade ocidental. (Kandjimbo 2015, 78-79)

Nesta proposta, Kandjimbo ressalta a relevância da memória para a identidade angolana. Nela se articula tanto a tradição dos povos quanto a produção das narrativas identitárias. Na verdade, é a partir do século XX que a memória deixa de ser pensada somente no campo individual e psíquico. O trabalho desenvolvido por nomes como Aby Warburg e Maurice Halbwachs são de suma importância para observar a memória a partir de um prisma coletivo – como um processo social e cultural. O primeiro, historiador da arte, cunhou o termo "memória social" e é considerado pioneiro na percepção das imagens como portadoras de memória. Já o segundo, sociólogo, vai cunhar o termo "memória coletiva" para dizer que a memória possui o elemento social que nos possibilita a vida em comunidade. Esta memória que Halbwachs teoriza "vive na interacção e comunicação quotidiana e, por esta mesma razão, tem uma profundidade temporal limitada" (Assmann 2016, 119), ou seja, por não se institucionalizar ela não tem caráter "oficial".

Mais recentemente, o trabalho de Jan e Aleida Assmann compreende a importância da institucionalidade no processo da memória e cunha o termo "memória cultural", diferenciando-o da memória coletiva de Halbwachs. Segundo Assmann (2016), a memória cultural difere da concepção halbwachiana por abarcar também os elementos oficiais e institucionais que darão o sentido de identidade coletiva, uma vez que são partilhados pela comunidade, atravessando a estrutura da interação social – isto é, da "memória comunicativa". Nas palavras do autor, a memória cultural é materializada em símbolos estáveis, permitindo que sejam transferíveis e transmitidos de geração para geração. Seria o que Pierre Nora (1989) vai chamar de "Lieux de mémoire", esses espaços (físicos ou não) carregados de memória e simbologia. A memória cultural também existe de forma imaterial, ou seja, são necessárias instituições de preservação e reincorporação. Posteriormente, na chamada terceira onda, textos como: "Noeuds de mémoire" (Rothberg 2010), "Entangled Memory" (Feindt et al. 2014) e "Travelling Memory" (Erll 2011) irão conceituar a complexidade da construção da memória, problematizando qualquer entendimento desta como elemento fixo, homogêneo e singular.

Essa terceira onda se inicia com a ênfase na dimensão transcultural da memória, passando também por sua compreensão numa perspectiva cognitivista e construtivista "enquanto uma actividade situada no presente e integrada na consciência imediata" (Erll e Nünning 2006, 246). Assim, a palavra tem uma enorme potência de construção, e é por este viés que o uso da mnemotécnica na literatura se repercute tanto no presente como no futuro. A memória de sujeitos pós-coloniais reflete representações de um passado que, como um mosaico, é composto por peças repletas de corpo e cor, figurando assim perspectivas identitárias em permanente diálogo. Tendo em conta esta percepção dinâmica e construtivista da *ars memoriae*, pretendo, nas secções seguintes, analisar *A cabeça de Salomé* investigando a obra como um espaço de construção da identidade e da memória cultural, como um arquivo da dor, e observar a relevância da oralidade, como sendo o "fogo" na escrita de Ana Paula Tavares, questionando a sua potência de ancoragem ao reclamar o lugar de pertença na literatura angolana.

3. O arquivo da dor e a memória da literatura

Diferentemente do seu primeiro livro, *Ritos de passagem* ([1985] 2007), obra em que Tavares trouxe uma mulher subversiva que decide "saltar o cercado" (10) – como, por exemplo, em "Desossaste-me" –, em *A cabeça de Salomé*, as mulheres que compõem a narrativa, na sua maioria, figuram a dor. As memórias de silêncio e sofrimento são evocadas nos *lieux de mémoire* – como o Tarrafal, o Kwanza, o Luachimo, o Mayombe e, sobretudo, nos corpos das mulheres. A linguagem econômica e mnemônica de Tavares desafia o espaço limitado da crônica que, nas narrativas deste volume, apontam para lugares onde "o cheiro espesso de guerra ficou [...] para sempre" (Tavares 2004, 76). Segundo Schmidt (2010), este é um livro "escrito no calor de um dos momentos mais dramáticos vividos em Angola. A guerra e os sofrimentos causados por ela, assim como as feridas incuráveis das perdas vivenciadas neste período" (14) estão sempre presentes. Dessa forma, percebemos em crônicas como "À volta dos jacarandás" ou "Cartas para Alexandra" que Ana Paula Tavares encontra na ficção um meio para a comunicabilidade do trauma, das lacunas expostas pela violência das guerras, manifestando o que vai além do campo semântico da palavra. Através da *ars memoriae*, a autora constrói um arquivo da dor.

Em "À volta dos jacarandás", a narração em primeira pessoa, numa linguagem poética e metafórica, "recria" a fábula de La Fontaine *A coruja e a águia* – personagens que, neste caso, equivalem à mãe coruja e ao pássaro humbi-humbi[6] – e faz alusão à Mayombe[7]. Tal como no romance de Pepetela, trata-se de um espaço que arde em chamas, elicitando este como um território que, além de mítico, é também *locus* do exercício da violência. Além da intertextualidade com a fábula de La Fontaine, outro recurso mnemônico utilizado é o da ressonância e da circularidade dos paratextos. Nesta crônica, por exemplo, Tavares traz na epígrafe o provérbio cabinda: "Coitados dos cordeiros quando os lobos querem ter razão".

Observemos na citação abaixo os ecos produzidos pela intertextualidade com La Fontaine e com o provérbio cabinda que dá mote ao texto e prepara o leitor na construção de sentidos:

> Sou a mãe coruja a quem foi permitido ver a floresta arder. Tenho um inesperado Mayombe ferido para carregar, telhados de vidro, e não renasço das cinzas. O pássaro humbi-humbi não acredita em meus belos filhos e recusa-se a levar as penas e a reza forte da salvação. Toda a gente atira pedras à galinha-do-mato e nem por isso ela deixa de correr à frente das perdizes. [...] Ao meu apelo responde o caximbamba, trôpego, incapaz de voar, mas acreditando ainda que são os meus filhos os jovens mais bonitos da floresta. Carrega das minhas mãos a pena, feitiço e remédio, parte a custo e em voo rasante. Voltou com uma fala esquisita e disse: Muito mãe e cega deves andar para não ver

que teus filhos já não são os mais bonitos da floresta. Transformaram-se em lobos e perseguem cordeiros na margem de cima do rio. (Tavares 2004, 50)

A utilização do intertexto e da intermidialidade exemplifica o funcionamento da *memória da literatura*, que "enquanto memória intra-literária que se manifesta em textos literários individuais [o conceito] encontra-se intimamente ligado à tradição das mnemónicas do mundo antigo e aos conceitos da retórica" (Erll e Nünning 2016, 249), e dá a esta crônica uma dimensão paródica, cuja funcionalidade, dentro deste contexto pós-colonial, opera também como uma ferramenta de autoquestionamento. Assim, esses recursos mnemônicos (por exemplo, inserção da técnica da fábula, intertextualidade, uso de provérbios) dão aos signos e símbolos utilizados, pertencentes ao contexto cultural de Angola, poder de *imagines agentes* na construção da memória social (Warburg 2000). A memória aqui vai além de referências ao passado, ela "oferece base para criação de novas obras literárias" (Erll e Nünning 2005, 252).

Em "À volta dos jacarandás", até o tempo alude à dor – uma dor que parece não cessar. A crônica é aberta com a imagem da lentidão do relógio: "[m]eu lentíssimo relógio de jacarandás anda desacertado". Tavares utiliza a metáfora do relógio e das estações para falar da lentidão da guerra, uma luta que parece não findar nunca: "mas o relógio envelheceu, deixa ver à superfície o espelho da memória das origens: um só tempo e pequena mudança, flores todo o ano" (Tavares 2004, 49). Temos a sensação de suspensão do tempo, como se não houvesse mudança de estação: "o que eu queria era mudar de estação" (50).[8] Em entrevista a Doris Wieser (2024, 20), Tavares nos conta o longo e violento processo da independência de Angola, comentando que, quando pensou vislumbrar o final do conflito, sentiu-se enganada: "Enganei-me só num aspeto: é que a guerra não se acabou". Angola vivia, logo após a independência, uma guerra por procuração. A Guerra Fria cessou o conflito apenas em 2002. A morosidade do tempo é um sentimento presente em todo o livro, quase sempre desacelerado: "aqui misturamos os tempos todos. Ontem, hoje, amanhã não significa nada" (Tavares 2004, 78). Uma lentidão que também desacelera a recuperação das "lentas e infinitas cicatrizes" (77). À volta dos jacarandás, o Mayombe está ferido – parece que o tempo pairou num espaço de violência que transformou cordeiros em lobos.

Há também outros espaços em que a dor toma lugar e o Tarrafal é um deles. A crônica que abre *A cabeça de Salomé*, intitulada "Dona Beba", discute esse problema. Nessa narrativa, a personagem que nomeia o conto é descrita como um anjo com mãos de veludo, "mãos impossíveis para quem há oitenta e nove anos as usa a segurar a vida de quem precisa. Cuida dos doentes, ampara os presos, seca o peixe das viagens". Não é à toa que a autora inicia o seu livro de crônicas com Dona Beba, mulher que "abriu-nos as portas da sua casa secreta, desvendando a verdadeira história do Tarrafal" (Tavares 2004, 10). O Campo da Morte Lenta, como também é conhecido o Tarrafal, foi um campo de concentração inspirado nas edificações nazistas e, ironicamente, está situado na aldeia de Chão Bom, na ilha de Santiago, Cabo Verde. Nele estiveram muitos presos políticos que militaram na guerra de libertação nacional angolana e que, portanto, fazem parte da memória histórica de Angola.

Essa crônica também fala sobre as tantas mulheres que "viveram pra tomar conta" (Tavares 2004, 11) e que carregam em si a memória que "desafiava nomes, datas, histórias em Português suave e muito elegante, levemente perturbado pela música dos tocadores de vozes que habitam o chão das ilhas" (10); memórias ausentes dos livros de História, silenciadas pela violência. O lugar preliminar que essa crônica ganha direciona a leitura da obra para um olhar memorialista, de arquivo da dor, da solidão, do abandono, de vocalizar o que é experienciado no corpo sob os efeitos da dominação dupla do colonialismo e do patriarcado. Ao dedicar a sua primeira crônica à Dona Beba, Ana Paula Tavares simbolicamente rompe com a invisibilidade das mulheres que são, portanto, assim como a personagem que intitula o texto, guardiãs da memória; e, com isso, agentes na luta pela libertação. Tavares ainda se refere ao papel destas mulheres na gestação da dor e no funcionamento da vida, seja pela figuração de Dona Beba, que levava bolo aos presos nos domingos, ou pelas mais-velhas, mulheres com

> mãos multiplicadas que se aplicam ao fogo, endurecem a pátina, tornam branca a roupa, acalmam a febre com cheiro de gelo e vinagre. Ninguém dá por elas enquanto deslizam como sombra, fortes, pelas dobras das casas, perpassando o tempo em ternura e eficácia. Vigiam o sono das crianças enquanto a noite cresce. São os únicos animais nocturnos e diurnos que conheço. Não descansam. (Tavares 2004, 79-80)

Junto a Dona Beba, Tavares evoca Branca Clara das Neves, Maria Madalena, as mais-velhas, as oleiras e tantas outras mulheres que carregam "a terra às costas e por dentro de si próprias" (Tavares 2004, 76), que desde criança são doutrinadas nas leis do silêncio, de modo que o tecer da narrativa dá a elas voz e espaço. Desta forma, Tavares dialoga e colabora no papel construtivista da memória cultural.

Em "Maria Madalena" também temos a figuração do horror da guerra e da destruição metaforizada num vaso de barro:

> um rio de tempo correu através dela. Recomeçou a viagem quando os vasos se partiram. Olha de longe a nação e não reconhece o monstro que lhe devorou a memória. Mãos fechadas sobre o coração aberto, olhos abrasados pela sede, perdeu o sentido das fontes e não percebe que as bocas da terra vomitam agora um barro amassado de sangue que é impossível de trabalhar. (Tavares 2004, 22)

A voz narrativa refere-se à colonização, um monstro que fez do apagamento histórico o seu instrumento de dominação. Ainda na mesma página, ficamos sabendo da persistência de Maria Madalena: mesmo com "o barro amassado de sangue e impossível de trabalhar", ela ainda "insiste e trabalha no silêncio das palavras riscadas de balas. Rebentou-lhe um país nas mãos, antes que pudesse partir para as pastagens do céu. Com gestos muito lentos, junta os cacos e corre para a água". Maria Madalena representa aqui não só o papel das mulheres na reconstrução da nação, mas o papel da escrita como processo de reconstrução da memória através de narrativas que retiram do campo do silêncio "as palavras riscadas de bala" (Tavares 2004, 22).

Elmira carrega a dor no seu próprio nome. A personagem de António de Assis Júnior em *O segredo da morta* (1979) protagoniza a terceira crônica em *A cabeça de Salomé*. No romance de Assis, que Tavares traz na epígrafe[9], essa mulher recebe junto ao seu nome ocidental, Elmira, o nome Kapaxi, dado pela sua mãe, D. Clara. Em nota de rodapé, Assis (1979, 82) explica: "Kapaxi corresponde a *Dores* portuguesa ou *Dolores* espanhola". *O segredo da morta*, que foi inicialmente publicado como um romance de folhetim, fala da sociedade do século XIX em Angola e das subjetividades que transitam entre dois mundos: o do kimbundo e o do português. De certa forma, serve como farol e vai iluminar os trilhos da produção literária angolana do século XX, período em que a identidade literária é calcada na oralidade. A intertextualidade com a obra de Assis não está apenas no uso de um excerto como epígrafe, mas também em semelhanças na figuração da personagem.

No capítulo VI do romance *O segredo da morta*, D. Clara anuncia ao seu marido que está grávida. No entanto, com o passar do tempo, o marido de D. Clara acreditava que a esposa estava enganada. Indagou ele: "pode lá ser que, passado quase um ano, não tenhas pelo menos mostrado indícios de gravidez?" (Assis 1979, 76). A condição de D. Clara foi explicada pela velha Umba como um *hebu*, "feto cuja gestação se prolonga por anos sem conto" (1979, 77). Assim como a Elmira/ Kapaxi de Assis, na crônica de Tavares a personagem Elmira também é o fruto de uma gravidez *hebu*: "Elmira nasceu de um impossível ovo chocado durante mais de dois anos, diante do riso das gentes de Luanda a Pungo-Andongo" (Tavares 2004, 17). Percebemos, portanto, que em *A cabeça de Salomé* a narrativa funciona como um *echochamber* (Barthes 1975) cuja ressonância retoma signos ao passo que também constrói elementos de diferença. A Elmira de Tavares é uma criatura das águas, guardiã da "memória de uma língua antiga" (Tavares 2004, 17), que segreda a sabedoria das caravanas e da tradição. Ao falar de identidade individual ou nacional, precisamos considerar os fios que – entre cada crônica, entre cada sujeito – se entrelaçam para tecer memórias que refletem a pluralidade da dimensão do conceito, bem como das experiências que enunciam Angola.

A dor não se encontra somente nas memórias evocadas pelas mulheres, mas também no corpo, na cabeça de Salomé. A crônica que dá título ao livro é iniciada por um provérbio cabinda: "A centopéia com 100 pernas só anda por um caminho" (Tavares 2004, 13). Algumas expressões que narram a crônica dão um tom de história contada ao redor da fogueira: "conta-se", "dizia a história", etc. O texto sugere uma mistura de mito de gênesis com Salomé – ambos, porém, invertem os referenciais da Bíblia. Aqui não é a mulher que seduz o homem a uma relação proibida, nem é ofertada a ela a cabeça de João Batista. É um dançarino Cokwe que seduz a filha mais nova do muata, concebendo uma criança que, sendo fruto de um amor proibido, está fadada ao sacrifício. Nesse enredo, Tavares coloca os dois mundos – ocidental e africano – em diálogo.

Na-Palavra é uma das personagens principais da crônica, descrita como um ser que atua na sociedade com função social de proteger, "guardando o território e a palavra", alguém que tem a capacidade de ver tudo: a "serpente velha e maldita [...] era o único ser que não confundia pele de gato bravo com mancha de leopardo, nem as mansas águas do rio com a chuva do céu por terminar" (Tavares 2004, 13).[10] Embora Na-Palavra tente esconder Salomé, uma hora ou outra a promessa tinha de ser cumprida: "Dizia-se, muito baixo, que o sangue de uma mulher virgem era esperado pelos deuses e que só assim a cólera regressaria de novo às bainhas e haveria descanso para os ferreiros" (2004, 15). Podemos tecer, já aqui, a relação entre a crônica e a epígrafe: mesmo com todo o esforço e a proteção de Na-Palavra, não houve saída, e Salomé teve a sua cabeça ofertada. "Diz a tradição que chegou a hora de cumprir a promessa: entregar a Deus, no cesto de adivinhação, a cabeça de Salomé" (Tavares 2004, 16). As técnicas da repetição e da ciclicidade funcionam também como um dispositivo de fixação típico da oralidade. No mais, a citação acima revela como a mulher é concebida tanto no ocidente quanto na tradição cabinda. Se a Salomé da Bíblia seduz e corrompe, a Salomé de Tavares mostra como o patriarcado está entranhado também na tradição africana. Salomé é sacrificada em prol do bem da comunidade.

Na última crônica, "O vale das suicidas", Tavares articula a memória do sofrimento sobretudo no corpo das mulheres, onde "[n]em é preciso falar de dor para transmitir seu grito: elas chegam em silêncio e abraçam o Luachimo para sempre" (Tavares 2004, 144). A autora se refere às consequências da "grande fome" ocasionada pela guerra civil, fase que deixou o país economicamente desestabilizado. A "grande fome" também provocou travessias forçadas. O Luachimo é um rio que, como o Cuílo, também mencionado na crônica, e a região do Camaxilo, aparecem na literatura angolana como espaços onde se passaram muitas das vivências e violências coloniais:[11]

> As mães carregam belos panos e olhos tristes, rasgados de palavras por dizer. A terra morta abre-se ao som encorpado dos nomes: Cuílo, Camaxilo, Tchiboko, Alto Tchicapa. Memória das florestas antigas deixa antever as rotas da borracha, da cera e do marfim. O canto dos escravos e dos contratados ficou gravado no eco das montanhas e nas tatuagens antigas que marcam rostos de seda vidrados pelo tempo. (Tavares 2004, 143)

Esses espaços funcionam como uma espécie de *lieux de mémoire*, dialogando com o passado colonial e, de forma mimética, representando um aspecto da memória coletiva entre Angola e Portugal na literatura.

A crônica tem como epígrafe a mesma frase que termina o texto, reforçando na ficção o sofrimento e o silêncio das mulheres que fizeram do Luachimo "o vale das suicidas". De forma cíclica, essa técnica mnemônica, que é muito usada por Tavares, constrói, nos espaços narrativos, um arquivo da dor.

4. O fogo da palavra

> [U]ma das coisas que eu aprendi com essas sociedades pastoris, homens e mulheres mas sobretudo as mulheres, é que há muitas categorias de fogo e que, se por um lado não podemos brincar com o fogo, por outro lado há um fogo que é nosso, há um fogo que nos pertence, há um fogo do qual eu sou dona e pretendo ser dona, e esse é o fogo das palavras e é o fogo daquelas palavras que eu controlo. (Tavares em entrevista concedida a Wieser 2024, 22)

Em entrevista a Doris Wieser (2023), Tavares elabora a ideia de *palavra* pelo elemento natural do fogo. O fogo está muitas vezes ligado à criação, seja na cosmologia africana ou até mesmo na poesia da autora, "Cerimónia de passagem": "a zebra feriu-se na pedra / a pedra produziu lume" (Tavares 2007, 15). Quando lemos Tavares, seja na poesia ou na prosa, percebemos que, de fato, a autora brinca com o fogo da palavra, isto é, expande-a para além do seu campo semântico, criando e convocando "imagines agentes" (Pethes 2002, 349, citado em Vecchi 2011, Parte 1).[12] Como podemos pensar o elo entre a escrita de Tavares e a elaboração da memória cultural? Poderia *A cabeça de Salomé* (2004) conter crônicas que formulam um arquivo da dor e que, portanto, são constituintes do que Warburg chama "Patrimônio de sofrimento" (*Gedächtnis als Leidschatz*) (Assmann 2002, 411, citado em Vecchi 2011, Parte 1)?

Em "Memória comunicativa e memória cultural" (2016), Assmann reflete sobre quem participa na manutenção da memória cultural e conclui: tanto em sociedades orais quanto nas que fazem uso da escrita, existe a presença de especialistas e guardiães responsáveis pela transmissão e preservação da memória. Esse conteúdo é transmitido de formas variadas através de instituições e/ou portadores, podendo tomar forma em textos, ícones, danças, rituais, provérbios ou cerimônias formais, por exemplo.

É conhecida a frase de Amadou Hampâté Bâ, que diz: "em África, cada ancião que morre é uma biblioteca que se queima". O escritor e historiador malinês explicita que a tradição africana vive na memória e se propaga na oralidade: "Quando falamos de tradição em relação à história africana, referimo-nos à tradição oral" (Hampâté Bâ 2010, 167). É na oralidade, e na oratura, que os elementos mnemônicos informam a nível individual as ligações e enquadramentos do nível coletivo (cultural e identitário), promovendo o sentido de pertença através dos "elos afetivos" (Assmann, 2016). São esses elos que nos ligam aos vários grupos a que pertencemos.

Assim, na construção identitária, estabelecemos vínculos que dialogam com o processo da memória. É relevante lembrar que, nessa dinâmica de recordação e esquecimento, recordar é a concretização da pertença e esquecer é um imperativo no processo de assimilação cultural (Assman 2016, 122). A exemplo disto, as datas comemorativas – como dias santos, Natal ou Páscoa – funcionam como espaços de recordação. Em um processo de colonização, é preciso produzir o esquecimento das memórias e símbolos ligados à identidade local para instituir, através de entidades como as datas festivas, a cultura a ser assimilada. Portanto, neste sistema, a literatura compõe um papel fulcral na construção identitária e da memória cultural anticolonial. Ao rememorar as dores e os sofrimentos de um povo, ao reatribuir significados – por exemplo, bíblicos – ou ao contar histórias através dos ensinamentos da tradição oral, Tavares oferece uma reescrita, uma narrativa para os eventos dolorosos que fazem parte da história de Angola. Para além disso, a escritora constrói pontes e estabelece diálogos ao produzir crônicas com uma narrativa cíclica, à semelhança da contação oral, marcada por provérbios e repetições.

Em "A divisão do mundo", Tavares fala da vitalidade da tradição, que se mantém acesa ao permitir-se "actualizar receitas antigas, modernizar a língua e tornar de uso comum um património que, de outra maneira, se perderia no imenso limbo do passado a descobrir em museus, fossilizados nos pressupostos que o tornaram vivo numa época histórica determinada" (Tavares 2004, 27). Na manutenção dessa tradição, os provérbios têm valor cultural e emitem aprendizado a partir de sua hermenêutica:

> Tal como outros valores culturais, o sistema dos provérbios assenta num património de conhecimentos facilmente reconhecível pela comunidade, que o aprende integrado num sistema de ensino baseado no aproveitamento da singularidade do indivíduo, enquanto parte de um todo comunitário, onde a solidariedade é cultivada como dado adquirido a não perder. (Tavares 2004, 27)

Ainda neste texto, a autora aborda o papel das mulheres, por exemplo, na propagação dos provérbios escritos nas tampas de panelas, prática semelhante a uma troca de mensagens, uma espécie de "correspondência entre o objeto visualizado e [o] provérbio inscrito, fornecendo, com a comida preparada de forma esmerada, o resto da cadeia para a eficácia da mensagem". Esses sujeitos de quem Tavares fala são as oleiras, as mulheres que do barro constroem a vida e, na prática de grafar provérbios nas tampas das panelas, acabam também sendo agentes na propagação da memória cultural: "na esperança de que a tradição, não sendo já o que era, nem sempre deixe de ser o que parece" (Tavares 2004, 28).

Ao tecer a relação das oleiras com a oratura na tampa da panela e a falta de "noção de conjunto, com a desculpa de uma apressada realidade de plástico", Tavares faz uma crítica à modernidade que, muitas vezes, ao invés de incorporar a tradição, a rejeita: "as tampas que falam são recusadas em busca dos outros segredos" (Tavares 2004, 29). A linguagem narrada flutua entre presente e passado, "As mulheres fazem (faziam) desta arte um amplo recurso" (28). Mais à frente, a escritora comenta que, em certos locais, essa arte se encontra completamente extinta. A divisão do mundo, como evoca o título da crônica, acontece na perda do liame entre imagem e sentido, na ausência do *milieux de mémoire* que se dá na hegemonia da episteme ocidental.

Em "A memória poética como patrimônio de sofrimento", Roberto Vecchi (2011) inicia o seu texto traçando a relação entre memória e poesia, entre a memória poética e a construção da memória cultural. Para isso, ele pensa "a poesia como arquivo de 'imagines agentes'" (Vecchi 2011, Parte 1)[13]. No trabalho em questão, Vecchi foca-se na poesia da guerra colonial – mais especificamente na de Bação Leal – para falar do papel da memória poética nas experiências traumáticas relativas à construção do que Warburg chama de "Patrimônio do sofrimento" da humanidade (Vecchi 2011, Parte 1). Nas palavras do autor, "[a]ssim a memória poética se pode tornar não mero jogo de citações e intertextualidades, mas a base permeável para o reconhecimento mais amplo e compartilhado de um passado que escoa e não se deixa prender" (2011, parte 5).

Acredito, no entanto, que a reflexão de Vecchi seja extremamente produtiva não somente para pensar a poesia da guerra colonial, mas também para pensarmos a escrita contemporânea do sul global que se alimenta da oralidade, da poesia e dos símbolos para falar de um passado ainda muito presente: um passado colonial e a sua herança de violência, de dor, de memórias fragmentadas e de silêncios. Essas memórias poéticas, se inseridas em narrativas de cunho social, coletivo, participam do jogo dinâmico da memória como agentes mnemônicos da história futura.

5. Considerações finais

A literatura não somente pode ser considerada um processo mimético do que se entende como realidade como também um fator producente da mesma, sobretudo quando está em causa a relação entre literatura, memória cultural e identidade. Vimos que a memória tem um caráter construtivista: os atos de recordar e de esquecer são atividades do presente, em que reproduções e reconstruções de símbolos e elementos – através das variadas mídias e textos – compõem um aparato dinâmico que liga o individual ao coletivo, a um entrelaçar de memórias que influenciam o processo de elaboração identitária.

Ao usar elementos da tradição oral – pertencentes ao imaginário coletivo – e os recursos da mnemotécnica nos seus processos ativos e passivos de recordação e esquecimento, Ana Paula Tavares exemplifica que a escrita ficcional pode ser um espaço de afluências identitárias e um meio de construção da memória cultural. Nas crônicas de *A cabeça de Salomé*, vamos ao Tarrafal pelas memórias de Dona Beba; como Elmira, fazemos uma travessia pelo Kwanza até à décima quinta curva desse rio que desemboca no Atlântico, onde nasce a personagem; vamos ao Luachimo, que é fronteira e também o Vale das suicidas; ou, ainda, o Mayombe que arde também na narradora e na mãe coruja, ao ver os seus filhos virarem monstros e a floresta arder em chamas.

Na medida em que estabelece relações entre esses espaços e o fogo da palavra, *imagines agentes*, Ana Paula Tavares documenta as formas da memória cultural presentes na oralidade através da ciclicidade dos textos, das epígrafes que servem de mote às crônicas, da repetição, da intertextualidade (mimeses da memória). Além de tudo isso, a escritora angolana detecta no silêncio das mulheres a necessidade de materializar a dor e de inscrever na memória cultural o papel que elas têm exercido ao longo dos processos de (re)construção da identidade nacional.

NOTAS

1. Os Nyaneka são um grupo étnico de Angola, mais particularmente de Huíla, no sul do país.

2. É interessante notar que as crônicas de Ana Paula Tavares estão sempre veiculadas por meios do cotidiano. *O sangue da bunganvília* (1998), *A cabeça de Salomé* (2004) e *Um rio preso nas mãos* (2019) são livros de crônicas que antes foram transmitidas por rádio, ou publicadas num jornal. A escolha da autora pelo gênero crônica é comentada em teses de mestrado, de doutoramento e artigos, como alguns escritos por Rita Chaves (2000), Schmidt (2010) e Fernanda Antunes Gomes (2007).

3. Há também outros dois termos referentes ao sistema da oralidade: oratura e oralitura. O primeiro se refere a um conjunto de textos e produções orais que fazem parte da cultura e da vida de uma comunidade. No que diz respeito à "oralitura", em seu artigo "Literatura e oralidade africanas: mediações", Maria Nazareth Soares Fonseca mostra que o termo foi originalmente criado pelo haitiano Ernst Mirville em 1974 "para estabelecer analogia com o termo *littérature* e afastar-se dos sentidos da *oratura*, que, para ele, fixa a atenção apenas na voz" (Fonseca 2021). A estudiosa brasileira Leda Martins também utiliza o termo, porém enfatizando o seu radical "litura' como elemento de distinção e configuração da alteridade que constitui os sujeitos e as culturas. Assim, Martins utiliza o termo no "âmbito da performance [...], seja desenhada na letra performática da palavra ou nos volejos do corpo" (Martins 2000, 84, citado em Fonseca 2021).

4. Destaca-se nesse contexto o poeta Tomás Vieira da Cruz que, como demonstra Kandjimbo (2015), é o exemplo do lusotropicalismo. Segundo o pesquisador, a obra de Tomás Vieira da Cruz enquadra-se como literatura colonial portuguesa, uma vez que se destina a um público português e, por isso, apresenta fins coloniais. Esta visão não é compartilhada por estudiosos como Jorge Macedo e Inocência Mata, que consideram a obra de Cruz como angolana. É relevante perceber que somente na década de 50 vê-se um movimento contra-cânone buscando dizer Angola a partir de um universo e discurso próprios. Em seu artigo "A disciplinarização da literatura angolana. História, cânones, discursos legitimadores e estatuto disciplinar" (2015), Kandjimbo cita algumas revistas nas quais isso aconteceu, como a Liga Nacional Africana e a Associação dos Naturais de Angola (ANANGOLA), mas ressalta a importância da criação do Movimento dos Novos Intelectuais Angolanos e da *Antologia dos novos poetas de Angola* (1951), fatos que possibilitaram as primeiras publicações de intelectuais angolanos.

5. Mário Pinto de Andrade foi um intelectual angolano. Ele publicou diversos ensaios que contribuiram para a legitimação da literatura nacional. Junto com Francisco José Terneiro, Andrade organizou e publicou, em 1953, o *Poesia Negra de Expressão Portuguesa.* Além disso, Andrade foi, segundo Kandjimbo (2015), "um dos mais activos dinamizadores", destacando-se por exprimir a "convergência de uma geração inteira de africanos que, representada

por um grupo de estudantes originários de Angola, Cabo verde, Moçambique, São Tomé e Príncipe, ousou manifestar a consciência coletiva da sua especificidade cultural ao criar em 1951 o Centro de Estudos Africanos na cidade de Lisboa" (Kandjimbo 2015, 62).

6. Os pássaros humbi-humbi e caximbamba também figuram uma canção em Umbundo chamada "Humbi-Humbi". O pássaro é muito comum em Angola e, segundo a tradição dos povos do centro do país, anuncia as boas novas, aspira voar mais alto e chama os outros pássaros para voarem consigo. Já a Kacimbamba (ou caximbamba) é uma ave da região de Huíla, menor que uma perdiz. A canção "Humbi-Humbi" foi adaptada pelo compositor angolano Filipe MuKenga e também interpretada pelo cantor brasileiro Djavan e pelo congolês Lokua Kanza. Ver: http://ombembwa.blogspot.com/2011/08/ocisungo-cimwe-cuntundasonde-umbundu.html?fbclid=IwAR2TXYfuqGFbXOoXUiNfZrCmSHYK3FozrgQLCgurUUaNZHbVtcslt26LIE.

7. O Mayombe é uma das maiores florestas do mundo e compreende parte da Angola, da República Democrática do Congo, Congo e Gabão.

8. É interessante que, em *Mayombe* (1980), de Pepetela, a guerra também parece estar congelada, como se o tempo estivesse em suspensão.

9. Em sua maioria, as epígrafes se dão em provérbios, poemas, citação de outros autores e de contadores de histórias.

10. Segundo Cammarata (2018, 12), a personagem foi inspirada na obra *Descripção da viagem à Mussumba* (1890), de Henrique de Carvalho. Nesse livro, Carvalho fala de um "pobre velho, que era ali potentado do tempo de Xanama [...], a quem alcunhavam de *Mudizui*" (Carvalho 1890-1894, 199). Em nota de rodapé, Carvalho explica, "*Mu-dizui*, 'na palavra', quer dizer informador das tradicções em que todos confiam. [...] todos os Muatiânvias o sustentavam como o historiador" (199). Tendo em conta a nota explicativa, percebemos que "na palavra" é um título dado àqueles que, nas comunidades autóctones, desempenham uma função social de guardar na memória a história de um povo.

É interessante que Na-Palavra é uma personagem recorrente na escrita de Tavares. Ela aparece em outras crônicas deste volume, como, por exemplo, "Cartas de Dona Ana Joaquina ao muatiânvua Noéji, senhor de todas as Lundas", bem como em textos publicados em jornais online pela autora, a exemplo de "Nova carta de Ana Napalavra" ou "A carta secreta de Ana Napalavra ou a morte dos poetas", ambos publicados em 2015 no site redeangola.info – neste caso, com grafia semelhante à de Carvalho, sem hífen e sem a capitalização de "Palavra".

11. A alusão a uma "terra morta" na crônica de Tavares pode ter uma referência à obra *Terra morta* (1949), de Castro Sormenho, onde as regiões do Cuílo e Camaxilo compõem o espaço da narrativa. Sobre a representação da região do Camaxilo na obra de Sormenho ver: https://www.ueangola.com/criticas-e-ensaios/item/96-camaxilo-a-met%C3%A1fora-do-espa%C3%A7o-infernal-em-castro-soromenho.

12. Em "A memória poética como patrimônio de sofrimento" (2011), Vecchi faz uma digressão histórica para demonstrar a relação entre a memória e a retórica, argumentando que o uso da imagem tece esse fio condutor. Para sustentar a sua reflexão, o pesquisador recorre a Pethes: "E as imagens que alimentam a memória devem ser imagines agentes, ou seja, meio que provoca a recordação" (Pethes 2002, 349, citado em Vecchi 2011, Parte 1).

13. Este texto está publicado online em cinco partes. Para evitar repetição de links na bibliografia, coloquei apenas o referente à parte 1, bastando modificar o número um para acessar as outras partes.

REFERÊNCIAS BIBLIOGRÁFICAS

Assis Júnior, António de. (1935) 1979. *O segredo da morta. Romance de costumes angolenses*, 2ª ed. Lisboa: Editora 70.

Assmann, Aleida. 2016. "Cânone e Arquivo". Em *Estudos de memória. Teoria e análise cultural*, organização de Fernanda Mora Alves, Luísa Afonso Soares e Cristiana Vasconcelos Rodrigues, 75-86. Famalicão: Edições Húmus.

Assmann, Jan. 2016. "Memória comunicativa e memória cultural". Em *Estudos de memória. Teoria e análise cultural*, organização de Fernanda Mora Alves, Luísa Afonso Soares e Cristiana Vasconcelos Rodrigues, 117-28. Famalicão: Edições Húmus.

Bâ, Amadou Hampâté. 2010. "A tradição viva". Em *História geral da África. Vol. I. Metodologia e pré-história da África*. Brasília: UNESCO.

Barthes, Roland. 1975. *Roland Barthes par Roland Barthes*. Paris: Seuil.

Cammarata, Vincenzo. 2018. "Descolonização literária na crônica 'A cabeça de Salomé', de Ana Paula Tavares". *Caligrama* 23 (3): 7-24.

Carvalho, Henrique Augusto Dias de. 1890-1894. *Descripção da Viagem à Mussumba do Muatiânvua. Vol. IV*. Lisboa: Imprensa Nacional.

Erll, Astrid. 2011. "Travelling Memory". *Parallax* 17 (4): 4-18.

Erll, Astrid, e Ansgar Nünning. 2016. "Conceitos e métodos para o estudo da literatura e/enquanto memória cultural". Em *Estudos de memória. Teoria e análise cultural*, organização de Fernanda Mora Alves, Luísa Afonso Soares, e Cristiana Vasconcelos Rodrigues, 245-266. Famalicão: Edições Húmus.

Feindt, Gregor, Félix Krawatzek, Daniela Mehler, Friedemann Perstel, e Rieke Trimçev. 2014. "Entangled Memory: Toward a Third Wave in Memory Studies". *History and Theory* 53: 24-44.

Fonseca, Maria Nazareth Soares. 2021. "Literatura e oralidade africanas: Mediações". *Literafro. O portal da literatura afro-brasileira*. http://www.letras.ufmg.br/literafro/literafricas/literatura-angolana/1505-maria-nazareth-soares-fonseca-literatura-e-oralidade-africanas-mediacoes#_edn1.

Hall, Stuart. 1990. "Cultural Identity and Diaspora". Em *Identity: Community, Culture, Difference*, organização de Jonathan Rutherford, 222-237. London: Lawrence & Wishart.

Kandjimbo, Luís. 2015. "A disciplinarização da literatura angolana: História, cânones, discursos legitimadores e estatuto disciplinar". *Revista de estudos literários* 5: 49-103.

Martins, Catarina Isabel Caldeira. 2019. "Corpos nus de mulheres negras: eixos poéticos e políticos da escrita de mulheres africanas lusófonas". *Revista estudos feministas* 27 (1). https://doi.org/10.1590/1806-9584-2019v27n158880

Meloni, Otavio Henrique, e Roberta Guimarães Franco. 2015. *Literaturas africanas II: Volume único*. Rio de Janeiro: Fundação Cerciej.

Nora, Pierre. 1989. "Between Memory and History: Les Lieux de Mémoire". *Representations* 26: 7-24.

Rothberg, Michael. 2010. *Noeuds de Mémoire: Multidirectional Memory in Postwar French and Francophone Culture*. New Haven, CT: Yale University Press.

Santos, Boaventura de Sousa. 2007. "Para além do pensamento abissal: das linhas globais a uma ecologia de saberes". *Revista crítica de Ciências Sociais* 78: 3-46.

Schmidt, Simone Pereira. 2010. "Mulheres e memória da guerra nas crônicas de Ana Paula Tavares". *Mulemba* 1 (2): 14-23.

Souza, Larissa da Silva Lisboa. 2016. *Corpos ultrajados e suas representações em crônicas de Ana Paula Tavares*. Dissertação de mestrado. São Carlos: UFSC.

Tavares, Ana Paula. 2004. *A cabeça de Salomé*. Lisboa: Caminho.

Tavares, Paula. (1985) 2007. *Ritos de passagem*. Lisboa: Caminho.

Vecchi, Roberto. 2011. "A memória poética como patrimônio de sofrimento". Em *A viagem dos argonautas*. 22 de dezembro, 2011. https://aviagemdosargonautas.net/2011/12/22/a-memoria-poetica-como-patrimonio-de-sofrimento-1-por-roberto-vecchi/.

Warburg, Aby. 2000. *Der Bilderatlas Mnemosyne*. Edição de Martin Warnke. Berlin: Akademie Verlag.

Wieser, Doris. 2024. "Só consigo escrever quando me relaciono com uma alma angolana: entrevista a Ana Paula Tavares". *Portuguese Literary & Cultural Studies* 40/41: 11-24.

RAYSSA MARINHO PACÍFICO DAS NEVES é licenciada em Letras – Português, Inglês e suas literaturas, com especialização em ensino pela Universidade de Pernambuco (Brasil) e Mestre em Literatura Comparada pela Dublin City University (Irlanda). Foi admitida no Doutoramento em Literatura de Língua Portuguesa na Universidade de Coimbra como bolsista da FCT (UI/BD/151136/2021) com o projeto de tese "Vozes (não) silenciadas: gênero e subalternidade", sob orientação da Professora Doutora Doris Wieser e da Professora Doutora Inocência Mata. É membro do Centro de Literatura de Língua Portuguesa da Universidade de Coimbra (CLP), integra a equipe do projeto "Contatos culturais de língua portuguesa: negociações de convivência", coordenado pela Professora Doutora Doris Wieser e pelo Professor Doutor Peter W. Schulze, financiado pelo programa "Higher Education Dialogue with Southern Europe 2022", do Serviço Alemão de Intercâmbio Acadêmico (DAAD), e sediado no CLP. Também integra o projeto GENORE (Gender, Normativity, Representations), coordenado pela Professora Doutora Inocência Mata e sediado no Centro de Estudos Comparatistas da Universidade de Lisboa.

ROQUE DOS REIS TITO SUEQUEL

A construção da identidade feminina angolana em *Ritos de passagem*, de Paula Tavares

RESUMO: O objetivo deste estudo é refletir, com base no livro de poesia *Ritos de passagem* (1985), de Paula Tavares, sobre aspetos identitários de mulheres angolanas, os hábitos, os costumes e as fases que circunscrevem as mudanças femininas metaforicamente espelhadas nos frutos. Além disso, é curioso que, neste poemário, o eu lírico raramente se apresente na primeira pessoa do discurso, o que revela as características peculiares da poesia de Paula Tavares. Por um lado, as etapas do amadurecimento de uma fruta e os percursos dos animais simbolizam as mudanças do corpo feminino nesta obra suprarreferida, nomeadamente, a fase da puberdade, período menstrual, gravidez, cerimónias de passagem e matrimoniais. Por outro lado, assim como cada fruto apresenta uma fisiologia de amadurecimento própria, os poemas destacam não só as características do mundo feminino, mas também os conhecimentos que são preservados e passados de geração a geração; os cantos que são entoados, quer em cerimónias fúnebres quer em eventos festivos; os contos, os ditos e provérbios populares tradicionais.

PALAVRAS-CHAVE: identidade; mulheres angolanas; literatura angolana; cerimónias de passagem.

ABSTRACT: Based on the poetry book *Ritos de passagem* (1985), by Paula Tavares, the goal of this study is to reflect on identity aspects of Angolan women, the habits, customs, and phases that circumscribe the feminine changes metaphorically mirrored in fruits. Moreover, it is curious that, in this book of poetry, the lyrical subject rarely presents itself in the first person, which reveals the peculiar characteristics of Paula Tavares' poetry. On the one hand, the stages of ripening of a fruit and the paths of the animals symbolize the changes in the female body in this work, namely, the stage of puberty, menstrual period, pregnancy, rites of passage and marriage ceremonies. On the other hand, just as each fruit presents its own physiology of ripening, the poems highlight not only the characteristics of the female world, but also the knowledge that is preserved and passed down from generation to generation; the songs that are chanted both in funeral ceremonies and at festive events; the traditional folk tales, sayings, and proverbs.

KEYWORDS: identity; Angolan women; Angolan literature; rites of passage.

O presente trabalho visa analisar a construção da identidade das mulheres angolanas na obra *Ritos de passagem*, de Paula Tavares, através da metáfora dos frutos que simbolizam as mutações do corpo feminino, isto é, a menstruação, gravidez, maternidade e cerimónias de passagem, sugeridas pelos versos da primeira estrofe do poema "Cerimónia de passagem", que é o primeiro da obra.

O dicionário *Michaelis* define "rito de passagem" como "cerimônia de celebração de acontecimentos marcante na vida de um indivíduo ou grupo, como o término de uma fase ou o começo de outra, especialmente a passagem da adolescência à vida adulta". Durante a minha investigação, consultei, de modo geral, alguns informantes entre os 54 e os 65 anos de idade. Esse grupo contou com pastores/as de gado bovino e caprino, caçadores/as e agricultores/as, sendo quatro de sexo feminino e seis de sexo masculino, nas seguintes localidades da província da Huíla, onde Paula Tavares nasceu e cresceu: Chibia, Umpata e Bambi. Na região sul de Angola há uma cerimónia designada *efiko*[1], que é um ritual, ou seja, uma festa tradicional das comunidades Nhaneca, Humbi, Mucubais e Kwanhamas. O ritual simboliza a passagem das meninas da adolescência para a idade adulta. Trata-se de um evento que pretende mostrar à sociedade que as meninas passaram a mulheres adultas preparadas para a vida social, estão prontas para serem tradicionalmente entregues ao casamento. Durante as festas da puberdade, mata-se um boi para simbolizar o poderio da família e os festejos são acompanhados com bebidas.

Paula Tavares, nos seus poemas, versa sobre esta realidade: com o uso de metáforas, retrata estes hábitos e costumes que remontam a séculos e cujos ensinamentos são transmitidos, com recurso à oralidade, de geração em geração. Para perceber o funcionamento e o significado das tradições africanas, é necessário que nos debrucemos sobre a tradição oral, pois, de acordo com Amadou Hampaté Bâ, não há uma outra forma de "penetrar a história e o espírito dos povos de toda espécie, pacientemente transmitidos de boca a ouvido, de mestre a discípulo, ao longo dos séculos. Essa herança não se perdeu e reside na memória da última geração de grandes depositários, de quem se pode dizer são a memória viva de África" (Bâ 2010, 167).

Também Jan Vansina (2010) reitera que a oralidade é uma atitude diante da realidade e não a ausência de uma habilidade:

> Ele [o texto oral] deve ser escutado, decorado, digerido internamente, como um poema, e cuidadosamente examinado para que se possam apreender seus muitos significados – ao menos no caso de se tratar de uma elocução importante. O historiador deve, portanto, aprender a trabalhar mais lentamente, refletir, para embrenhar-se numa representação coletiva, já que o *corpus* da tradição é a memória coletiva de uma sociedade que se explica a si mesma.
>
> Muitos estudiosos africanos, como Amadou Hampâté-Ba ou Boubou Hama, muito eloquentemente têm expressado esse mesmo raciocínio. O historiador deve iniciar-se, primeiramente, nos modos de pensar da sociedade oral, antes de interpretar suas tradições. (Vansina 2010, 140)

Paula Tavares nasceu numa pequena aldeia perto da então Sá da Bandeira, hoje Lubango, na província da Huíla. É historiadora, tem doutoramento em História e Antropologia e mestrado em Literaturas Africanas de Língua portuguesa. É membro do Comité Angolano para o Conselho Internacional de Museus e da Comissão Angolana para a UNESCO. Professora da Faculdade de Letras da Universidade de Lisboa, é autora de prosa, poesia e ensaística. A sua obra foi distinguida com o prémio Mário António de Poesia, atribuído pela Fundação Calouste Gulbenkian, em 2004, e com o prémio Nacional de Cultura e Artes de Angola, em 2006.

Para concretizar o presente estudo, obedecerei à seguinte estrutura: 1. reflexão crítica sobre a construção de um sujeito lírico que busca o seu modo de dizer; 2. análise interna das palavras, da angústia e do silêncio delineados em versos para descrever as características identitárias das mulheres da Huíla; 3. comentário dos textos teóricos que apoiam a nossa reflexão.

Paula Tavares transforma a literatura oral em escrita e, por isso mesmo, apoio-me em Vansina (2010, 157) ao referir que a sociedade oral reconhece a fala como um meio de preservação da sabedoria dos ancestrais, venerada no que é possível chamar de elocuções-chave, isto é, a tradição oral:

> A tradição pode ser definida, de facto, como um testemunho transmitido verbalmente de uma geração para outra. Quase em toda a parte, a palavra tem um poder misterioso, pois palavras criam coisas. Isso, pelo menos, é o que prevalece na maioria das civilizações africanas. Os Dogon sem dúvida expressaram esse nominalismo da forma mais evidente; nos rituais constantes em toda a parte que o nome é a coisa, e que "dizer" é "fazer". (Vansina 2010, 157)

De acordo com a entrevista concedida a Doris Wieser, Paula Tavares afirma: "desde muito criança fui viver com os padrinhos portugueses duma aldeia daqui de Portugal, perto de Viseu, e que foram para Angola nos anos 20 do século XX". A autora refere o seguinte:

> Vivo em Portugal, mas só consigo escrever quando me relaciono – como dizia Ruy Duarte de Carvalho – com uma alma angolana, com um corpus identitário, um corpus de referentes que têm a ver com Angola. Sou angolana, sou do sul, sou do sul de Angola, que não é a mesma coisa do que ser angolana em geral, e é com todos esses referentes que me identifico. (Wieser 2024, 17)

Inocência Mata admite, no prefácio da obra em análise, que "via pela primeira vez, na poesia africana, uma escrita em que a voz da mulher se fazia ouvir na sua individualidade, na sua feminilidade, na sua corporalidade, mesmo utilizando os mesmos 'materiais'" (Mata 2007, 9).

Concordo com Silva (2014, 47) que reitera que *Ritos de passagem* (1985), de Paula Tavares, evoca a representação do feminino através dos elementos da natureza, como é possível ver no poema "Cerimónia de passagem", o primeiro da coletânea:

> "a zebra feriu-se na pedra
> a pedra produziu lume"
>
> a rapariga provou o sangue
> o sangue deu fruto
>
> a mulher semeou o campo
> o campo amadureceu o vinho
>
> o homem bebeu o vinho
> o vinho cresceu o canto
>
> o velho começou o círculo
> o círculo fechou o princípio
>
> "a zebra feriu-se na pedra
> a pedra produziu lume"
>
> (Tavares 2007, 14)

Compartilho a análise de Silva, que refere que o poema está marcado por um profundo erotismo, isto é, o corpo da mulher é "representado pela zebra – ferido por um objeto fálico – a pedra, que, por sua vez 'produziu o lume', o que é uma clara alusão ao orgasmo masculino como ato [que] fere o corpo feminino" (2014, 43).

Segundo Amartya Sen, em algumas versões do pensamento comunitarista, pressupõe-se, de forma explícita ou implícita, que a identidade comunitarista deve ser a identidade principal, ou seja, a identidade mais relevante que o indivíduo tem. A "identidade é, de qualquer forma, uma questão de descoberta e [...] a importância superior da identidade comunitária será invariavelmente reconhecida" (Sen 2006, 64).

Tal como referi, o poema representa uma fase do desenvolvimento das mulheres, levado a cabo através de cerimónias de passagem, onde a sua imaturidade e adolescência são alegoricamente representadas por uma zebra que passa para uma mulher madura. Augusto de Sousa (1971, 62) afirma que estas cerimónias são consideradas "iniciação feminina" porque assinalam a maturidade física e social. Segundo o autor, é pela iniciação que a rapariga ascende na escala social "à posição de uma mulher apta ao cumprimento das funções". Porém, as repetições dos dois primeiros e últimos versos simbolizam o movimento do ciclo. Fanon (1963, 188), citado por Stuart Hall (1990, 34), refere:

> Uma cultura não se reduz a um folclore ou a um populismo abstrato que acreditada poder descobrir a verdadeira natureza de um povo. Uma cultura nacional é todo o conjunto de esforços levados a cabo por um povo, na esfera do pensamento, para descrever, justificar e enaltecer a ação pela qual esse povo se foi criando a si próprio e vai mantendo a sua existência.

É importante realçar que o erótico não está apenas associado ao âmbito sexual, mas, na experiência das mulheres, está ligado a um poder escondido daquilo que não foi reconhecido ou expressado. Audre Lorde (2007) afirma que tal opressão, que limita a expressão, tem origem colonial, uma vez que o silenciamento das mulheres e a privação a que foram submetidas nas sociedades ocidentais consistiam num esforço de manutenção de um poder hegemónico branco, burguês e heteronormativo.

É importante clarificar que, neste poema, a palavra "zebra" tem sentido pejorativo, pois refere-se ao individuo que está desprovido de conhecimento, imaturo e ignorante. Neste caso, o primeiro verso da segunda estrofe, "a rapariga provou o sangue", dá o sentido do seu primeiro contacto sexual, bem como o seu primeiro ciclo menstrual. O segundo verso da segunda estrofe, "o sangue deu fruto", faz uma clara alusão à fertilidade. Ora, corroboro a análise feita por Betânia Siqueira Mafra, ao esmiuçar o seguinte:

> Em função disso, pelo facto de a menstruação representar uma nova fase da vida da mulher, na qual ela terá a possibilidade de procriar, vê-se, nesse caso, a alusão à fertilidade, aspeto bastante recorrente na literatura africana de autoria feminina. Ademais o vocábulo "lume", além da significação apresentada, também abarca o sentido de perspicácia, esperteza, conhecimento, doutrina, o que comprova, mais uma vez, que a "zebrinha" efetivamente amadureceu, em todos os sentidos, transformando-se numa mulher. (2006, 4)

No trecho "a mulher semeou o campo / o campo amadureceu o vinho", tal como foi referido acima, a menina, não sendo mais zebra, está capacitada a fecundar e tornou-se uma mulher madura. O "vinho" referido na quarta estrofe simboliza o sangue feminino, isto é, o sangue que escoa – "o homem bebeu o vinho" – após o primeiro contacto sexual. Assim sendo, o verso "o vinho cresceu o canto" representa uma etapa de maturação; a quinta estrofe – "o velho começou o círculo / o círculo fechou o princípio" – aponta para a representação dos velhos costumes que demarcam o início de uma nova etapa na vida das meninas, ou seja, o fim da adolescência e o início de uma vida adulta.

A seguir, analisarei o poema "A abóbora menina", que descreve as mutações físicas das mulheres:

> Tão gentil de distante, tão macia aos olhos
> vacuda, gordinha,
> de segredos bem escondidos
>
> estende-se à distância
> procurando ser terra
> quem sabe possa
> acontecer o milagre:
>
> folhinhas verdes
> flor amarela
> ventre redondo

depois é só esperar
        nela desaguam todos os rapazes.
(Tavares 2007, 19)

O poema evoca o processo de metamorfose das mulheres, isto é, a abóbora que metaforicamente representa o estado de gestação e a figura feminina a preparar-se para gerar um filho. A palavra "terra" simboliza fertilidade, visto que a mulher tem a função tradicional de gerar vida. Mas também representa a fase da maturação sexual das mulheres, ainda meninas. Segundo Esteves & Roriz (2003), é a menina que se descobre mulher e que espera o momento em que "nela desaguam todos os rapazes".

O resultado deste desaguar vem antecipado nos versos anteriores sob o sugestivo nome de "milagre": "folhinhas verdes / flor amarela / ventre redondo" – o milagre mesmo da fecundação, que as meninas e os rapazes compartilham, mas que apenas à mulher cabe cultivar, no que isso tem de natural e de cultural. A transformação literal de uma abóbora segue as seguintes fases: "folhinhas verdes / flor amarela"; metaforicamente, esse fruto representa as principais etapas da figura feminina: infância, adolescência e idade adulta. Entretanto, é nesta última etapa que as mulheres alcançam o estado de gestação, quando surge o seu "ventre redondo".

Tal como referi acima, a metáfora de fruto, folha e terra está relacionada com o processo de transformação e fecundidade. Nos versos "quem sabe possa / acontecer o milagre", o sujeito poético almeja uma gravidez, pois, de acordo com os costumes do povo do sul de Angola, quando uma mulher tem dificuldades em conceber e, depois de muito tempo, o consegue, chamam o facto de milagre. Ou seja, a palavra "milagre", neste poema, tem a simbologia de gravidez, de ciclos vitais em que as mulheres têm um papel significativo. No verso "depois é só esperar", o sujeito poético refere-se ao tempo da gestação até o parto. O último verso da última estrofe, "nela desaguam todos os rapazes", evoca a capacidade fecundativa que as mulheres desempenham na criação de vidas humanas.

Analisaremos agora o poema "O maboque":

Há uma filosofia
do
quem nunca comeu
tem
por resolver
problemas difíceis
da
libido
(Tavares 2007, 20)

O maboque é uma fruta redonda e de cor alaranjada. Na edição brasileira da obra *Ritos de passagem*, os poemas são acompanhados por ilustrações de José Luandino Vieira. Na imagem de maboque vê-se um ponto que lembra um orifício e pontos menores que lembram pelos. O poema coloca uma provocação intensa como o sabor do fruto: é preciso dar vazão ao desejo, pois ele faz parte da vida e da condição de habitação de um corpo. Há também intencionalidade interessante na escolha do fruto.

Nas línguas bantu, é muito comum utilizar o verbo "comer" com uma conotação eróticossexual, portanto, o maboque liberta um suco que estimula as glândulas salivares, ou seja, que cria o apetite. Segundo Araújo e Oliveira (2022), a flexão verbal "comeu" tem *nuances* literais e mais abstratas. É possível comer o fruto e também experimentar, saborear o desejo. Comer, no contexto sexual, remete para a penetração de orifícios do corpo com intenção de satisfazer uma pessoa. Conforme aludi, o maboque provoca um apetite intenso para quem observa o fruto. Sendo que, a palavra "libido" se refere à busca instintiva pelo prazer sexual[2]. Logo, a última estrofe do poema é uma clara alusão ao desejo sexual, ou seja, uma forte atração que a vagina provoca nos rapazes.

Esteves & Roriz (2003, 41) afirmam que os frutos preservam a memória do corpo feminino, "cujas partes são uma metáfora, principalmente daquelas ligadas à sexualidade". As autoras afirmam o seguinte:

> Através da sua escrita, a poeta liberta a mulher, dá voz a essa sexualidade/sensualidade feminina interdita pela cultura e pela tradição. Ao mesmo tempo, quando utiliza os frutos, que são para serem comidos, a autora aí simboliza duas ideias. A primeira de que mostra bem a situação de submissão ainda hoje imposta à mulher africana. A segunda, de que à mulher cabe alimentar a

vida, seja ao se tornar parte do ser que a "come", seja ao cumprir o papel que lhe cabe após o ato sexual, que é o de gerar vidas. (2003, 41)

Ritos de passagem descreve o corpo feminino através da metaforização dos frutos e os seus aspetos sensoriais. Para além disso, apoiando-se na abordagem de Laura Padilha (2006), Silva (2014) reforça que as manifestações do corpo feminino na poética tavariana convocam uma importante observação: "todas essas aparições e representações do corpo da mulher, que refletem a estetização da corporalidade feminina, vêm a propósito de um vetor socioideológico que não pode ser esquecido – a memória" (Silva 2014, 43). De acordo com as afirmações de Padilha, é importante realçar que a memória está patente nos poemas de Paula Tavares, no caso, não só a memória individual, mas também a memória coletiva.

Segundo Halbwachs (1997, 49), se a memória coletiva "retira a sua força e a sua duração do facto de ter como suporte um conjunto de homens, são, contudo, indivíduos que se lembram". Neste caso, como membros pertencentes a um grupo. O autor reitera que as recordações coletivas, que se apoiam uma na outra, não aparecerão com o mesmo nível de intensidade em termos individuais. Cada memória individual é um ponto de vista sobre a memória coletiva e, entretanto, esse ponto de vista muda em função do lugar e das relações que se mantêm com outros meios. "Não é, pois, de admirar que, do instrumento comum, nem todos retirem o mesmo partido" (Halbwachs 1997, 49). Silva (2014, 43) sublinha que "a memória torna-se coletiva quando é construída por muitas vozes, quando é estabelecida por discurso em eco, reproduzida por muitas gerações, e, claro marcada por uma consciência comum". A escrita de Paula Tavares tem um cunho memorialístico, uma das características comuns na escrita de mulheres africanas: "a memória é delineada por uma consciência partilhada entre tempos, cuja partilha se dá naturalmente pelo gênero e pelas imposições que o patriarcalismo impôs ao 'segundo sexo'" (Silva 2014, 44).

Dando sequência às análises, sigo para o poema "O mirangolo":

Testículo adolescente
    purpurino
corta os lábios ávidos
com sabor ácido
        da vida
encandesce de maduro
        e cai

submetido às trezentas e oitenta e duas
feitiçarias do fogo
transforma-se em geleia real:

ILUMINA A GENTE.
(Tavares 2007, 24)

Este poema traz, logo no primeiro verso, um fruto de conotação masculina, "testículo adolescente". O verso "corta os lábios ávidos" evoca aquela fase em que é tirada a castidade das mulheres, enquanto o "sabor ácido / da vida" tem a simbologia da primeira sensação que a mulher sente no seu primeiro contacto sexual.

Concordo com Lucas dos Passos (2018, 6-7) ao referir que "o mirangolo" está associado ao testículo adolescente, "correlacionando a queda do fruto maduro à maturidade sexual, ao calor (incandescente)". O fruto transmite a ideia de produzir as células da fecundidade. O autor afirma que o fruto que caiu "quente e maduro" deixa de ser testículo e vira sémen, "alimento *processado*, real, que reina e ilumina". Este poema não faz apenas alusão ao corpo feminino, mas também há uma clara ligação do fruto "mirangolo" com o "testículo", que é o órgão capaz de reproduzir espermatozoides. Quanto a isto, estou de acordo com Esteves & Roriz ao referir que, nos poemas tavarianos, a voz de toda a mulher africana é percetível:

> É poesia que se faz caminho para o conhecimento, o entendimento, o questionamento e a libertação do ser humano mulher, do ser social mulher. É poesia que reivindica uma sensualidade terrena, ao fazer uso das cores, dos sabores, dos cheiros – imagens tão conhecidas de todas nós, tão femininas, que já foram prisão e, agora, se fazem libertadoras do corpo. No êxtase da dança, no ato sexual e na loucura dos sentidos, as imagens ligam o amor ao desejo de libertação do corpo, recusam e denunciam a subserviência a determinadas formas sociais. (2003, 44)

É importante realçar que *Ritos de passagem*, de Paula Tavares, leva o leitor a compreender os rituais, os mitos, as vozes das mulheres, as tradições africanas, através de mundos contruídos e representados por um conjunto de elementos da natureza, tais como os animais e os cheiros. Todos estes elementos contribuem para a intensificação do erotismo, sobretudo na escrita feminina africana (Boia 2021, 212).

De acordo com o desenho ilustrado que se articula com as expressões do sujeito poético, é possível verificar duas mãos cobrindo fogo e, no canto inferior direito, letras codificadas; na parte central, pontinhos pretos que representam as "trezentas e oitenta e duas feitiçarias do fogo". De salientar que, nas tradições africanas, o feiticismo nem sempre tem uma carga semântica negativa[3], mas simboliza, também, o poder, a força e a proteção, pois isso está expresso no último verso com letras maiúsculas "ILUMINA A GENTE". Esteves e Roriz (2003, 41) afirmam que é "a libertação da sexualidade da mulher que vai nutri-la, iluminá-la". Neste caso, a libertação da mulher traduz-se no estado de prontidão para reproduzir filhos. Para Simone de Beauvoir (2008, citada em Silva 2014, 51), "a mulher não é mulher porque nasceu sob a égide do sexo feminino, mas antes porque, de determinadas conformações físicas, sociais e culturais vincadas no tempo e no espaço, se tornou mulher". A metáfora do corpo da mulher não retrata apenas o processo de fertilização, mas também as etapas da sua maturação. Esta corporificação que ocorre nos frutos, como a manga, a anona, o mirangolo, assemelha-se à várias etapas que o corpo da mulher atravessa para se tornar fruto maduro e pronto para ser ingerido (Silva, 2014, 51).

De seguida, parto para análise do poema "O mamão". Conforme afirmei, os frutos como o maboque, a anona, o mirangolo, a nocha, a nêspera, o mamão e a manga preservam a memória do corpo feminino e, na edição da obra que consultamos, os poemas estão dispostos paralelamente com os desenhos dos frutos que metaforicamente representam a identidade das mulheres:

Frágil vagina semeada
pronta, útil, semanal
Nela se alargam as sedes

no meio
cresce
insondável
o vazio...

(Tavares 2007, 31)

No poema acima, o mamão simboliza a vagina, em virtude do formato desta fruta, e as sementes são a evidência da fertilidade, aludem à capacidade reprodutiva. A humidade da fruta remete para a capacidade da vagina de se lubrificar naturalmente. Esta representação é evidente no verso "nela se alargam as sedes" – isto quer dizer que os desejos se intensificam. Para Araújo e Oliveira (2022, 4), a fruta lembra exatamente "a anatomia do órgão sexual feminino, que contém uma fenda e pelos ao redor. A imagem contém uma palavra indecifrável".

Para além dos aspetos eróticos espelhados nos versos "no meio / cresce / insondável / o vazio...", concordo com a leitura de Araújo e Oliveira (2022), ao referirem que nestes versos se pode visualizar o recurso à memória. Segundo as autoras, esta forma alternativa de tratar o desejo feminino pode ser compreendida como uma construção de texto "que tensiona uma memória colonial e cristã" que busca controlar o corpo e os desejos da mulher enquanto exalta e celebra o corpo e desejos masculinos.

No último verso, "vazio" alude à ideia mais concreta da abertura do órgão sexual feminino. Deste modo, concordo também com as leituras de Araújo e Oliveira (2022), ao relacionar ao vazio emocional e existencial da mulher que, segundo as autoras, também se forma na dimensão de existência sexual, do corpo e do desejo.

Além da transmissão de conhecimentos de geração em geração, existem outros aspetos fundamentais que permitem revitalizar estas práticas. Segundo Vansina (2010, 159), as tradições são preservadas através de um testemunho ocular, boato e criação baseada em textos orais existentes. Os poemas tavarianos identificam-se com a literatura oral, isto é, são textos combinados e adaptados para criar uma mensagem.

Como referenciado acima, a manga é mais um fruto que representa o corpo da mulher através da metáfora criada por Paula Tavares, na obra *Ritos de passagem*, mais concretamente no poema "A Manga":

Fruta do paraíso
companheira dos deuses
                    as mãos
tiram-lhe a pele
                    dúctil
como, se, de mantos
                    se tratasse
surge a carne chegadinha
                    fio a fio

ao coração:
　　leve
　　morno
　　mastigável
o cheiro permanece
para que a encontrem
　　os meninos
　　pelo faro.
(Tavares 2007, 33)

No poema acima, a manga tem conotações eróticas: de acordo com as gírias locais, esta fruta é comparada ao órgão sexual feminino devido à forma ovalada. Para compreender o enquadramento de certas palavras, tais como certos regionalismos, gíria e calão na construção dos discursos poéticos, é necessário redescobrir a sua própria cultura. Segundo Vansina, "a experiência linguística mostrou que, às vezes mesmo sendo nativo do país, o historiador não compreende facilmente certos registos, como os poemas panegíricos, ou encontra dificuldade porque as pessoas falam um dialeto diferente do seu" (2010, 176). No desenrolar do poema, o sujeito poético utiliza a expressão "fio a fio" para evocar os pelos púbicos. Nos primeiros versos, as expressões "fruta do paraíso / companheira dos deuses" e, nos últimos versos, as expressões "para que a encontrem / os meninos / pelo faro" podem ser decifradas como a atração sexual (quase divina) associada à manga, pelo seu cheiro, e a sedução que os rapazes sentem quando são atraídos pela vagina.

É importante realçar que as palavras têm um valor semântico diferente em cada região. Isto significa que ao relacionarmos a palavra "manga" com o órgão sexual feminino, não basta apenas recolher a literatura oral, mas sim perceber, interpretar e explorar a carga semântica que a palavra exerceu naquela época e naquela região, pois, o que pode ter conotação erótica na realidade angolana, pode não significar justamente a mesma coisa em Moçambique, Brasil ou Portugal. Deste modo, apoio-me em Vansina (2010), ao afirmar que o registo das tradições exige muito tempo, paciência e bastante reflexão:

> Depois de um período inicial de experiência, é preciso estabelecer um plano racional de trabalho, que leve em consideração as características particulares de cada caso. De qualquer forma, devemos visitar os sítios associados

> aos processos históricos em estudo. Às vezes, será necessário utilizar uma amostragem de fontes populares, mas uma amostra não pode ser utilizada casualmente. Devemos estudar, numa área restrita, quais as regras que determinam o nascimento de variantes e estabelecer, a partir delas, os princípios da amostragem a serem adotados. (Vansina 2010, 176)

Paula Tavares transforma os ecos da ancestralidade em poemas, o que permite comparar as expressões do sujeito poético aos costumes da figura feminina da região sul de Angola. Mary Oliver (1994) reitera que "O poema é um documento escrito, ao invés de um documento místico, o que o poema também é".

De acordo com a entrevista concedida a Doris Wieser, para o filme *Viver e escrever em trânsito: entre Angola e Portugal*, Paula Tavares refere:

> A oralidade começou por ser, para mim, um conjunto de sons que faziam, no meu ouvido, uma ressonância que eu não sabia muito bem explicar nem compreender, mas que desencadeou, desde logo, um processo de inveja daqueles sons que pareciam significar alguma coisa à qual eu não tinha acesso. Mais tarde, dei conta de que havia trabalhos de alguns missionários conhecedores da língua da região. Eles tinham registado um património de provérbios, contos, fábulas, adivinhas e outras formas fixas e breves desse continente da oralidade. O conhecimento dessas fórmulas foi-me muito útil na construção desses poemas. Quando olhei para aquelas fórmulas fixas, eu disse: "Se é possível dizer tanto em tão poucas palavras, então este é o caminho que eu quero seguir na minha escrita. Quero chegar a ser capaz de fazer um poema que consiga ter pouca palavra e dizer muita coisa". Portanto, eu não quero construir um poema palavroso, cheio de palavras. Quero tirar o maior número de palavras possível.
>
> Muitas vezes percebi que faço isso na segunda fase do meu trabalho: escrevo e, depois, vou tirar tudo o que para mim não interessa. Nesse aspeto, conhecer esse universo do provérbio, do conto curto e de outras formas breves foi muito importante. É verdade que não conheço aquelas línguas. Se eu as conhecesse, poderia tirar um outro partido, porque tive acesso a esses provérbios e a essas fórmulas já traduzidas em língua portuguesa. Nesse sentido, houve ali um trabalho de mediação que muitas vezes não espelha a realidade na sua totalidade. Os missionários, quando transportam um texto da língua original para a língua portuguesa ou inglesa, traduzem, isto é, apropriam-se

> de sentidos como querem e, portanto, aquilo que chega a mim digamos que é em terceira ou em quarta mão. Depois dei comigo a fazer um investimento sobre esse material, de maneira a transformar em poesia aquilo que me chegava às mãos. (Wieser 2024, 24)

Partindo para a análise do poema "Rapariga", citado abaixo, que remete para o ato de preparação para o casamento que, de acordo com a tradição patriarcal, é considerado útil para as mulheres. No poema aparecem várias referências a aspetos culturais da região sul de Angola:

> Cresce comigo o boi com que me vão trocar
> Amarraram-me às costas a tábua Eylekessa
>
> Filha de Tembo
> organizo o milho
>
> Trago nas pernas as pulseiras pesadas
> Dos dias que passaram...
> Sou do clã do boi –
>
> Dos meus ancestrais ficou-me a paciência
> O sono profundo do deserto,
> a falta de limite...
>
> Da mistura do boi e da árvore
> a efervescência
> o desejo
> a intranquilidade
> a proximidade
> do mar
>
> Filha de Huco
> Com a sua primeira esposa
> Uma vaca sagrada
> concedeu-me
> o favor das suas tetas úberes.
> (Tavares 2007, 48)

No poema "Rapariga" existe uma representação da cerimónia matrimonial tradicional. Durante a realização desses eventos, ocorre um alambamento: a família da noiva exige um boi que servirá como moeda de troca. Além disso, as pessoas que consultei na província da Huíla afirmam que o boi simboliza riqueza, isto é, nos povos do sul de Angola, esse animal é um elemento fundamental nos casamentos tradicionais.

Segundo observações feitas pelo Padre Carlos Estermann, em *Etnografia do Sudoeste de Angola* (1960), um estudo feito ao grupo étnico Nhaneca-Humbe, afirma-se o seguinte:

> O complemento deste ato é a entrega pelo pai do noivo, ou pelo próprio noivo a seu sogro, de um boi, entrega que pode fazer anterior ou posteriormente à mudança de domicílio da noiva e transporte de seus trates [...]. Feita a primeira colheita, o marido entregará um boi à tia paterna de sua esposa [...]. (Estermann 1960, 94-95)

É importante realçar que, tal como referi anteriormente, uma rapariga cumpre a etapa da cerimónia da puberdade antes de ser entregue ao casamento. O Padre Carlos Estermann declara que "as raparigas que vão ser submetidas ao rito trazem nas mãos, durante as suas passeatas, um pequeno bastão e uma moca" (1960, 80-81). Portanto, estes objetos, incluindo um bezerro, "são oferecidos pelo rapaz que pensa em casar mais tarde com a moça" (81), o que se torna evidente no primeiro verso do poema, "Cresce comigo o boi com que me vão trocar". No segundo verso da primeira estrofe, "Amarraram-me às costas a tábua Eylekessa"[4], o sujeito poético feminino refere os rituais que são cumpridos durante estas cerimónias, tais como o uso das ossadas de boi para cobrir algumas partes do corpo.

A segunda estrofe refere o banquete organizado durante estes eventos. Na terceira, por sua vez, o sujeito poético faz a descrição do modo como uma mulher desta comunidade se veste. Na quarta estrofe, o sujeito poético enaltece o boi como um símbolo do seu clã. Nas estrofes posteriores, o sujeito poético admite que lhe foram transmitidos conhecimentos que jamais serão esquecidos. Na antepenúltima estrofe, há mais uma menção de que nos eventos matrimoniais a "vaca" é sempre sagrada e, tal como referi anteriormente, o boi é o maior tesouro nas comunidades do sul de Angola. Carlos Estermann detalha sobre as festas que prestam honras ao boi. O missionário afirma que "A procissão do boi dura mais ou menos três semanas". O referido cortejo solene termina na residência do soba, acompanhado da sua esposa principal e mais uma rapariga virgem: "apresentam ao animal uma bebida peculiar. O boi lambe-a com sofreguidão, o que é um motivo de alegria para todos os circunstantes e um ótimo augúrio para toda a tribo" (Estermann 1960, 191). Assim, as recolhas deste autor refletem-se na última estrofe do poema de Paula Tavares, que se apoiou nas pesquisas feitas por missionários para conseguir compor a obra *Ritos de passagem*[5]. Além da carne, existe também um grande benefício na extração do leite de "Uma vaca sagrada", conforme indicam os dois últimos versos: "concedeu-me / o favor das suas tetas úberes".

Agora, partimos para análise do poema "Desossaste-me":

Desossaste-me
        cuidadosamente
inscrevendo-me
        no teu universo
        como uma ferida
        uma prótese perfeita
        maldita necessária
conduziste todas as minhas veias
        para que desaguassem
        nas tuas
                sem remédio
meio pulmão respira em ti
o outro, que me lembre
        mal existe

                Hoje levantei-me cedo
                pintei de tacula e água fria
                        o corpo aceso
                não bato a manteiga
                não ponho cinto
VOU
    Para o sul saltar o cercado
(Tavares 2007, 55)

No poema acima, percebem-se as angústias e as desilusões do eu lírico feminino que associa a sua dor a elementos como "prótese, veias e pulmões". No início do poema, uma mulher parece ter o coração dilacerado e estar submetida à brutalidade patriarcal. Nos últimos versos, esta mesma mulher parece libertar-se das humilhações, uma vez que o verbo "VOU", escrito com letras maiúsculas, exprime mais uma vez a força que adquiriu. Apoio-me na análise feita por Silva (2014, 55), que sublinha que "a mulher se prepara, agora, para si mesma, para ir ao sul e pular o cercado, não mais batendo a manteiga e colocando o cinto da sociedade patriarcal em que está inserida, mas antes, recuperando o pulmão que respira fora dela". Neste contexto, a mulher parece reivindicar o mesmo direito à liberdade de escolha que os homens possuem na tradição patriarcal. É importante realçar que pular o cercado é uma prática ilícita entre as raparigas das tribos Handas e Humbes, situadas na região da Huíla[6]. Regressando à visão de Silva (2014, 55), vemos neste poema, o desejo intenso do sujeito lírico, querendo transgredir os vínculos culturais que existem entre a mulher e a sociedade patriarcal que a inibe. Padre Carlos Estermann (1960, 93) defende que a "morte prematura do filho será o castigo da infração à lei geral".

Ferreira (2011, 26) afirma que cada sociedade tem uma visão diferente sobre as mulheres em função "de fatores culturais, determinadas condições de civilização, como circunstâncias históricas, estado social e correntes ideológicas que suscitam condutas e modelam atitudes". A escrita produzida por mulheres de países africanos de língua portuguesa tem cunho memorialístico para recuperar formas de viver da tradição que foram esfaceladas pela presença dos colonizadores (2011, 23). A autora declara que o tráfico de escravos imposto pelo dominador acarretou muitas mudanças na vida das mulheres e muitas ruturas com a tradição, sendo que as mulheres passaram a exercer certas funções para atender à ausência dos homens e, "posteriormente, o sistema dominador, alterando códigos existentes nas sociedades tradicionais, legitimou outros espaços para a mulher, confinando-as por rótulos como, por exemplo, o de concubina, o de prostituta e o de escrava" (23). Reitero a ideia de Ferreira com discursos de Paulina Chiziane, num artigo que discute a posição das mulheres moçambicanas, e africanas no sentido mais abrangente, por uma nova visão do Mundo:

> Nós, mulheres, somos oprimidas pela condição humana do nosso sexo, pelo meio social, pelas ideias fatalistas que regem as áreas mais conservadoras da

sociedade. Dentro de mim, qualquer coisa me fez pensar que a nossa sorte seria diferente se Deus fosse mulher. (Ferreira 2013, 199)

Convém sublinhar que o poema começa sem o título, o que difere de todos os poemas da obra *Ritos de passagem*. Logo, trata-se de uma clara alusão ao grito de aflição das mulheres devido à desigualdade de género e às angústias que as assolaram no período de ocupação colonial e durante a guerra civil em Angola. As mulheres tinham um único papel, satisfazer os desejos sexuais, tal como apontou Sales Ferreira (2011), ao referir que a escrita das mulheres africanas de expressão portuguesa "dramatiza, artisticamente, o sofrimento de um povo diante dos horrores da guerra, grita a dor do amor, modela os vários retratos de África e, sobretudo, planta diversas culturas africanas" (19). Secco (2011) afirma que *Ritos de passagem* apresenta uma ressignificação da oralidade do sul de Angola, através do sujeito lírico feminino que revela os abusos de poder sofridos pelas mulheres, quer seja em contextos tradicionais, quer seja em contextos modernos. Segundo Mead (1974, citado em Ferreira 2011, 27), não existe uma cultura que defenda a igualdade entre o homem e a mulher, excluindo o seu contributo na criação da geração seguinte. Neste sentido, apoio a visão de Silva (2014, 45), ao salientar que o corpo feminino é preenchido pelo alarido, pois, na tradição patriarcal, as mulheres são vistas como objetos, ou seja, a referida tradição desumaniza quer os seus direitos quer a sua identidade. "Essa representação animalesca da mulher e essa dor que se inscreve no corpo feminino emergem em virtude de um discurso patriarcal e também pelas vicissitudes da maternidade, apanágio da mulher" (Silva 2014, 46).

Para culminar a minha análise, apresento "Cerimónia Secreta", o último poema da obra *Ritos de passagem* que, além de textualizar o corpo, também dá voz ao silêncio ressonante das mulheres:

Decidiram transformar
o mamoeiro macho em fêmea

prepararam cuidadosamente a terra à volta
exorcisaram o vento
e
com água sagrada da chuva
retiraram-lhe a máscara

pintaram-no em círculos
com
tacula
barro branco
sangue

Entoaram cantos breves
enquanto um grande falo
fertilizava o espaço aberto
a sete palmos da raiz.
(Tavares 2007, 67)

A palavra "cerimónia" transmite a ideia de um evento, atividade, formalidade, ao passo que "secreta" evoca a ideia de evento restringido para apenas um número limitado de pessoas. Deste modo, "cerimónia secreta" é um evento formal e, ao mesmo tempo, privado. No poema, as mulheres da província da Huíla são apresentadas como principais integrantes no processo de fertilização, ou seja, os versos aludem aos rituais que se têm cumprido – "prepararam cuidadosamente / a terra à volta" – para abençoar as mulheres. Porém, segundo os costumes locais, toda a mulher que não respeita o ritual é tida como inútil e corre o risco de ser amaldiçoada para não procriar, tal como refere o missionário Carlos Estermann:

> é contudo inegável que no primeiro grupo de tribos existe a preocupação de levar à cerimónia uma jovem que ainda seja virgem. E é verdade também que, ao constar o contrário, constitui o facto uma desonra para toda a família, particularmente para a mãe ou para a tia encarregada da educação da moça. Não me parece desacertado supor que foi para evitar uma tal vergonha à família que, pouco a pouco, se antecipou a idade de admissão até à que se encontra agora em uso. (Estermann 1960, 88)

Paula Tavares busca estes ecos do passado com auxílio de "trabalhos de alguns missionários conhecedores da língua da região" da Huíla (Sá da Bandeira) (Weiser 2023)[7] ao metaforizar uma cena em que "[d]ecidiram transformar / o mamoeiro macho em fêmea". Neste caso, é mamoeiro macho antes de gerar e mamoeiro fêmea depois de conceber. Isto significa que, quando a adolescente cumpre este ritual, está apta a entrar numa nova etapa, ou seja, apta para ser mãe. Apoio novamente a minha análise em Estermann, uma vez que este missionário estudou as etnias do sul e sudoeste de Angola durante os períodos 1924 a 1976, inspirando posteriormente a produção de *Ritos de passagem*, conforme a própria autora admite na entrevista a Weiser:

> ainda que uma rapariga tenha tido a sorte de dar à luz um filho sem antes haver passado pelo rito da puberdade, nunca tal criança chegará à idade em que habitualmente se podem mandar fazer recados aos miúdos. A morte prematura do filho será o castigo da infração à lei geral. A *efiko* é, pois, a passagem obrigatória para chegar ao matrimónio. (Estermann 1960, 93)

> Ainda hoje, mesmo entre gente meio civilizada oriunda destas tribos, não se pode conceber que uma rapariga esteja apta a contrair matrimónio e ter filhos sem ter passado pela *efiko*. (Estermann 1960, 92)

As imagens "tacula / barro branco / sangue" simbolizam o período menstrual, início da vida sexual e fertilidade. Relaciono a palavra "tacula" à menstruação por esta ser uma árvore de madeira avermelhada e, segundo Mafra (2006), ela é típica de Angola e usada para marcenaria. A autora fundamenta que "barro branco" se referia ao sêmen, ao ato sexual e "sangue" ao retorno, ou seja, ao ciclo vital (Mafra 2006).

É relevante detalhar que o poema em análise não traz apenas temáticas relacionadas com o erotismo e a fertilidade, mas nele está também presente uma voz angustiante do sujeito lírico feminino com feridas da tradição patriarcal e, ao mesmo tempo, um eu que enaltece o poder das mulheres, conforme refere Pereira (2009, 135): "nesse poema, o propósito é 'retirar a máscara' que cobre a face masculina e lhe confere a hegemonia, a fim de provar que a mulher, em meio à vida cotidiana, pode também se estabelecer como um novo centro". Outro instrumento importante que desenha o corpo da mulher é a memória. Segundo Silva (2014), é a substância utilizada na escrita feminina para espelhar as caricaturas do patriarcalismo e do colonialismo, tal como reforça o autor:

> Seja as imagens fixas do corpo marcado de tacula e cicatrizes, seja pelas dores sociais de mulheres que sofrem tanto para se integrarem socialmente quanto para exercerem o papel de mães, marcado pela dupla dor de vida e de morte

dos filhos. Ao enxergar na carne as marcas de uma tradição patriarcal, a poética *tavariana* materializa, no corpo feminino, a condição histórica e social da mulher angolana, dando corpo à memória esquecida e questionando as marcas nela deixadas (e, por conseguinte, no corpo) pelo tempo imutável de uma tradição patriarcal. (2014, 52-53)

Concordo com a tese apresentada por Silva, porque, tal como frisei, existe um eu lírico feminino que clama pela justiça, pela liberdade e pela igualdade.

Considerações finais

Os poemas de Paula Tavares trazem à tona as vozes angustiantes das mulheres dos grupos agropastoris da Huíla. Através das metáforas dos frutos, conseguimos compreender os ecos do passado no presente, aspetos da ancestralidade ainda viva, a vida social e as restrições das mulheres na sociedade angolana, nomeadamente quando são submetidas a vários rituais ou obrigações que circunscrevem as suas vidas. Araújo e Oliveira (2022, 4) enfatizam que "ao ler os poemas de *Ritos de passagem* observamos uma voz que caminha entre as plantas, frutas, memórias, cheiros e saberes quase palpáveis do planalto da Huíla". As memórias que figuram nos poemas tavarianos são "linguística e poeticamente trabalhadas por meio da oralidade" (Araújo e Oliveira 2022, 7). Ao afirmar que só consegue escrever quando relaciona a sua alma com África, na entrevista concedida a Doris Wieser (2024, 17), Paula Tavares articula a experiência de uma realidade com a qual já foi confrontada. Através das vozes do eu lírico, conseguimos perceber parte da identidade cultural das mulheres pertencentes aos grupos de pastores da Huíla, conforme apontam Esteves e Roriz:

> Os ecos da terra africana se fazem ouvir na história pessoal de Ana Paula Tavares. Para ela, voltar às raízes é juntar os fragmentos da memória e da sua história individual para reconstruí-la, simbolicamente, a partir dos seus mais atávicos desejos e tabus. A autora vai mergulhar no erotismo, na linguagem do corpo, vai ouvir vozes poéticas, para desconstruir o discurso que entrelaça mulher, mãe, filha, irmã e companheira de armas, subvertendo os códigos de feminilidade, sempre ligada na poesia africana, à fecundidade. (Esteves e Roriz 2003, 38)

Algumas expressões proferidas durante a análise dos poemas são consideradas tabu, ou seja, não é muito comum no seio das famílias angolanas, ou até mesmo em algumas sociedades africanas, falar da sexualidade, da menstruação ou da masturbação, bem como pronunciar as seguintes palavras: vagina, pénis, pelos púbicos, seios, espermatozóides, etc. Portanto, os poemas tavarianos rompem o tabu através da metaforização do corpo da mulher para retratar as transformações que nela ocorrem, tal como refere Secco (2011, 262): "Nos anos 1980, Paula Tavares foi uma das responsáveis pela fundação, em Angola, de uma nova dicção poética que repensava a questão da sexualidade reprimida das mulheres e não se eximia de refletir sobre as desilusões sociais, mostrando-se contrária à opressão e à dor". Além disso, Araújo e Oliveira (2022, 4) reiteram que "é nesse corpo metaforizado na literatura que o feminino se enuncia como um corpo de sentidos próprios, que não está desvinculado do seu projeto coletivo da nação, mas instaura um lugar singular de existir e sentir".

A escolha dos frutos para representar o corpo da mulher desencadeia uma jogada de xadrez sobre a qual se deve refletir, conforme afirma Carreira (2006, 87): "Há aspeto visual, sensorial que o alimento desperta – familiar à nossa cultura, o mamão é algo que podemos ver, tocar, provar, sentir o cheiro –, aspeto que também se encontra na analogia que o poema faz: o mamão remete à vagina". Esta relação que existe na escrita de Paula Tavares entre o corpo da mulher e os frutos (Passos 2018) diz que o poema também é corpo e que os versos se constituem em carne, cheiro e imagem de frutos. Metaforizar o corpo e resgatar a memória é o que caracteriza a escrita das mulheres no período pós-colonial (Silva 2014). Segundo o autor, estes elementos, são símbolo-agentes dessa escrita.

Em suma, os poemas tavarianos não estão norteados apenas pela estética, mas estão comprometidos em explorar a identidade das mulheres angolanas, corporizadas através dos elementos da natureza. Por outro lado, a poética tavariana desmistifica as vozes das mulheres que durante muito tempo foram silenciadas, quer pela tradição patriarcal quer pela imposição colonial, visto que às mulheres apenas foi dada a autonomia de soltar o grito de prazer sexual.

NOTAS

1. Na língua portuguesa, significa "ide". Segundo o etnógrafo Padre Carlos Estermann (1960, 85), *Efiko* significa um corte na vida: a rapariga deixa de ser filha, para vir a ser pretendida por um rapaz, noiva, futura esposa e mãe.

2. Cf. dicionário Aurélio: https://www.dicio.com.br/libido/.

3. cf. *Bola com Feitiço* (1974) de Unhenga Xito, *Uanga* (1950) de Óscar Ribas e *O vento que desorienta o caçador* (2006) de Arnaldo Santos.

4. Na língua umbundo, a palavra "Eylekessa" significa ossos e cadáveres, ou seja, tirar do esquecimento.

5. Cf. A entrevista de Doris Wieser (2023).

6. Uma das práticas aliadas à expressão "pular o cercado" é o incumprimento de não participação na passagem, a cerimónia de puberdade das raparigas. O missionário Padre Carlos Estermann, em *Etnografia do Sudoeste de Angola*, que basicamente é a bíblia para os estudos *tavarianos*, refere que "A *efiko* é pois a passagem obrigatória para chegar ao matrimónio" (Estermann 1960, 93).

7. Segundo a entrevista concedida a Doris Wieser (2024, 24), Paula Tavares refere: "A oralidade começou por ser, para mim, um conjunto de sons que faziam, no meu ouvido, uma ressonância que eu não sabia muito bem explicar nem compreender, mas que desencadeou, desde logo, um processo de inveja daqueles sons que pareciam significar alguma coisa à qual eu não tinha acesso. Mais tarde, dei conta de que havia trabalhos de alguns missionários conhecedores da língua da região. Eles tinham registado um património de provérbios, contos, fábulas, adivinhas e outras formas fixas e breves desse continente da oralidade. O conhecimento dessas fórmulas foi-me muito útil na construção desses poemas".

REFERÊNCIAS BIBLIOGRÁFICAS

Araújo, Eliza de Souza Silva, e Ana Ximenes Gomes de Oliveira. 2022. "*Ritos de passagem*, de Paula Tavares: O lugar da (re)memória na construção de uma dicção poética feminina em Angola". *Revista Vértices* 24 (1): 69-83.

Bâ, Amadou Hampaté. 2010. "A tradição viva". Em *História geral da África. Vol. I. Metodologia e pré-história da África*, organização de Joseph Ki-Zerbo, 167-212. Brasília: UNESCO.

Beauvoir, Simone. 2008. *O segundo sexo*. Lisboa: Quetzal.

Boia, Andreia Fragata Oliveira. 2021. *Secreto é o ruído dos corpos. Feminino e erotismo na poesia de Judith Teixeira, Maria Teresa Horta, Yolanda Morazzo e Paula Tavares*. Tese de doutoramento. Coimbra: Faculdade de Letras da Universidade de Coimbra.

Carreira, Nara Lasevicius. 2016. "Mulher-sujeito, mulher-poema: a imagem como configuração do feminino na poesia de Ana Paula Tavares". *Humanidades em diálogo* 7 (março): 81-92.

Chiziane, Paulina. 2013. "[Testemunho] Eu, mulher... Por uma nova visão do mundo". *Abril* 5 (10): 199-205.

Estermann, Carlos. 1960. *Etnografia do Sudoeste de Angola. Vol. II. Grupo étnico nhaneca-humbe*, 2ª edição. Lisboa: Junta de Investigação do Ultramar – Memórias: Série Antropológica e Etnológica 5.

Esteves, Eunice, e Ana Maria Roriz. 2017. "Ana Paula Tavares – uma poesia de resgate da mulher africana". *Cadernos CESPUC de pesquisa série ensaios* 1 (11): 37-45.

Fanon, Franz. 1963. *The Wretched of the Earth*. Tradução de Constance Farrington. New York: Grove Press.

Ferreira, Vera Lúcia da Silva Sales. 2011. *Lembrar e carpir: Estratégias de construção de poemas escritos por mulheres nas literaturas africanas de língua portuguesa*. Tese de doutoramento. Belo Horizonte: Pontifícia Universidade Católica de Minas Gerais.

Halbwachs, Maurice. 1997. *La mémoire collective*. Paris: Albin Michel.

Hall, Stuart. 1990. "Cultural Identity and Diaspora". Em *Identity: Community, Culture, Difference*, organização de Jonathan Rutherford, 222-37. London: Lawrence & Wishart.

"Libido". *Dicio*. Acesso a 19 de fevereiro, 2023. https://www.dicio.com.br/libido/.

Lorde, Audre. 2007. *Sister Outsider: Essays and Speeches*. New York: Crossing Press.

Mafra, Betânia Siqueira. 2006. "A Voz de um corpo de mulher: O erotismo em Paula Tavares". *Revista Gatilho* 4: s/p [1-15].

Mata, Inocência. 2007. "Prefácio. Passagem para diferença". Em *Ritos de passagem*, de Paula Tavares, 7-13. Lisboa: Caminho.

Mead, Margaret. 1974. *Macho e fêmea, um estudo dos sexos num mundo em transformações*. Tradução de Margarida Maria Moura. Petrópolis: Vozes.

Oliver, Mary. 1994. *A Poetry Handbook: A Prose Guide to Understanding and Writing Poetry*. New York: Mariner Books.

Padilha, Laura. 2006. "Paula Tavares e a semeadura das palavras". Em *África e Brasil: letras e laços*, organização de Maria do Carmo Sepúlveda e Maria Teresa Salgado, 299-315. São Caetano do Sul: Yendis.

Passos, Lucas dos. 2018. "Formas de fruta e corpo em *Ritos de passagem*, de Paula Tavares". *Anais do Congresso Africanidades e Brasilidades* 4: s/p [1-10].

Pereira, Érica Antunes. 2009. "Secreta encruzilhada: duas vozes femininas que (se) (trans)formam (n)a poesia angolana". *Scripta* 13 (25): 127-44.

"Rito". *Michaelis*. Acesso a 20 de junho, 2022. https://michaelis.uol.com.br/moderno-portugues/busca/portugues-brasileiro/rito/.

Secco, Carmen Lúcia Tindó. 2011. "As veias pulsantes da terra e da poesia". Em *Amargos como os frutos: poesia reunida*, de Paula Tavares, 261-81. Rio de Janeiro: Pallas.

Sen, Amartya. 2006. *Identity and Violence. The Illusion of Destiny*. New York: W. W. Norton.

Silva, Paulo Geovane e. 2014. "Dar corpo à memória: a poesia de Paula Tavares e as encenações do feminino". Em *O feminino nas literatura africanas em língua portuguesa* vol. 1, organização de Fábio Mário da Silva, 37-64. Lisboa: CLEPUL.

Sousa, Luís Augusto. 1971. *Sobre a mulher lunda-quioca (Angola)*. Lisboa: Junta de Investigação do Ultramar.

Tavares, Paula. 2007. *Ritos de passagem: poesia*. Luanda: Editorial Nzila.

Vansina, Jan. 2010. "A tradição oral e sua metodologia". Em *História geral da África. Vol. I. Metodologia e pré-história da África*, organização de Joseph Ki-Zerbo, 139-66. Brasília: UNESCO.

Wieser, Doris. 2024. "Só consigo escrever quando me relaciono com uma alma angolana: entrevista a Ana Paula Tavares". *Portuguese Literary & Cultural Studies* 40/41: 11-24.

ROQUE DOS REIS TITO SUEQUEL é doutorando em Literatura de Língua Portuguesa pela Faculdade de Letras da Universidade de Coimbra (FLUC), Mestre em Estudos Lusófonos pela Faculdade de Artes e Letras da Universidade da Beira Interior (2018), licenciado em Ciências da Educação, Opção: Linguística portuguesa, pela Universidade Lueji A´Nkonde – Escola Superior Pedagógica da Lunda Norte (2016). Está a desenvolver um projeto de investigação sobre "Contactos linguísticos na Lunda-Norte: Interferências lexicais do cokwe no português", que se enquadra nos objetivos do Doutoramento em Ciências da Linguagem pela Universidade de Trás-os-Montes e Alto Douro. É autor de vários artigos científicos, entre eles: "História da Lexicografia e Gramaticografia do Cokwe" apresentado no Encontro Internacional de Reflexão e Investigação – UTAD (2022); participou no Workshop Internacional Contactos Culturais em Língua Portuguesa: Negociações de Convivência, que teve lugar no Centro de Literatura Portuguesa (CLP) da FLUC (2022), tendo apresentado o ensaio intitulado "A construção da identidade feminina angolana em *Ritos de passagem* de Paula Tavares"; apresentou a comunicação "Contactos linguísticos na Lunda-Norte: Interferências lexicais do cokwe no português" no EliteSci (2023), organizado pelo Colégio Doutoral da UTAD.

SALVADOR BONIFÁCIO DOMINGOS TITO

Identidade, memória e espaço na poesia de Zetho Cunha Gonçalves e de Paula Tavares

RESUMO: Neste estudo, pretende-se analisar os aspetos identitários e a sua relação com o espaço em duas obras literárias angolanas. A primeira, *Noite vertical* (2017), de Zetho Cunha Gonçalves, e a segunda, *Como veias finas na terra* (2020), de Paula Tavares. O escopo fulcral é destrinçar o dinamismo que entrelaça os processos identitários e os textos literários. Deste modo, pretende-se fazer um cotejo entre os dois escritores. Por uma questão de delimitação metodológica, foram retirados quatro poemas de cada obra literária, tendo-se, deste modo, um *corpus* de oito poemas.

PALAVRAS-CHAVE: espaço; identidade; Zetho Cunha Gonçalves; Paula Tavares.

ABSTRACT: This study intends to analyze the aspects of identity and its relationship with space in two Angolan literary works. The first is *Noite vertical* (2017) by Zetho Cunha Gonçalves, and the second, *Como veias finas na terra* (2020) by Paula Tavares. The central scope is to unravel the dynamism that intertwines identity processes and literary texts. In this way, it is intended to make a comparison between the two writers. As a matter of methodological delimitation, four poems were chosen from each literary work, thus having a corpus of eight poems.

KEYWORDS: space; identity; Zetho Cunha Gonçalves; Paula Tavares.

1. Introdução

Antes de tudo, é fundamental apresentar os vocábulos dinamizadores do propósito deste trabalho: espaço e identidade. Assim sendo, tudo o que se tiver de destacar em relação aos poemas em análise estará, quase sempre, em torno deles. Mas não se assume, aqui, a responsabilidade de atribuir-lhes significados precisos. De ambos, destacar-se-ão os aspetos preliminares que servirão de base para, por um lado, desenvolver uma abordagem teórica preliminar e, por outro lado, analisar o *corpus*.

Na primeira parte deste ensaio, tenciona-se abordar os conceitos de identidade (a sua pluralidade), bem como do espaço (a referencialização) como um elemento fundamental na construção de aspetos identitários. Outro objetivo importante é avaliar a posição e a contribuição de Paula Tavares e Zetho Cunha Gonçalves na poesia angolana contemporânea. Por último, pretende-se ainda analisar e explicar os processos de formação identitária, presentes nos poemas de Zetho Cunha Gonçalves e de Paula Tavares, por meio de uma dialética hermenêutica.

2. Identidade e espaço

É indubitável que, no Ocidente, a identidade tem sido investigada em diferentes perspetivas; na Filosofia, vide Habermas (1988); na Psicologia, vide Costa (2005); na Sociologia, vide Giddens (2002) e Bauman (2005). Estes estudiosos apresentam uma "distinção entre as identidades flexíveis, 'líquidas' da contemporaneidade, e as fixas, 'inegociáveis' do passado" (Fortes 2013, 30), bem como a sua relação com a memória. Não há uma designação autónoma de identidade no âmbito poético, ainda que, particularmente no domínio das literaturas africanas de língua portuguesa, existam princípios definidores, ou seja, procedimentos que orientem a análise literária, visando os fenómenos identitários. Por isso, a identidade tornou-se num conceito fundamental para a compreensão do fenómeno literário, pois entende-se aqui "a literatura como expressão de uma experiência do escritor através do enunciado de uma série de símbolos capazes de evocar na mente do leitor adequadamente qualificado uma experiência controlada, análoga à, embora não idêntica, à do escritor" (Moisés 2013, 278).

Apesar da relevância da experiência social e temporal do/a escritor/a, não se deixa de lado os outros fatores importantes. O processo da construção literária, em muitas ocasiões, tende a ser fortemente influenciado pelos pressupostos identitários. Assim sendo, deve-se reconhecer que a literatura, como um sistema aberto, permite a construção e reconstrução da identidade através da memória. Para Assmann, "[a] memória é o conhecimento com um índice de identidade" (2016, 122). Logo, a literatura está para a memória tal como a memória está para a literatura. O índice de identidade serve, até certo ponto, de matéria-prima para a construção do discurso literário; particularmente, em espaços onde se tenciona apresentar uma visão particular e geral da ideia de nação, ainda que imaginada. Os aspetos identitários são elementos importantes para a construção do discurso literário.

O que se pode entender por identidade? As conceptualizações são, muitas vezes, problemáticas e variam conforme o contexto em que se inserem. Os discursos variam, quando se trata de realidades sociais, históricas, culturais, antropológicas e outras, que são elementos constituintes dos processos identitários. Não se pode fugir do pressuposto que a identidade implica, por um lado, uma construção e, por outro, um processo de manutenção, isto é, um conjunto de padrões que impõem determinados comportamentos. Por esta razão, Castells (2007, 31) afirma que identidade é o "processo de construção de significado com base num atributo cultural, ou ainda um conjunto de atributos culturais inter-relacionados, o(s) qua(is) prevalece(m) sobre outras fontes de significado". Geralmente, dois pontos de vista surgem quando se trata de pensar a identidade. Em primeiro lugar, o pressuposto da individualidade e, em segundo, o da coletividade. Neste último, percebe-se o sentimento de afiliação e de lealdade de um indivíduo a um grupo (Sen 2007, 54). No discurso literário, ambos os pressupostos são agenciados e, por isso, é importante tê-los em conta no decorrer deste ensaio. Assim, o objetivo aqui é o conteúdo e a estética dos poemas, de modo que o discurso poético seja o ponto de partida e de chegada para a compreensão dos pressupostos identitários em Paula Tavares e Zetho Cunha Gonçalves.

A aceção de identidade no domínio literário busca os seus pressupostos a partir das contribuições de outras áreas do saber, tais como Sociologia, Estudos Culturais, Psicologia, Antropologia, Linguística, Direito e outras. No âmbito das Humanidades, o conceito de identidade foi, até certo tempo, marginalizado. Foi apenas em 1990 que o termo conheceu uma irrupção repentina e massiva, época em que o conceito passou a ser utilizado para designar vários fenómenos (Dortier 2006, 267), tais como o meio de reivindicação ou até a referenciação a uma pertença nacional, pessoal, comunitária.

No plano da enunciação e da produção poética, apreendem-se, ainda que em pequenas dimensões, as características identitárias do sujeito ou dos sujeitos que formulam e dão corpo ao universo poético, permitindo sempre virtualidades identificadoras (Reis 2018, 200), ou seja, particularidades que visem o reconhecimento e a manifestação de procedimentos identitários, particularmente em certas personagens, no âmbito da ficção. Em função da estética e do projeto discursivo de cada escritor/a, pode-se notar uma maior ou menor predominância de determinadas virtualidades identificadoras. Entendidos enquanto o processo que permite a quem escreve reconhecer-se como sujeito, os aspetos identitários acabam por configurar um meio importante da construção do signo poético (Bosi 2000, 21).

A identidade é um processo que, direta ou indiretamente, supõe uma construção existencial, à medida que espelha o que fomos, aquilo que afirmarmos ser e o que poderemos, talvez, vir a ser. Isso fica evidente à medida que olhamos para a conceção de identidade social proposta por Appiah:

> usamos a identidade para construir a nossa vida; nós a construímos como homens e como mulheres, como ganenses e como brasileiros, como cristãos e como judeus; nós a construímos como filósofos e como romancistas, como pais e como filhas. As identidades são um recurso essencial neste sentido [...]. Sustento que as identidades estão entre as mais importantes ferramentas socialmente mantidas e transmitidas para construir uma vida. (Appiah 2012, 23-24)

Sendo um processo que exige construção, a identidade, primeiro, exige uma afirmação, como, por exemplo, por meio de rótulos; em segundo lugar, a identidade projeta criações normativas na medida em que indica como os sujeitos que pertencem a um determinado grupo (tendo recebido um determinado rótulo) devem se comportar, reagir e atuar. Apesar de seu caráter normativo, a identidade é composta também por particularidades subjetivas, ou seja, a maneira como cada sujeito pensa, encara e aceita as identidades, como afirma Appiah (2012).

As práticas identitárias influenciam a criação da memória cultural e social, pois o passado continua em sintonia com o presente numa relação dialógica (Hall 2006). Embora exista uma memória coletiva, cada indivíduo, atendendo à sua experiência e sensibilidade, movido também por factos que considera importantes, cria uma memória individual. Isso ocorre por "via de coisas que servem de recordação, tais como monumentos, museus, bibliotecas, arquivos, e outras instituições mnemónicas" (Assmann 2016, 119). Ao analisar o *corpus* delimitado, pode-se inferir que as recordações, dispositivos da memória, servem como elementos fundamentais que facultam a criação do discurso literário. A secção a seguir apresenta um esquema que ilustra estas relações entre memória, discurso poético, espaço e identidade. Os traços identitários não se separam de uma categoria importante, o espaço, devido à sua justaposição interior e exterior ao sujeito. Há uma relação intrínseca entre sujeito e espaço. Não nos interessa fazer muitas conceções já conhecidas sobre o espaço, exceto duas. Primeiro, evocamos a conceção filosófica, tendo em conta o seu caráter fenomenológico; segundo, a literária, ao prestar atenção como o discurso poético se serve da componente espacial. Na particularidade literária, o poema enquanto espacialização vale-se da referencialidade no tocante ao espaço exterior, bem como o espaço construído ou evocado pelo poema (Moisés 1977, 73).

Ao observar o caráter fenomenológico do espaço, deve-se levar em conta que o sujeito é também um *ser-espacial* diante de uma linha e de um ponto específico (Hegel 1969, 20), não obrigatoriamente fixos. É indubitável que essas particularidades, que marcam uma determinidade, servem para reger princípios que facultam a construção de traços identitários. Eis uma das intencionalidades do espaço.

Não há um limite preciso para a delimitação do espaço. Ele é um elemento contínuo, que se vai alargando devido a vários contextos. Neste sentido o tempo tem um papel fundamental, permitindo a materialização do movimento. O espaço determina a atuação do sujeito, porque ele "é, como pretendemos, um resultado da inseparabilidade entre sistemas de objetos e sistemas de ações" (Santos 2006, 65). Portanto, estes dois sistemas são, até certo ponto, responsáveis pelas atitudes dos sujeitos. Assim sendo, eis o facto de ver o espaço como um elemento gerador de sensibilidade, pois os sistemas exteriores influenciam o espaço interior do sujeito.

Geograficamente falando, o espaço é um elemento macro, que carece de uma visão micro, ou seja, de um elemento mais específico que melhor o defina. Para se evitar contradições, é necessário um elemento menor, o lugar. Este é a *individualidade espacial*. É por este meio que se identifica o *agora espacial* (Hegel 1969, 26). Deste modo, que espaços e lugares são identificados nos poemas delimitados? Como o sujeito poético se posiciona diante deles? Ademais, com que intenção se faz as referências espaciais nos poemas? Trataremos disso no ponto 3. Contudo, deve-se frisar que a identidade não é um elemento independente. Ela precisa de associar-se a certos constituintes para que tenha uma significação.

3. Esquema funcional

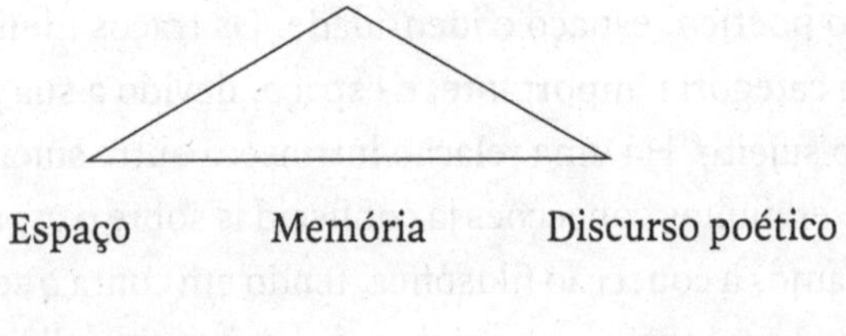

Figura 1: Esquema da construção identitária.

Neste esquema visualiza-se a utilidade da análise da construção identitária dentro do espaço literário. Serve como ponto de partida para a significação dos textos. É importante referir a função que a memória desempenha na construção da identidade. No entanto, para este contexto, vê-se aqui a memória não apenas como um meio que serve de armazenamento de informações em ordem ou desordem, mas como um elemento do pensamento humano capaz de escolher certos elementos e descartar outros, a fim de encontrar pistas de reflexão e modos de apresentação de acontecimentos de um passado, presente ou futuro que se idealiza.

Por outro lado, pode-se entender a identidade como um processo multidimensional (Erikson 1980) que ocorre na medida em que o eu não interage apenas consigo mesmo. "Está implícito [nestas interações] um contexto social e as suas expectativas" (Costa 2005, 83). Destarte, a construção da identidade parece ser, simultaneamente, um princípio e um fim: um princípio, porque funciona como base para novos processos de assimilação; e acomodação, o que permite a construção de novas experiências; um fim, porque estrutura as experiências e vivências passadas no sentido da consolidação do eu (Costa 2005).

Uma particularidade que merece atenção, ligada também à questão de identidade, é o espaço, nomeadamente o social. Todo o escritor ou escritora fala a partir de "um lugar e de um tempo em particular, a partir de uma história e de uma cultura que são específicas" (Hall 2006, 22). Direta ou indiretamente, o discurso literário é dependente de um contexto. Geralmente, o escritor posiciona-se num determinado espaço e o seu discurso faz referenciações de algumas particularidades deste espaço. No domínio da poesia, é indubitável que:

> sem palavras comuns não existe poema; sem palavra poética tampouco existe sociedade, Estado, Igreja ou comunidade alguma. A palavra poética é história em dois sentidos complementares, inseparáveis e contraditórios: no de constituir um produto social e no de ser uma condição prévia para a existência de toda a sociedade. (Paz 2001, 66)

Assim sendo, com toda a sistematização teórica da identidade, envolvendo a particularidade do espaço, a seguinte pergunta se coloca: é possível definir uma poética da identidade ou apresentar um tratado sobre a identidade poética? Muito caminho teria de ser desbravado para que se pudesse aclarar essa relação necessária entre literatura e identidade.

Vários aspetos identitários e referências espaciais podem ser reconhecidos nas obras *Noite vertical*, de Zetho Cunha Gonçalves, e *Como veias finas na terra*, de Paula Tavares, comentadas a seguir sob a perspetiva teórica aqui proposta.

4. Duas vozes da literatura angolana: Zetho Cunha Gonçalves e Paula Tavares

Zetho Cunha Gonçalves nasceu na província do Huambo em 1960. Viveu seis meses em casa dos avós maternos, de onde teve a sua primeira memória. Assume-se como poeta: "[a]quilo que as pessoas ditas normais não têm – e eu tenho – é algum talento para escrever poemas" (Wieser 2024a, 27). No seu caso concreto, escrever sobre as vivências da guerra foi um processo particularmente difícil e demorado: "escrevi alguns poemas que saíram publicados na *Noite vertical*, que são violentíssimos, e dois contos que estão numa antologia, ou melhor, em várias antologias da União dos Escritores Angolanos e depois foram traduzidas, inclusivamente na Alemanha" (Wieser 2024a, 28).

Tendo crescido num meio ligado à cultura oral angolana, o poeta tem um genuíno interesse pela literatura de tradição oral. Contudo, o que o motivou a abraçar o ofício de escritor? Primeiro, foi a rádio, quando ouviu o locutor Adolfo Maria a declamar um poema. A seguir, surgiu nele o desejo de ser poeta: "Quando crescer, eu vou ser poeta. O impacto daquele poema em mim foi um despertar mais ativo da minha identidade, da minha terra, porque a gente pertence só a um lugar". Deixa clara a sua angolanidade e permite que os seus versos reflitam Angola: "sou angolano, não sou outra coisa. Na minha poesia, [...] Angola está lá. Mesmo quando aparentemente não está, é Angola que lá está" (Wieser 2024a, 37).

Paula Tavares nasceu no sul de Angola, em 1952, numa região chamada Huíla: "Nasci nessa pequena aldeia, junto a comunidades pastoris, os Nyaneka, que falam uma língua bantu, língua na qual eu não fui iniciada [...]. Desde muito criança fui viver com os padrinhos portugueses" (Wieser 2024b, 12). Paula Tavares identifica-se como angolana e reconhece a carga da angolanidade que está presente no seu discurso literário. Por isso, afirma que "a angolanidade, assim como a minha identidade, foi um processo de construção. Não se nasce angolano. Nasce-se num local que depois se reivindica – ou não – como o seu local de pertença e de identidade" (Wieser 2024b, 16-17).

A questão da identidade é um assunto importante para a poeta. É algo que influencia o seu trabalho poético. Isso fica evidente quando ela diz que "só consigo escrever quando me relaciono – como dizia Ruy Duarte de Carvalho – com uma alma angolana, com um *corpus* identitário, um *corpus* de referentes que têm a ver com Angola. Sou angolana, sou do sul, sou do sul de Angola, que não é a mesma coisa do que ser angolana em geral, e é com todos esses referentes que me identifico" (Wieser 2024b, 17).

Tal como Zetho Cunha Gonçalves, Paula Tavares começou a pensar no processo da escrita apenas depois da independência de Angola: "A passagem à divulgação e à exposição foi um processo que segue a independência nacional. O caderninho então publicado, *Ritos de passagem* (1985), provocou algumas inquietações, não em mim. Eu não fiquei nada preocupada, porque achei que aquilo era o fim dum ciclo: escrever, publicar e deixar" (Wieser 2024b, 21).

O que o autor e a autora acresceram, ou em que medida renovaram e revolucionaram o domínio poético angolano? O vocábulo "autor tem como étimo a raiz do verbo aumentar, que, neste sentido, denota o avançar de um passo à série artística de que o autor contemporâneo sob a análise é a provisória secção terminal" (Feijó 2020, 15). Zetho Cunha Gonçalves e Paula Tavares ocupam posições importantes no cânone da literatura angolana. Com os trabalhos que têm publicado, permitem o enriquecimento do campo literário angolano. Contudo, é difícil delimitar de forma precisa a geração a que pertencem. Quanto a este assunto, Zetho Cunha Gonçalves questiona-se: "A minha geração qual é? É a dos grandes poetas, dos que são para mim grandes poetas. É essa a minha geração e, portanto, é temporal, porque toda a poesia é temporal" (Wieser 2024a, 39).

É indubitável que Paula Tavares e Zetho Cunha Gonçalves, segundo a estética de cada um, renovaram a instituição poética da literatura angolana. Com o espírito da angolanidade, rebuscam a literatura de tradição oral e, além disso, deixam bem evidente o espaço social e cultural a que pertencem. Ambos são escritores em trânsito. Vivem em Portugal, mas, emocionalmente, estão sempre entre Angola e Portugal. Portanto, é nestes dois espaços que se encontram as suas obras e a maior parte dos leitores.

Não somos os pioneiros a estudar a produção literária destes dois escritores angolanos. Há diferentes estudos que analisam as suas obras em várias perspetivas. Não pretendemos apresentar uma lista demasiado longa dos estudos realizados, mas destacar alguns deles para fazer um breve cotejo com o tema que nos propusemos a analisar.

Ao analisar a importância do papel da literatura de tradição oral para a construção do romance angolano, o professor e ensaísta português Francisco Topa, que muito se dedica ao estudo das literaturas africanas de língua portuguesa, fala do contributo de Zetho Cunha Gonçalves. Topa refere, por exemplo, que a obra *Rios sem margens* (2013) recria, em português e a partir de recolhas de textos orais, formas tradicionais como os provérbios (Topa 2016, 360). Muitas obras de Zetho Cunha Gonçalves são catalogadas como literatura infantil e têm merecido estudos e reflexões importantes. Neste âmbito, destacam-se, pelo menos, dois trabalhos: o de Silva (2022), que apresenta a resenha da obra *A caçada real*, publicada em 2011[1]. De forma criativa, Zetho Cunha Gonçalves constrói um texto que tem uma pegada de humor e aborda a superstição num mundo metafórico em que os bichos mandam. Além disso, aponta importantes reflexões sobre as questões relacionadas com o poder, a política, a ambição e o autoritarismo numa linguagem poética (Silva 2022, 47). Na mesma senda, Eliane Debus (2013), ao estudar a literatura infantil angolana, delimita duas obras de Zetho Cunha Gonçalves: *Debaixo do arco-íris não passa ninguém* (2006) e *A vassoura do ar encantado* (2012).

Em quantidade ainda mais alargada, os estudos dedicados às obras literárias de Paula Tavares incluem várias dissertações e teses. Portanto, seria uma atividade árdua enumerar os trabalhos já realizados sobre a produção literária desta escritora angolana. De uma forma específica, Carmen Secco (2016) analisa as crónicas de Paula Tavares publicadas na página *Rede Angola*. A partir deste *corpus*, a investigadora examina como as metáforas de dores, medos, opressões, silêncios, violências, mas também de utopias, tradições e sonhos, referenciadas nas obras literárias, necessitam de ser criticamente repensadas. No âmbito estritamente académico, olhando para a representação, a importância e a filosofia do corpo, Larissa Souza (2015) trabalha com as crónicas de Paula Tavares em *A cabeça de Salomé*, publicada em 2004.

Ao olhar para estes e outros estudos, pode-se inferir que o escritor e a escritora contribuíram positivamente para o desenvolvimento da literatura angolana. O presente ensaio também assegura esse contributo. Diferentemente dos estudos apresentados, escolhemos alguns poemas das obras *Noite vertical*, de Zetho Cunha Gonçalves, e *Como veias finas na terra*, de Paula Tavares. Como referido, o objetivo é analisar os pressupostos identitários e a espacialização. Assim, busca-se destacar a maneira como o eu lírico, a partir da sua sensibilidade e memória, erige a sua identidade. Para isso, vale examinar atentamente as vozes presentes nos poemas, uma vez que "a poesia é a expressão do eu" (Moisés 1977, 50).

5. Identidades nos poemas de Zetho Cunha Gonçalves e Paula Tavares

O núcleo deste trabalho consiste em analisar os elementos identitários dos poemas de Paula Tavares e Zetho Cunha Gonçalves. Por isso, procurar-se-á, em alguns poemas, as diferentes perspetivas em que o conceito de identidade se enquadre de maneira específica.

Nos poemas de Zetho Cunha Gonçalves e de Paula Tavares, nota-se que o eu lírico destaca referências identitárias, entre elas, a construção do espaço que se dá por meio das palavras. Isto é, a organização de cada vocábulo no poema, o emprego linguístico e visual permitem identificar uma técnica de espacialização do eu. Trata-se de uma "quase-forma" de geografia poética que define o eu lírico como ser integrante de um espaço específico. Vejamos:

Zetho Cunha Gonçalves
Rio Cutato

Nenhum rio é como esse
o rosto magnificente da infância.
Suas quedas de água –
minha pátria inaugural
da Poesia.
– Leveza intuída do mundo.
[...]

E nenhum rio é como esse
o rosto magnificente da infância,
a pátria inaugural da Poesia.
(Gonçalves 2017, 25-26)

Paula Tavares
II

Vou pelos passos das crianças gritar
num sul mais novo. Se demorar espere
por mim. Aqui as crianças estão
escondidas e espreitam o dia
[...]
e vou
rumo ao sul no rasto delas.
Talvez entretanto no pátio dos olhos
tenha
Nascido a buganvília.
(Tavares 2020, 10)

No primeiro poema, há um fenómeno de representação muito específica: o rio Cutato como fonte de inspiração e de iniciação poética. Talvez seja por isto que, numa entrevista, Zetho Cunha Gonçalves afirma que "as solas dos meus pés não saíram nunca das quedas do *rio Cutato*" (Wieser 2024a, 31, meu itálico), facto que demonstra a ligação que o poeta tem com este espaço. A palavra "como", encontrada no primeiro verso, pode ter duplo sentido: primeiro, essa conjunção comparativa distingue o valor de um local em relação aos demais; em segundo lugar, intensifica o sentido da importância afetiva, ou seja, do verdadeiro valor do rio para o eu lírico. Logo, a escolha deste recurso exige uma delimitação espacial específica que serve de recurso para a construção identitária do sujeito poético. Essa estratégia não exige a formação precisa de uma geografia, mas faz do ambiente uma forma de projeção do sujeito, um mecanismo específico para realçar a sua identidade. Predomina no poema o verbo "ser", verbo que assume um caráter importante no domínio comparativo e valorativo. Talvez seja esta a razão de o sujeito poético afirmar que o rio é "a pátria inaugural / da Poesia". Um rio poeticamente singular e inigualável.

Já no poema de Paula Tavares, verifica-se o predomínio dos verbos de movimento, como é possível notar nestes versos: "vou pelos passos das crianças a gritar num *sul* mais / novo" (meu itálico). Manifesta-se a intenção do sujeito poético. Ficam registadas no poema três referências essenciais: "criança, *sul* e a buganvília", bem como uma marcha aos gritos por um *sul* mais novo. Sente-se o desejo da inovação representada pelo sul. Parece que as coisas ou se perderam, estão a se perder, ou afirma-se a possibilidade de se querer algo novo; por isso, a intenção é um "sul mais novo". Logo, há o desejo de se unir às outras crianças, demonstrando que é preciso uma coletividade. Precisa-se de um grupo coeso. Além disso, apresenta-se a forma como as crianças estão: escondidas a espreitar o dia. Esta situação não significa que elas valham menos. Pelo contrário, talvez seja dentro delas que se comecem novas essências, nasçam novos desejos e um sul renovado. Por isso, "[t]alvez entretanto no pátio dos olhos tenha / [n]ascido a buganvília". Portanto, a identidade é também um processo consciente e em constante transformação. Esta ocorrência manifesta-se segundo diferentes espaços. Neste poema, o sul é identificado como o espaço ainda de refúgio e de recomeço: "vou pelos passos das crianças gritar num sul mais novo". Eis a necessidade de o sujeito poético dirigir-se ao sul.

Em ambos os autores, os elementos da natureza têm uma presença significativa. Zetho Cunha Gonçalves apresenta insistentemente a imagem do rio, em diferentes perspetivas. Paula Tavares, por sua vez, apega-se às árvores e às cores das flores que estas apresentam. Fica patente um imaginário marcado por paisagens, por sítios decorados e construídos na consciência dos sujeitos poéticos. Nesse sentido, é percetível, nos poemas, uma sensação de intimidade e ligação com o espaço de pertença. Esses recursos acabam por dar cor, tom, ritmo e vida aos poemas de Zetho Cunha Gonçalves e de Paula Tavares. Em todo o caso, são, sem dúvidas, marcas de identificação dos sujeitos poéticos com as paisagens da sua respetiva infância.

O fenómeno da referencialização dá-se quando o sujeito poético, expressivamente, evoca o espaço exterior (o rio, as árvores e o sul, que se requer novo); objetos imagéticos guardados na memória. Pois os pressupostos da espacialização dos poemas não se materializam de forma vazia. É o que se verifica nos poemas que se seguem:

Zetho Cunha Gonçalves
A velha, antiga ponte

A velha,
antiga *ponte*[2]
ruiu,

arrastada
pelas chuvas loucas
de Dezembro.
[...]
atravessei pela primeira vez
o *rio Cutato*
– a caminho
da infância
e da casa de meus pais.

A velha,
antiga ponte
ruiu,

arrastada
pelas chuvas loucas
de Dezembro.
(Gonçalves 2017, 21)

Paula Tavares
III

Aqui algumas *árvores* cobriram-se de flores
para
impedir o choro e o canto das raízes.
O *jacarandá* invadiu devagarinho
as esquinas da cidade.
Ninguém
deu conta
mas uma luz azul tomou conta de tudo
durante uns tempos.
Doença assim é p'ra fazer gritar de
prazer.
(Tavares 2020, 11)

O primeiro poema deixa ver pelo menos dois elementos-chave: a ponte e o rio Cutato, responsáveis pela significação central do texto. O desmoronamento da ponte, provavelmente, impede a travessia do rio. O sujeito poético evoca a memória da sua primeira travessia do rio, num momento em que a ponte ainda existiu. Ao analisar estes poemas, é notório que a referencialidade, em ambos, constitui um grau primário para a materialização poética. Disto serve também de exemplo a imagem do jacarandá presente nos versos de Paula Tavares. Verifica-se a personificação das árvores que ocorre através do uso do verbo "invadir". Um recurso utilizado possivelmente para destacar o lugar e a importância emocional delas para o sujeito poético e estabelecer o convívio harmonioso entre árvores e as pessoas de um determinado lugar.

Ao acompanhar a movimentação das palavras nos poemas, fica evidente que a identidade dos sujeitos é construída por objetos externos e desejos, pensamentos e memórias pessoais internos.

Zetho Cunha Gonçalves
Mês da chuva grande

É dezembro,
mês da chuva grande.

Povoado de tortulhos
– quase despontam
na palma das mãos –,
a terra cheira
a madeira iluminada.
[...]

É dezembro,
mês da chuva grande
– tempo das noites
de sol sufocado nos relâmpagos,
arrepiando,
estremecendo a Terra
– revoada de trovões
e rugidos de leão,
ali tão próximo.
[...]
(Gonçalves 2017, 22-23)

Paula Tavares
A chuva

[...]
De onde eu venho a chuva usa uma voz
fininha para falar uma língua de sopros,
rente-ao-chão e faz crescer com a lava
dessa voz o mundo em volta. Os miúdos
aprendem cedo a conhecer os sons da
fala, a forma como muda na dobra do
vento. Bebem dela a ciência da sede
e esticam as asas sob a sua cortina
de pérolas.
(Tavares 2020, 30)

Nestes dois poemas, há que ressaltar a impressionabilidade que leva os sujeitos poéticos a tentarem descrever, ou até explicar, o prodígio da chuva e identificar-se com a memória da sensação que ela produz. Tal facto deixa evidente uma predominância das memórias de ocorrências climatéricas no espaço geográfico para o qual se projetam ambos os sujeitos líricos. Deste modo, verifica-se a possibilidade de enunciação poética a partir de uma geografia cultural e afetiva, que implica uma aprendizagem segundo um determinado sistema social, filosófico, artístico e, acima de tudo, religioso.

Todavia, a experiência do eu é fundamental, porque permite que os aspetos caracterológicos do que se vê e se sente sejam somas de processos mentais e estéticos diferentes. Isso é facilmente observado no discurso poético de Zetho Cunha Gonçalves. Nos seus poemas, uma voz lírica indica o tempo em que a chuva tende a ser mais intensa. Recorre-se ao poder da imagem e da linguagem poética:

é dezembro
mês da chuva grande
povoado de tortulhos
– quase despontam
na palma das mãos –,
a terra cheira
a madeira iluminada.
(Gonçalves 2017, 22-23)

Ademais, esses versos apresentam o resultado e os efeitos da chuva intensa. Diferentemente, Paula Tavares descreve a chuva à medida que tenta referenciar como os sujeitos estreitam relações com ela e passam a conhecê-la. No entanto, ao ler os poemas, fica de todo evidente o domínio e o conhecimento dos fenómenos sociais e naturais de um determinado *habitat* que ambos os sujeitos poéticos conhecem, resultado de um processo de integração e interação espacial, temporal e grupal, que se torna um elemento fundamental na afirmação da pertença a este *habitat* e, consequentemente, da identidade dos sujeitos poéticos.

Outro elemento-chave que se verifica nos poemas é a relação entre mãe e filho. Apresenta-se a figura da mãe como metáfora de espera, de embalo, de acalento e de proteção. Os poemas que se seguem atestam essa representação da mãe:

Zetho Cunha Gonçalves
Os sonhos pedem cafuné

[...]
– Mãe,
sonhei tanto, tanto,
esta noite!...

– Meu filho,
deita aqui a tua cabeça,
porque meus
são os prodígios e os teus dias,
que crescem,
crescem,
a encantar os horizontes,
iluminando
a tua altura de menino.
Deita,
deita aqui a tua cabeça,
meu filho.
(Gonçalves 2017, 47-48)

Paula Tavares
Toda a tua vida

é um ciclo de espera
uma criança às costas
e uma em cada mão.
(Tavares 2020, 33)

O sentimento de identidade baseia-se nos processos de identificação e de experiência do eu, enquanto sujeito ativo e passivo. Justamente por isso, "a formação da identidade envolve a internalização de sentimentos relativos a figuras significativas e representações de relações experienciadas" (Costa 2005, 32). Nestes dois poemas, observa-se a presença da figura de um elemento protetor: a mãe. Embora esse nome esteja subentendido no poema de Paula Tavares, a figura materna é desenhada com as palavras e os sentidos que as mesmas oferecem. Além disso, por um significado tácito: a disposição física das crianças determina o papel materno e põe em cena uma crítica social subjacente a essa mulher "cercada" de filhos.

Entretanto, ambos os sujeitos partilham os paradigmas mínimos da identidade social, no caso de Paula Tavares, cujo poema acima não apresenta uma mãe que protege os filhos. As crianças representam a maternidade como restrição física e afetiva imposta às mulheres. Mas há um contraste: no poema de Zetho

Cunha Gonçalves, o sujeito poético projeta-se no papel da criança; no poema de Paula Tavares, o sujeito poético projeta-se no papel da mãe.

Chega-se a essa conclusão porque, quer num quer noutro poema, além da mãe e dos filhos, não se menciona nenhum outro sujeito. É importante reforçar que Zetho Cunha Gonçalves e Paula Tavares encenam dois imaginários diferentes para a maternidade: o autor constrói uma imagem que reforça a associação (machista) entre as mulheres e a função do cuidado; a autora, por sua vez, refuta esse papel e representa a maternidade como uma restrição, como uma condição limitante.

6. Considerações finais

Depois da análise dos poemas de Zetho Cunha Gonçalves e da Paula Tavares, nota-se o contributo que ambos dão à literatura angolana. Verifica-se, em seus poemas, uma ligação entre sujeito poético, espaço, sociedade e cultura, características essenciais na formação da identidade. Portanto, a cultura é vital para a construção da sociedade. Embora a cultura não seja um espaço ideologicamente neutro, é um ponto de partida, ou seja, o grau primário para a formação dos aspetos identitários.

Os aspetos identitários ampliam os sentidos nos textos literários. Permitem-nos uma visão mais abrangente do significado íntimo dos fatores sociais e culturais evocados nos poemas. Tal facto permite inferir que há uma forte recorrência dos aspetos extraliterários. Nesse sentido, é notória a contextualização do espaço onde brotam os versos. Por isso, predominam os nomes de rios, pontes, chuvas, árvores, flores; e, ademais, crianças e mulheres. Estes elementos evocam uma memória e destacam de forma clara os pressupostos identitários nos poemas dos dois autores.

Portanto, embora sejam escritores em trânsito, Zetho Cunha Gonçalves e Paula Tavares reivindicam as suas identidades contruídas em Angola durante a primeira parte da sua vida e procuram evidenciar a angolanidade nos seus discursos literários. Entretanto, o texto e o contexto permitem uma compreensão mais abrangente dos poemas destes escritores, pois esta perspetiva exterioriza a identidade pessoal e coletiva. Será que Zetho Cunha Gonçalves e Paula Tavares são pioneiros desta estética intimista? É provável que não. Outros escritores angolanos, principalmente os do grupo da *Revista Mensagem*[3], já apresentavam essa particularidade intimista, ou seja, este desejo de evocar aspetos identitários, bem como as referências espaciais carregadas na memória como imagens.

NOTAS

1. Existe outra versão dessa obra publicada em Portugal, no ano de 2007, pela editora Bonecos Rebeldes.

2. Meu itálico. Entretanto, as palavras que aparecem nas tabelas realçadas em itálico são da minha responsabilidade. É a forma que se achou conveniente para destacar os aspetos mais pertinentes.

3. Cf. Hamilton (1975) e Laranjeira (1995, 70-75).

REFERÊNCIAS BIBLIOGRÁFICAS

Appiah, Kwame Anthony. 2012. "Identidade como problema". Em *Identidades*, organização de Brasilio Sallum Jr, Lilia Moritz Schwarcz, Diana Vidal e Afrânio Catani, 17-32. São Paulo: EDUSP.

Assmann, Jan. 2016. "Memória comunicativa e memória cultural". Em *Estudos de Memória. Teoria e Análise Cultural*, organização de Fernanda Mota Alves, Luísa Afonso Soares e Cristiana Vasconcelos Rodrigues, 117-28. Ribeirão, V.N. Famalicão: Húmus.

Bauman, Zygmunt. 2005. *Identidade: entrevista a Benedetto Vecchi*. Tradução de Carlos Alberto Medeiros. Rio de Janeiro: J. Zahar.

Bosi, Alfredo. 2000. *O ser e o tempo da poesia*. São Paulo: Companhia das Letras.

Castells, Manuel. 2007. *A Era da Informação: Economia, Sociedade e Cultura – Volume II. O Poder da Identidade*. Lisboa: Fundação Calouste Gulbenkian.

Costa, Maria Emília da. 2005. *À procura da intimidade*. Porto: Edições Asa.

Culler, Jonathan. 1999. *Teoria Literária: uma introdução*. Tradução de Sandra Vasconcelos. São Paulo: Beca Produções Culturais.

Debus, Eliane Santana Dias. 2013. "A Literatura Angolana para a Infância". *Educação e Realidade* 38 (4): 1129-45.

Dortier, Jean-François. 2006. *Dicionário das Ciências Humanas*. Lisboa: Climepsi Editores.

Dubar, Claude. 2006. *A crise das identidades. A interpretação de uma mutação*. Porto: Edições Afrontamento.

Erikson, Erik. 1980. *Identity and the Life-Cycle*. New York: Norton.

Feijó, António M. 2020. *O cânone*. Lisboa: Tinta da China.

Fortes, Carolina Coelho. 2013. "O conceito de identidade: considerações sobre sua definição e aplicação ao estudo da História Medieval". *Revista Mundo Antigo* 2 (4): 29-46.

Giddens, Anthony. 2003. "Modernidade e identidade". *Estudos de Sociologia* 9 (2): 119-22.

Gonçalves, Zetho Cunha. 2017. *Noite vertical*. s/l: Língua Morta.

Habermas, Jürgen. 2009. *Teoria da racionalidade e teoria da linguagem*, vol. II. Lisboa: Edições 70.

Hall, Stuart. 2006. "Identidade cultural e diáspora". *Comunicação e Cultura* 1: 21-35.

Hamilton, Russel G. 1975. *Literatura africana, literatura necessária I – Angola*. Lisboa: Edições 70.

Hegel, Georg Wilhelm Friedrich. 1969. *Enciclopédia das ciências filosóficas em epítome*, vol. II. Lisboa: Edições 70.

Laranjeira, Pires. 1995. *Literaturas africanas de expressão portuguesa*. Lisboa: Universidade Aberta.

Moisés, Massaud. 1977. *A criação poética*. São Paulo: Universidade de São Paulo.

Moisés, Massaud. 2013. *Dicionário de termos literários*. São Paulo: Cultrix.

Paz, Octávio. 2001. *A outra voz*. São Paulo: Siciliano.

Reis, Carlos. 2018. *Dicionário de estudos narrativos*. Coimbra: Almedina.

Santos, Milton. 2006. *Natureza do espaço (técnica e tempo. Razão e emoção)*. São Paulo: Universidade de São Paulo.

Secco, Carmen Lucia Tindó. 2016. "Viagens por dentro do tempo e das palavras: um balanço poético e crítico dos 40 anos de independência de Angola". *Abril* 8 (16): 213-24.

Sen, Amartya. 2007. *Identidade e Violência*. Tradução de Maria José de La Fuente. Lisboa: Tinta da China.

Silva, Elika da. 2022. "*A caçada real* de Zetho Cunha Gonçalves". Em *Para dar a conhecer as literaturas africanas de língua portuguesa publicadas no Brasil: Resenhas*, organização de Eliane Debus, Zâmbia Osório dos Santos, e Tatiana Valentin Mina Bernardes, 46-48. Florianópolis: Cruz e Sousa.

Souza, Larissa da Silva Lisboa. 2015. *Corpos ultrajados e suas representações em Crônicas de Ana Paula Tavares*. Dissertação de Mestrado, Programa de Pós-graduação em Estudos de Literatura. São Carlos: Universidade Federal de São Carlos.

Tavares, Paula. 2020. *Como veias finas na terra*. Alfragide: Caminho.

Todorov, Tzvetan. 1982. *O discurso da poesia*. Tradução de Leocádia Reis e Carlos Reis. Coimbra: Almedina.

Topa, Francisco. 2016. "Cruzando fronteiras: o javali e o porco". *Forma breve* 14: 359-64 (Número especial *O conto: o cânone e as margens*). https://doi.org/10.34624/fb.v0i14.403.

Wieser, Doris. 2024a. "As solas dos meus pés não saíram nunca das quedas do rio Cutato: entrevista a Zetho Cunha Gonçalves". *Portuguese Literary & Cultural Studies* 40/41: 25-40.

Wieser, Doris. 2024b. "Só consigo escrever quando me relaciono com uma alma angolana: entrevista a Ana Paula Tavares". *Portuguese Literary & Cultural Studies* 40/41: 11-24.

SALVADOR BONIFÁCIO DOMINGOS TITO é licenciado em Língua e Literaturas em Língua Portuguesa pela Faculdade de Letras da Universidade Agostinho Neto; Mestre em Estudos Lusófonos pela Faculdade de Artes e Letras da Universidade da Beira Interior, Mestre em Teoria da Literatura e Literaturas Lusófonas pelo Instituto de Letras e Ciências Humanas da Universidade do Minho e doutorando em Literatura de Língua Portuguesa na Faculdade de Letras da Universidade de Coimbra. É investigador no Grupo de Recolha e Estudo de Corpus Oral do Português de Angola (GRECORPA), na Rede de Investigação Científica sobre Angola – Angola Research Network, e no Centro de Literatura Portuguesa da FLUC.

ANDRÉA DE CARVALHO

Origem e identidade em *Noite vertical*, de Zetho Cunha Gonçalves

RESUMO: O presente ensaio tem por objetivo analisar poemas selecionados do livro *Noite vertical*, de Zetho Cunha Gonçalves, que sublinhem características dos conceitos de origem e identidade. Para tanto, cabe, primeiramente, observar aspectos teóricos que fundamentem o argumento de que origem e identidade não se dão de forma estanque. A coleção de memórias (individuais e coletivas) expressas pelo eu-lírico ao longo do livro ressaltam o movimento (a dança) de busca por significados metafóricos que possibilitem sua identificação, a despeito de uma origem geográfica. Argumento, portanto, que o livro estende ao público leitor o sentimento de não pertencimento, tão comum àqueles que vivenciaram a diáspora em África (a exemplo do próprio poeta) e abre a possibilidade de um novo (re)conhecer do eu em si através (e por causa) de sua transitividade.

PALAVRAS-CHAVE: identidade; origem; Zetho Cunha Gonçalves; poesia.

ABSTRACT: This study aims to read selected poems from *Noite vertical*, by Zetho Cunha Gonçalves, that highlight aspects of the concepts of origin and identity. Thus, observing theoretical aspects that support the argument that origin and identity are not inflexible concepts. The collection of memories (both individual and collective) expressed by the poetic self throughout the book seems to pursue metaphorical meanings for identity, beyond geographical origin. Therefore, we argue that the book extends to the reader the feeling of displacement, so commonly experienced by those who lived through the African diaspora (such as the poet himself), enabling a new form of recognition of the self through (and because) of its fluidity.

KEYWORDS: identity; origin; Zetho Cunha Gonçalves; poetry.

> *Falar é estar em condições de empregar uma certa sintaxe, possuir a morfologia de tal ou qual língua, mas é sobretudo assumir uma cultura, suportar o peso de uma civilização.*
> (Frantz Fanon)

> *E nenhum rio é como esse*
> *o rosto magnificente da infância,*
> *a pátria inaugural da Poesia.*
> (Zetho Cunha Gonçalves)

Diversos são os "ritos de inauguração" dos seres humanos. A primeira palavra enunciada por uma criança no momento de apreensão do mundo parece ser um dos mais celebrados e também significativos. É na primeira palavra que nos tornamos parte de uma comunidade; é ela que possibilita a relação de compreensão de/com o corpo social e, assim, habilita-nos para atender necessidades essenciais do nosso desenvolvimento. Atribuímos a esta palavra inúmeros significados: afeto, necessidade fisiológica, progresso cognitivo, entre tantos outros. Nunca novamente, depois de proferidas pela primeira vez, palavras como "água" ou "mãe" terão o mesmo peso semântico. No entanto, tal memória não é reconstituída pelo eu-enunciador, mas pelo outro. O ambiente externo é o que molda a constituição linguística, afetiva e sociocultural do ser. A(s) língua(s) que uma criança adquire é (são) influência(s) direta(s) da comunidade (ou das comunidades) na qual se insere – para além, inclusive, dos laços familiares. A palavra é, assim, uma espécie de rito de iniciação não só para o (re)conhecimento de si, mas também em relação à primeira forma de identificação do eu com o espaço a que é exposto.

A Literatura faz uso recorrente de tal "rito inaugural" para refletir acerca dos múltiplos signos formadores da palavra – esta que fala para além e aquém do símbolo semântico e/ou fonético que lhe é intrínseco. A origem da palavra é também a origem do eu. Tal como nos lembra Merleau-Ponty (2004, 111): "a palavra não é um meio a serviço de um fim exterior, tem em si mesma sua regra de emprego, sua moral, sua visão de mundo, como um gesto às vezes contém toda a verdade de um homem".

Desse modo, o presente ensaio tenciona observar as maneiras como Zetho Cunha Gonçalves explora os ritos inaugurais, principalmente a palavra, na formação da identidade do eu em *Noite vertical* (2017). Para tanto, discutirei as implicações que a origem (principalmente no sentido local) tem na formação da identidade do sujeito parece ser fundamental. Primeiramente, é necessário reconhecer a importância da origem geográfica, mas, sobretudo, os limites e contornos de sua relevância no que diz respeito à identificação do sujeito. Dessa forma, é mister perpassar alguns dos poemas da obra em questão, destacando os elementos que concernem à formação da identidade do sujeito e suas possíveis relações com a terra de origem – ou, nas palavras do próprio poeta, o lugar em que uma pessoa "sangrou os joelhos pela primeira vez"[1].

Apesar do próprio poeta se mostrar grandemente identificado com o local em que nasceu, seus laços familiares provam que este não é sempre o caso. Em entrevista concedida a Doris Wieser em 2020, Zetho da Cunha Gonçalves relata que sua mãe parte para Angola ainda bebê e "nunca chegou a conhecer a terra em que nasceu" (2024, 26), isto é, Portugal. Sua mãe vai para Angola ainda bebê e seu pai, segundo relata, não teria retornado a Portugal se não fosse pelas reverberações da guerra em 1975, "portanto, aquela era a terra também dos meus pais" (2024, 26). Zetho C. Gonçalves reside hoje em Portugal, por razões diversas e também por ser filho de pai e mãe portuguesa; além de ser um homem branco, adquiriu concomitantemente o português e o nganguela (uma das línguas locais da zona em que nasceu). A diversidade de signos formativos na vida do autor marca, inevitavelmente, a sua obra. Ainda na entrevista com Doris Wieser, ele afirma: "as solas dos meus pés não saíram nunca das quedas do rio Cutato" (2024, 31). Como se nota, apesar de o poeta ter escolhido identificar-se com a sua terra de origem, o mesmo não ocorre com o seu pai e sua mãe. A escolha também importa aqui porque, contextualmente, Zetho Cunha Gonçalves precisa afirmar seu lugar de pertença, dependendo da língua que fala ou do local onde se encontra. Sua identidade de cidadania não tem caráter necessariamente óbvio, afinal, já não reside em Angola. Nesse sentido, vale lembrar o que diz Amartya Sen, isto é, que

> a deliberação acerca da escolha de identidades relevantes, tem, portanto, de ir para além do significado puramente intelectual e de atentar ao significado social contingente. Uma vez que o exercício da razão está envolvido na escolha da identidade, o raciocínio poderá ter de levar em consideração o contexto social e a relevância contingente de se estar numa ou noutra categoria. (Sen 2006, 58)

Em outras palavras, o contexto – que, às vezes é representado pelo outro-comunidade, e outras pelo outro-localidade – importa na reflexão acerca das escolhas identitárias do sujeito. A vida do autor, assim como a de sua família, exemplifica com clareza tal importância. Cabe aqui, no entanto, explorar os pormenores de tais escolhas nas leituras dos poemas a seguir.

O livro *Noite vertical*, publicado pela primeira vez em 2017, apesar de curto, demonstra a riqueza da criatividade poética do autor, a começar pelo título: a imagem da "noite vertical" remete ao anoitecer repentino em Angola (sem crepúsculo), mas também ao ato amoroso[2] – o qual também faz parte daquilo que define, constrói o sujeito em suas múltiplas identidades possíveis e maneiras possíveis de estar no mundo. Ao longo do livro, deparamo-nos com versos que fazem falar essa poesia a que o eu é submetido desde o momento em que nasce e "sangra" na terra[3], mas também com aquilo que se constrói com o passar do tempo, aquilo que move e enriquece a existência humana. O livro faz diversas referências à terra de origem do autor[4], mas também (e, talvez, acima de tudo) ressalta aspectos inaugurais do eu, da poesia (também formadora do eu), de suas respectivas pátrias.

Os poemas selecionados trazem luz à busca da palavra enquanto movimento volátil, dançante (palavras recorrentes ao longo do livro), e também refletem/acompanham a formação identitária do eu ao longo do livro. A recorrência dessa procura parece espelhar a própria formação da identidade do eu nos poemas. O sujeito se identifica (ou nasce) justamente do informe, do não lugar, do *displacement*.

Nesse sentido, vale mencionar novamente o pensamento de Amartya Sen (2006), para quem as categorizações de identidade muitas vezes limitam as possíveis multiplicidades do eu. Segundo ele, há dois tipos principais de reducionismos na conceituação de identidade: a desvalorização da identidade, principalmente por parte dos economistas, no sentido de ignorar a importância do sentimento de pertença na constituição dos valores (o indivíduo não é e não pode ser uma ilha); e a afiliação única, isto é, a crença de que há a necessidade de lealdade exclusiva a um único grupo de identificação. Esse tipo de convicção negligencia o caráter múltiplo e também volátil da identidade:

> As complexidades dos grupos plurais e das lealdades múltiplas são obliteradas, analisando-se cada pessoa como se estivesse firmemente embutida numa única associação e substituindo-se a riqueza da vida humana plena pela pobreza de uma fórmula que insiste em que todas as pessoas estão *encaixadas* numa embalagem orgânica. (Sen 2006, 49-50)

Sen alerta à possível propagação da violência causada nesse tipo de reducionismo. É também por isso importante ressaltar a relevância do movimento e da pluralidade nas conceituações de identidade. "Por um lado, a importância de uma identidade específica dependerá do contexto social" (2006, 55), adverte Sen, que acrescenta: "do mesmo modo, a importância das identidades não tem de ser sempre duradoura" (2006, 55). Ambas as afirmações de Amartya Sen ratificam o caráter relativo e (possivelmente) móvel da noção de identidade, tanto no tempo quanto no espaço.

Falar em identidade, no entanto, é também reconhecer o papel da memória na construção das noções de "eu" e "outro" (observaremos tal relação nos poemas de Zetho Cunha Gonçalves). Comecemos, portanto, por relembrar o que Jan Assmann afirma acerca da relação entre memória e identidade: "a memória é a faculdade que nos permite formar uma consciência da individualidade (identidade), tanto a nível pessoal como a colectivo. A identidade, por seu turno, relaciona-se com o tempo" (Assmann 2016, 117). Nessa perspectiva, a identidade do sujeito só é estabelecida diacronicamente. Assmann esclarece que

> a memória cultural chega ao passado somente na condição do passado poder ser reclamado como "nosso". É por esse motivo que nós nos referimos a este tipo de consciência histórica como "memória" não somente como conhecimento sobre o passado. O conhecimento sobre o passado adquire as propriedades e as funções da memória se estiver relacionado com um conceito de identidade. Se o conhecimento não tem forma e é infinitamente progressivo, a memória envolve o esquecimento. Só mesmo pelo esquecimento do que está fora do horizonte do que é relevante é que se processa uma função de identidade. (Assmann 2016, 121)

Selecionar, de forma tanto individual quanto coletiva, o que se esquece é também selecionar o que se memoriza. Nesse sentido, a História desempenha um papel bastante importante nos processos de constituição da memória – e, consequentemente, da identidade. Como lembra Pierre Nora (1989): "What we call memory today is therefore not memory but already history. What we take to be flare-ups of memory are in fact its final consumption in the flames of history. The quest for memory is the search for one's history" (Nora 1989, 13). Os poemas de Zetho Cunha Gonçalves reclamam uma amplificação da história pela inclusão de elementos marginalizados institucionalmente através de signos que constituem a memória individual (mas também coletiva de um certo local, de um sujeito disposto em um tempo-espaço específicos).

Ao referir-se a exemplos franceses para reconstituir o papel da memória e da História na formação da identidade do sujeito, Nora (à semelhança do que faz Jan Assman, recorrendo a exemplos do Egito antigo) argumenta que a identidade do indivíduo não se dá sem a existência e as dinâmicas de um contexto sociocultural. Grande parte do que constitui um sujeito reconhecível para si e para os outros é dado exteriormente, isto é, em interação com uma comunidade. Também por isso, apreciar os poemas de Zetho Cunha Gonçalves, refletindo acerca das questões que envolvem a formação de identidade, significa olhar para a comunidade na qual as vozes líricas se inserem e se desenvolvem. Faz-se necessário observar, assim, a formação da identidade cultural do sujeito poético, considerar os pormenores de cunho tanto individual quanto coletivo.

Como bem lembra Nora (1989), a crise da relação memória/História é ocasionada pela necessidade moderna de mudança. Segundo o historiador francês, a tradição da memória foi erradicada pela História, afetando a própria noção de identidade nacional. Apesar de acreditar que os poemas de Zetho Cunha Gonçalves reclamam uma reinvenção do eu, assim como da memória/História, não se pode deixar de considerar que até mesmo a ideia de nação (enquanto local de origem territorial do sujeito) está intrinsecamente relacionada com a formação da memória (tanto individual quanto coletiva). No caso de Angola, a luta pela libertação nacional e a independência, assim como a guerra civil, impulsionaram o país a uma modernização sob paradigmas internacionais (o que torna a reflexão de Nora oportuna).

A esse respeito, é interessante lembrar a emblemática fala de Frantz Fanon:

> Sangue! Sangue!... Nascimento! Vertigem do devir! Em três quartos de mim, danificados pelo aturdimento do dia, senti-me avermelhar de sangue. As artérias do mundo arrancadas, desmanteladas, desenraizadas, voltaram-se para mim e me fecundaram.
>
> Sangue! Sangue! Todo o nosso sangue
> revolvido pelo coração másculo do sol. (Cesaire, *op. cit.*, 79)
>
> O sacrifício tinha servido de meio termo entre mim e a criação – não encontrei mais as origens, mas a Origem. No entanto, era preciso desconfiar do

> ritmo, da amizade Terra-Mãe, deste casamento místico, carnal, do grupo com o cosmos. (Fanon 2008, 115)

Obviamente, o trecho acima se refere à experiência de racialização do eu no contexto da diáspora e à sua respectiva descoberta da presença de dor na terra (que é, ao mesmo tempo, localidade geográfica e solo, "mãe"-natureza). Tal vivência integra a identidade do sujeito e o dispõe a uma coesão afetiva para com o local: sangue e terra se entrelaçam, significando-se mutuamente em sua ambiguidade. Nas palavras de Fanon, notamos que a imagem do sangue (enquanto identidade) em contato com o meio (remete à terra) traduz-se, concomitantemente, em símbolo de martírio, sofrimento e redenção. Apesar da identidade racial não estar aqui em questão, observar o entorpecimento do eu que se descobre parte da terra, que enxerga sua origem no seio da terra (natureza, ambiente e não de uma terra originária), parece cabível para entendermos a emblemática relação identidade vs. local de origem. A origem do ser não é localizada, mas antes sentida, como parte de sua experiência de estar (estender-se) no mundo: o ser é constantemente (trans)formado por sua vivência em comunhão com os signos que tornam o ambiente reconhecível para si. Ademais, a conjuntura da diáspora africana explorada por Fanon também remonta à experiência do poeta (assim como do eu lírico) e de sua busca por identificar-se com um lugar metafórico – representação da partida forçada de sua terra geográfica.

A experiência desse ser-estar no mundo não é somente sustentada por características comunitárias, mas também por expressões de subjetividade – que, assim, encontram similaridades entre os pares, o seu senso de pertencimento não somente para si, mas também para o outro. Segundo Sen (2006), as escolhas feitas no processo de identificação do eu podem partir de um lugar racional/intelectual, mas levam também em consideração as categorias sociais. Ele afirma que

> em cada contexto social existe uma série de identidades potencialmente viáveis e relevantes que se poderiam avaliar em termos de sua aceitabilidade e importância relativa. Em muitas situações a pluralidade pode tornar-se central, devido à relevância de características seculares e frequentemente invocadas, tais como a nacionalidade, a língua, a etnia, a política ou a profissão. A pessoa pode ter de decidir sobre o significado relativo das diferentes afiliações, o qual pode variar, dependendo do contexto. (Sen 2006, 60)

Também nesse sentido, vale lembrar o que afirma Nora acerca da "materialização da memória":

> In just a few years, then, the materialization of memory has been tremendously dilated, multiplied, decentralized, democratized. In the classical period, the three main producers of archives were the great families, the church, and the state. But who, today, does not feel compelled to record his feelings, to write his memoirs- not only the most minor historical actor but also his witnesses, his spouse, and his doctor. The less extraordinary the testimony, the more aptly it seems to illustrate the average mentality. (Nora 1989, 14)

Compreendemos, assim, que os poemas em *Noite vertical* estendem (materializam) ao leitor a experiência do ser nessa dada comunidade – composta pelos signos de formação da identidade tanto em sua forma individual quanto coletiva. O coletivo, no entanto, não se refere apenas àquela dada comunidade, situada às margens do rio Cutato – por mais que este tenha sido, talvez, o objetivo de Zetho Cunha Gonçalves (dados os indícios deixados em entrevistas e falas do autor). A mentalidade média ("average mentality" de Nora), ou seja, a perspectiva de si e do outro a que o eu-lírico é apresentado ao longo da vida é passada ao leitor através do relato "nada extraordinário" (pelo contrário, completamente banal) dos/nos poemas. A literatura não pertence (somente) àquele que escreve. Ao comentar as diversas nuances da linguagem e de seu manejo pelas mãos do escritor, Merleau-Ponty afirma que,

> dada uma experiência que pode ser banal mas se resume para o escritor num certo sabor muito preciso da vida, dadas também palavras, formas, torneios, uma sintaxe, e mesmo gêneros literários, maneiras de contar que já estão, pelo uso, investidos de uma significação comum, à disposição de cada um, cabe escolher, juntar, manejar, torcer esses instrumentos de tal maneira que induzam o mesmo sentimento da vida que habita o escritor a todo instante, mas agora desdobrado num mundo imaginário e no corpo transparente da linguagem. (Merleau-Ponty 2007, 94)

O papel da linguagem, mediado pelo escritor, seria, portanto, fazer ver este corpo transparente. Quando lemos, por exemplo "Visgo soberano" (poema que integra a segunda parte de *Noite vertical*, intitulada "Fragmentos da terra"), temos a clara impressão de estarmos diante de tal corpo (metafórico, mas, coincidentemente, também material). Observamos que o lugar de identificação da voz poética é construído a partir das formas (do corpo) materiais que circundam o eu, e não por meio de um local. A linguagem empregada pelo poeta indica o desprendimento das formas fixas do sujeito, assim como da palavra:

Visgo soberano

Eu sou as minhas mãos – o rosto,
esta voz – de ar e fogo,
líquida.

Sou a minha voz,
as minhas mãos – e o meu rosto:
todas as caligrafias – do alfabeto
à escrita,
a sua leitura –

trespassando espaços, horizontes,
luas – visgo soberano,
a memória.
(Gonçalves 2017, 29)

Os indícios dados pelo poema constituem um lugar metafórico de pertencimento do eu-lírico e dão a soberania àquilo que é intangível, isto é, a memória. Essa memória é reconstituída pelo eu através dos elementos corporais (mão, rosto), bem como por forças exteriores ao corpo (ar, fogo, água) que se entrelaçam formando uma mesma substância reconhecível ao eu: sua identidade. A terra se confunde com o corpo e então, na segunda estrofe, o corpo se confunde com a escrita, a palavra, a poesia. A voz conecta o ser primeiramente à terra e depois chama, conduz o eu a este caminho de registro através de uma nova caligrafia, moldando (novos) sentidos. Ar e fogo, ao se conjugarem, culminam em um novo elemento inventado pelo eu: a voz líquida. O caminho da voz poética, por encontrar-se em si, demonstra que a ressignificação dos elementos, mesmo os mais originários e essenciais à vida, como ar, terra, fogo e líquido (representativo da água) é primordial para o sentimento de pertencimento do eu em si, bem como de sua simbiose com o ambiente. A (re)invenção desse elemento, a saber, a voz líquida, abre a possibilidade de extensão do eu tanto de forma espacial quanto temporal. Também por ser líquida, essa voz que conduz e chama se "espalha" em um novo formato: cria seu próprio alfabeto, sua própria linguagem, sua própria maneira de ser e estar no mundo.

Ao elencar categorizações de identificação no meio de uma dada comunidade, Amartya Sen (2006) explica as limitações da tese que postula a formação da identidade a partir da descoberta, isto é,

> a comunidade descreve não só o que temos, enquanto concidadãos, mas também o que *somos*; ela descreve não uma relação que se escolhe (como uma associação voluntária), mas uma ligação que se descobre; não apenas um atributo, mas um constituinte da nossa identidade. Porém, uma identidade enriquecedora não precisa, na verdade, de ser conseguida à custa de descobrirmos onde nos situamos. (Sen 2006, 68)

Para além do local, o eu lírico de "Visgo soberano" situa-se nesse lugar primordial, elementar e lacunar inventado por e para identificar-se. Notamos que, na terceira estrofe, a possibilidade desse lugar metafórico de identificação do eu é aberta: terra, corpo e palavra são elementos que atravessam qualquer fronteira física. Não é o local, mas o sentido de trespassar espaços e o sentimento proveniente de tal movimento que significa o eu lírico. Nesse sentido, o (trans) formar através (e por causa) do entrelaçamento lugar-palavra confere ao eu a viabilidade de tal lacuna espacial. Confundem-se os elementos constituindo uma mesma substância original e única. O visgo (análogo à memória) não sobrevive sem a árvore (estrutura constituinte do eu). No entanto, a estrutura (identidade do eu) já não se reconhece sem o visgo (memória). Se considerarmos a palavra "visgo" em seu significado mais óbvio, isto é, a planta parasita que nasce sobre o ramo de árvores, o poema pode ser lido a partir de uma perspectiva em que, tanto quanto o visgo (que impregna, permanece sobre a superfície de árvores), o que realmente permanece (é soberano) é a memória (por mais que haja uma outra estrutura a suportar a existência do eu). É o visgo (memória) que dá individualidade à árvore e identidade ao indivíduo. O poema se refere, sobretudo, a essa memória que é parte inalienável do eu.

Nora, ao comentar sobre a psicologização da memória (a partir de Freud e Proust), afirma que

> in the last analysis, it is upon the individual and upon the individual alone that the constraint of memory weighs insistently as well as imperceptibly. The atomization of a general memory into a private one has given the obligation to remember a power of internal coercion. It gives everyone the necessity to remember and to protect the trappings of identity; when memory is no longer everywhere, it will not be anywhere unless one takes the responsibility to recapture it through individual means. The less memory is experienced collectively, the more it will require individuals to undertake to become themselves memory individuals [...]. (Nora 1989, 16)

Ao considerar tal afirmação, podemos inferir que os temas elencados por Zetho C. Gonçalves nos poemas tentam, de alguma forma, "pagar esse débito impossível" a que Nora se refere (1989, 16) quando fala da sensação individual de que a permanência da memória (e, também por isso, a História) é, em parte, sua responsabilidade. O senso de missão inevitavelmente não cumprida abre no indivíduo uma lacuna, um sentimento de não-ser, não-estar em lugar (metafórico e físico) algum. A crise de identidade do ser humano moderno coloca em xeque também a noção de origem geográfica:

> Progress and decadence, the two great themes of historical intelligibility at least since modern times, both aptly express this cult of continuity, the confident assumption of knowing to whom and to what we owe our existence-whence the importance of the idea of "origins," an already profane version of the mythological narrative, but one that contributed to giving meaning and a sense of the sacred to a society engaged in a nationwide process of secularization. The greater the origins, the more they magnified our greatness. Through the past we venerated above all ourselves. (Nora 1989, 16)

A noção de origem já nasce ultrapassada. O lugar onde nascemos não mais define nossa origem. O solo sagrado, onde sangramos pela primeira vez, não mais se dá através de uma geografia; ao contrário, sublinha o mito da noção (e tentativa desesperada) de continuidade humana – seja através da origem genética ou geográfica. A era moderna traz a relativização de conceitos que, até então, eram aparentemente estáveis. O sujeito não mais pode afirmar "sou" a partir do seu local de nascimento:

> so have we gone from the idea of a visible past to an invisible one; from a solid and steady past to our fractured past; from a history sought in the continuity of memory to a memory cast in the discontinuity of history. We speak no longer of "origins" but of "births." Given to us as radically other, the past has become a world apart. Ironically, modern memory reveals itself most genuinely when it shows how far we have come away from it. (Nora 1989, 17)

A História se distancia radicalmente da tentativa de construção da identidade do sujeito. A memória, por outro lado, fora erradicada pela História. O ser humano encontra-se precisamente onde não está. É a fissura espaço-temporal, o não-lugar e o não-tempo que acomodam, agora, essa identidade móvel e volátil. A lacuna entre memória e sujeito definem com mais precisão a identidade do eu do que sua categorização regional. Nesse sentido, a sua constituição identitária reside em sua ausência.

No poema "Pela curva do ar, a dança", por exemplo, a voz poética se dirige a um corpo que dá forma ao seu nome. No entanto, este outro não é introduzido até o quinto verso, quando, ao usar o imperativo, o eu lírico o convida a dançar:

> Por uma atenção
> levantada dos horizontes;
> pela curva do ar
> que se senta na concha das mãos
> – dança,
> dança os passos na cabeça,
> de costas para essa porta – aproxima
> o teu corpo
> do meu nome.
>
> E repara,
> repara na exuberância das árvores,
> onde os pássaros escutam
> – ó intimidade soberana da voz! –
> a tão desejada
> madurez dos frutos.

E dança, dança, dança
– dança,
aproximando
o teu corpo
do meu nome.
(Gonçalves 2017, 36)

Tanto o eu que fala quanto aquele a quem a voz poética se dirige são identificados por suas formas voláteis, movediças. Sua atenção é "levantada dos horizontes": o chamado nasce de longe, como uma neblina, uma nuvem de fumaça no entardecer, onde cores e formas misturam-se e chegam aos olhos através da "curva do ar". E, assim como anunciado pelo título do poema, a dança delineia o ar; a dança torna a curva visível, real. O movimento (tanto do ar quanto da dança) é a concretização da não permanência do eu: as únicas constantes são a busca e a sua impossibilidade de estruturação. Tanto "ar" quanto "dança" têm uma relação com a fugacidade – o que é também uma extensão da busca do eu por definir-se. As mãos e o corpo são as estruturas que moldam (e, também por isso, criam) o ar.

Nem mesmo a dança é visível aqui: ela representa um estado imaginativo do eu lírico ("dança os passos na cabeça"). A dança pode indicar um movimento solitário, individual de expressão do eu, mas, no poema, ela encena também o (desejo do) encontro de dois corpos tornados um através da sincronia dos movimentos. O encontro, neste caso, torna-se ainda mais intrigante porque supõe uma aproximação entre "o teu corpo" e o "meu nome": o eu e o outro convergem a impermanência (ou a incongruência) do corpo e do nome. O corpo institui-se enquanto transição, movimento, caminho não definido ou delineado; já o nome faz-se aquilo que não muda, permanece, define. O movimento (através da dança, do ar, do corpo) torna possível a coincidência do eu com a própria identidade, com o próprio nome e, nesse sentido, ser e estar não necessariamente coincidem, sobretudo se considerarmos que o nome é geralmente cunhado pelo outro, enquanto o movimento a que o eu se sujeita, normalmente, não: o ser é uma instância não fatalmente vinculada àquilo que nos foi imputado (lugar de origem; parentesco). Lembremos que "não estamos tão presos às nossas localizações e afiliações preestabelecidas quanto os defensores da identidade enquanto descoberta parecem presumir" (Sen 2006, p. 68).

> How can we but see in our taste for everyday life in the past a resort to the only remaining means for restoring the flavor of things, the slow rhythms of past times and in the anonymous biographies of ordinary people the understanding that the masses do not allow themselves to be measured as a mass? How can we fail to read, in the shards of the past delivered to us by so many microhistories, the will to make the history we are reconstructing equal to the history we have lived? We could speak of mirror memory if all mirrors did not reflect the same-for it is difference that we are seeking, and in the image of this difference, the ephemeral spectacle of an unrecoverable identity. It is no longer genesis that we seek but instead the decipherment of what we are in the light of what we are no longer. (Nora 1989, 17-18)

A busca por identificar-se em si perpassa o decifrar do que já não é – tal qual a memória, que se define, também, no esquecimento. Ao tentar se diferenciar, o indivíduo se torna parte integrante de um grande grupo e, assim, iguala-se, perde--se. O que resta é a lacuna, o não-lugar, trazendo à tona o intangível e colocando o eu neste movimento de dança, de intangibilidade. Outrossim, a dança alude aos movimentos da memória que dão forma ao "corpo transparente da linguagem", tal qual referido por Merleau-Ponty (2007); fazem ver a palavra, a poesia.

O livro é composto por seis partes, das quais cinco (re)constituem diversos signos que remetem ao local de nascimento e infância do autor (Huambo, Angola), e uma última parte, intitulada "Tributo", apresenta textos em homenagem a (ou em reflexão e diálogo com) outros tantos nomes da poesia. Apesar de não querer incorrer sobre o erro de atribuir à leitura o "peso" da biografia do autor, neste caso, parece quase impossível não recorrer a algumas pistas deixadas pela vida e pelas palavras de Zetho Cunha Gonçalves em relação à sua própria experiência com a terra de origem. A sua poesia é extremamente marcada pela nostalgia de um lugar delimitado geograficamente, mas também metaforicamente. Diversas vezes o autor declara estar nesse entre-lugar no que concerne tanto à sua poesia quanto à sua noção de literatura e às suas percepções de origem e identidade. Dessa forma, procuro aludir a alguns dos indícios deixados nos poemas em relação à vida e à perspectiva do autor. O livro *Noite vertical* não deixa de ser um testemunho não só de sua formação como sujeito deslocado, mas também da comunidade em que se (e o) formou.

Hampaté Bâ afirma que "o que se encontra por detrás do testemunho, portanto, é o próprio valor do homem que faz o testemunho, o valor da cadeia de transmissão da qual ele faz parte, a fidedignidade das memórias individual e coletiva e o valor atribuído à verdade em uma determinada sociedade. Em suma: a ligação entre o homem e a palavra" (Bâ 2010, 168). A ligação de Zetho Cunha Gonçalves com a palavra é também a sua ligação com a terra: sua escrita tenta capturar e fixar um lugar de identificação que já não está, que já não é. Tal nostalgia permeia a sua obra como um todo, conferindo à tentativa o lugar central de encontro com o eu em sua literatura. O local onde o autor nasceu e cresceu já não existe daquela maneira, assim como o tempo a que se refere: o tempo é apenas a representação do que já não é. Zetho Cunha Gonçalves se vale de diversos artifícios para tentar chegar a este lugar (espaciotemporal) que não existe a não ser na memória. Inventa a própria caligrafia, o próprio alfabeto. Seus poemas (re)criam nessa lacuna a soberania da memória sobre o eu. Sua verdade, tal qual mencionada por Hampaté Bâ, é fecundada por seu testemunho (imbuído em seus versos), que, por sua vez, só é possível através dessa ligação com a palavra.

Talvez o poema mais emblemático nesse sentido seja "Rio Cutato", pois, além de ser citado em entrevista como seu lugar de origem, é também o texto que dá vestígios mais claros de uma demarcação geográfica (e metafórica) deste lugar inaugural do eu:

Nenhum rio é como esse
o rosto magnificente da infância.
Suas quedas de água –
minha pátria inaugural
da Poesia.
– Leveza intuída do mundo.

A poder de luas e relâmpagos a sol inteiro
fulgura –
pelo mover das águas rápidas,
dançadas, esfuziantes
– e ao fundo: a raiz e pedra alta
de harmonia deslumbrada:
o lodo magnético dos peixes,
enquanto as águas passam, ressoam
em seu caranguejo lunar.

Toda a beleza se canibaliza aqui,
e canta.

Árvore inaudita – sombra
que sobe da Terra aos frutos: seiva pura
em haste e folhagem,
tronco vivo fincado na rocha,
abrindo-se,
rasgando as entranhas da pedra alta.
– Silencioso canto dos ancestrais.

⋆

E eu vi
o canto e a manhã primeira irromperam
do redivivo coração da pedra alta
em seu aroma sábio,
pela raiz.
Eu vi.

Era pela raiz que as coisas pensavam
a exacta palavra de seus nomes.
– E ensinam, devagar,
a boca
a soletrá-los
pela doçura iluminada dos frutos
– nocha, maboque, cassússua,
churiungo –,
sobre a pedra do jacaré.

O alfabeto da Terra semeia seus dons e lucidez.
– Implacáveis. Os dedos
apreendem seus astros caligráficos: as veias
e artérias primitivas da pedra
e do fogo
batendo em mim

a Poesia inteira.
Absoluta.
– A cabeça do rio.

E nenhum rio é como esse
o rosto magnificente da infância,
a pátria inaugural da Poesia.
(Gonçalves 2017, 30-32)

Trata-se de um rememorar da voz poética (mas também do autor, como se sabe). A nostalgia proveniente desse lugar metafórico (a saber, a infância) ganha novos significantes ao longo do poema. A memória afetiva é o ponto de partida para a formação identitária do sujeito (consigo e com o meio que o circunda). Nesse sentido, Jan Assmann afirma que

> os grupos formam-se e são coerentes em função da dinâmica de associação e dissociação, que está sempre carregada (em diferentes escalas) de afecto [...]. Estes "elos afectivos" emprestam às memórias a sua intensidade especial. Recordar é uma concretização da pertença, é mesmo uma obrigação social. Há que recordar para se pertencer [...]. (Assmann 2016, 122)

A busca por esse sentimento de pertencimento perpassa todo o livro. No poema acima, o eu lírico depara-se com o rio em movimento vivo: suas "quedas de água" (sua volatilidade, sua velocidade, sua fluidez) podem ser interpretadas como uma percepção emocional, qual seja o deslumbre do eu com sua origem. A fonte inicial – inaugural – (marcada no poema pela imagem da cabeça ou rosto) da infância e da palavra culminarão na conjugação do eu e da Poesia, respectivamente. Ambos, inclusive, não se dissociam: pelo contrário, formam-se contínua e juntamente. Como observamos nos versos de abertura e de desfecho do poema, a fluidez do rio espelha (materializa) o "rosto magnificente da infância", que, por sua vez, é também "a pátria inaugural da Poesia" (Gonçalves 2017, 32).

A identidade de tais elementos encontra-se em sua transitividade: o que as define é precisamente o movimento. O uso da primeira pessoa, apesar de contido, é bastante significativo ao trazer a experiência do eu que presencia o ritual sagrado: a origem das coisas – e do próprio eu – se efetiva através da sabedoria silenciosa (silenciada) e ancestral (tanto da natureza quanto das vidas dos antepassados). O "canto dos ancestrais" provém da natureza: a "árvore inaudita"; a seiva; os frutos; o "tronco vivo" que finca na rocha e a rasga. A natureza se move e se expande silenciosa, mas definitiva – tal como o eu.

O poema é construído de forma a dar som ao silêncio. Diversos vocábulos sustentam imagens que reverberam o silêncio significante da palavra, da natureza, como, por exemplo, "quedas de água", "poder de luas e relâmpagos", "pelo mover das águas rápidas", "dançadas, esfuziantes", "as águas passam, ressoam", a "beleza se canibaliza" e "canta". A "Árvore inaudita" se faz ouvir através do "tronco vivo", "abrindo-se, / rasgando as entranhas da pedra alta". Tal construção imagética culmina no "silencioso canto dos ancestrais", um canto visível: "vi / o canto". A Terra antropofagiza-se: tem dedos; artérias que, "batendo em mim", corporificam-se em perfeita simbiose com o eu.

O canto é o movimento da voz tanto quanto do silêncio: a música é feita nos intervalos (nas fendas) do silêncio. Ademais, o canto transporta pelo ar o eco da palavra, materializando-a. Lembremos que, "na tradição africana, a fala, que tira do sagrado o seu poder criador e operativo, encontra-se em relação direta com a conservação ou com a ruptura da harmonia no homem e no mundo que o cerca" (Bâ 2010, 174). O eu encontra sua harmonia consigo e com o meio ao deixar-se atravessar pelo "alfabeto da Terra". As raízes e a rocha presentes no poema simbolizam a fortaleza e a permanência desses sujeitos marcados pela dureza do tempo. No entanto, é também o tempo que os permite ser estrutura/fundamento para a fluidez da água, para tudo aquilo que move, para as novas vidas que (d)ali se formam:

> Era pela raiz que as coisas pensavam
> a exacta palavra de seus nomes.
> – E ensinam, devagar,
> a boca
> a soletrá-los [...] (Gonçalves 2017, 32)

Tal qual *A educação pela pedra*, de João Cabral de Melo Neto[5], a pedra do poema acima, análoga à palavra, é talhada para fazer nascer o significado ("exacta palavra de seus nomes": a poesia). "O canto e a manhã primeira irromperam" da pedra: o eu testemunha a inauguração de si através do labor da palavra. O eu lírico apre(e)nde a Terra em seu silêncio magnificente, estabelecendo novamente uma relação entre som e silêncio. A união entre os pares aparentemente antagônicos (raiz vs. cabeça, onde as "coisas pensavam"; silencioso vs. canto) compõe (o rosto d)o eu: seu espelho (o rio) reside também na palavra. O caminho percorrido pela voz poética é também o caminho do rio Cutato, que possui apenas "raiz" e desagua em outro rio, ou seja, transforma-se: nasce e fulgura-se no movimento, tem sua "cabeça" na própria raiz. O "desenho" de um rio e seus afluentes em muito se assemelha à figura de uma árvore. Não à toa, a imagem engendrada pelo poema, por vezes, encena uma indagação: trata-se de um rio ou de uma árvore? Ou de ambos? A resposta, no entanto, pouco importa, pois o poema dinamiza esse espaço em que o eu se permite nascer e mover; trata-se da Terra, da natureza e de como essa harmonia externa ao eu possibilita a sua significação identitária (à semelhança da fala de Fanon).

O poema tece reflexões sobre a importância da relação entre o antigo e o novo na formação da identidade do sujeito: é através da voz dada à tradição (proveniente da natureza e dos ancestrais) que o eu lírico presencia seu o rito inaugural. Aleida Assmann, ao teorizar sobre memória cultural, observa que

> em culturas orais, em que a memória cultural é corporizada e transmitida através de representações e práticas, as relíquias materiais não persistem nem acumulam. Em tais culturas, a amplitude da memória cultural é coextensiva aos repertórios corporizados, que se representam em ritos festivos e práticas repetidas. (Assmann 2016, 84)

Apesar de Zetho Cunha Gonçalves explorar tal artifício ao longo de sua obra, o poema "Rio Cutato" demonstra com clareza a tentativa incansável em materializar elementos identitários que são, em essência, imateriais. É também por isso que o alfabeto vem da Terra: o eu inventa sua própria linguagem porque seu corpo é extensão não somente da terra, mas do outro que ali esteve e o antecedeu. A poesia de Zetho Cunha Gonçalves é matéria orgânica, é parte e extensão do corpo do eu. Inventa sua própria caligrafia para que o corpo da (sua própria) linguagem e do eu se entrelacem.

No poema acima, a voz poética (re)conhece a "sua pátria inaugural" (na primeira estrofe, através do uso da primeira pessoa) nesse rio, que é único ("Nenhum rio é como esse"), assim como na infância (que, para além de um recorte temporal, não deixa de ser também um lugar). Acerca da educação tradicional nas culturas africanas e da sua importância formativa, Hampaté Bâ lembra que esse processo educacional "liga-se à experiência e se integra à vida" (2010, 182), além de pressupor, "no mínimo, um conhecimento da língua. Pois existem coisas que não 'se explicam', mas que se experimentam e se vivem" (182). Dessa forma, "a lição dada na ocasião de certo acontecimento ou experiência fica profundamente gravada na memória da criança" (183). Por isso mesmo, é importante atentar à elaboração das instâncias "formativas" do eu que perpassam o poema, nomeadamente a infância, a natureza e a palavra. Esses três elementos (con)fluem de uma origem específica (mas não geográfica) para uma formação que "encarna-se na totalidade do ser" (Bâ 2010, 189).

A impressão que se tem ao ler o poema é que os símbolos se movimentam à maneira de um rio, como uma espécie de compreensão e extensão da experiência do eu no outro (e vice-versa, como vimos anteriormente). Na última estrofe, já não há o pronome possessivo em primeira pessoa, mas os artigos definidos: a "pátria inaugural" da infância, da poesia. Podemos inferir, então, que a voz poética encontra um tipo de apaziguamento de sua busca: a transitividade (o não-lugar) é também um lugar e, quiçá, é ainda um espelho do eu.

Outro poema emblemático no sentido da construção da identidade do eu é "À flor do fogo". Vejamos:

Bate o desejo duas lentas águas fundas,
e desata sobre nós: seus laços vivos – sôfregas: suas teias,
trançadas de relâmpagos. Digo:
aqui tens o colo que te dou.
E tu alongas o teu corpo em oferenda pelo chão:
o olhar pundonoroso que súbito trespassa,
implode – aferindo o rumor tocado
pelo ar – ao alto e em redor.
E eu revolvo os teus cabelos sentados no meu colo,
como quem perscruta um rio desde a infância,
e agora plantasse horizontes no teu rosto.

– Fecha os teus olhos, meu amor,
fecha os teus olhos, e abre – perfeita –
a lentíssima nudez – em flor
e fruto,
dançada.

As mãos devoram as mãos – devoram
suas marcas, seus ofícios: alimentam-se
do refazer esculpido e trabalhado dos corpos,
do estremecimento abrupto dos sentidos.
As línguas iluminam o sal dulcíssimo da pele:
como relâmpagos navegando
alucinados – procuram:
a secreta e nocturna flor do fogo.
E o ar perfuma-se de nós
como um bosque das suas árvores atentas.

E passam beijos que se demoram – sexo a sexo:
a respiração crepita num tremor jubiloso.
E todo chão é lençol e mar – e dentro de ti,
eu te me dou inteiro
– oh meu amor
acabo de nascer!
(Gonçalves 2017, 42-43)

Ao contrário de "Rio Cutato", esse poema marca constantemente a voz poética através da primeira pessoa. O percurso do eu lírico neste caso é atravessado por sua relação com o outro desde os primeiros versos. A procura já não é somente por aquilo que defina o sujeito em si, mas também a partir e em conjunção com o outro. A referência à expressão sexual do eu no poema confunde-se com a harmonia retirada da fugacidade da natureza. Assim como o ato sexual (lembremos a referência do título do livro assinalada pelo autor), a natureza também se define em sua transformação, em sua transitividade. Ler este poema em seguida à análise de "Rio Cutato" se torna particularmente interessante para observarmos o eu à procura de caminhos que o conduzam à identificação consigo mesmo através de um elemento outro – ou através da troca significante entre eu, natureza e palavra. Nos versos "E eu revolvo os teus cabelos sentados no meu colo, / como quem perscruta um rio desde a infância" (Gonçalves 2017, 42), a voz lírica alude, talvez, ao poema "Rio Cutato", também no sentido de formular aspectos desse lugar de origem, dos rituais inaugurais. No entanto, tal experiência do eu, neste caso, é estendida ao outro: é nos "cabelos" do outro que reside a busca por significação. Tal qual o rio – em movimento, fluidez –, os "cabelos" passeiam por entre os dedos, a pele, o colo do eu que fala. Eu e outro formam uma mesma carne, entrelaçam-se, significando-se mutuamente:

> Bate o *desejo* duas lentas águas fundas,
> e *desata* sobre nós: seus *laços vivos* – sôfregas: suas teias,
> *trançadas de relâmpagos*. Digo:
> aqui tens o colo que te dou.
> E tu *alongas o teu corpo* em oferenda *pelo chão*:
> o *olhar* pundonoroso que súbito *trespassa*,
> *implode – aferindo o rumor tocado*
> *pelo ar – ao alto e em redor*.
> (Gonçalves 2017, 42, meu itálico)

Os elementos em destaque demonstram a simbiose entre o eu, o outro e a natureza. Tornam-se uma mesma matéria aquando do encontro, ou quiasma. O desejo desata em vida, os relâmpagos trançam, o corpo (do outro, mas também do eu que ali oferece o colo) se estende pela terra (chão); o olhar trespassa, atravessa, implode e espalha-se por todo canto: ar, "alto e em redor". Já não se distingue o que caracteriza tal "rumor tocado": o silêncio é feito matéria e confere a esse corpo a conjugação plena, a ponto de já não haver distinção entre eu vs. outro vs. terra. Para usar as palavras de Merleau-Ponty (2004), inflamando "o que não cessará de queimar":

> um corpo humano está aí quando, entre vidente e visível, entre tocante e tocado, entre um olho e outro, entre a mão e a mão se produz uma espécie de recruzamento, quando se acende a faísca do senciente-sensível, quando se inflama o que não cessará de queimar, até que um acidente do corpo desfaça o que nenhum acidente teria bastado para fazer. (Merleau-Ponty 2004, 18)

O eu lírico procura, desde a infância, um rio, o movimento, a fluidez. Encontra, no entanto, terra fértil para o plantar: "como quem perscruta um rio desde a infância, / e agora plantasse horizontes no teu rosto" (Gonçalves 2017, 42). Tal qual um "acidente", para usar as palavras de Merleau-Ponty, eu e outro acham-se nessa "espécie de recruzamento": a voz poética encontra em seu interlocutor mais do que um objeto inerte, mas a própria possibilidade de materialização da fruição. Ao plantar horizontes (cujo plural é importante notar), o eu lírico, que perscrutava algo sem forma específica, depara-se com a conjugação do paradoxo: aquilo que não é "capturável", mas que se materializa no rosto do outro. O outro viabiliza a permanência do que é efêmero através desse recruzamento. Assim, o diálogo com o outro no decorrer do poema demonstra que parte essencial na formação da identidade do eu reside na capacidade de encontrar-se no outro.

No final do poema, o eu nasce após dar-se ao outro: "eu te me dou inteiro / – oh meu amor / acabo de nascer!" (Gonçalves 2017, 43). Depois de deixar-se transitar pela procura (que também se manifesta no poema através das imagens de fugacidade da água, do relâmpago, do fogo), o eu nasce do antagonismo (aparente), isto é, de sua entrega: encontra-se no desprendimento de si mesmo. É emblemático também o título: o poema é dedicado à flor – que nasce e se enraíza: símbolo de permanência, apesar de sazonal; e ao fogo, elemento simbólico no sentido de, comumente, ser de natureza destruidora, contrário ao nascimento de um ser vivo. O eu nasce a partir do momento que atravessa e se deixa atravessar por aquilo (o fogo, o relâmpago) que pode significar sua sina, mas, ao contrário, torna-se então inteiro.

É notável a maneira com que o poeta, ao longo do livro, articula imagens semelhantes de formas tão distintas. Ao mesmo tempo, todas essas imagens convergem para uma mesma vontade: remontar elementos da procura do eu por sua identidade. Como numa espécie de quebra-cabeças, a voz poética rearticula as imagens/palavras de modo a trazer à tona o sentimento (bastante sinestésico) desse(s) espaço(s)-tempo(s) em que o sujeito se reconhece tanto em si quanto no outro.

Os poemas de Zetho da Cunha Gonçalves parecem ser a tentativa de expandir e repetir o quanto for possível a memória cultural deste sujeito que se vê sozinho num lugar em relação ao qual já não se reconhece. Seus versos colocam em movimento elementos que caracterizam sua própria identidade. A nostalgia, tão marcante em sua obra, demonstra que a necessidade de (re)afirmar um lugar de pertença nasce porque esse já está ameaçado, já é outro lugar. Por isso mesmo, Zetho Cunha Gonçalves articula de forma muito consciente tais elementos e estende a possibilidade de se repensar a origem enquanto parte de um lugar muito mais metafórico do que geográfico. A leitura de *Noite vertical* confronta a noção de identidade através desse lugar intangível: o movimento, tal qual uma dança.

NOTAS

1. Em entrevista, ao lhe ser perguntado sobre sua identificação com Portugal, o poeta responde: "A gente pertence só a um lugar: é o lugar onde, pela primeira vez, a terra absorveu uma gota do nosso sangue. Não é o sangue da nossa mãe quando nos dá à luz. É quando a gente parte a cabeça, esfola um joelho, a palma das mãos, os cotovelos, enfim... é esse o nosso lugar de pertença, quanto a mim" (Wieser 2024, 29).

2. Segundo o próprio autor em fala no Festival da Lusofonia realizado na cidade de Coimbra entre 23 e 25 de junho de 2022.

3. Referência à entrevista concedida para o documentário *Viver e escrever em trânsito: entre Angola e Portugal* (2021).

4. A expressão utilizada demonstra que, frequentemente, a região geográfica é sinônimo de origem. Apesar da discussão se estender ao longo do ensaio, é importante ressaltar que, neste caso, trata-se de uma região geográfica específica, marcada pelo rio Cutato. No entanto, tal demarcação é também metafórica: o rio Cutato aparece diversas vezes no livro (assim como em falas do autor) como seu lugar de identificação, isto é, local em que o eu se reconheceu pela primeira vez (ou seja, a sua "pátria inaugural").

5. Na já referida entrevista concedida a Doris Wieser, Zetho Cunha Gonçalves afirma ser João Cabral de Melo Neto o grande poeta do século XX. Sendo assim, é difícil ignorar a possível influência do poeta brasileiro na obra do autor português. Neste poema, em específico, os vocábulos utilizados remetem claramente ao famoso poema *A educação pela pedra* (1966).

REFERÊNCIAS BIBLIOGRÁFICAS

Assmann, Aleida. 2016. "Cânone e arquivo". Em *Estudos de Memória. Teoria e Análise Cultural*, organização de Fernanda Mora Alves, Luísa Afonso Soares e Cristiana Vasconcelos Rodrigues, 75-87. Famalicão: Edições Húmus.

Assmann, Jan. 2016. "Memória comunicativa e memória cultural". Em *Estudos de memória. Teoria e análise cultural*, organização de Fernanda Mora Alves, Luísa Afonso Soares e Cristiana Vasconcelos Rodrigues, 117-28. Famalicão: Edições Húmus.

Bâ, Amadou Hampâté. 2010. "A tradição viva". Em *História geral da África I. Metodologia e pré-história da África*. Brasília: UNESCO.

Fanon, Frantz. 2008. *Pele negra, máscaras brancas*. Tradução de Renato da Silveira. Salvador: EDUFBA.

Gonçalves, Zetho Cunha. 2017. *Noite vertical*. S/l: Língua Morta.

Hall, Stuart. 1990. "Cultural Identity and Diaspora". Em *Identity: Community, Culture, Difference*, organização de Jonathan Rutherford, 222-37. London: Lawrence & Wishart.

Melo Neto, João Cabral. 1996. *A educação pela pedra*. Rio de Janeiro: Nova Fronteira.

Merleau-Ponty, Maurice. 2004. *O olho e o espírito*. São Paulo: Cosac & Naify.

Merleau-Ponty, Maurice. 2007. "A linguagem indireta e as vozes do silêncio". Em *A prosa do mundo*. São Paulo: Cosac &Naify.

Nora, Pierre. 1989. "Between Memory and History: Les Lieux de Mémoire". *Representations* 26: 7-24. https://doi.org/10.2307/2928520.

Wieser, Doris. 2024. "As solas dos meus pés não saíram nunca das quedas do rio Cutato: Entrevista a Zetho Cunha Gonçalves". *Portuguese Literary & Cultural Studies* 40/41: 25-40.

ANDRÉA DE CARVALHO é doutoranda em Literatura de Língua Portuguesa na Universidade de Coimbra. Possui graduação em Letras – Português e Inglês (2018) e mestrado em Estudos de Linguagens com ênfase em Estéticas Contemporâneas, Modernidade e Tecnologia, pela Universidade Tecnológica Federal do Paraná, Brasil (2020). Tem experiência na área de Letras, com ênfase em Literatura Brasileira e Moderna, atuando principalmente nos seguintes temas: poesia, poéticas do eu, silêncio, modernidade. Além disso, leciona inglês e português como língua estrangeira desde 2012.

MARCO BUCAIONI

Literatura afrodescendente em Portugal: Algumas questões

RESUMO: Desde meados da década de 2010, abriu-se caminho, para uma nova categoria discursiva e crítica dentro na contemporânea produção literária nacional: a de literatura afrodescendente – graças à década internacional de afrodescendentes (2015-2024) proclamada pelas Nações Unidas, mas também tendo chegado à maturidade a primeira geração de escritores/as de ascendência negra já nascidos ou crescidos em Portugal. Sendo ainda provavelmente cedo para retirar conclusões definitivas sobre este campo da literatura portuguesa, este ensaio tenciona, contudo, interrogar-se sobre algumas problemáticas ligadas à emergência desse *corpus* e desse conceito, nomeadamente: a relação da literatura portuguesa afrodescendente, por um lado, com a literatura portuguesa contemporânea e, por outro, com as literaturas africanas de língua portuguesa, quer a nível de posicionamento dos próprios autores, quer no que respeita à colocação disciplinar dos estudiosos ativos neste campo. Por fim, questiona-se a colocação editorial dessas obras e as viragens epistemológicas e metodológicas em curso no campo da literatura dentro e fora de Portugal, que fazem com que o olhar sobre estas literaturas seja inovador.

PALAVRAS-CHAVE: literatura portuguesa; literaturas africanas de língua portuguesa; afropeu; afropolita; afrodescendente.

ABSTRACT: From 2015 on, and also due to the International Decade for People of African Descent (2015-2024), promoted by the United Nations, a new generation of Portuguese Afrodescendant writers emerged, creating a new discursive and critic category in the landscape of the contemporary literary production: Afrodescendant Portuguese literature. Even if I believe it may be a little too early to come to strong conclusions on this subfield of Portuguese literature, this essay aims at discussing some problems linked to the emergence of this corpus and this concept; namely: the relationship between Afrodescendant Portuguese literature and the rest of contemporary Portuguese literature, and its relationship to African Literatures in Portuguese, both in terms of author-positioning and disciplinary collocation of the scholars who have been active in this subfield. Furthermore, I would like to question the publishing positioning of these literary works and the epistemic and methodological turns under way in the field of Literary Studies inside and outside Portugal.

KEYWORDS: Portuguese literature; African Lusophone literatures; Afropean; Afropolitan; Afrodescendant.

---

1. Os afrodescendentes conquistam Portugal

As Nações Unidas proclamaram em 2015 o início da Década Internacional dos Afrodescendentes, sugerindo com isso a necessidade de reconhecer e dar voz à diáspora africana no mundo. Esta iniciativa teve e continua a ter várias repercussões pelo mundo fora e também em Portugal. Em anos recentes, de facto, e já antes da proclamação da década internacional dos afrodescendentes, na sociedade portuguesa começou a ser cada vez mais evidente a necessidade de dar voz e incluir a minoria negra residente, ou cidadã, para um efetivo gozo dos seus direitos estabelecidos. Esta minoria, apesar de relativamente exígua do ponto de vista demográfico a nível nacional, mas muito expressiva em certas zonas do país, como na Grande Lisboa, e com raízes fundas e bem plantadas no solo português, passou a reivindicar espaço, direito de fala e de cidadania e a denunciar a situação de subalternização institucional e social de que é vítima, várias décadas após a descolonização política das colónias portuguesas em África.

A minoria negra portuguesa, à semelhança do que aconteceu noutros países ex-imperiais europeus, como o Reino Unido e França, é composta principalmente por indivíduos com origem no ex-espaço colonial português em África. A presença negra em Portugal, contudo, não é nova: abundam os estudos que demonstram como, já nos primeiros séculos das navegações e dos comércios marítimos portugueses, uma fatia de população negra relativamente consistente se fixou em território português (Martins 2019, Caldeira e Feros 2019, Henriques 2020, Henriques e Silva 2020).

Contudo, com a descolonização de África, e também graças aos laços que continuaram a unir de várias formas as ex-colónias à ex-metrópole, e, por fim, com a aceleração da mobilidade internacional e a democratização do país, a comunidade negra, que já existia aquando da Revolução dos Cravos, cresceu nas décadas seguintes e foi criando uma situação nova em anos mais recentes: as segundas e terceiras gerações de imigrantes já nasceram e cresceram em Portugal, gozando, como é justo, no plano jurídico, de todos os direitos ligados à cidadania portuguesa. A par de uma contínua imigração do continente africano, deixa aberto todo o leque de possibilidades, entre afrodescendentes que já nasceram em Portugal, novos imigrantes de primeira geração que conquistam a cidadania portuguesa depois de alguns anos no local e pessoas que ainda não gozam da cidadania portuguesa. Ao mesmo tempo, todavia, ser afrodescendente em Portugal, ontem como hoje, mesmo com cidadania portuguesa, nem sempre garante os plenos direitos de pertença à comunidade política e cultural nacional.

A sociedade portuguesa em geral, nos últimos anos, demonstrou-se recetiva para levar a cabo uma discussão sobre assuntos sensíveis e novos, nos quais a literatura se inclui. O movimento *Black Lives Matter* tem tido um impacto relevante em Portugal, onde existem discussões em curso sobre estatuária, museus e património arquitetónico-urbanístico, e consequentemente sobre a urgência de rever a narração histórica sobre a nação no sistema escolar e académico, assim como no debate público.

A literatura acompanhou este movimento, ou melhor, antecipou-o, de alguma forma. O livro de memórias *Caderno de memórias coloniais*, de Isabela Figueiredo (2009), e o romance *O retorno*, de Dulce Maria Cardoso (2010), começaram uma ampla – e, pelos vistos, necessária – discussão sobre os "retornados" no início da década de 2010, enquanto uma nova geração de escritores portugueses afrodescendentes emergiu, e é cada vez mais reconhecida por um vasto público e numa academia ávida por proclamar a existência de uma nova literatura negra portuguesa. Artistas e ativistas afrodescendentes foram ocupando um espaço relevante e movimentos de militância estão a modificar o debate público e político. Entre outros possíveis, destacam-se os exemplos de Joacine Katar Moreira, que ocupou um lugar na Assembleia da República e ficou muito exposta a polémicas e lutas na arena pública, ou de Grada Kilomba, artista já famosa em Portugal e em muitos outros países pelas suas instalações, e protagonista recentemente de uma polémica sobre a exclusão da candidatura em que estava inserida para representar Portugal na bienal de Veneza (2022), que redundou numa discussão pública na sociedade portuguesa sobre a legitimidade e a oportunidade de representação da minoria negra.

Todavia, ao nível da sociedade geral – ou seja, para o leitor não-profissional –, a impressão geral é a de não ter havido mudanças a nível do consumo e do enquadramento da literatura. Para vastas camadas do público genérico português, a literatura continua a ser esse lugar maravilhoso e "neutro" onde o prazer estético ou o prazer do entretenimento está desligado de qualquer forma de constrição social imediata e contemporânea, determinantes históricas e, o que é mais interessante, desligado da competição pela hegemonia (política e estética), matéria central de boa parte da teoria literária das últimas décadas, desde os Estudos Pós-Coloniais até à Literatura-Mundo. Resumindo, a imagem fundamentalmente oitocentista de um cânone literário (e do seu papel numa sociedade) como museu fixado, ou uma lista de grandes e inquestionáveis mestres a serem lidos para iluminar o leitor, ou para enaltecer a própria vida, parece ter ficado bastante sólida na cabeça do público[1].

Nalguns setores da sociedade, a literatura acaba por ser vista como uma força nacional-pedagógica, capaz de construir cidadãos exemplares ao serviço de uma ideia de nação que não será exagerado chamar de obsoleta, considerando a posição que a literatura nacional continua a ocupar no sistema de ensino público. Além disso, enormes revoluções, sonoramente anunciadas e às vezes também tentadas no campo da ação literária por alguns setores da academia, desde os estudos literários até às ciências sociais, tocaram só marginalmente a própria academia portuguesa.

2. Circunscrevendo os objetos: autores e livros afrodescendentes em Portugal

À data de hoje, há uma lista de autores que podem ser considerados, ou se consideram eles próprios, portugueses afrodescendentes, e enquanto tal são lidos e estudados. Temos de referir em primeiro lugar o nome de Djaimilia Pereira de Almeida, nascida em Luanda (Angola) em 1982 e crescida em Portugal, na Grande Lisboa, e que começou a publicar literatura com o romance *Esse Cabelo*, em 2015, logo no primeiro ano da década internacional dos afrodescendentes. Este romance de estreia, centrado na relação entre uma jovem afrodescendente portuguesa e o seu cabelo, imagem-metonímia da sua relação dual com Portugal e com as suas raízes angolanas, teve um sucesso que ecoou dentro e fora do ambiente dos estudos literários. A autora continuou a publicar com *Luanda, Lisboa, Paraíso*, aparecido em 2018, em que continua a explorar as problemáticas relativas aos trânsitos migratórios entre Angola e Portugal e à fixação no país de chegada da comunidade afrodescendente. Com mais obras publicadas (*A visão das plantas*, 2019; *As telefones*, 2020; *Regras de isolamento*, 2020; *Maremoto*, 2021, quase todas publicadas pela Relógio d'Água), uma crítica muito favorável e um interesse já constante por parte da academia, Djaimilia Pereira de Almeida resulta ser, hoje, porventura, a autora mais importante desta fileira, em termos de prolificidade e de densidade literária.

Outro nome relevante da onda afrodescendente portuguesa é o de Kalaf Epalanga, ou Kalaf Ângelo, nascido em Benguela (Angola) em 1978 e membro da popular banda portuguesa de kuduro Buraka Som Sistema. Kalaf publicou um livro de crónicas em 2011, *Estórias de amor para meninos de cor*; outro em 2014, *O angolano que comprou Lisboa (por metade do preço)*; e um romance em 2018, *Também os brancos sabem dançar*, os três pela chancela Caminho. Com esses três títulos publicados, Kalaf, entretanto, mudou-se de Portugal e mora há alguns anos na Alemanha, em Berlim.

Yara Nakahanda Monteiro, nascida no Huambo (Angola) em 1979, estreia-se em 2018 com *Essa dama bate bué!*, romance construído em volta de uma jovem mulher portuguesa afrodescendente que empreende uma viagem a Angola em busca da mãe que nunca conheceu. Seguiu-se, em 2021, o livro de poesia *Memórias Aparições Arritmias* (Companhia das Letras).

Não será ainda inoportuno acrescentar também ao grupo o nome de Grada Kilomba, nascida em Lisboa em 1968, que, não sendo autora ficcional, marcou e está a marcar a reflexão sobre afrodescendência em Portugal e no espaço de língua portuguesa através da sua obra artística e de ensaio – principalmente o volume *Plantation Memories* (Kilomba 2008)[2].

A existência da "vaga" ou da "geração" afrodescendente na literatura parece evidente: excetuando a publicação do primeiro livro de crónicas de Kalaf Epalanga, de 2011, é a partir de 2014 que esses autores começam a vir a público, em coincidência quase perfeita com o início da década afrodescendente das Nações Unidas. Nesse arco temporal que vai de 2014 até ao presente, houve várias publicações de autores afrodescendentes e uma grande resposta em termos de estudos, de ambientes académicos e de debate público acerca da realidade afrodescendente em Portugal[3]. De alguma forma, a literatura afrodescendente portuguesa, neste momento, apresenta-se ao mesmo tempo como sub-campo de produção e de estudo da literatura portuguesa e como fenómeno sincrónico e, até certo ponto, geracional: os autores mais relevantes desta lista nasceram, de facto, num espaço de quatro anos de diferença entre o mais velho e o mais novo.

De alguma forma, não podia deixar de ser assim, por uma razão conceptual: autores negros, ou de ascendência mista, provavelmente, uma década antes disso seriam rotulados "simplesmente" como africanos, independentemente da sua locação, sendo que a categoria de afrodescendente ainda não tinha ganhado autonomia, distinguindo-se da categoria de "africano de língua portuguesa". De facto, em anos anteriores, muitos autores considerados literariamente africanos estiveram ou estão baseados em Portugal, ou noutro sítio que não o país de origem: José Eduardo Agualusa, por exemplo, depois de um *détour* no Brasil, viveu por muitos anos em Lisboa, nos anos 2000, participando ativamente do ambiente intelectual e do *milieu* literário da capital portuguesa. Luís Cardoso, que não é africano, e sim timorense, sendo o autor daquele país mais publicado e lido em Portugal e internacionalmente, vive na Grande Lisboa há décadas. Nem por isso, do ponto de vista da cidadania literária, deixaram esses autores de ser considerados pertencentes à cultura, e portanto ao país, de origem.

Os novos autores afrodescendentes portugueses, pelo contrário, apesar de terem na maior parte nascido no continente africano, tendo na sua maioria crescido, escolarizado e socializado em Portugal, podem ser considerados como pertencentes a uma categoria nova[4].

Do ponto de vista da consagração editorial, a descontinuidade com o catálogo tradicional das literaturas africanas de língua portuguesa é também evidente. À exceção de Kalaf Epalanga, que começou a publicar logo na Caminho, provavelmente – especulamos nós – também por causa de já ter um séquito de público devido à sua carreira musical, pela qual já era reconhecido por uma consistente fatia da população portuguesa, todos os outros autores começaram a publicar com editoras menos *mainstream*. Mesmo tendo Yara Monteiro transitado da Guerra & Paz para a Companhia das Letras, e Djaimilia Pereira de Almeida da Teorema para a Relógio d'Água através de uma passagem também pela Companhia das Letras, de qualquer forma o papel que as editoras tradicionais tiveram na revelação de literaturas africanas – essencialmente a Caminho e a Dom Quixote, no período entre 1995 e 2010, ou seja, no período em que, sozinhas, acabaram por constituir o arquivo, ou o cânone contemporâneo, das literaturas africanas (sendo que, por um lado a Caminho no fim dos anos 90 inaugurava a coleção *Outras Margens*, exclusivamente dedicada a autores africanos de língua portuguesa) –, não se repetiu no caso da literatura dos afrodescendentes. O desengajamento dessas editoras é paralelo ao surgimento de um novo paradigma de publicação e comunicação que esta onda representa. De qualquer forma, a geração chegou sem dúvida a posicionamentos editoriais de alto prestígio dentro do panorama editorial português, mas fazendo um percurso que não acompanha o tradicional percurso dos autores africanos.

Estatisticamente, de facto, o percurso "normal" dos autores africanos de língua portuguesa nas décadas de 1990 e de 2000 passou por serem publicados essencialmente por duas chancelas: a Caminho, na coleção *Outras Margens*, que construiu o maior acervo de literaturas africanas de língua portuguesa, com um número impressionante de autores e obras publicadas, e a Dom Quixote, que ficou a ser a chancela de Pepetela e de Agualusa. Nessa fase, a consagração de autores africanos em Portugal passou por essas duas editoras, e especialmente a primeira, que catalisou e centralizou o interesse por essas literaturas. Elas deixaram, contudo, de investir nesses autores. Pelo que, e com exceção de Kalaf Epalanga, que foi uma aposta da Caminho, os autores afrodescendentes tiveram que percorrer caminhos diferentes.

Será relevante nesta sede também mencionar os projetos de publicação destes autores em tradução, o que testemunha de forma muito relevante, na minha opinião, o sucesso e a visibilidade das suas obras. Lembre-se de passagem que a literatura portuguesa em geral, e não a sua secção afrodescendente, é muitas vezes marginalizada no contexto das literaturas europeias, com números relativamente baixos de traduções para outras línguas.

Nomeadamente, *Esse cabelo*, de Djaimilia Pereira de Almeida, já obteve cinco traduções, para inglês (*That Hair*, Tin House Books, 2020); espanhol (*Ese cabello*, Edhasa, 2022); dinamarquês (*Det hår*, Aurora Boreal, 2022); italiano (*Questi capelli*, La Nuova Frontiera, 2022), e catalão (*Els meus cabells*, Lletra Impresa Edicions, 2022). *Luanda, Lisboa, Paraíso* obteve uma tradução para eslovaco (*Lisabon, Luanda, Raj*, Portugalský Inštitút, 2022), e *A visão das plantas* e *Maremoto* obtiveram uma tradução para alemão (*Im Auge der Pflanzen*, Unionsverlag, 2022 e 2021); o que perfaz oito traduções para uma autora que começou a publicar há menos de dez anos. É verdade, por um lado, que o circuito da tradução literária mundial é maior e está mais atento a produtos culturais provenientes das margens em anos recentes do que no começo dos anos da década de 1990, quando os principais autores africanos de língua portuguesa, ainda ativos, começaram a publicar.

De facto, e só pelo que diz respeito às literaturas africanas de língua portuguesa, a década de 1990 constituiu uma verdadeira aceleração da tradução: enquanto encontrámos 23 traduções publicadas de autores africanos de língua portuguesa para o conjunto das línguas da União Europeia na década de 1980, na de 1990 esse número ascendeu a 43, para ultrapassar os 100 em cada uma das duas décadas sucessivas. Por outro lado, o público ocidental em geral, nos anos 90 e 2000, ganhou interesse pelo pós-colonial, pelo que cada vez mais chancelas europeias rechearam os seus catálogos com autores extra-europeus que poucos anos antes teriam sido ignorados. A vaga afrodescendente portuguesa encontra um mercado internacional da tradução que já está aberto e habituado a receber coisas de fora da Europa, em comparação com as décadas anteriores.

Por outro lado, todavia, mesmo autores que viriam a ser consagrados internacionalmente, como Mia Couto ou José Eduardo Agualusa, levaram alguns anos entre as primeiras publicações em português e as primeiras traduções, que começaram a acompanhar as edições originais com hiatos temporais menores só nos anos 2000. Em contrapartida, assinalamos um abrandamento na década de 2010 e nos primeiros anos da de 2020 no circuito da tradução internacional de obras de autores africanos de língua portuguesa, sugerindo que o entusiasmo e o interesse por essas literaturas das "margens lusófonas" tem vindo a arrefecer depois da forte aceleração dos primeiros anos do século. Há menos edições em Portugal de autores africanos do que na década de 2000, enquanto as traduções para línguas estrangeiras pararam de crescer.

O romance de estreia de Yara Monteiro, por outro lado, já encontrou, desde a sua publicação original (2018), colocação em quatro mercados: o de língua italiana (*'Sta tipa spacca!*, Urogallo, 2021), o de língua inglesa (*Loose Ties*, Paivapo Publishers, 2022), o de língua alemã (*Schwerkraft der Tränen*, Haymon, 2022) e o chinês (publicado pela Haitian Books de Shenzen), além de ter tido uma edição brasileira também.

A par das obras ficcionais, a principal publicação não-ficcional – que se apoia na sua tese de doutoramento – de Grada Kilomba, *Plantation Memories*, originariamente publicado em inglês na Alemanha (pela chancela Unrast, de Münster), além da tradução portuguesa pela Orpheu Negro, já obteve várias outras traduções para outras línguas, como o francês (na editora Anacaona) e o italiano (na editora Capovolte), testemunhando um profundo interesse transnacional pela produção ficcional e não ficcional afrodescendente a partir do espaço de língua portuguesa.

3. Algumas questões

Esta constelação de nomes constitui uma relativa unidade temática e epistémica – apesar das diferenças entre os vários autores – no panorama literário e cultural português contemporâneo, e exemplifica uma série de novidades dignas de nota.

O primeiro comentário que se me oferece fazer é que é ainda difícil tentar extrair conclusões a partir destes dados, por várias razões. Primeiro, é muito cedo: a escrita afrodescendente portuguesa, interpretada e estudada como tal, é um facto recente, como vimos, sendo que antes de meados da década passada ainda não havia praticamente *corpus*. *In secundis*, o material publicado e a lista de nomes são bastante reduzidos em termos absolutos, ou seja, este *corpus* é ainda escasso. Portanto, sinto que ainda não se podem retirar conclusões terminantes ou tecer comentários com valor duradouro sobre o assunto. A porosidade das fronteiras do termo afrodescendente e a discussão sobre o mesmo – nem todos os afrodescendentes se reconhecem neste rótulo –, também não ajudam a desfazer a névoa crítica de quem se debruça sobre este tema com o intuito de o colocar de forma adequada no seio das letras portuguesas.

Em comparação com a tradição já longa da literatura britânica negra, que é desde logo uma categoria estável de análise e comentário literário há décadas, ou com a história da literatura negra em França (países pós-coloniais que desde muito cedo foram alvo de imigração massiva de indivíduos originários de África, e onde as comunidades negras já integradas na sociedade local são muito numerosas, quer em termos absolutos, quer relativos), a contrapartida portuguesa é, por enquanto, mais exígua, por significativa que seja.

Um exemplo da porosidade das fronteiras do conceito de afrodescendente na literatura em Portugal pode ser constituído pelo caso de Ricardo Adolfo. Todos os discursos e estudos que ouvi e li até agora sobre a literatura afrodescendente em Portugal excluíram – numa jogada que se pode tornar problemática – o seu nome. Com cinco romances publicados em Portugal entre 2003 e 2013, todos hoje em dia disponíveis nos catálogos de Alfaguara ou da Companhia das Letras, Adolfo é, sem dúvida, uma voz já consagrada da literatura portuguesa contemporânea. Nascido em Luanda em 1974, este autor tem uma biografia que lhe permite ser considerado afrodescendente. O seu nome, todavia, é quase sempre sistematicamente excluído das listas dos autores afrodescendentes nos ambientes em que este segmento da literatura portuguesa é discutido. Este facto, provavelmente – estou a avançar uma hipótese – acontece por causa de a obra literária de Ricardo Adolfo não se prender com questões identitárias (afrodescendente, africana, imigrante, pós-colonial), tendo ele preferido escrever sobre outros temas. Como acontece noutros setores da vasta literatura mundial, quando um rótulo é aplicado sobre um *corpus* literário que se configura excluindo e incluindo obras a partir dos temas e conteúdos das obras, é inevitável que haja omissões polémicas.

Desta feita, parece-me que quando se fala de literatura afrodescendente em Portugal não se fala só de textos com estatuto literário cujos autores têm alguma ascendência no continente africano, racializando a definição de autor – há uma longa lista de autores portugueses brancos, nascidos em África, que não podem ser considerados afro-descendentes: entre eles os nomes mais sonantes são talvez os de Gonçalo M. Tavares, Valter Hugo Mãe ou Dulce Maria Cardoso –, mas inclui-se exclusivamente textos que vertam sobre temáticas afrodescendentes.

Outro comentário que se me oferece, confrontando esta linha literária portuguesa com o que acontece noutros países europeus, é a dificuldade em definir esta onda literária com um termo consensual: o único rótulo usado até agora – e mesmo assim de forma se não consensual, ao menos transversal – é o de afrodescendente, ecoando a iniciativa das Nações Unidas. No Reino Unido, em França, no espaço de língua neerlandesa e até nalguns ambientes de língua alemã, todavia, há uma discussão em aberto sobre um termo que pode ser útil também aqui: o de *afropean*, ou, aportuguesando, afropeu. O termo vem do mundo musical: foi originariamente proposto por David Byrne e Marie Daulne do conjunto Zap Mama no álbum *Adventures in Afropea 1*, de 1993, e continuou a circular num primeiro momento no mundo da música:

> La circulation diasporique et l'expérience de la déterritorialisation ont fait naître une troisième catégorie d'identification dans les musiques hip-hop gabonaises: celle d'Afropéen, contraction de l'africanité et de l'européanité expérimentées simultanément par quelques artistes. Alors qu'ils ne sont guère présents dans les discussions entre jeunes au Gabon, on retrouve les termes afropéen ou *afropean* dans les langages de la diaspora africaine d'Europe: auprès d'auteurs de littérature (Miano 2008a, b; Laurent 2011), chez des rappeurs circulant entre l'Afrique et les anciennes colonies francophones (comme Baloji et Freddy Massamba), et chez plusieurs artistes gabonais résidant en France depuis des périodes plus ou moins longues, dont la chanteuse Wendy. (Aterianus-Owanga 2014, 963)

A definição de Nicki Hitchcott e Dominic Thomas, no seu *Francophone Afropean Literatures*, é a seguinte:

> What is the Afropea concept about, and where did it come from? David: I see a new continent, a virtual musical and culinary continent emerging in Europe – Afropea – the Africans and generations of kids of African descent have assimilated Euro and American styles and are making adventurous and exciting mixtures in music and food, and in every other aspect of culture. Just like the U.S. is, whether one admits it or not, an African cultural colony... so, too, has Europe been colonized by their former colonies. For the better,

> I think. So this moniker, this Afropea name, is a kind of subtle manifesto... making visible what already exists. (Hitchcott e Thomas 2014, 3)

Ainda Hitchcott e Thomas: "Afropeans do not identify themselves in terms of either/or in relation to the African country of their ancestry and European nation of their birth, but rather in relation to the transnacional, diasporic space that is Black Europe" (Hitchcott e Thomas 2014, 4).

A proposta afropeia passa também por dois textos mais recentes que, não sendo estritamente teóricos, acabam por avançar o conceito de forma bastante autorrefletida e articulada: a referência é obviamente ao já notório *Afropean. Notes from Black Europe*, de Johny Pitts (2019), e *Afropea. Utopie post-occidentale et post-raciste*, de Léonora Miano (2020). O primeiro, texto que surge de uma viagem do autor pela Europa negra e que começa como um *travelogue*, mas tendo já ganhado fama no discurso académico também no formato de livro impresso, tem algumas secções em que o autor disseca o termo, para depois acabar por abraçá-lo na sua vivência e no seu discurso sobre os negros dos vários países europeus.

Pitts elabora a partir desta questão da dicotomia:

> When I first heard it, it encouraged me to think of myself as whole and unhyphenated: Afropean. Here was a space where blackness was taking part in shaping European identity at large. It suggested the possibility of living in and with more than one idea: Africa and Europe, or, by extension, the Global South and the West, without being mixed-this, half-that or black-other. That being black in Europe didn't necessarily mean being an immigrant.
>
> Labels are invariably problematic, often provocative, but at their best they can sing something into visibility. From my stymied vantage point – growing up in a working-class area of Sheffield ravaged by the external forces of free-market economics and the internal, protective force of local insularity that took shape in postcode wars – I began to notice a world that had been invisible to me before, or at the very least implausible; in my small corner of Britain, I had felt I was being forced to react against one culture or overidentify with the other. (Pitts 2019, i)

No segundo, um ensaio mais ponderoso, Miano faz uma proposta muito articulada do conceito de Afropea e afropeu. Em ambos os casos, trata-se de autores negros, um nascido e crescido no Reino Unido, outra nascida nos Camarões, mas com larga vivência em França, que invocam e propõem o termo como algo de útil.

Léonora Miano publicou entre 2006 e 2008 cinco livros de ficção pela Flammarion, sob o título geral de *Afropean et autres nouvelles*. Sobre o conceito de afropeu, já em 2012 escrevia:

> Si mes compatriotes m'ont toujours perçue comme étrange, étrangère, ils n'ont pas pu me faire douter de mon africanité. Très tôt, ce qu'ils m'ont fait comprendre, c'était que leur monde n'était qu'en partie le mien. Je suis, depuis toujours, une afro-occidentale parfaitement assumée, refusant de choisir entre ma part africaine et ma part occidentale. [...]
>
> Depuis le début, mon vœu est de produire une littérature afrodiasporique, qui embrasse les peuples noirs, non pas dans l'indifférenciation mais, pourquoi ne pas le reconnaître, dans une sororité que j'espère les voir reconnaître et valoriser. [...]
>
> C'est cette maturation progressive de leur parcours identitaire que j'appelle Afropea, un lieu immatériel, intérieur, où les traditions, les mémoires, les cultures dont ils [les Afropéens] sont dépositaires, s'épousent, chacune ayant la même valeur. Afropea, c'est, en France, le terroir mental que ce donnent ceux qui ne peuvent faire valoir la souche française. [...]
>
> J'ai voulu m'intéresser à cette catégorie de personnes parce qu'elle existe, parce que c'est en son sein que je vis moi-même en France, parce qu'on n'en parle pas et parce que je vois quelque chose d'éminemment positif dans l'acceptation tranquille par ces individus de tous les héritages. (Miano 2012, 139)

A receção do termo e do conceito de afropeu no contexto dos estudos literários em Portugal ainda é incipiente, sendo que encontramos só algumas tentativas pioneiras de discutir e medir forças com esta proposta, como em Ribeiro (2019) ou Sousa (2022).

O mesmo parece acontecer com outro conceito que, em teoria, poderia ser produtivo na análise da literatura afrodescendente portuguesa: o de afropolita(no). Avançado por Taiye Selasi, no ensaio *Bye Bye Barbar (Or: What Is an Afropolitan?)* (Selasi 2013), este termo refere-se a uma tentativa de ultrapassar a narrativa afropessimista, e aplicar-se-ia a indivíduos mais ou menos originários de África ou descendentes da diáspora que se movem num espaço cosmopolita das grandes cidades do sul e do norte global, abraçando um estilo de vida *glamorous*, cheios de sucesso académico, profissional, económico, pessoal.

> You'll know us by our funny blend of London fashion, New York jargon, African ethics, and academic successes. Some of us are ethnic mixes, e.g. Ghanaian and Canadian, Nigerian and Swiss; others merely cultural mutts: American accent, European affect, African ethos. Most of us are multilingual: in addition to English and a Romantic or two, we understand some indigenous tongue and speak a few urban vernaculars. [...] We are Afropolitans: not citizens, but Africans of the world. (Selasi 2013, 528)

Esse termo é retomado por Mbembe e Chavet (2020), entre outros, como por Simon Gikandi:

> [the term] constitutes a significant attempt to rethink African knowledge outside the trope of crisis. [...] Instead of conceiving the massive migration of Africans to other continents and countries as a loss, the idiom of Afropolitanism embraces movement across time and space as the condition of possibility of an African way of being (Gikandi 2011, 9-10).

Contudo, este termo (e o conceito por detrás dele) também foi e está a ser criticado a partir de posicionamentos diversos:

> But of course, the concept of Afropolitanism was not only celebrated but also contested and criticized by a number of scholars and activists. Some – such as Chielozona Eze (2014, 239–40) – lamented the emphasis on a seemingly distinctively African mode of cosmopolitanism, asking why "an African" cannot "just be cosmopolitan" as the European or the Asian. Others, such as writer and journalist Binyavanga Wainaina, miss its engagement with global inequalities and decry the concept for its elitist and "product-driven" thrust, which, according to Wainaina, results in the commodification of both mobility and African identity (Wainaina, qtd. in Bosch Santana 2013). From this perspective, the concept is seen to be complicit with western hegemony, global capitalism and neoliberal biopolitics. (Gikandi 2011, 161)

James Hodapp abre a sua introdução ao volume *Afropolitan Literatures as World Literatures* (2020) com duas citações em epígrafe que vale a pena repetir aqui, porque nos levam ao desconforto que sentem autores e operadores culturais em África com o conceito e com a substância do afropolitismo dos autores da diáspora:

> It seems that Nigerian writers who make it are from the diaspora. I want to write a book, but I'm scared. Will I be able to publish it? People don't seem to want to read books by Nigerians living in Nigeria. Do I have to travel abroad for people to like my work? [...] She cited Kaine Agary's *Yellow-Yellow* as a book similar to [Chimamanda] Adichie's but didn't enjoy the same publicity. "If Agary had published the book in the US, Nigerians would have taken an interest in it."
> NOOR SARO-WIWA, Looking for Transwonderland (90)
>
> Afropolitanism then, seems to reference a particular kind of affluent mobility in the global north, as opposed to all global mobility.
> GRACE MUSILA Part-Time Africans, Europolitans and Africa-Lite (111)
> (Hodapp 2020, 1)

Do ponto de vista meramente académico, também posso já avançar algumas anotações. A primeira é a posição que estas literaturas estão a tomar. Podendo ser consideradas parte da literatura portuguesa, esses autores "deveriam" ser estudados por departamentos, centros, equipas e estudiosos com bagagem e ferramentas já adquiridas na literatura portuguesa contemporânea. E, em parte, são-no. Todavia, a maior parte das tomadas de posição e das manifestações de interesse que esses textos estão a atrair têm tendência para provir do mundo dos estudos africanos/pós-coloniais. Por exemplo, o projeto de investigação em que estou neste momento a trabalhar, AfroLab: A Construção das Literaturas Africanas – Instituições e Consagração dentro e fora do Espaço de Língua Portuguesa 1960-2020, hospedado pela Faculdade de Letras da Universidade de Lisboa, é formado por uma equipa de investigadores com bagagem e experiência sobre literaturas africanas de língua portuguesa, dentro do grupo de Literaturas e Culturas Africanas do centro de investigação CLEPUL, liderado pela professora e poeta angolana Ana Paula Tavares. Um dos trabalhos mais recentes sobre intelectuais afrodescendentes em Portugal também amadureceu no ambiente das literaturas africanas de língua portuguesa da Universidade de Coimbra, como testemunha o documentário de Doris Wieser *Viver e escrever em trânsito: entre Angola e Portugal* (2021b). A nível de divulgação, esses autores aparecem na maioria das vezes em contextos em que o foco é a africanidade, a literatura negra e a pós-colonialidade, mais do que em ambientes de literatura portuguesa[5].

Esta situação é provavelmente inevitável: por um lado, os estudiosos de literaturas africanas têm forçosamente tendência para ter uma bagagem teórica familiar com as ferramentas da teoria pós-colonial e decolonial, que são ferramentas e horizontes teóricos produtivos para analisar estas literaturas. Por outro lado, além de inevitável, é também saudável que haja uma certa porosidade entre sub-disciplinas: não deveria ser malvisto que um estudioso de literatura estudasse um autor ou uma obra fora do campo do seu interesse mais imediato e estrito. Todavia, o que acontece com esses autores é peculiar, considerando que eles são estudados e incorporados no discurso principalmente – quase exclusivamente – em contextos de literaturas negras e extra-europeias.

Outro comentário que me parece relevante sobre o posicionamento desses autores é o diálogo institucional com as literaturas africanas de língua portuguesa. Estas últimas, instituídas enquanto tal ainda durante os últimos anos do Estado Novo, quer como *corpus* literário, mas sobretudo como categoria crítica e depois também académica, com a instituição de várias cadeiras a elas dedicadas, foram aumentando a sua presença, por um lado, nos departamentos das universidades e, por outro, nas estantes das livrarias portuguesas. Contudo, é de notar como as chancelas portuguesas que têm estado mais votadas para a publicação de autores africanos (e portanto os agentes e as instituições editoriais de revelação e de consagração destas literaturas) a certa altura deixaram de revelar e consagrar novos nomes de autores africanos.

Nomeadamente, o último grande nome africano a ser consagrado pela prestigiada editora Caminho, que é considerada como a "grande casa" dos autores africanos de língua portuguesa nos anos 1990 e 2000, foi o de Ondjaki, que começou a ser publicado ali em 2001. Depois dele, a Editorial Caminho (e as outras editoras portuguesas que publicavam alguns autores africanos, como a Dom Quixote – Agualusa e Pepetela, por exemplo), continuou a publicar as obras dos autores em catálogo, dando e continuado a dar espaço e projeção aos nomes de Mia Couto, Paulina Chiziane, Germano Almeida, João Paulo Borges Coelho e João Melo, principalmente. Ao mesmo tempo, contudo, deixou de se fazer a ponte literária entre a África que escreve em português e o público português. Desta forma, a entrada das literaturas africanas de língua portuguesa no mercado português está parada há vinte anos, sendo muito difícil adquirir, ler, estudar e comentar autores africanos novos em Portugal.

Quase ao mesmo tempo, a geração portuguesa afrodescendente começou a escrever. Se, por um lado, seria arriscado dizer que os autores afrodescendentes ocuparam o espaço dos novos autores africanos que não chegaram a Portugal – porque não temos dados que justifiquem esta tese da "substituição", ou "ocupação" –, simultaneamente, nota-se que, como as pessoas (investigadores, estudiosos, intelectuais, críticos, militantes) e as instituições (departamentos universitários, livrarias e sites de divulgação) que estão a ocupar-se dos afrodescendentes portugueses têm tendência para serem os mesmos que continuam, em parte, a ocupar-se de autores africanos de língua portuguesa, a justaposição é óbvia.

Esta tendência, em certa medida, revela-se também a nível internacional. Há indícios e testemunhas convergentes de um interesse cada vez mais reiterado por parte de editoras e outros agentes culturais em vários países do norte global sobre escritas de descendência em detrimento de escritas do sul global. Francesco Genovesi, em conferência recente assinala, por exemplo, como na América do Norte cada vez mais se fazem publicações, diretamente em inglês, como obras originais, de romances, testemunhos e memórias de descendentes de caboverdianos,[6] o que substitui quase completamente o possível interesse pela literatura propriamente caboverdiana, seja mais "clássica" (os Claridosos, por exemplo), seja mais contemporânea, que não está a ser traduzida.

Prefere-se, portanto, às vezes, dar voz ao autor emergente local em língua local, em lugar de ouvir a voz do país de proveniência. O que é também legítimo, além de ser mais prático e mais económico, do ponto de vista dos direitos autorais e das despesas de publicação (contornando, desta forma, o desafio e os gastos de tradução), mas, por outro lado, arrisca-se a criar algum curto-circuito no momento em que essa literatura "com cheiro a Cabo Verde" pode ser confundida com a literatura cabo-verdiana em si, ou, ainda pior, pode criar o efeito (dada a quase ausência de traduções) de empurrar o leitor norte-americano a acreditar que a literatura cabo-verdiana não existe, *tout court*, ou que não tem relevância alguma. Este problema é assinalado também por outras vozes: na sua introdução ao volume *Afropolitan Literature as World Literature*, James Hodapp dá espaço a alguns posicionamentos de autores da África subsariana contra o apreço da literatura "African-flavoured" em detrimento de escritas propriamente africanas. Harris (2020) alerta, no seu volume *Afropolitanism and the Novel. De-Realizing Africa*, para o risco de de-realização do conceito de África em literatura, na esteira destes discursos e destes posicionamentos.

Resumindo e sintetizando: o que nos anos da década de 1990 era determinado pelo empurrão do interesse para com o exótico pós-colonial (Huggan 2001, Brouillette 2007) – o que deu lugar ao surto de interesse editorial da Caminho, por exemplo, porque havia um público recetivo para isso –, foi-se apagando e está a ser substituído por um interesse pelas comunidades negras "locais", ou seja, que fazem parte, e de direito, das sociedades do norte global hoje em dia. Do ponto de vista conceptual, não seria necessário que, para emergir, a literatura afrodescendente (e, em geral, a voz e as instâncias dos afrodescendentes portugueses ou de outros países europeus) precisasse de ocultar a fama e o espaço das literaturas africanas, mas por enquanto parece ser o que está a acontecer.

Para terminar, algumas palavras sobre uma mudança que também está a acontecer do ponto de vista epistémico dentro e fora das universidades de língua portuguesa, e que investe todas as práticas e os horizontes de estudo quer das literaturas africanas propriamente ditas, quer das literaturas da diáspora negra. O Brasil – com a dimensão e a influência que não pode deixar de ter dentro do mundo de língua portuguesa – aprovou, como é sabido, uma lei em 2003 (Lei 10.639/2003) que instituiu a obrigatoriedade do ensino das literaturas africanas e negras em vários níveis de ensino secundário e universitário. Os efeitos desta lei foram marcantes: por um lado, o interesse por "escritas negras" no Brasil aumentou exponencialmente, quer no caso da produção nacional (negro-brasileira), quer lusófona (negro-africana e negro-portuguesas), quer do resto do mundo em tradução (Nigéria, por exemplo). Isto permitiu ultrapassar um limite antigo da disciplina que tradicionalmente ficava confinada à língua portuguesa, ignorando em grande parte o que tinha sido escrito e estava a ser escrito nas várias regiões de África que não escreviam em português; por outro lado, porém, está focado na negritude dessas literaturas.

A posição de alguns autores africanos brancos, entre os quais há alguns claramente centrais nos cânones até agora consagrados destas literaturas, como é o caso de Mia Couto, mas também de Luandino Vieira ou de Pepetela, dentro deste quadro, fica problemática: se, por um lado, continuam a ser muito estudados, e também no Brasil, naquele território tendem a ser excluídos por estas correntes que recentemente se consolidaram, e que fazem uma interpretação racial da etiqueta "africano".

Além do mais, a pressão da divisão conceptual, social e académica americana sobre o Brasil parece muito forte, o que acaba por ter consequências também em Portugal. Enquanto há dez ou quinze anos se falava em literaturas africanas de língua portuguesa (e demasiadas vezes se lia bastante pouco ou nada das outras Áfricas, dentro e fora dos departamentos universitários portugueses), agora a situação parece estar a revezar-se: colocando no centro da unidade epistémica a negritude do autor (e reforçando com o mandamento da temática identitária), adquirem relevância autores negros de todo o mundo, mas perde-se de vista a franja de autores não-negros africanos (além de Mia Couto e dos outros dentro do espaço de língua portuguesa, temos vários nomes centrais da literatura mundial, como M. C. Coetzee, Nadine Gordimer, etc.).

NOTAS

1. Entre as várias obras de referência podemos citar aqui o clássico: *O cânone Ocidental* (*The Western Canon*) de Harold Bloom (1994), a par de outras obras suas, como *Genius. A Mosaic of One Hundred Exemplary Creative Minds* (2002). A nível nacional e mais recente, o debate canónico sobre a literatura portuguesa foi levado a cabo em volta de *O Cânone* de António Feijó, João R. Figueiredo e Miguel Tamen (2020).

2. A esta lista de nomes seria talvez oportuno acrescentar os da poeta Raquel Lima, nascida em Lisboa em 1983, e autora de *Ingenuidade Inocência Ignorância*, também investigadora; e de Aida Gomes, nascida em Angola em 1967, e socióloga de formação, que publicou em 2011 o romance *Os pretos de Pousaflores*. Ambas apresentam os seus testemunhos no documentário *Viver e escrever em trânsito: entre Angola e Portugal* (Wieser 2021b).

3. Só para citar uma pequena parte de estudos recentes: La Valle 2018, Gonçalves 2019, Sarteschi 2019, Almeida 2021, Girotto 2021, Franco 2021, Khan 2021, Guedes 2022, Pimenta 2022, Rendeiro 2022.

4. Esta questão está ainda muito em aberto, e protagoniza um diálogo que está apenas a começar, mais que na sociedade, na academia portuguesa: veja-se como exemplo Mata 2018 ou Gonçalves 2019.

5. Alguns exemplos seriam Ferreira 2015, Garraio 2019, Medeiros 2020 ou Wieser 2021a.

6. *As Literaturas Africanas em Português nos Estados Unidos: Construção (e Desconstrução?) de um Cânone*, 4 de Abril de 2022. Faculdade de Letras da Universidade de Lisboa.

REFERÊNCIAS BIBLIOGRÁFICAS

Almeida, Liz Maria Teles de Sá. 2021. "*Luanda, Lisboa, Paraíso*: a cartografia da violência dos sujeitos da diáspora". *Mulemba* 13: 71-87. https://doi.org/10.35520/mulemba.2021.v13nEsp.a40658.

Aterianus-Owanga, Alice. 2014. "'Gaboma ', 'Kainfri' et 'Afropéen': circulation, création et transformation des catégories identitaires dans le hip-hop gabonais". *Cahiers d'Études Africaines* 54 (216): 745-94.

Bloom, Harold. 1994. *The Western Canon: The Books and School of the Ages*. New York: Harcourt-Brace.

Bloom, Harold. 2002. *Genius: A Mosaic of One Hundred Exemplary Creative Minds*. New York: Warner.

Brouillette, Sarah. 2007. *Postcolonial Writers in the Global Literary Marketplace*. New York: Palgrave Macmillan.

Caldeira, Arlindo Manuel, e Antonio Feros. 2019. "Black Africans in the Iberian Peninsula (1400-1820)". Em *The Iberian World*, organização de Fernando Bouza, Pedro Cardim, e Antonio Feros, 261-80. London/New York: Routledge.

Carneiro, Adriano Guedes. 2022. "*Também os brancos sabem dançar*, de Kalaf Epalanga: o guerreiro jaga que invadiu a escandinávia com o kuduro". *Missangas: Estudos em Literatura e Linguística/Ensaios* 3 (5): 143-55. https://doi.org/10.53500/missangas.v3i5.13510.

Évora, Iolanda, e Mata, Inocência, org. 2021. *The Open Veins of the Postcolonial: Afrodescendants and Racisms. Portuguese Literary & Cultural Studies* 34-35.

Feijó, António, João R. Figueiredo, e Miguel Tamen. 2020. *O cânone*. Lisboa: Tinta da China.

Franco, R. Guimarães. 2021. "A 'inseparabilidade' dos trânsitos na obra de Djaimilia Pereira de Almeida". *Abril* 13 (27): 109-24. https://doi.org/10.22409/abriluff.v13i27.50258.

Ferreira, Patrícia Martinho. 2015. "O conceito de 'retornado' e a representação da ex-metrópole em *O retorno* e *Os pretos de Pousaflores*". *Ellipsis* 13: 95-120. https://doi.org/10.21471/jls.v13i0.6.

Garraio, Júlia. 2019. "Framing Sexual Violence in Portuguese Colonialism: On Some Practices of Contemporary Cultural Representation and Remembrance". *Violence against Women* 25 (13): 1558-77. https://doi.org/10.1177/1077801219869547.

Gikandi, Simon. 2011. "Foreword: On Afropolitanism". Em *Negotiating Afropolitanism: Essays on Borders and Spaces in Contemporary African Literature and Folklore*, organização de Jennifer Wawrzinek and J.K.S. Makokha, 9-12. Amsterdam: Rodopi.

Girotto, Alice. 2021. "Os 'álbuns despenteados' em *Esse cabelo* de Djaimilia Pereira de Almeida". *MATLIT: Materialidades da Literatura* 9 (1): 185-98. https://doi.org/10.14195/2182-8830_9-1_11.

Gonçalves, Bianca Mafra. 2019. "Existe uma literatura negra em Portugal?". *Revista Crioula* 23 (*A experiência étnico-racial nas literaturas de Língua Portuguesa*): 120-39. https://doi.org/10.11606/issn.1981-7169.crioula.2019.155948.

Harris, Ashleigh. 2020. *Afropolitanism and the Novel. De-Realizing Africa*. London/New York: Routledge.

Henriques, Isabel Castro. 2020. *De escravos a indígenas. O longo processo de instrumentalização dos africanos (séculos XV-XX)*. Lisboa: Caleidoscópio.

Henriques, Isabel Castro, e João Moreira da Silva. 2020. *História e memória de uma comunidade alentejana de origem Africana (Séculos XV-XX)*. Lisboa: Colibri.

Hitchcott, Nicki, e Dominic Thomas. 2014. *Francophone Afropean Literatures*. Liverpool: Liverpool University Press.

Hodapp, James, ed. 2020. *Afropolitan Literature as World Literature*. New York/London: Bloosmbury.

Huggan, Graham. 2001. *The Postcolonial Exotic. Marketing the Margins*. London/New York: Routledge.

Khan, Sheila. 2021. "Cartas, solidão e voz para uma pós-memória: *Maremoto*, de Djaimilia Pereira de Almeida". *Abril* 13 (27): 125-35. https://doi.org/10.22409/abriluff.v13i27.50266.

Kilomba, Grada. 2008. *Plantation Memories. Episodes of Everyday Racism*. Münster: Unrast Verlag.

La Valle, Paolo. 2018. "A de-territorialização sem fim. Imaginando o Portugal contemporâneo através das crónicas de Kalaf Epalanga". *Via Atlântica* 1 (34): 31-47. https://doi.org/10.11606/va.v0i34.145759.

Martins, Bruno Sena. 2019. "Os negros em Portugal". *Memoirs. Filhos de império e pós-memórias europeias*. Coimbra: Centro de Estudos Sociais, Universidade de Coimbra.

Mata, Inocência. 2018. "Uma implosiva geografia exílica". *Público*, 14 de dezembro. https://www.publico.pt/2018/12/14/culturaipsilon/critica/implosiva-geografia-exilica-1854334.

Medeiros, Paulo de. 2020. "Memórias pós-imperiais: *Luuanda*, de José Luandino Vieira, e *Luanda, Lisboa, Paraíso*, de Djaimilia Pereira de Almeida". *Língua-Lugar: literatura, história, estudos culturais* 1 (1): 136-49. https://doi.org/10.34913/journals/lingua-lugar.2020.e211.

Mbembe, Achille, e Laurent Chavet. 2020. "Afropolitanism as Ethico-Political Stance". *NKA Journal of Contemporary African Art* 46: 56-61.

Miano, Léonora. 2012. *Habiter la frontière*. Paris: L'Arche.

Miano, Léonora. 2020. *Afropea. Utopie post-occidentale et post-raciste*. Paris: Grasset.

Pimenta, Susana. 2022. "O mestiço na 'urgência de existência'. *Essa dama bate bué!* (2018), de Yara Monteiro". *Comunicação e Sociedade* 41: 61-73. https://doi.org/10.17231/comsoc.41(2022).3687.

Pitts, Johny. 2019. *Afropean. Notes from Black Europe*. London: Allen Lane.

Rendeiro, Margarida. 2022. "Como a ficção pós-colonial pode contribuir para uma discussão sobre reparação histórica: leitura de *As telefones* (2020) de Djaimilia Pereira de Almeida". *Comunicação e Sociedade* 41: 43-59. https://doi.org/10.17231/comsoc.41(2022).3681.

Ribeiro, Margarida Calafate. 2019. "Luanda, Lisboa, Paraíso?". *Memoirs – Filhos de Império e Pós-memórias Europeias*, 14 de dezembro. Coimbra: Centro de Estudos Sociais, Universidade de Coimbra.

Sarteschi, Rosangela. 2019. "Literatura contemporânea de autoria negra em Portugal: impasses e tensões". *Via Atlântica* 36: 283-304. https://doi.org/10.11606/va.v0i36.163936.

Selasi, Taiye. 2013. "Bye-bye Barbar". *Callaloo* 36 (3): 528-30.

Sousa, Sandra. 2022. "Legacies of Coloniality and Racialization: Comparative Perspectives in Europe". *Revista Letras-Ciência da Cultura UTAD* 1 (4): 45-61.

Vasconcelos, João, dir. 2012. *Cadernos de Estudos Africanos* 24 (*Africanos e Afrodescendentes em Portugal: Redefinindo Práticas, Projetos e Identidades*). Lisboa: Instituto de Estudos Sociais, Universidade de Lisboa.

Wieser, Doris. 2021a. "The Frizzy Hair of the *Retornados*: 'Race' and Gender in Literature on Mixed-Race Identities in Portugal". Em *The Retornados from the Portuguese Colonies in Africa: Memory, Narrative, and History*, organização de Elsa Peralta, 150-170. New York/London: Routledge.

Wieser, Doris, dir. 2021b. *Viver e escrever em trânsito: entre Angola e Portugal*. Portugal, 1:02:53. https://www.youtube.com/watch?v=gjx_CtQ1xUs.

MARCO BUCAIONI (1981-) é investigador no CLEPUL/Faculdade de Letras da Universidade de Lisboa e Co-IR do projeto de investigação em curso (2021-2023) *AFROLAB – A Construção das Literaturas Africanas. Instituições e Consagração no Espaço de Língua Portuguesa 1960-2020*. Fez o Pós-Doutoramento no CLEPUL (2017-2020) e é doutorado em Literaturas Comparadas (2013) e licenciado em Línguas e Literaturas Estrangeiras (2006) pela Universidade de Perúgia, Itália. Também é tradutor e editor de literatura, com especial atenção para a produção literária africana em português. Está a trabalhar questões de circulação e receção de literaturas africanas de língua portuguesa em tradução. Os seus interesses de investigação incluem Literatura-Mundo; estudo de tradução; Modernidade e Modernismo; estudos pós-coloniais e discurso decolonial.

FABIO MARIO DA SILVA

A trajetória da personagem Silvério em *Os pretos de Pousaflores*, de Aida Gomes

RESUMO: Este artigo apresenta as principais características e a fortuna crítica do romance *Os pretos de Pousaflores*, de Aida Gomes, publicado em 2011 pela Dom Quixote. Contudo, meu interesse principal é observar o trajeto da personagem Silvério, que vive em dois espaços, Angola e Portugal, e em dois períodos históricos importantes, como o colonial e a subsequente independência do país africano. A intenção é perceber como essa personagem é importante para compreender algumas dinâmicas culturais e sociais que se instalaram durante o período tão sensível da história angolana e portuguesa, revelando que as personagens com quem Silvério se cruza ajudam a entender certas posturas de opressão.

PALAVRAS-CHAVE: Silvério; opressão; *Os pretos de Pousaflores*; Aida Gomes.

ABSTRACT: This article presents the main features and the critical reception of the novel *Os pretos de Pousaflores* [The Blacks of Pousaflores] by Aida Gomes, published in 2011 (Dom Quixote). My focus is on the trajectory of the character Silvério, who inhabits two spaces (Angola and Portugal) and two distinct historical periods (before and after the overthrow of Portuguese colonialism). Our aim is to assess the importance this character has for our understanding of the cultural and social dynamics of this sensitive period in Angolan and Portuguese history and, in particular, to demonstrate the extent to which the characters who cross Silvério's path help us understand certain racist attitudes and oppressive behaviors.

KEYWORDS: Silvério; oppression; *Os pretos de Pousaflores* [The Blacks of Pousaflores]; Aida Gomes.

1. Introdução

Nos últimos anos, as pesquisas em torno dos conceitos de império, memória colonial, trauma, movimento de independências das ex-colônias africanas, construção de nacionalidade e racismo vêm tomando o debate nas universidades. Na literatura, esses temas têm atraído a atenção de escritores/as, tanto portugueses/as quanto angolanos/as – como, por exemplo, António Lobo Antunes, Isabela Figueiredo, Dulce Maria Cardoso, Lídia Jorge, Pepetela, José Eduardo Agualusa e Aida Gomes. Esses/as autores/as procuram rever, sob diversas perspectivas narrativas (a do opressor ou a do/a oprimido/a, do sujeito negro ou retornado), as relações coloniais e pós-coloniais que ainda deixam marcas nas sociedades.

Nesse sentido, a obra de Aida Gomes, *Os pretos de Pousaflores* (2011), apresenta um projeto ideológico e artístico que passa por confrontar as perspectivas das personagens (negras, brancas, mestiças), repensar o seu lugar em diferentes espaços (Portugal e Angola), indicar certas posturas culturais e os movimentos de opressão e libertação a elas subjacentes. Aliás, a escritora, em entrevista com Doris Wieser, revela que a sua experiência de vida em vários países (Holanda, Guiné-Bissau, Moçambique, Libéria) e, em especial, em Portugal e Angola, foram determinantes para a sua herança cultural, por isso a necessidade de escrever *Os pretos de Pousaflores* como um processo de autoconhecimento. No entanto, relativamente ao seu romance, Aida Gomes observa: "não é especificamente a minha trajetória pessoal, mas tinha um pouco a ver com os percursos de famílias, de homens, mulheres e crianças, de brancos, negros e mestiços, tanto na herança colonial portuguesa como também naquilo que é o passado de Angola" (Wieser 2024, 44). Na mesma entrevista, a autora revela também que essa obra é uma versão mais complexa de uma outra intitulada *O meu nome é Elis*, que escreveu aos 23 anos e versava sobre como emigrar de Angola em meio a uma guerra civil.

Assim, este ensaio visa fazer uma leitura sucinta de algumas problemáticas da obra, através dos seguintes passos: resumir o que revela a fortuna crítica sobre o romance; apontar, sucintamente, alguns aspectos formais e estruturais da narrativa; observar as trajetórias de Silvério e, consequentemente, dos seus três filhos mestiços.

2. Fortuna crítica

Em relação à fortuna crítica da obra, há alguns artigos que não se debruçam apenas sobre o romance da escritora, visto que referem outras autoras. Por exemplo: em "Escritas literárias de uma deslocação histórica: o 'retorno'", Maria Luísa Leal (2019) analisa três romances (*Caderno de memórias coloniais*, de Isabel Figueiredo, *O retorno*, de Dulce Maria Cardoso, e *Os pretos de Pousaflores*, de Aida Gomes). A investigadora conclui, sobre a obra da escritora angolana, que o romance de Aida possui um caráter plural, de coexistência de espaços e de tempos muito diferentes e estórias com leituras divergentes, caráter também marcado por importantes aspectos do esquema narrativo:

> à exceção do capítulo 55, todos os narradores são membros da mesma família, uma família *sui generis*, composta, no momento do retorno, por seis membros: Silvério, que é o pai, os seus três filhos, Belmira, Justino e Ercília, a sua terceira mulher, Deodata, e Marcolina, a irmã que nunca saiu de Pousaflores. Essa família corresponde ao Portugal crioulo em que deixa de ter pertinência a própria noção de identidade nacional como quadro revelador das personagens do romance e das implicações sociais e históricas dos seus movimentos. (Leal 2019, 95-96)

Sandra Isabel Marques (2021) também reflete sobre os três romances analisados por Maria Luísa Leal (2019), indicando, na narrativa de Aida Gomes, as problemáticas que os retornados, sejam brancos ou mestiços, enfrentavam na pequena comunidade rural de Pousaflores. Por isso, Marques percebe que essa obra deixa transparecer os sentimentos contraditórios e controversos das personagens, os afetos provocados por esse regresso da personagem protagonista e seus filhos, que sofrem preconceitos e, assim, tornam "evidente o sentimento de não pertença e os infortúnios dessas personagens" (2021, 767). Por seu turno, Ana Margarida Fonseca (2013-2014) centra-se n'*O retorno* de Dulce Maria Cardoso e n'*Os pretos de Pousaflores*, entendendo que esses dois romances deflagram enfoques diferenciados e denunciadores da complexidade da "desterritorialização".

Partindo do conceito de "retornado" e da experiência colonial portuguesa, a análise de Patrícia Martinho Ferreira (2015) também incide sobre os dois romances analisados por Fonseca. A respeito do romance de Aida Gomes, a pesquisadora afirma que a minoria, pela "cor da pele", "não conseguiu tornar-se 'invisível' no contexto da ex-metrópole. É a visibilidade – marcada pela cor da pele (ou por outros traços fenotípicos, como o cabelo) – que justifica o facto de os filhos de Silvério serem chamados de 'pretos'" (2015, 102).

Já o texto que trata especificamente da análise do romance é o de Helen Leonarda Abrantes (2018), que faz uma leitura centrada numa das filhas de Silvério, num texto intitulado "Belmira e a narrativa do trauma". Nesse trabalho, a investigadora mostra como a personagem Belmira é constantemente exposta a diversas situações de violência, não apenas como "sobrevivente das guerras em Angola, mas também como sobrevivente de outras situações traumáticas, decorrentes de sua condição de mulher, negra, pobre e retornada a Portugal" (2018, 165).

Por seu turno, Rosangela Sarteschi, no seu estudo "Literatura contemporânea de autoria negra em Portugal: impasses e tensões" (2019), discute a presença da autoria negra e a sua relação com a sociedade portuguesa a partir da presença de imigração africana e de suas gerações posteriores. Sobre o romance em análise, Sarteschi ressalta "o estranhamento causado pela volta do português Silvério a seu país depois de anos em Angola, trazendo consigo os três filhos mestiços que serão marcados pela identificação de *os negros da aldeia*" (300).

O primeiro ensaio de Júlia Garraio compara as obras *Fado alexandrino*, de Lobo Antunes, e *Os pretos de Pousaflores*, revelando a maneira pela qual os corpos abusados das mulheres negras são usados como forma de representação da violência e de atuação do poder colonial através da hipersexualização. Garraio conclui que o romance de Aida "can contribute to the creation and circulation of more complex narratives about sexual violence and illuminate the ambiguities in national memory scripts" (2019, 1561). Outro ensaio da mesma pesquisadora, intitulado "Para lá da metáfora. Violência sexual e (pós)-colonialismo no romance *Os pretos de Pousaflores* de Aida Gomes" (2020), faz um recorte do texto já publicado um ano antes em inglês e alude a questões que dizem respeito ao imaginário português sobre a guerra colonial e à memória do retornado, com enfoque teórico-crítico nos casos de violações e na "dimensão massiva da violência sexual durante a conquista do território, assim apontando para a violação como fator de mestiçagem" (2002, s/p).

Por fim, mais recentemente, no ensaio intitulado "The Frizzy Hair of the Retornados: 'Race' and Gender in Literature on Mixed-Race Identities in Portugal", Doris Wieser (2021) debruça-se sobre os romances *Os pretos de Pousaflores* e *Esse cabelo*, de Djaimilia Pereira de Almeida. O objetivo desse trabalho é observar como, nas duas obras, as personagens mulheres lidam com o racismo velado na interseção entre "raça" e categorias de "gênero", levando em consideração também "their ages at the time of the decolonization and Return, the fact that they belong to different generations of memory, as well as the social class and the geographical context in which they live" (2021, 152). Especificamente sobre a obra aidiana, Wieser ressalta a violência que as mulheres sofrem nesse sistema colonial e pós-colonial opressor.

O que fica evidente nos textos da crítica – apresentados sucintamente – é a problemática que se vai estabelecer entre as personagens e a mudança abrupta de território, uma ruptura que demarca conflitos psíquicos e sociais, advindos das marcas da guerra e do poder impositivo masculino, bem como uma certa inadaptabilidade aos novos sistemas simbólicos e espaços culturais.

3. Aspectos e conflitos do romance aidiano

Os pretos de Pousaflores é um romance dividido em quatro partes e possui um tempo histórico com acontecimentos situados antes e depois da independência de Angola, ocorrida a 11 de novembro de 1975. O título da obra é revelador da perspectiva adotada pela autora, principalmente no que concerne à diáspora africana e aos seus desdobramentos. Assim, encontram-se no título dois lexemas norteadores da narrativa: a aldeia ficcionalizada de "Pousaflores"[1] e os residentes advindos de África que lá se instalam, os "pretos". Dessa forma, revela-se uma certa ironia, tendo em vista que Aida Gomes utiliza um lexema depreciativo, "pretos", para referir a memória de um passado colonial, a guerra civil em Angola e as marcas deixadas por uma colonização atravessada pela violência e o preconceito.

O texto não é isócrono, pois a técnica utilizada por Aida Gomes consiste numa narrativa em diferentes temporalidades, alternando o presente com a analepse. Sendo assim, a estória da mesma personagem constitui-se como uma estória embutida na outra. Nesse caso, essas narrativas possuem relação de alternância e encaixe, incluindo ainda outras estórias paralelas. Por isso, Doris Wieser afirma que esse é um romance polifônico, com destaque para a personagem protagonista, "in which, due to the long internal monologues of the characters, each of them seems to be in their own world – particularly Silvério, who bears the trauma for his friend's death and of the hasty flight from Angola, and who is incapable of showing affection to his children" (2021, 153).

Os pretos de Pousaflores centra-se em Silvério Paixão Prata, um português que deixou a sua aldeia ainda na juventude, quando emigra para África na tentativa de buscar melhores condições financeiras. A obra explora a construção arquetípica da narrativa portuguesa advinda desde a época dos Descobrimentos, que imputava a ida ao estrangeiro como meio de reverter uma vida de pobreza e agruras em Portugal. Silvério é, como tantos outros portugueses e portuguesas, um "torna-viagem", o símbolo de um Portugal em decadência, que indica como único meio de aceder a um patamar social, para quem não é de classes abastadas, a partida para o estrangeiro:

> Foi para Angola e, da maneira como o mundo andava, primeiro a Guerra na Espanha, o trigo já escasseava, depois o mundo inteiro meteu-se na guerra. Era um horror... ah, pois, Angola, a mãezinha a pensar, o moço há-de ter sempre trabalho, herdou de mim o preceito da honradez e da sensatez, sabe Deus a esta hora quanta fortuna não terá acumulado. Coitadinha, que Deus a tenha, uma sorte não estar viva, vê-lo assim todo vergastado, ah sim, que sol do pecado arde bem, lá isso arde! O desmiolado, em vez de ir para o Brasil, ficava rico era um instante. (Gomes 2011, 73-74)[2]

Evidentemente, para essa mudança de *status* social, só a exploração de terras do domínio colonial seria capaz de trazer ao emigrante não apenas o reconhecimento financeiro, mas o sentimento de dignidade por parte do próprio Estado, que não lhe daria condições de uma perspectiva melhor de vida em território nacional. Por isso, depois de viver alguns anos em Angola, o próprio Silvério faz as suas considerações sobre a relação entre os brancos que vão explorar as terras africanas:

> Sobre a África existem duas visões, a primeira é de que é terra dos negros, a segunda é de que oferece uma bóia de salvação aos fracassos dos brancos. Proponho-lhe uma terceira visão. Apareci em Quelingeli sem família nem tribo e aprendi a ser homem sozinho, por isso penso que em África, mais do que noutro lugar, o homem se apercebe do quão só e abandonado está num mundo hostil. (173)

Essa ideia de abandono é referida por Silvério devido a várias circunstâncias: as nações europeias preocupadas com a extração das riquezas africanas, o resultante abandono da população colonizada e sem grandes perspectivas de vida, bem como a própria distância que a personagem sentia da sua família. Os pais de Silvério, segundo ele relata, tinham mais afeto por seu irmão, o que lhe despertou ainda mais a vontade de sair da pequena Pousaflores: "Um homem, para se fazer à vida, não precisa necessariamente de primos, nem do pai nem da mãe" (49).

Contudo, ao chegar a Angola, Silvério é enganado e desviado do seu objetivo: entra num batalhão indígena do poder colonial português de punição de comunidades locais que resistiam ao ordenamento do território colonial, fazendo parte de um batalhão de soldados negros. Nessas guerras tribais, os Mutileres eram considerados um povo rebelde e avessos aos "efeitos benéficos da civilização", pois, entre os próprios negros e mestiços, eram referidos como particularmente violentos:

> Acusados de altivez e orgulho, com fama de perigosos, porque manhosos, eram meros ladrões de gado e desconheciam a caridade e a religião, pois, se alguém da tribo adoecia ou se feria, estilhaçavam-lhe impiedosamente o crânio com uma pedra afiada e o cadáver era presenteado às matilhas de hienas que abundavam por aquelas paragens. (56)

De maneira geral, a campanha de exploração europeia em África tinha como objetivos a cristianização, a exploração de terras e a escravidão. O que a narrativa indica é que os Mutileres representariam ainda um dos povos que os colonizadores não tinham conseguido dominar, razão por que várias campanhas foram lançadas no sentido de prendê-los – o que ocorreu com êxito. Dessa maneira, a narrativa deixa antever como a conquista territorial em Angola recorreu, com frequência, à instrumentalização de rivalidades locais.

Ao final, as ordens advindas do governo de Lisboa foram de que alguns prisioneiros, os mais robustos, fossem levados para trabalhos na companhia de diamantes de Angola; outros iriam para a ilha de São Tomé e para a Guiné, destinados às plantações de cacau e de caju; e uma maior parte poderia permanecer em solo angolano, desde que fosse destinada ao trabalho nas propriedades agrícolas dos colonatos, administradores e militares: "abrindo estradas e laborando nas zonas de cafezeiros e fazendas de cana sacarina, aprenderiam que a civilização tem os seus custos e exige tributos" (60). Evidentemente, essa imposição "laboral", um novo tipo de escravidão, vai se tornar cada vez mais frequente em solo angolano e vai ficar conhecida por um termo poetizado pelos escritores António Jacinto e Agostinho Neto, o chamado "contratado"[3].

Silvério refere uma série de grupos armados, aludindo que alguns creem que, "desde o começo dos tempos, os angolanos lutaram com todas as suas forças contra a dominação estrangeira" (82); outros combatentes afirmam que "no futuro não pode haver servilismo, nem bajulice em torno dos chefes" (82). Alguns grupos, como o Movimento Pacifista, mobilizam a população para queimar sementes, destruir vias de comunicação, invadir armazéns e expulsar os brancos sem nenhum tipo de arma, só fogo e catana; outros grupos opinam que se deve defender a terra dos antepassados com luta armada, como afirma a notícia na rádio: "a luta pela independência vai continuar em qualquer circunstância" (82).

Isto ocorre porque, como explicita Frantz Fanon em *Os condenados da terra*, a existência da luta armada é sinal de que "o povo está decidido a só depositar confiança nos meios violentos" (1968, 65), e que a linguagem violenta associada ao/à colonizado/a, dita pelo colonizador, muda de direção: agora, o/a colonizado/a compreende que o colonialista só percebe as relações de poder através da irascibilidade: "O homem colonizado liberta-se na e pela violência. Esta *práxis* ilumina o agente porque lhe indica os meios e o fim" (66) e o transforma em elo violento "do grande organismo surgido como reação à violência primordial do colonialista" (73). Contudo, Silvério, que convive com esses grupos, fala de um outro tipo de revolução que deveria ocorrer no país, algo para além das formas de violência: "Angola é terra sedenta de instrução, precisa de mais escolas e bibliotecas" (Gomes 2011, 82).

Durante o período de mais de trinta anos em território angolano, Silvério foi pai de três filhos mestiços (Justino, Belmira e Ercília) de diferentes mulheres, revelando os efeitos históricos da colonização, que não apenas se referiam à exploração da terra, mas à posse, à atividade sexual e à procriação com mulheres negras – dinâmica que poderia surgir ou não de dinâmicas impositivas.

No caso da personagem Silvério, a relação com as mães dos seus três filhos é violenta e hierárquica. Esse ciclo de violência começa, por exemplo, pela representação e imposição do poder patriarcal: o chefe da aldeia onde Silvério vive obriga Muneme a se relacionar com ele, de quem tem um filho, Justino. Devido a suspeitas de infidelidade, Silvério acaba por assassinar Muneme. E esse tipo de crime, o feminicídio, é extremamente comum nessas relações da imposição masculina como uma espécie de "lei" que dita as regras através de "códigos de moralidade", acentuando o machismo e a violência contra as mulheres.[4]

Após esse fato, o chefe local obriga a própria filha, Geraldina, a viver com Silvério, de quem tem uma filha, Belmira. Dessa maneira, encontra-se um ciclo de assédios e abusos sustentados dentro da lógica de dominação do corpo feminino pelos homens e essas "relações", baseadas em estupros e na opressão das mulheres, perpetuam uma dinâmica de naturalização e banalização da violência de gênero no contexto colonial: "Silvério's relationship with African women is pervaded with the colonial patriarchal model of subjugation and exploitation of women, which is even more dramatic when it comes to black women, as is the case. This character has a Western, traditional, and even violent masculinity" (Wieser 2021, 154).

Os três filhos de Silvério representam a ideia de miscigenação baseada na violação, no domínio pela imposição da força e numa naturalizada "subjugação sociocultural" sobre os corpos das mulheres. Por isso, Doris Wieser afirma que a cor da pele e a classe social são determinantes na integração dos filhos de Silvério. No caso de Belmira e Ercília, o fato de serem mulheres piora a situação, visto que as dinâmicas de opressão por que passam as mulheres são mais violentas e repressivas: "in Aida Gomes' novel both Silvério's women and later their daughters suffer with the prejudice that identifies them as sexually available to white men, who rely on the concept of the superiority of imperial masculinity and feel they can legitimately abuse these women" (2021, 158). Por causa disso, até as próprias personagens mulheres acabam por reproduzir o modelo dominante: Deodata, por exemplo, a última mulher que conviveu com Silvério, mãe da mais jovem das filhas, Ercília, depois que vai viver como refugiada em Portugal, demonstra a mesma postura conservadora da tia de sua filha, Marcolina, reproduzindo os estereótipos de feminilidade associados às imposições dos homens.[5]

Assim, depois da independência de Angola e com a guerra civil, Silvério resolve voltar a Portugal com os seus três filhos, visto que, além da violência pelo poder político e das revoltas nas ruas, os portugueses são malquistos em solo angolano independente: "Grande ajuntamento em frente ao posto da polícia. Estão a rasgar a bandeira de Portugal" (Gomes 2011, 63). Por isso, Silvério e tantos outros portugueses ou descendentes (e até angolanos) tentavam fugir em um voo da Cruz Vermelha para Lisboa.[6]

Nesse interim, com a independência, aponta a narrativa, é possível ser "angolano/a". No quadro dessa "nova Angola", o carnaval, festa proibida pela colonização e que estaria no "sangue" do povo, deve ser comemorado e associado à libertação estrangeira, numa evidente construção da ideia de identidade nacional angolana reprimida durante a colonização:

> o nosso povo tem o Carnaval no sangue. [...] o colono proibiu o Carnaval porque os angolanos deram início à luta de libertação nacional em 1961.

> Os policiais dos colonos espancavam os nossos dançarinos e metiam na prisão, não queriam que o angolano tivesse expressão. (99-100)

Contudo, é preciso recordar, através das considerações da presa política Fátima Roque, que, após a independência, as causas da guerra civil desencadeada pelo MPLA contra a UNITA basearam-se num jogo de controle pelo poder em Angola:[7]

> A luta duma nova guerra seria contra quem? Da UNITA contra o MPLA e do MPLA contra a UNITA? Nada disso. Seria de ambos contra o povo. Este é que ficaria sem casas, sem escolas, sem hospitais, sem estradas, sem roupas, sem comida, sem saúde, sem medicamentos, sem os filhos, sem alegria, sem a vida. E então ela se pronuncia de forma contundente sobre a "lógica" ou visão geral sobre essa guerra que se seguiu em Angola após a independência e numa guerra civil são sempre dois exércitos a lutar contra o Povo da sua própria Nação. Um suicídio nacional. (Roque 1994, 163)

Ou seja, esses grupos queriam impor as suas ideologias e justificar a sua permanência no poder e, para isso, acabavam reproduzindo o mesmo sistema opressor do colonialista. Essa dinâmica é explicada por Frantz Fanon: "o colonizado é um perseguido que sonha permanentemente em se tornar perseguidor" (1968, 40). Elsa Peralta ressalta também as especificidades dos conflitos em Angola e afirma que o cotidiano instituído pelo medo e pela violência, atrelado a um certo pânico, começa a antecipar a fuga dos portugueses do país, durante o período de independência:

> Em Angola, o processo de transferência da soberania revelar-se-ia mais complicado. A existência não de um, mas de três movimentos de libertação considerados legítimos herdeiros do Governo do novo país, cria um clima de tensão que é exponenciado pela sua recusa em deporem as armas. Angola torna-se um campo de batalha da Guerra Fria, no qual forças opostas, como a então União Soviética e Cuba, por um lado, e a África do Sul e os Estados Unidos da América, por outro, procuram impor a sua área de influência e controlo sobre o território. De facto, pouco tempo depois do Acordo do Alvor ter sido assinado, os três movimentos envolvem-se numa luta sangrenta pelo controlo do país, dando início ao conflito armado que teve início nesse ano e que continuou, com alguns intervalos, até 2002: a Guerra Civil de Angola. (2019, 316)

Não por acaso, Fanon refere que a colonização resulta de um processo de cisão do mundo baseado em desigualdades, de modos de vida e maniqueísmos sociais que privilegiam o estrangeiro branco e animalizam o colonizado. Por seu turno, a descolonização deixa marcas profundas nos sujeitos, pois se configura como um fenômeno extremamente violento e unificador do mundo dicotômico criado pelo colonizador. Assim, esse mundo agora é exaltado "por uma decisão racial a heterogeneidade, conglobando-o à base da nação, às vezes da raça" (1968, 34).

É neste sentido que a narrativa refere como Silvério e os seus filhos – considerados "retornados", nascidos ou não em terras lusas – se sentem e começam uma nova rotina em terras portuguesas, onde os espera Marcolina, uma tia beata e conservadora. Desse modo, na viagem entre esses dois espaços, as personagens vão refletindo sobre as suas vivências em Angola e a perspectiva futura em Portugal. Dessa maneira, o romance dá enfoque à integração desses "retornados" na sociedade portuguesa.[8] Vale a pena recordar que a narrativa se centra não apenas no regresso de Silvério e de seus filhos, mas também no retorno de outros colonos com suas famílias e o modo como estes se sentiam nessa fuga para Portugal. Tendo em vista o grande número de retornados, criaram-se certos estigmas a essas populações, situação de deslocamento pela qual vão passar algumas personagens do romance aidiano. Elsa Peralta explica essa dinâmica, destacando que alguns retornados renegavam esse rótulo devido à carga estereotípica desse lexema:

> Soon, *retornado* became a derogatory term and the attribution of an identity charged with social stigma. The *retornados* themselves also vehemently contested the name they were given. They considered that the term was inaccurate, because in many cases they had been born in the colonies, so they could not "return" to a place they had never been to before. But above all they contested it because of its political and ideological content: to call them *retornados* was to consider that they were returning to their homeland as former settlers in a territory they occupied and exploited, and as beneficiaries of the colonial system. Rejecting this connotation, they preferred to be called "refugees" or "displaced people", that is, as victims of decolonization. (2022, 12)

Por conseguinte, é comum, em algumas passagens, o foco narrativo se centrar no cotidiano dessas personagens em um novo espaço, nas relações desses filhos angolanos em sua nova pátria e na estranheza do encontro com os habitantes de Pousaflores, fato narrado por um dos filhos de Silvério, o jovem Justino:

> Há qualquer coisa em mim. Chego a um sítio e todos me contemplam. É carisma, eu acho. Acabei o banho, vesti-me, cheguei à cozinha e confirmei, sem mim ninguém se mexe. Já aqui estou. A velhota gravita na minha órbita, mas também não é todos os dias que lhe aparece um sobrinho das profundezas das ex colónias, alto e a cheirar a sabão azul que ela gosta tanto. Um sorriso faz a diferença, depois é ousadia e a boa presença. (Gomes 2011, 29)

Esse olhar "diferente" ou essa contemplação descrita por Justino não deixa de antever posturas de estranheza e de algum racismo, mesmo que velado, visto ser ele o filho mais velho e mais "moreno" de Silvério. Por essa razão, numa das passagens do romance, Ercília aponta as diferenças entre ela e suas colegas de Liceu: "Sou diferente. Elas usam nos tornozelos soquetes de malha tricotados. *T-shirts* rasgadas. Escutam música estrangeira. Nunca poderei ser uma delas" (167). Sobre essa dinâmica de como se sentiam os "retornados", Kalter afirma que "os migrantes viam-se a si próprios como diferentes. Como minoria vulnerável no âmbito de uma sociedade estruturalmente racista. [...] Falavam muitas vezes da diferença entre o convívio animado com seus pares nas colónias e a vida social em Portugal" (2017, 114). Aliás, essa vulnerabilidade, centrada no racismo e na diferença, surge na fala da Tio Perdigão: ele nota a postura diferente de Silvério, que nem sequer vai mais à missa, porque a África teria "dado cabo" dele. Por isso, tece considerações, centradas em estereótipos, sobre os "pretos":

> Não gosto de pretos. Saiu-me, está cá fora, até durmo melhor. Não gosto deles, pronto! O que é que queres que te faça? Agora que temos televisão farto-me de os ver. São muitos bons no atletismo e nos futebóis, dançam e cantam que se fartam, pois a mim não me encantam. Não gosto deles e muito menos de mulatos, e vê lá a minha sina, tenho-os em casa. Raça falsa, só a Ercília, coitada, é obediente, saiu a mim. A gente aqui em Portugal não tem nada a ver com pretos. Perdermos as colónias foi a maior bênção que Deus nos deu. Eles que fiquem na terra deles, a gente fica na nossa. (Gomes 2011, 107)

Esse novo espaço a explorar é descrito por Belmira através de uma carta que escreve à sua mãe Geraldina, que sofria constantes agressões físicas e psicológicas e que fora abandonada em Angola por Silvério. A personagem relata as condições em que habitam, a rotina da pequena vila com suas procissões, como as mulheres e os homens se vestem, os lampiões que penduraram entre os postes de luz nas ruas. Comenta também que o seu pai e seu irmão dormem em camas de tábuas cruzadas, que ela e sua irmã têm como dormitórios estrados, colocados por cima dos aposentos de Justino e Silvério. Ainda alude às batatas e aos feijões vermelhos para a sementeira; às maçãs e à broa de milho que a tia Marcolina assa no forno; a Ercília, que se fez catequista, tornando-se responsável por enfeitar os anjos para a procissão. A indicação da mudança de hábitos e da rotina em Portugal reveste-se da intenção de acalentar a mãe, deixada entre os perigos da guerra civil em Angola.

Aos poucos, os filhos de Silvério percebem como se configura essa nova sociedade e notam o abismo social e a condescendência com a violência extrema que há em Angola, mas não deixam também de perceber o estranhamento com esse novo espaço e as dinâmicas veladas de racismo por que passam. Nesse sentido, em uma passagem do romance (referente ao tempo em que ainda moravam em Angola), surgem cenas chocantes da guerra como um cotidiano habitual e do qual essas personagens tentavam fugir: "as pessoas estão a morrer nos carros queimados. Aparecem mortas no lado da estrada, igual a cão atropelado, já ninguém liga" (36).

A insatisfação e o infeliz destino que o esperava, bem como os traumas da guerrilha angolana, levaram Silvério, após o regresso a Pousaflores, a um estado considerado, pelas personagens, de "endoidecimento", o que despertava a preocupação de uma das suas filhas, Belmira:

> A mim dói-me o gelo dos dias desde que o pai amaldiçoou o destino, Angola, terra dos infelizes, e Portugal, uma nação equivocada. Em ambos os lados, a sorte é parca. E, quando fala, não parece saber com quem fala, se fala conosco, se com o senhor Manuel. A tia diz, o vosso pai endoideceu. Só pode ser isso. Foi maldição, da qual surtiu efeito desta tristeza atroz em mim. (118)

A descolonização portuguesa, como se sabe, apesar de ter sido tratada após os eventos de 25 de Abril com a promoção da CPLP e da ideia de lusofonia,[9] teria a função de tentar demonstrar como os portugueses, após o fim do império, possuíam posturas democráticas, por um lado, e uma certa convivência pacífica mostrando alguns benefícios da herança da língua portuguesa, por outro. Contudo, alguns críticos refutam tais ideias e entendem-nas como um novo tipo de colonização. Os legados traumáticos e a experiência emocional da guerra – bem como o confronto com a realidade racista e classista da metrópole – provocaram em muitos indivíduos, retornados ou não, uma série de problemas psíquicos,[10] como aparenta possuir Silvério e como ele mesmo confessa ao seu compadre: "Ocorreu-me hoje que nem tudo está tão claro como parece, no que se refere à nossa morte, quero eu dizer. [...] quanto ao meu fim, isto anda obscuro. Não me suicidei quando podia" (166). Dessa maneira, Ana Margarida Fonseca afirma que, nesse caso, "o lento processo de enlouquecimento, que o leva à perda da memória, pode, assim, ser entendido como uma incapacidade de lidar com o peso do passado, anulando qualquer esperança de futuro" (2012, 667). Assim, Silvério, ao final do romance, já senil e aos cuidados de Deodata, demonstra uma certa apatia perante os filhos e vive com as marcas dos traumas que a própria colonização lhe deixou, mesmo estando numa escala social considerada superior, branca e europeia, se comparado aos angolanos e negros.

Por isso, devido à inadaptação a Pousaflores, ao afastamento emocional do pai e à morte da tia Marcolina[11], Ercília, Justino e Belmira tomam diferentes rumos nas suas vidas. Ercília, depois de sair da pequena vila para abortar, volta a Pousaflores e vive em contínuas tristezas; também viveu com a irmã, Belmira, numa pensão em Lisboa e chegou a trabalhar numa tasca. Belmira tinha a intenção de poupar algum dinheiro para sair do país e, por isso, acaba por se prostituir em Lisboa[12] e vai de boleia com um caminhoneiro português que fazia o trajeto Portugal-Alemanha, restando-lhe trabalhar como empregada numa fábrica de brinquedos na Suíça. Ercília fica em Portugal e inscreve-se num curso agrícola, para ver se consegue algum subsídio de hectare de terra. Justino acaba por retornar a Angola e arranjar uma companheira, tornando-se pais de três filhos, todos eles falantes do português, pois as novas gerações não falam nurerere.

4. Breves considerações finais

Em suma, a fortuna crítica em torno de Aida Gomes tem comparado *Os pretos de Pousaflores* a outras obras de cariz (pós-)colonial. A estrutura do romance, como vimos, é complexa, seja por imbricar diferentes passagens da história angolana, nas perspectivas do sujeito branco português ou do negro, seja pelas contínuas mudanças de plano temporal, de vários narradores/as em primeira pessoa e de eventos anacrônicos sucessivos.

Os pretos de Pousaflores revela uma série de problemáticas que se estabeleceram em Portugal e em Angola após a descolonização, apontando as faltas de políticas públicas educacionais e culturais para receber esses retornados e retornadas, principalmente os/as que não eram brancos/as, bem como o caos que se instaurou em Angola pela disputa de poder. A personagem Silvério e os seus filhos são o retrato desse país que tem de conviver com os retornados e repensar a sua postura colonial e opressora. Além dos problemas internos de guerrilha, Angola necessita lidar com os traumas deixados pelo colonizador e a busca pela reconstrução identitária do país.

Assim, a personagem Silvério representa a própria estrutura do seu país: a falta de oportunidades para as classes menos abastadas e a consequente busca por riquezas em terras estrangeiras; a imposição da cor branca e do poder patriarcal para se inserir em lutas armadas e manter relações sexuais abusivas com mulheres negras; os transtornos psicológicos advindos das relações opressoras coloniais, o que levou a personagem a ter dificuldade para conviver com os próprios/as filhos/as e a apresentar traços de enlouquecimento e esquecimento; o lugar incômodo e a estranheza do retornado em terras portuguesas; os filhos mestiços/as e negros/as que fogem da guerra civil, tentando uma melhor oportunidade em terras lusas. Em suma, o que o romance revela é como Portugal não estava preparado para lidar com essas questões e como esses sujeitos/personagens acabavam por sofrer uma série de exclusões sociais e psicoafetivas. Não é por acaso que, no final da narrativa, a personagem perde a memória, esquecendo-se até que a sua irmã faleceu. Será uma das suas mulheres, Deodata, que vai referir o espaço angolano, como uma maneira de recusar o esquecimento e a experiência vivida.

Ainda nesse sentido, a própria escritora Aida Gomes relembra que a personagem de Silvério é contraditória, porque ele não seria "uma pessoa dura", mas sim um homem com "certa sensibilidade": "no momento que chega a Portugal, é a primeira vez que começa a refletir e a fazer um ato de 'autoexpiação' sobre o papel que teve como colonizador" (Wieser, 2024, 52).

Portanto, concluo que a não identificação das personagens com esse novo espaço faz com que os filhos de Silvério procurem outros caminhos de busca identitária, permanecendo o pai branco e pobre a viver isolado e melancólico na vila rural. Como o romance refere duplos espaços e a circulação de personagens através do processo de colonização e guerras, fugas e emigração, fica evidente que essas personagens vivem também processos ligados à condição de exilados e à experiência da solidão. Esses caminhos revelam três posturas pós-coloniais distintas, representadas pelos desfechos dos filhos de Silvério: 1.

o mestiço/retornado que deseja permanecer em Portugal e tentar uma vida diferente daquela vivida na antiga colônia (Ercília), mesmo passando por problemas de racismo e exclusão; 2. o que retorna ao seu país de origem numa busca por conexão identitária com a nação que, mesmo em guerra civil, teria expectativas de um futuro mais digno para a população (Justino); e, por fim, 3. a da inadaptação e mudança para um terceiro espaço nacional, a Suíça (Belmira). Essa personagem, em específico, almeja deixar para trás um percurso que não incluiria a família ou a terra de origem, mas a busca por outras oportunidades e sujeitos, a tentativa de uma nova e melhor perspectiva de vida, bem como a identificação com outras identidades culturais.

NOTAS

1. O nome fictício realmente existe: Pousaflores é uma pequena freguesia portuguesa de Ansião. No entanto, não é a ela que Aida Gomes pretendia aludir.

2. Todas as citações do romance foram retiradas da primeira e única edição de 2011, publicada pela Dom Quixote. Assim, nas próximas citações da obra, referimos apenas o número da página.

3. Refiro-me, por exemplo, aos poemas "Carta dum Contratado" e "Monangamba", de António Jacinto; e o poema "Contratados", de Agostinho Neto.

4. Práticas bastante comuns no contexto colonial que Aida Gomes reproduz na fala de Geraldina: "O Silvério sempre a exigir-me explicação. Pensava o quê? Já estava esquecido de que foi ele mesmo a fazer filho comigo? De me ver conversar com as minhas amigas, batia-me. De me ver fumar, murro e pontapé. Batia, a criação não está nem nascida" (65).

5. É exatamente essa dinâmica explicada por Júlia Garraio, que diferencia a postura submissa de Deodata em relação à de Geraldina: "The gender roles that Deodata learned from her family back in Angola, and which she tried to transmit to Ercília and Belmira in Pousaflores, certainly converge with Marcolina's beliefs: 'Women have to accept their husbands. [...] If a woman has food on the table and clothes on the body, her children go to school, it is her duty to stay with her husband' (186). It was Geraldina, Silvério's second wife, who could not conform to them: forced by her father to marry Silvério, and later to hand their daughter over to him (a subplot that reinforces the novel's depiction of collusion between local patriarchal systems and colonial order in the oppression of women), she resented his jealousy and accused him of violence. Deodata, however, described her as a bad wife who 'wasn't able to bear the suffering of living with whites' (89). Although Deodata invokes ethnicity (tribes from the coast versus tribes from the interior) to explain her differences from Geraldina, the novel suggests their rather different personal attitudes toward patriarchal oppression" (2019, 1571).

6. Segundo Elsa Peralta, a partir dos estudos de Kalter, estes são os números de fuga de portugueses/as para Lisboa: "Através de uma ponte aérea, que envolveu o exército e a aviação civil portugueses, com o apoio da aviação americana, russa, britânica, belga e alemã, 260.000 indivíduos foram evacuados de Angola entre meados de julho e novembro de 1975, nas vésperas da independência do novo país" (2019, 316). Isso tudo ocorria devido à luta dos movimentos de libertação uns contra os outros, instalando um cenário de violência extrema.

7. MPLA: Movimento Popular de Libertação de Angola. UNITA: União Nacional para a Independência Total de Angola.

8. Segundo Elsa Peralta, estima-se que cerca de 500.000 a 800.000 colonos portugueses teriam abandonado a África entre 1974 e 1979.

9. CPLP: Comunidade de Países de Língua Portuguesa.

10. Frantz Fanon vai referir, em *Os condenados da terra*, uma série de problemas psíquicos desencadeados pela guerra da independência, pela guerra civil e pela tortura, após análises de uma série de casos de pessoas africanas e europeias que desenvolveram problemas mentais.

11. Para Patrícia Ferreira, a morte da irmã de Silvério representaria "a morte de um Portugal atrasado, [enquanto] o percurso dos restantes narradores acentua a dificuldade de integração na sociedade portuguesa" (2015, 115).

12. Júlia Garraio relembra que "a objetivação sexual das mulheres negras herdada do colonialismo surge como peça central neste processo. Não será por acaso que um dos clientes regulares de Belmira é um veterano da Guerra Colonial, cujos comportamentos na intimidade desvendam o enraizamento de sexualidades violentas em posturas (neo-) coloniais" (2020, s/p).

REFERÊNCIAS BIBLIOGRÁFICAS

Abrantes, Helen Leonarda. 2018. "Belmira e a narrativa do trauma". Em *Tramas e traumas: escritas de guerra em Angola e Moçambique*, organização de Terezinha Taborda Moreira e Denise Borille de Abreu, 164-78. Belo Horizonte: Editora PUC Minas.

Fanon, Frantz. 1968. *Os condenados da terra*. Prefácio de Jean-Paul Sartre. Tradução de José Laurênio de Melo. Rio de Janeiro: Editora Civilização.

Fonseca, Ana Margarida. 2013-2014. "(Pós-)Memórias de África – as narrativas dos 'retornados'". *Dedalus* 17-18 (1): 655-70.

Garraio, Júlia. 2019. "Framing Sexual Violence in Portuguese Colonialism: On Some Practices of Contemporary Cultural Representation and Remembrance". Violence against Women, 25 (13): 1558-77.

Garraio, Júlia. 2020. "Para lá da metáfora. Violência sexual e (pós)-colonialismo no romance *Os pretos de Pousaflores* de Aida Gomes". Em *Bula*. Lisboa: Câmara Municipal de Lisboa, s/p.

Gomes, Aida. 2011. *Os pretos de Pousaflores*. Lisboa: Dom Quixote.

Kalter, Christoph. 2017. "Gente pós-colonial: Quem eram os retornados?". Em *Retornar. Traços de memória do fim do império*, organização de Elsa Peralta, Bruno Góis, e Joana Oliveira, 101-20. Lisboa: Edições 70.

Leal, Maria Luísa. 2019. "Escritas literárias de uma deslocação histórica: o 'retorno'". *Revista do Centro de Estudos Portugueses* 39 (61): 87-99. http://dx.doi.org/10.17851/2359-0076.39.61.87-99.

Marques, Sandra Isabel. 2021. "Motivações para uma revisitação de África: contributo no feminino para a literatura (pós-)colonial". *Caderno seminal – estudos de literatura* 39: 742-97. https://doi.org/10.12957/seminal.2021.58284.

Martinho, Patrícia Ferreira. 2015. "O conceito de 'retornado' e a representação da ex-metrópole em *O Retorno* e *Os Pretos de Pousaflores*". *Ellipsis* 13: 95-120. https://doi.org/10.21471/jls.v13i0.6.

Peralta, Elsa. 2019. "A integração dos 'retornados' na sociedade portuguesa: identidade, desidentificação e ocultação". *Análise Social* 231: 310-37. https://doi.org/10.31447/as00032573.2019231.04.

Peralta, Elsa. 2022. "Introduction. The History and Memory of the Portuguese Return from Africa". *The Retornados from the Portuguese Colonies in Africa*, organização de Elsa Peralta, 1-32. New York/London: Routledge.

Roque, Fátima. 1994. *Angola: em nome da esperança*. Lisboa: Bertrand Editora.

Sarteschis, Rosangela. 2019. "Literatura contemporânea de autoria negra em Portugal: impasses e tensões". *Via Atlântica* 36: 283-304. https://doi.org/10.11606/va.v0i36.163936.

Wieser, Doris. 2021. "The Frizzy Hair of the *Retornados*: 'Race' and Gender in Literature on Mixed-Race Identities in Portugal". Em *The Retornados from the Portuguese Colonies in Africa*, organização de Elsa Peralta, 150-70. New York/London: Routledge.

Wieser, Doris. 2024. "A palavra nómada: entrevista a Aida Gomes". *Portuguese Literary & Cultural Studies* 40/41: 41-53.

FABIO MARIO DA SILVA é professor de Literatura da Universidade Federal Rural de Pernambuco (Unidade Acadêmica de Serra Talhada), também do Programa de Pós-Graduação em Estudos da Linguagem da UFRPE e em Letras da Universidade Federal do Sul e Sudeste do Pará. Fez pós-doutoramentos em Literatura Portuguesa (2016) na Universidade de São Paulo, com bolsa da FAPESP, e em Estudos Portugueses na Universidade de Lisboa (2020). É doutor em Literatura e mestre em Estudos Lusófonos pela Universidade de Évora. Também é pesquisador do CEC (Centro de Estudos Clássicos) da Faculdade de Letras da Universidade de Lisboa e do ILCML (Instituto de Literatura Comparada Margarida Losa) da Universidade do Porto. Integra a equipe do Centro Internacional e Multidisciplinar de Estudos Épicos (CIMEEP) da Universidade Federal de Sergipe.

PAULO GEOVANE E SILVA

Kalaf Epalanga: a identidade nacional entre continuidades e descontinuidades

RESUMO: Este ensaio toma a categoria da fronteira como linha de força em *Também os brancos sabem dançar* (2017), romance de Kalaf Epalanga (1978-), para observar como o pensamento fronteiriço conduz e amarra essa narrativa autoficcionada, agenciando espaços contínuos e descontínuos impermeáveis no corpo das identidades nacionais. A obra do autor angolano pensa a fronteira ora como um espaço de antagonismo nacional, ora como um domínio dialético, penetrável, convergente e aberto a identificações com diferentes outridades nacionais. Ao longo deste estudo, foi possível constatar que Kalaf Epalanga logra uma escrita da pós-modernidade, na medida em que faz da identidade nacional – uma construção arraigadamente moderna – um espaço de incerteza, instabilidade e opressão, por um lado, e um território de múltiplos possíveis, de expansão e desprendimento identitário, por outro.

PALAVRAS-CHAVE: Kalaf Epalanga; fronteira; Angola; identidades nacionais.

ABSTRACT: This essay takes the category of the border as a thread of force in *Whites Can Dance Too* (2017), a novel by Kalaf Epalanga (1978-). The aim is to observe how border thinking drives and ties this autofictionalized narrative, dynamizing impermeable continuous and discontinuous spaces in the body of national identities. The Angolan author's work projects the border sometimes as a space of national antagonism, sometimes as a dialectical domain, penetrable, convergent, and open to identifications with different national othernesses. Throughout this study, it was possible to detect that Kalaf Epalanga achieves a postmodern writing in the sense that he turns national identity – a deeply modern construction – into a space of uncertainty, instability, and oppression, on the one hand, and a territory of multiple possibilities, of expansion and identity detachment, on the other.

KEYWORDS: Kalaf Epalanga; border; Angola; national identities.

1. Sobre uma possível natureza das fronteiras

O surgimento das identidades nacionais costuma coincidir com uma biografia das fronteiras. Embora carreguem distintos significados, estas construções epistemológicas das identidades e das fronteiras nacionais se encontram na medida em que uma nação se faz também por meio de suas demarcações territoriais – cujos limites indispensáveis estão sujeitos às mais diversas formas de oscilação, disputa e negociação. Vale lembrar que, do ponto de vista espacial, a disposição cartográfica das soberanias nacionais equivale ao país; quando se trata da máquina responsável por administrar internamente esse espaço, surge a figura do Estado com os seus desdobramentos institucionais e mecanismos de coerção e controle; a nação, por sua vez, diz respeito à dimensão emocional dessa instituição coletiva. À fusão destas três instâncias convencionou-se chamar Estado-nação (Bresser-Pereira 2017, 158), um nome composto cujo conteúdo é completamente atravessado pela imagem da fronteira, seja no nível geográfico, no institucional ou no identitário. A *priori*, a fronteira é entendida aqui como uma divisa, um horizonte-limiar, uma linha-limite instaurada e instauradora de descontinuidades necessárias à sua manutenção.

No caso de Angola, qualquer discussão sobre a nacionalidade deve lembrar que, na Conferência de Berlim (1884-1885), "[o]s colonialismos delimitaram as fronteiras sem terem conta do panorama cultural e político existente" (Ngoenha 1992, 30), o que ocorreu também com outros países africanos colonizados por monarquias europeias. Ao lado de muitos outros fatores coloniais, o imaginário das fronteiras atravessa singularmente as mais diversas formas de identificação nacional, seja no interior do território nacional angolano (com agrupações e identidades étnicas que escapam ao nacionalismo colonial), seja na diáspora (ainda hoje responsável por levar muitos sujeitos angolanos a outras latitudes) (Gikandi 2000). Dadas as circunstâncias de colonização e delimitação territorial, pode-se mesmo dizer que, tanto em Angola quanto noutros países – africanos ou não – surgidos da exploração colonial, as fronteiras se instauram como uma ferida (Anzaldúa 1987), como fratura colonial (Blanchard et al. 2005), como um espaço de choque entre mundos assimétricos e desiguais – e, portanto, fundamentalmente descontínuos.

Os contornos territoriais de um determinado Estado soberano delimitam não apenas a sua geografia, mas também a sua distância hierárquica, simbólica e – sobretudo – diferencial. Por isto mesmo, as descontinuidades que as fronteiras produzem e por meio das quais também são produzidas fazem da ruptura uma das bases ontológicas da própria ideia de nação. As manifestações desse descontínuo estão por toda parte, naturalizadas e entranhadas na vida cotidiana: controles aeroportuários e marítimos, policiamento fronteiriço, sistemas mais ou menos rígidos para os vistos de viagem, deportações, bem como os inúmeros problemas enfrentados por imigrantes que buscam sair da invisibilidade civil e da ilegalidade em determinados países do norte global. Em conjunto ou isoladamente, estes e outros mecanismos de controle compõem uma máquina biopolítica (Foucault 1999), ou seja, um sistema de controle dos corpos fronteiriços produzido e administrado pelo Estado enquanto "modelo da unidade política, um princípio de organização racional" (Mbembe 2018, 34).

Para que as rupturas em relação à outridade não produzam fissuras na parte interior do projeto nacional, a máquina da nação também precisa produzir, dentro de seu corpo, fatores de continuidade, como a unificação linguística, a História, as expressões religiosas, as manifestações artísticas, as leis, a estrutura política e a maior ou menor abertura ao diálogo internacional. Este fenômeno constitui aquilo a que Jan Assmann ([2008] 2016) e Aleida Assmann ([1999] 2018) chamam de "memória cultural" – um patrimônio histórico constituinte de uma determinada coletividade e que, portanto, exerce um papel de unificação identitária entre comunidades sociais sincronicamente distinguíveis e, ao mesmo tempo, diacronicamente unificadas. Na base da memória cultural estão as instituições, monumentos, rituais, tradições e outras formas de repetição e atualização que demarcam o seu teor simbólico e a sua perenidade.

Como anunciado no início deste ensaio, uma vez que as fronteiras nacionais são feitas de negociações, disputas e oscilações, o contínuo e o descontínuo nacionais não chegam a apresentar entre si fronteiras estanques: num constante movimento de interpenetração, há fatores de continuidade que resistem ao descontínuo nacional e, não menos importante, há fatores de descontinuidade no seio do próprio contínuo nacional. Neste enquadramento lógico, não é exagerado dizer que um Estado-nação sofre tanto rupturas interiores – as continuidades descontínuas – como reconexões com uma força exterior, com o Outro – as descontinuidades contínuas. É este também o caso de Angola: no plano político, por exemplo, os distintos segmentos ideológicos deixam ver o profundo impacto daquilo a que Paul Ricœur (2007, 93) chamou de memória-repetição, isto é, distintas formas de apropriação de um mesmo evento histórico, uma miríade de disputas narrativas em cujo fundo está a ausência de uma realidade completamente partilhada. Ao mesmo tempo, seja na literatura, na historiografia ou na política, alguns elementos – materiais e imateriais – conectam Angola a Portugal, ao Brasil e a outras nações de língua oficial portuguesa.

Estes espaços de porosidade intra e internacional configuram a fronteira como um campo de continuidades (descontínuas) e descontinuidades (contínuas). Por isso, este ensaio toma a categoria da fronteira como linha de força em *Também os brancos sabem dançar* (2017), romance de estreia do também angolano-fronteiriço Kalaf Epalanga (1978-). A análise a seguir observa como o pensamento fronteiriço conduz e amarra toda essa narrativa, produzindo – no plano das identidades nacionais – contínuos e descontínuos impermeáveis, tomando a fronteira ora como um espaço de antagonismo nacional, ora como um domínio dialético, penetrável, convergente.

Nascido e criado em Benguela, o escritor e músico da banda portuguesa Buraka Som Sistema situa-se num entrelugar diaspórico entre Angola, Portugal e Alemanha, onde vive atualmente. Tal como o seu criador, a criação literária também é atravessada por jogos de continuidade/descontinuidade fronteiriça, a começar pelo tom autoficcional do romance: *Também os brancos sabem dançar* apresenta a desventura de Kalaf Epalanga, autor-protagonista angolano confrontado com os problemas da fronteira ao tentar entrar com um passaporte caducado na Noruega, país a que se dirigia para tocar no festival OYA. Num movimento projetado "do texto para a vida" (Faedrich 2015), o autor empírico desdobra-se em persona narrativa, em "um sujeito duplo, ao mesmo tempo real e fictício" (Klinger 2008, 25). Essa estratégia literária culminou numa obra de contornos biografemáticos (Barthes 1971; 1973-74): por um lado, os aspectos autobiográficos dão causalidade à narrativa (o autor efetivamente é músico, angolano, toca na Buraka Som Sistema, etc.); por outro, o narrador-protagonista inscreve-se numa jornada ficcional, numa verdade suspensa que, não tendo ocorrido com ele no plano autobiográfico, acontece diariamente com pessoas negras (nomeadamente as negro-africanas) que precisam cruzar fronteiras. Em entrevista concedida a Doris Wieser, Kalaf Epalanga refere que a proposta do seu romance foi abordar "a migração, as diferentes migrações, de norte para sul e sul para norte" (2024, 65).

Deste evento conflitivo emerge uma narrativa polifônica, um profundo e intenso abrir e fechar de fronteiras ao som efervescente do kuduro, ritmo que atravessa toda a obra e, em partes, explica o seu subtítulo: *Um romance musical*. Na primeira parte, fala o Kalaf Epalanga personagem: após perder o passaporte em Paris, por onde passou em digressão, tenta atravessar de autocarro a fronteira da Suécia para a Noruega e ali é detido por dois agentes de imigração no ano de 2008. Na segunda parte, a narrativa salta quatro anos no tempo e passa para a voz de Sofia, filha de retornados de Angola, nascida em Portugal. Apaixonada pela kizomba – que leciona com conhecimento técnico e histórico – e grande amiga de Kalaf Epalanga, Sofia oferece-lhe um casamento arranjado para que o músico tenha acesso à cidadania portuguesa e, assim, não sofra mais constrangimentos ao longo das muitas viagens a trabalho pelo mundo. Por fim, a última parte é narrada por Igor, um dos agentes de imigração responsáveis por deter o narrador-protagonista. Apaixonado por música e mais especialmente pelo rap, Igor fala pouco e pensa muito: ao longo do seu relato, revela um vínculo complicado com o pai – de quem herdou uma profissão com a qual não se identifica completamente –, o peso das responsabilidades que, com algum sentimento de culpa, acumulou no trabalho como agente de imigração e um amor mal resolvido com a libanesa Ava Hajjar. Ao longo da narrativa, as três personagens tecem memórias e percepções em relação às fronteiras nas quais se encontram, e à sua manutenção e ruptura.

2. O homem mais só do mundo: as rotas do interdito

São muitas as formas de descontinuidade produzidas pelas fronteiras evocadas em *Também os brancos sabem dançar*. Juntas, elas operam o percurso do protagonista-músico Kalaf Epalanga, cuja jornada começa justamente com um problema de fronteiras, como este ensaio já antecipou. Ao ser abordado por policiais de imigração ao longo de sua viagem a trabalho, Kalaf dizia sempre que não podia apresentar o passaporte porque não o tinha consigo, mas sim na mala, guardada na parte inferior do autocarro. Esta desculpa funcionou na Alemanha, mas não na Noruega, onde os agentes Igor e Mari restringem a entrada do músico, levando-o à esquadra de Rygge, a 64,5 km de Oslo. Ali fica detido e, enquanto espera o desenlace desse problema, empreende uma longa reflexão sobre a história do kuduro, passando por nomes, influências e grandes sucessos desse gênero angolano que se espalhou pelo mundo e que fez do protagonista um artista de prestígio – exceto na fronteira, este espaço que, ao impor divisões, mantém acesa a lógica colonial de um mundo compartimentado (Fanon 1968). Efetivamente, o romance de Kalaf Epalanga tem um poder musical: ao longo da leitura, é forçoso ir à internet para buscar as canções e ouvi-las, vê-las em videoclipes. Este conteúdo extra, se consumido ao longo da leitura, estimula uma experiência sensorial que permite acompanhar melhor os sentimentos do narrador-protagonista.

Kalaf esteve detido numa sala de ambiente previsível: "cinza, nenhuma janela e uma luz de aviário no teto. Cheirava a novo, a edifício acabado de inaugurar. O chão era da mesma cor que as paredes, de um material que não consegui identificar" (2018, 27).[1] Esse lugar de neutralidade vertiginosa é, por antonomásia, o espaço da fronteira: além de suas longas reflexões sobre a música angolana que, em suas próprias palavras, fez dele um missionário "a espalhar o evangelho do kuduro" (18), a sala cinzenta presenciará conflitos situados em muitos cruzamentos, interpenetrações e agenciamentos identitários. Para começar, é ali que o narrador começa a sentir a fronteira como restrição, como privação: "[f]oi preciso ser apanhado sem documentos numa fronteira para me descobrir prisioneiro" (18). Esse sentimento de prisão leva-o a oscilar quanto à resolução do seu conflito: primeiro ele acredita poder demonstrar que é músico ou mesmo "um 'agitador cultural', como os jornalistas portugueses me caracterizam para justificar a diversidade de linguagens artísticas que abracei para expressar essa luso-qualquer-coisa" (25). Cansado de alimentar esperanças, viu-se assaltado por uma hipótese extremamente oposta:

> a possibilidade de ser confundido com um traficante de drogas começava a fazer todo o sentido. Em que outra atividade poderão aplicar os seus talentos os músicos africanos que são presos a atravessar uma fronteira sem documentos? Todo mundo sabe o difícil que é viver de música. (25)

Resignado, Kalaf Epalanga vê-se diante de uma outra fronteira: a da verdade. Embora não estivesse a cometer qualquer crime para além de uma omissão dos acontecimentos reais, parecia absurdo explicar que ele não passava de um músico angolano em digressão – uma das muitas desculpas frequentemente ouvidas por agentes de imigração. Ainda assim, houve um momento em que a personagem Mari lhe fez muitas perguntas: "queria saber tudo sobre a minha atividade, tipo de música, cidade, por que viajava sem passaporte – tudo" (35). Ao escutar tantas indagações, o ímpeto do músico angolano foi coletivo: "Por instantes ocorreu-me começar do início, pela versão mais longa: a descolonização, a guerra civil em Angola e a diáspora que habita os subúrbios de Lisboa" (35). No final, optou por ignorar todos estes elementos de continuidade/descontinuidade nacional e referir apenas que pertencia à banda Buraka Som Sistema.

A narrativa de Igor, que opera um ponto de vista relativamente diferente do de Kalaf (ambos se reconhecem mutuamente na paixão pela música), demonstrou o sistema xenofóbico ao qual está submetido e que, a princípio, guiou a investigação. Diante do angolano detido, eis o que pensa o último narrador: "Agora de Angola, não sabemos nada, e não saber deixa-nos nervosos. Será que vêm aí mais? Será que vem aí uma nova vaga de imigrantes angolanos [...]?" (330). Estas palavras revelam o medo (*fobos*) do desconhecido que bate à porta da bolha de tranquilidade criada pelo "bem-estar social". Com efeito, este sujeito desconhecido pode ser aquele ou aquela que foge

> da bestialidade das guerras, dos despotismos e da brutalidade de uma existência vazia e sem perspectiva [...]. Para quem está por trás dessas portas, eles sempre foram – como o são agora – estranhos. Estranhos tendem a causar ansiedade por serem "diferentes" – e, assim, assustadoramente imprevisíveis. (Bauman 2017, 13-14)

Entre um interrogatório e outro, Kalaf Epalanga lembra-se da primeira fronteira que precisou atravessar para lá do rio Zaire: a de Portugal, onde o seu pai o esperava do lado de fora do aeroporto. Ainda muito jovem, a mãe do narrador articulara a sua ida para Lisboa, a fim de evitar o seu alistamento na guerra civil em Angola (1972-2002). Kalaf aceita a proposta a contragosto. O seu plano era ficar em Portugal "só até Jonas Savimbi e José Eduardo dos Santos voltarem à mesa de negociações e se convencerem de que a paz era mais vantajosa para ambas as partes. Assim que as armas se calassem em Angola, não ficaria nem mais um minuto" (49). Para sobreviver, trabalhava como servente de pedreiro e *sushiman* num restaurante. Esta cena da chegada a Lisboa vem à mente do músico a propósito do presente narrativo: enquanto aguarda uma solução na cinzenta sala de uma esquadra em Rygge, lembra-se de seu primeiro contato com o controle de migração português, onde passou mais ou menos pelo mesmo constrangimento:

> Fui levado para uma sala sem janelas, com uma secretária e duas cadeiras, onde um homem nos seus cinquenta anos, vestindo o mesmo uniforme que o do oficial da fronteira que estava sentado com os olhos postos no meu passaporte, folheava as páginas vazias, com a impaciência de quem já vira uma centena de passaportes só naquela manhã. (46)

O momento vivido no presente narrativo surge como uma repetição – ou atualização inevitável – da primeira fronteira que o angolano cruzou ao sair de sua terra natal. Custa-lhe lembrar também que, do lado de fora do aeroporto de Lisboa, esperava-o outro desafio limítrofe, desta vez no campo afetivo: o pai, que havia emigrado para Coimbra enquanto o filho era ainda uma criança. Nestes anos de distância, o contato entre eles perdeu força, num desinteresse mútuo e silencioso. Já com 17 anos de idade, Kalaf chega a Lisboa e não reconhece o homem com quem se encontra, restando-lhe apenas a vontade de nunca ter deixado o seu país. Seguindo o projeto narrativo das rupturas e descontinuidades, esse homem-pai apresenta-se como um sujeito sem amigos, deixando clara a fronteira que deve existir entre ele e o filho. Ao recordar a frieza paterna, Kalaf reconhece que, naquele dia, um duplo deslocamento pesou sobre si: "Senti-me duplamente forâneo, não só por ter acabado de aterrar em terra estrangeira mas também por sentir que entre mim e o meu progenitor existia um estreito igual ao de Gibraltar, em que só nos dias sem nuvens podíamos avistar a outra margem" (48-49).

De acordo com as próprias memórias, Kalaf resgata em Lisboa o que foi uma de suas mais dolorosas experiências de contato com a diferença. A partir daí, a sua jornada existencial consistiria em saltar fronteiras, primeiramente numa vida de imigrante atrelado a uma realidade marginal; depois, como artista e grande divulgador de um gênero musical que colocou Angola no cenário do *world music*. No romance, contudo, este mesmo kuduro leva o narrador a uma espécie de lugar de retorno, já que, preso pela imigração norueguesa, volta à sua condição de homem interdito em função de sua nacionalidade.

Depois de quase cinco horas de detenção, o músico arrisca um pedido emocionado: "Deixem-me ir, por favor, tenho que ir trabalhar" (82). O apelo encontrou em Igor um levantar de ombros um tanto compassivo e, em Mari, uma resposta seca e objetiva: "devias ter pensado nisso antes de atravessares a fronteira sem passaporte" (82). Kalaf, em pensamento, apelidou Mari como "judoca", devido à sua postura alerta e sempre pronta para um golpe repentino. No corpo e nas palavras, Mari representa a extrema rigidez de certas fronteiras, a "política de inimizade" (Mbembe 2017; 2018) que chega a produzir na agente um prazer perverso. Isto foi o que Kalaf percebeu no momento em que os policiais anunciaram a sua detenção e posterior declaração diante de um juiz, a decorrer na segunda-feira seguinte. Num protesto verbal que mais pareceu uma desistência, ele suspirou: "Eu sou músico". A seguir, Igor, o último narrador, anuncia o início do processo de transferência de Kalaf, que observa a atitude hostil de Mari: "Vi nos olhos da judoca o brilho da satisfação, e esperava que me presenteasse com as suas simpáticas cutucadas mas, em vez disso, agarrou-me pelo braço e sentenciou de forma rasa: 'És um músico ilegal. Querias conhecer a Noruega, não é? Então, bem-vindo'" (112).

Ao ouvi-la, o narrador sente a repulsa de quem reconhece no Outro o prazer e a vilania da opressão. De Rygge, o angolano é levado para Fredrikstad, a 90 km de Oslo. Ali é recebido por um agente penitenciário que segue rigidamente o protocolo policial: recolhe os pertences de Kalaf Epalanga e fá-lo assinar o respectivo inventário. A seguir, concede-lhe o direito a uma chamada telefônica. O músico resolve falar com Branko, um dos membros do Buraka Som Sistema. É forçado a comunicar-se em inglês, momento em que, desta vez, a imagem de uma travessia de fronteira recusada – e não afirmada – se projeta no idioma estrangeiro (estranho) e na necessidade de uma língua franca. Depois de assinar o documento, Kalaf tem os seus óculos retidos e é encaminhado à cela prisional, onde se sente "o homem mais só do mundo" (142). No epicentro dessa solidão, amarga um arrependimento profundo por não ter aceitado uma das ofertas de casamento arranjado que Sofia lhe fizera anos antes.

3. Narrativa e cruzamentos fronteiriços

No plano diegético, a sucessão de fatos vividos por Kalaf Epalanga expõe os limites do Estado-nação e, por consequência, a fragilidade de certas origens nacionais. Este foi o sentimento narrado por Sofia ao recordar o momento em que, frustrado, o protagonista resolve aceitar a referida oferta de casamento e, no mesmo momento, desabafa:

> "O que é isto de liberdade afinal, Sofia? Para mim liberdade sempre esteve associada à ideia de movimento, de explorar o mundo sem restrições. Embora desde cedo me tenha habituado a viver solto, sem ninguém a quem prestar satisfações, a ideia de liberdade nunca se instalou verdadeiramente em mim porque sempre a associei ao poder de escolher" [...], disse Kalaf naquela noite, inconsolável. (181-82)

O encontro fronteiriço com o Estado norueguês precipita o protagonista ao abismo da descontinuidade nacional situada no espaço: diante dos agentes de imigração em Svinesund, não é apenas o passaporte caducado que define as desventuras de Kalaf Epalanga, mas também a sua origem angolana – este último dado guia o raciocínio eurocêntrico de Igor e Mari. Se, por um lado, a jornada do protagonista é determinada pela rigidez das fronteiras nacionais e pela dura hierarquia estabelecida entre policiais nórdicos e um negro angolano, por outro, as narrativas de Sofia e Igor seguem uma rota diferente: enquanto narram, ambas as personagens dinamizam certas forças de continuidade – espacial e temporal – que resistem ao descontínuo nacional, ao mesmo tempo que não deixam de evocar descontinuidades no próprio corpo de suas identidades nacionais portuguesa e norueguesa, respectivamente. Em ambos os casos, a narradora e o último narrador perscrutam as próprias memórias e, ao longo do percurso, compreendem que as suas histórias são constituídas por cruzamentos fronteiriços. Esta seção busca comentar um pouco este papel dialético da fronteira.

Sofia é a professora de kizomba que dá voz à segunda parte do romance, narrando a partir de dois espaços: o apartamento de sua família em Rio de Mouro, no município de Sintra, e as ruas de Lisboa. Em casa, num domingo animado por muita música, o padrasto e a mãe de Sofia preparam o calulu,[2] enquanto a narradora flerta com o baiano Quito Ribeiro, que conhece através de Mário Patrocínio, um lisboeta com quem Quito acabara de trabalhar num documentário em Luanda. Está presente também o próprio Kalaf Epalanga – que Sofia carinhosamente apelida de "marido de papel". Além destas personagens, a narrativa apresenta ainda o vizinho cabo-verdiano Ludomir Rosa Semedo, que, ao ouvir a animação na casa da narradora, entra no apartamento com um à vontade e um jeito muito próprios: "De chapéu e fato branco, parecia saído da peça *Ópera do Malandro*. Dançou um par de compassos até cair cansado na cadeira ao nosso lado, ofegante, e abanando-se com o seu chapéu panamá" (165).

O cenário narrativo é por si só um ponto de articulações identitárias e infiltrações culturais. Além da presença de um cabo-verdiano e um brasileiro, é de destacar outras identidades importantes: a mãe de Sofia é uma portuguesa branca e retornada; o padrasto, por sua vez, um angolano negro que estudou na então Alemanha Oriental com uma bolsa do MPLA.[3] Depois de concluir a bolsa de estudos e passada a independência do país, teve medo de voltar a Angola. Com a queda do muro de Berlim, resolveu mudar-se para Lisboa, onde conheceu a mãe de Sofia e tomou para si a responsabilidade paterna da narradora.

À volta da culinária angolana, a música em língua portuguesa encena uma força unificadora, uma tecitura de afetos que, numa mesma espacialidade triangular, faz convergirem Angola (nas vozes de Ruy Mingas, Eduardo Paim, Bonga e Carlos Burity), Cabo Verde (com a morna e a coladera), Brasil (na voz de Chico Buarque) e Portugal (com o fado), para além da kizomba e do kuduro sempre presentes. A partir de tais relações, o almoço de domingo na casa de Sofia testemunha não a demarcação desses espaços nacionais, mas as suas conexões afetivas e culturais, isto é, as várias formas de descontinuidade contínua entre territórios politicamente distintos. Assim, os estados soberanos referidos acima surgem como espaços de infiltração e interferência, de reciprocidade e reconhecimento com o estrangeiro – que acaba por não ser tão estrangeiro assim. Isto acontece por meio de cenas não menos alegóricas: Ludomir Rosa Semedo, por exemplo, ao perguntar a Quito como é possível que um brasileiro seja batizado com o nome de uma capital peruana, recebe do baiano uma resposta ágil e bem-humorada: "Creio que da mesma forma que um cabo-verdiano acaba batizado com um nome eslavo" (167) – o pai de Ludomir era um admirador da música clássica e, por isso, batizou o filho com um nome em homenagem ao compositor polaco Ludomir Różycki (1883-1953). Outra cena exemplar é quando Ludomir, talvez buscando "as lembranças de uma paixão crioula esquecida no Mindelo da sua juventude" (172-73), revela a Quito as "afinidades musicais entre São Vicente e Salvador da Baía" (173), entre o grupo Voz de Cabo Verde e o cantor Dorival Caymmi.

Do ponto de vista da identidade nacional como um corpo supostamente coeso, o pai de Sofia e o próprio Kalaf figuram uma espécie de ruptura: primeiro, porque estão na diáspora e não retornaram ao país com que se identificam civil e culturalmente; depois, porque não se veem representados no longevo governo de José Eduardo dos Santos. Com efeito, o padrasto da narradora pensa voltar a Angola apenas quando o então presidente saia do poder, o que comenta enquanto estão na cozinha a preparar o calulu. No calor da conversa e movido por um ímpeto de autocrítica coletiva, Kalaf lança uma exortação às pessoas ali presentes:

> "Nós angolanos, que somos bons de discussão, pobres de argumentação e teimosos em mudar de ideias, porque não nos ensinaram a viver com a mudança, nunca somos chamados a opinar em concordância ou discordância com coisíssima nenhuma. Cada vez mais inferiorizados, vemos a caravana passar ao longe, rumando para onde, embora muito se especule, ninguém saberá adivinhar [...]. Estamos condenados a resmungar, submersos na irritação da nossa impotente e órfã indignação. À espera de que se faça luz e seja revelado. Se na linha de sucessão não estiver alguém com o sobrenome dos Santos, então quem?" (187)

As aspas no original da citação acima revelam um veemente discurso direto de Kalaf Epalanga, uma reflexão quase monológica sobre a identidade angolana e a passividade resignada que atravessa o seu corpo coletivo. Por meio da referência à caravana que passa ao longe enquanto é vista pelo povo, o narrador alegoriza uma disjunção – isto é, uma ruptura, uma descontinuidade – no interior da imaginação coletiva: os sujeitos da política (com poder de decisão) e os sujeitos da terra (resignados e sem grandes expectativas) ocupam lugares desiguais e, assim, protagonizam uma fissura nacional.

Ao ver Quito Ribeiro um pouco deslocado na densidade da conversa, Sofia explica-lhe o desafeto que o padrasto nutre pelo presidente. Ao ouvi-la, o homem aproveita para justificar a sua indignação: "Eu acreditava naquele homem, filha, mas com o tempo apercebi-me de que a homens como José Eduardo dos Santos só os inimigos lhe são leais. Os amigos são falíveis, os inimigos não" (188). Essas dissidências afetivas correspondem às fraturas e feridas abertas no interior da nação.

Voltando ao fenômeno das interpenetrações entre espaços limítrofes, a narrativa de Sofia expõe também as infiltrações e sobreposições das fronteiras africanas e a portuguesa. Durante o almoço, uma vizinha chega ao recinto e a mãe de Sofia prontamente começa a falar-lhe sobre os silenciamentos a respeito da presença africana em Portugal: "Oiço a minha mãe dizer-lhe que 'a história africana deste país está mal, muito mal contada, ainda que Lisboa fosse a região que contava com a maior população negra'" (189). Depois desse comentário, a mãe da narradora apresenta – de memória – vários dados estatísticos sobre a presença negro-africana em Portugal nos séculos XVI e XVII. O que está em causa na conversa é a invisibilidade dos afrodescendentes nascidos em Portugal, vítimas de um racismo estrutural que ainda hoje se faz notar no país. Na contramão de uma demografia hegemônica, ao apontar tais estatísticas, a personagem acaba por resgatar a presença africana no corpo nacional lusitano.

Esta convergência entre sujeitos africanos e portugueses aparece também, e de forma mais emocional, no segundo espaço narrativo: passeando pelas ruas de Lisboa, Sofia relata a Quito como o padrasto conheceu a sua mãe: numa noite de diversão, ambos coincidem no restaurante improvisado na casa de Ti Lina e Dona Alda, "duas mulheres de São Vicente que mudaram a forma como os lisboetas terminavam as suas noites ao abrirem as portas da sua casa a todos os conterrâneos [...], servindo cachupa e alguns petiscos típicos de Cabo Verde" (218).

O restaurante é parte do retrato da migração de Cabo Verde a Portugal nos anos 60 do século XX. Recém-chegada à capital portuguesa, a população cabo-verdiana foi se assentando no que é hoje o chamado Triângulo Crioulo, na região de São Bento. Sob a pele da memória individual da narradora pulsa a biografia coletiva de um povo africano a viver em – e a conviver com – Portugal. Esta imagem é uma das muitas estratégias de Kalaf Epalanga para, na voz de Sofia, evidenciar os "deslimites" e as infiltrações entre Cabo Verde (na época ainda uma colônia) e Portugal – país cuja identidade nacional lusitana (branca e europeia) é descontinuada pelos relatos de Sofia, pelos cruzamentos que a narradora produz entre memórias individuais e coletivas.

Como referido nesta seção, a voz de Igor revela essa mesma mescla de limites fronteiriços (biográficos, familiares e emocionais). Por um lado, o policial de migração por vezes questiona o seu ofício: "Talvez tivesse escolhido a profissão errada, talvez ser polícia não estivesse no meu sangue como no de todos os homens da minha família" (2018, 274); por outro, ele não consegue se livrar de uma lembrança que é, acima de tudo, a sua mais antiga ruptura de fronteira: o primeiro beijo de sua vida, dado na libanesa Ava Hajjar, com quem se encontra no velório do avô passados quinze anos sem qualquer contato – ali trocam um cigarro, conversam e recordam a paixão da infância. A personagem libanesa representa a presença antiga das fronteiras e do mundo estrangeiro na vida de Igor.

No meio da conversa, Ava revela a Igor que o avô ali velado, um detetive orgulhoso de suas funções policiais, pediu a intervenção da moça: numa aparente contradição, rogou-lhe que impedisse o neto de entrar no corpo policial norueguês: "'Ele procurou-me no dia em que disseste que te alistarias na academia de polícia'. Continuei à espera, sem a interromper. 'Pediu-me que fosse ter contigo a Oslo e tentar convencer-te a não te tornares polícia'" (270). À continuação, Ava revela a Igor que o seu avô desejava ao neto um destino diferente daquele a que estavam relegados os homens da família. Tal relato induz Igor a uma espécie de confirmação do que sentira desde sempre: ser polícia não era o seu desejo, mas sim uma herança imposta pela linearidade patriarcal da família, numa dinâmica tácita que o narrador assimilou sem questionar. Assumir esse legado fez com que, na vida adulta, Igor compreendesse a sua condição de homem completamente fadado a muitas fronteiras: as que passou a patrulhar nas autoestradas e as que foi acumulando na família, na carreira policial e na vida amorosa – o que veio à tona no encontro com Ava após anos de um amor suspenso.

Embora sentisse adrenalina em suas primeiras operações na busca e detenção de imigrantes ilegais, esse início de carreira mais enérgico não impediu que, com o tempo, a personagem captasse certas incongruências no esquema biopolítico de que faz parte, até então, sem o saber. Neste quadro, um dos eventos mais marcantes na carreira do narrador foi o caso de Kedijah, uma eritreia que se suicidou depois de saber que seria deportada ao seu país. Igor assinou o relatório justificando a deportação da jovem, ao que se seguiu o suicídio. Movido por uma culpa profunda, o agente precisou pedir um bom tempo de licença no trabalho.

Tal foi o seu abalo que, a certa altura, o policial resolveu saltar uma fronteira simbólica e visitar o túmulo da jovem, enterrada em solo norueguês. Enquanto lhe deixava flores, o narrador questionava o papel da Noruega no fenômeno migratório: no túmulo de Kedijah admitiu que, mesmo sendo signatário do Código de Conduta da União Europeia, o seu país é um dos maiores exportadores das armas que, por meio da NATO, dos Estados Unidos e da Arábia Saudita, por exemplo, alimentam as guerras que motivam a fuga de milhares de pessoas, dentre elas a personagem eritreia. Entre o pensamento e a fala em voz baixa, Igor admite:

> o facto de estares enterrada em solo norueguês é a prova de que alguém não exigiu o suficiente, e alguém ganhou dinheiro. [...] Assim sendo, ninguém vai abrandar, vamos continuar a exportar, preferencialmente para lugares quentes, com gente de pele escura, cuja fé em diferentes profetas e messias é a razão de discórdia, ou então em cujas terras repousam minerais valiosos ou aquela mistura complexa de hidrocarbonetos que faz o mundo girar. Tudo em nome da revolução e do progresso, ainda que os efeitos destes nos lugares de onde vocês vêm sejam difíceis de identificar por baixo dos escombros, do rasto de destruição que deixamos para trás. (291)

A todo momento, Igor sentia que “[p]ara compreender as coisas é preciso saber falar sozinho” (246). Eis o que ele faz com Kedijah e também ao longo de toda a narrativa. Esse hábito de falar-consigo-mesmo para assim compreender é o que faz o narrador perceber os silenciamentos e irresponsabilidades a partir do norte global – o que o levou a estabelecer vários raciocínios marcados pelas continuidades descontínuas, isto é, pelas fissuras na própria ideia da identidade nacional norueguesa. Por isto mesmo, o corpo da jovem eritreia enterrado no estrangeiro e a visita do policial ao túmulo da personagem revelam um duplo atravessar de fronteiras ou, dito de outra forma, um encontro no limiar inter/nacional – ao fim e ao cabo, um encontro no limite entre a vida e a morte, entre corpos que valem mais ou menos.

Esse jogo de continuidade descontínua é revelado também noutra memória do narrador: trata-se do caso do iraquiano Farouk al-Kasim, um geólogo petrolífero que resolve emigrar "em busca de melhores tratamentos para o filho mais novo, nascido com paralisia cerebral" (315). Ele chega à Noruega dos anos 60, um país sem profissionais que dessem conta de extrair a grande quantidade de petróleo recentemente descoberto no Mar do Norte. Aqui, al-Kasim é um caso real que Kalaf Epalanga utiliza para, no plano da ficção, retratar as possíveis continuidades entre o Iraque e a Noruega: por mais rígidas que sejam, foi pelas fronteiras que o geólogo chegou e ali contribuiu significativamente para a manutenção do projeto nacional[4]. Quem conta a história é Ava, que confronta Igor com a importância de al-Kasim para a história econômica do país e assim destaca ainda mais a fragilidade das fronteiras nacionais: "Ava perguntou-me se sabia da existência daquela figura, se tinha ideia de que o sucesso da exploração do nosso petróleo se deve, em grande parte, ao contributo de um iraquiano, um imigrante" (315).

As últimas fronteiras atravessadas por Igor encontram-se no encerramento do romance e, talvez por isso, certamente sejam as mais intensas. Na primeira parte da obra, enquanto aguarda o desenrolar de sua detenção, o narrador Kalaf Epalanga observa com atenção o policial que o deteve e que apelidou de *viking loiro*: "Ele bem podia tentar disfarçar, mas aquele ar de polícia zeloso não conseguia esconder que, no seu tempo, devia ter curtido algumas *raves*" (44). Com efeito, assim era Igor: um homem apaixonado por música. Esta conexão tácita com Kalaf Epalanga fez com que, ao contrário de Mari, Igor investigasse mais a fundo a versão do detido: por meio da internet, o policial ficou fascinado com a vivacidade do kuduro e a projeção da banda Buraka Som Sistema. Pouco tempo depois, o advogado do OYA Festival, evento em que o grupo de Kalaf estava escalado, articula a soltura do músico e assim o chefe da Unidade Especial para Assuntos de Polícia ordena a imediata libertação de Kalaf Epalanga. Com alguma curiosidade sobre a força e influência do artista, Igor debruça-se ainda mais sobre o fenômeno do kuduro e, ao final do romance, toma a decisão de ir ao concerto de Buraka, onde, de longe, numa relação de poder inversa, enxerga aquele que há poucas horas esteve detido sob a hipótese de imigração ilegal: "e lá estava ele, o primeiro angolano a pisar o palco do OYA, cantando numa língua que não entendia, mas que tinha como cama o beat, a língua franca que todo o ser com sangue nas veias consegue sentir" (370).

Depois de Kalaf atravessar as fronteiras do país que deu berço e profissão ao último narrador do romance, é o próprio Igor quem, ao final da história, rompe mais um limite e resolve entrar no território cultural angolano – e africano – representado por Kalaf Epalanga. No concerto, Igor sente que o "ritmo [do kuduro] apela ao coração do ouvinte, transporta-o para a essência daquilo que é a sua relação com a África umbilical, ainda que o mesmo nunca tenha pisado os pés naquela terra" (370). A força desse entrecruzamento musical leva o narrador a romper a última fronteira que se lhe impõe: ir ao Líbano e viver o amor suspenso com Ava – "É tudo o que precisaremos", diz ele após tomar essa decisão com a qual a narrativa se encerra.

4. O entrelugar da palavra: considerações finais

Ao contrário da obra literária aqui comentada, este ensaio tem um limite muito mais simples – precisa terminar. Estas últimas palavras surgem sob o efeito de uma forte sensação: o projeto literário de *Também os brancos sabem dançar* coloca em dúvida a possibilidade de existirem identidades absolutas. No romance, essa intenção se manifesta na forma como a obra indaga as identidades nacionais, a começar por uma narrativa repartida entre três vozes cujas experiências transnacionais convergem e, assim, revelam limites identitários interpenetráveis. Por isso mesmo, a ideia de fronteira enquanto construção epistêmica (Tlostanova e Mignolo 2014) é imprescindível à compreensão profunda da narrativa de Kalaf Epalanga.

A fronteira como fator diferencial ganha força na primeira parte da obra: ao longo do caminho empreendido pelo narrador-protagonista, a detenção policial surge como a força da interdição, como trincheira em que se impõe a guerra ética pelo direito de ir e vir e o Estado como figura centralizadora (Mbembe 2018). Considerando que "a história de cada um é, em parte, a história das pessoas que viveram num mesmo lugar" (Appiah 1997, 60), Kalaf não deixa de raciocinar e sentir como um angolano: enquanto aguarda ser solto, ele pensa sobre a força angolana do kuduro enquanto memória cultural (Assmann 2016; Assmann 2018), as relações de subalternidade impostas à vida de um africano que precisa migrar para Portugal e o racismo tácito que existe, por exemplo, nos países nórdicos. Por outro lado, essa percepção das fronteiras nacionais rígidas desaparece na voz de Sofia e Igor: enquanto narram, ambos deixam ver os matizes presentes na suposta rigidez dos limites nacionais, seja pela mescla cultural implícita na vida de Sofia, seja pela presença da alteridade estrangeira que marca a biografia afetiva de Igor.

O romance de Kalaf Epalanga mostra como as fronteiras podem ser – ao mesmo tempo – espaços abertos e fechados, locais de continuidade e descontinuidade interpenetráveis entre si. Para isso, o escritor e músico – artista no entrelugar da palavra – toma a fronteira como linha de força de sua narrativa e, por meio de uma escrita autoficcionada, mostra que a identidade nacional é um corpo relativo: transforma-se, varia, endurece ou se enrijece a depender de onde se encontra e dos corpos em que se inscreve. Com *Também os brancos sabem dançar*, Kalaf Epalanga logra uma escrita da pós-modernidade na medida em que faz da identidade nacional – uma construção arraigadamente moderna – um espaço de incerteza, instabilidade e opressão, por um lado, e um território de múltiplos possíveis, de expansão e desprendimento identitário, por outro.

NOTAS

1. As próximas citações de *Também os brancos sabem dançar* trazem apenas a referência ao número da página.

2. Prato típico angolano, geralmente feito com sopa de peixe e uma massa cozida conhecida como funge. O funge pode ser preparado com farinha de milho, mandioca ou batata-doce.

3. MPLA: Movimento Popular de Libertação de Angola.

4. Tal foi o contributo dado por al-Kasim que em 2012 ele foi condecorado com o título de Cavaleiro de 1ª Classe da Ordem de Santo Olavo, uma das mais altas insígnias outorgadas pela monarquia norueguesa.

REFERÊNCIAS BIBLIOGRÁFICAS

Anzaldúa, Gloria. 1987. *Borderlands/La Frontera*. San Francisco: Aunt Lute Books.

Appiah, Kwame Anthony. 1997. *Na casa de meu pai: a África na filosofia da cultura*. Tradução de Vera Ribeiro. Rio de Janeiro: Contraponto.

Assmann, Aleida. (1999) 2018. *Espaços da recordação: formas e transformações da memória cultural*. Tradução e coordenação de Paulo Soethe. Campinas: Editora da Unicamp.

Assmann, Jan. (2008) 2016. "Memória comunicativa e memória cultural". *História oral*, tradução de Méri Frotscher, 19 (1): 115-27.

Barthes, Roland. (1971) 1989. *Sade, Fourier, Loyola*. Tradução de Richard Miller. Berkeley, Los Angeles: University of California Press.

Barthes, Roland. (1973-74) 2010. *Le lexique de l'auteur. Séminaire à l'École pratique des hautes études 1973-1974*, edição de Anne Herschberg Pierrot. Paris: Seuil.

Bauman, Zygmunt. 2017. *Estranhos à nossa porta*. Tradução de Carlos Alberto Medeiros. Rio de Janeiro: Zahar.

Blanchard, Pascal, Nicolas Bancel, e Sandrine Lemaire, orgs. 2005. *La fracture coloniale: la société française au prisme de l'héritage colonial*. Paris: La Découverte.

Bresser-Pereira, Luiz Carlos. 2017. "Estado, estado-nação e formas de intermediação política". *Lua nova. Revista de cultura e política* 100: 155-85.

Epalanga, Kalaf. 2018. *Também os brancos sabem dançar. Um romance musical*, 2ª ed. Alfragide: Editorial Caminho.

Faedrich, Ana. 2015. "O conceito de autoficção: demarcações a partir da literatura brasileira contemporânea". *Itinerários* 40: 45-60.

Fanon, Frantz. (1961) 1968. *Os condenados da terra*. Tradução de José Laurêncio de Melo. Rio de Janeiro: Civilização Brasileira.

Foucault, Michel. 1999. *Ética, estética y hermenêutica*. Tradução de Ángel Gabilondo. Barcelona: Ediciones Paidós Ibérica.

Gikandi, Simon. 2000. "African Literature and the Colonial Factor". Em *The Cambridge History of African and Caribbean Literature*, edição de Abiola Irele e Simon Gikandi, 389-97. Cambridge: Cambridge University Press.

Klinger, Diana. 2008. *Escritas de si, escritas do outro: o retorno do autor e a virada etnográfica*. Rio de Janeiro: 7 Letras.

Mbembe, Achille. (2003) 2018. *Necropolítica. Biopoder, soberania, estado de exceção, política da morte*. Tradução de Renata Santini. São Paulo: N-1 Edições.

Mbembe, Achille. (2016) 2017. *Políticas da inimizade*. Tradução de Marta Lança. Lisboa: Antígona.

Ngoenha, Severino Elias. 1992. *Por uma dimensão moçambicana da consciência histórica*. Porto: Edições Salesianas.

Ricœur, Paul. (2000) 2007. *A memória, a história, o esquecimento*. Tradução de Alain François et al. Campinas: Editora da Unicamp.

Tlostanova, Madina, e Walter Mignolo. 2012. *Learning to Unlearn: Decolonial Reflections from Eurasia and the Americas*. Columbus, OH: Ohio State University Press.

Wieser, Doris. 2024. "Angola e os lugares do afeto: entrevista a Kalaf Epalanga". *Portuguese Literary & Cultural Studies* 40/41: 54-71.

PAULO GEOVANE E SILVA é doutor em Literaturas Africanas de Língua Portuguesa (2023) pela Faculdade de Letras da Universidade de Coimbra, onde também obteve o grau de mestre em Literatura Brasileira e Comparada (2012). Licenciou-se em Letras (Língua Portuguesa, 2010) pela Pontifícia Universidade Católica de Minas Gerais. Entre 2020 e 2021, sob a coordenação de Doris Wieser, foi bolseiro do projeto Identidades Nacionais em Diálogo: construções de identidades políticas e literárias em Portugal, Angola e Moçambique (1961-presente) (IF/00654/2015), do qual resultam o presente número da *Portuguese Literary & Cultural Studies* e o documentário *Viver e escrever em trânsito: entre Angola e Portugal*. Atualmente, Paulo Geovane e Silva trabalha como editor e escritor. As suas áreas de investigação e interesse são: literaturas africanas de língua portuguesa, estudos pós-coloniais, identidades nacionais, estudos de gênero.

SANDRA SOUSA

(Pós-)memórias em trânsito em Yara Monteiro: onde a vida e a ficção se tocam

RESUMO: Neste artigo, analisarei como as vozes femininas se constituem como um arquivo de si mesmas, no romance *Essa dama bate bué!* e no livro de poesia *Memórias Aparições Arritmias*, de Yara Monteiro. As duas obras inscrevem-se num dever de memória e, para além disto, funcionam ainda como um arquivo da pós-memória da autora. Entrelaçando o seu depoimento no documentário *Viver e escrever em trânsito: entre Angola e Portugal* com o romance e o livro de poesia, discuto o dever de memória sobre crimes cometidos em contexto de luta pela independência nacional e guerra civil e a violência contra as mulheres. Veremos de que forma as memórias também elas se encontram em trânsito, "transformando-se" em pós-memórias.

PALAVRAS-CHAVE: memória; pós-memória; trânsitos; objetos de testemunho; intertextualidades.

ABSTRACT: In this article, I will analyze how the female voices are constituted as an archive of themselves, in the novel *Essa dama bate bué!* and in the poetry book *Memórias Aparições Arritmias* by Yara Monteiro. The two works are part of a duty of memory and, in addition to this, function as an archive of the author's post-memory. Interweaving her testimony in the documentary *Viver e escrever em trânsito: entre Angola e Portugal* with the novel and the poetry book, I discuss the duty of memory about crimes committed in the context of the struggle for national independence and civil war, and violence against women. We will see how memories are also in transit, "transforming" themselves into post-memories.

KEYWORDS: memory; post-memory; transits; testimonial objects; intertextualities.

1. Introdução

Num dos *trailers* do documentário *Viver e escrever em trânsito: entre Angola e Portugal*, coordenado por Doris Wieser, em apenas quatro minutos de conversação com Yara Monteiro abrem-se portas para várias linhas de análise do seu romance *Essa dama bate bué!* (2018). O único romance publicado pela escritora angolana-portuguesa até à data, desde logo se revelou como uma promessa literária. Promessa que se cumpriu em 2021 com a publicação do livro de poesia *Memórias Aparições Arritmias*, sob o seu nome ampliado, Yara Nakahanda Monteiro. A sua consagração atravessa as fronteiras portuguesas e, para além de uma edição no Brasil, *Essa dama bate bué!* está traduzido em cinco línguas: para italiano, com o título *'Sta tipa spacca!* (Urogallo, 2021), para inglês, *Loose Ties* (Paivapo Publishers, 2022), para alemão, *Schwerkraft der Tränen* (Haymon, 2022), para mandarim, pela Haitian Books, e, finalmente, para espanhol. Na sua breve intervenção no *trailer*, Monteiro afirma algo que conduzirá o pano de fundo deste artigo, ou seja, que apesar de escrever sobre memórias, o seu romance não é autobiográfico. Assim sendo, o título do seu livro de poemas não deixa dúvidas para a carga memorialística da sua escrita.

Monteiro faz parte da nova geração de afrodescendentes em Portugal que começam a transformar e a desafiar a cena literária, impondo-se num espaço que nem sempre os reconhece como filhos da pátria. Apesar desta falta de reconhecimento geral pela metrópole das ex-colónias, a escritora afirma em entrevista a Doris Wieser: "eu sinto Angola como a mátria e Portugal como a pátria" (Wieser 2024, 74). Tal como os seus conterrâneos da mesma geração – Djaimilia Pereira de Almeida, Kalaf Epalanga e Telma Tvon, para citar apenas alguns –, Monteiro vive entre fronteiras, em trânsito, eliminando as barreiras impostas pela geografia e pelas políticas de identidade, o que não significa que se sinta dividida: "Acho que poderei dizer que a minha identidade também está em trânsito, continua e continuará sempre em trânsito. Eu sei de onde vim. Costumo dizer que as minhas raízes são africanas, são angolanas, mas as minhas asas são europeias, são portuguesas" (Wieser 2024, 74).

Numa entrevista com Joana Gorjão Henriques, Monteiro refere: "Somos afrodescendentes que tocamos nos mesmos pontos da identidade, da vivência em Portugal, dos desafios de um africano" (Henriques 2019, s/p). Estes desafios, colocados à geração herdeira dos resquícios do colonialismo português, estão intimamente ligados à cor da pele e são comuns à geração designada por "afropolitana"[1]. Este termo foi cunhado por Taiye Selasi, no ensaio "Bye-Bye Barbar

(Or: What is an Afropolitan?)" (2005) e desenvolvido por Achille Mbembe e Simon Gikandi. Através da escrita, e da arte em geral, estes "escritores em movimento" tornam-se sujeitos, passando a escrita a ser um ato político e desafiador das hierarquias sociais e narrativas históricas dos países em que vivem e cresceram (e, por vezes, nasceram).

Esta tomada de posição está expressa na obra de Grada Kilomba que, em *Plantation Memories: Episodes of Everyday Racism* (2008), nos descreve os atos de racismo de que foi vítima ao tentar fazer um doutoramento na Alemanha. A ensaísta/teórica/artista afirma: "It is furthermore an act of decolonization in that one is opposing colonial positions by becoming the 'valid' and 'legitimate' writer, and reinventing oneself by naming a reality that was either misnamed or not named at all" (Kilomba 2008, 10-11). Unem esta geração, deste modo, dois processos que se complementam: um de oposição ao espaço de alteridade, outro de reinvenção, pois como enfatiza Kilomba, "there is still the need to *become subjects*" (11).

Se dermos um salto para o outro lado do Atlântico, as vozes proliferam no mesmo sentido. Citando outro caso análogo, Sarah Ladipo Manyika no seu mais recente livro, *Between Starshine and Clay: Conversations from the African Diaspora*[2] (2022), atesta: "This book is a celebration of personal and collective stories, of histories, of people making a way where there seems to be no way, making a difference, making history. It's a celebration of the joy that comes despite the hurdles and barriers meant to discourage, dishearten or destroy" (3). Mais uma vez, fica patente a presente e contínua necessidade de se tornarem sujeitos num mundo europeu/norte-americano, permeado pela obsoleta ideia de brancura e de estruturas sociais e políticas que remetem vários grupos minoritários, neste caso, afrodescendentes, especialmente as mulheres negras, para a invisibilidade, para o apagamento e silenciamento, numa palavra, para as margens.

Neste artigo, analisarei como as vozes femininas se constituem como um arquivo de si mesmas, no romance *Essa dama bate bué!* e no livro de poesia *Memórias Aparições Arritmias*, de Yara Monteiro. As duas obras inscrevem-se num dever de memória e, para além disto, funcionam ainda como um arquivo da pós-memória da autora. Entrelaçando o seu depoimento no documentário *Viver e escrever em trânsito: entre Angola e Portugal* com o romance e o livro de poesia, discuto o dever de memória sobre crimes cometidos em contexto de luta pela independência nacional e guerra civil e a violência contra as mulheres. Veremos de que forma as memórias também elas se encontram em trânsito, "transformando-se" em pós-memórias.

2. A (pós)-memória, a vida e a ficção em *Essa dama bate bué!*

Na já mencionada entrevista feita por Doris Wieser, Monteiro descreve o seu percurso de vida, entre a vinda para Portugal, aos dois anos de idade, com os avós, a mãe e uma tia, a sua ida para Angola para trabalhar, e o seu regresso a Portugal, onde vive atualmente. Os seus trânsitos passam também pelo Brasil, "onde acabei por descobrir a minha identidade africana, a minha negritude" (Wieser 2024, 73). O percurso de autodescoberta, note-se, passou "pela análise interior e por *conversas com a minha avó sobre a minha história*" (Wieser 2024, 73; ênfase minha). Já de regresso a Portugal, Monteiro estabelece-se no Alentejo e começa a escrever o romance que a tira do anonimato. Este livro, como a própria autora refere, baseia-se em memórias, trata-se de um retorno às origens:

> Depois estabeleci-me no Alentejo, onde estamos, e decidi começar a escrever o meu romance *Essa dama bate bué!, baseado em memórias e na minha trajetória de retorno às origens*. Não é um livro autobiográfico, mas, como é óbvio, tem muito de mim. Vitória, como eu, nasceu em Angola, mas, devido à Guerra Civil, veio para Portugal com a família materna, onde cresceu e ficou até à fase adulta. Enquanto jovem mulher, decide fugir de um casamento, regressa a Angola, vai à procura da mãe que nunca conheceu, uma ex-combatente, e chega a uma terra que é sua, mas que não reconhece e pela qual não é reconhecida. (Wieser 2024, 73; ênfase minha)

Mais à frente, Monteiro enfatiza, novamente, o papel da memória na construção de uma Angola imaginada, desfasada da realidade e, em certa medida, glorificada, à qual acedia pelas conversas familiares. A autora vivencia, em segunda mão, e apropria-se dessas histórias. Só mais tarde, Monteiro se vê confrontada com uma experiência familiar do trauma:

> Isto também aconteceu na minha família, no sentido em que a memória de Angola foi uma construção. *Eu cresci com uma Angola imaginada.* Portanto, *houve toda uma construção de uma vivência, de uma realidade que vivi como se usasse uma roupa em segunda mão ou em terceira: aquelas não eram as minhas roupas, mas tornaram-se minhas, tendo eu própria criado imagens, vivências...* O problema da memória é que ela pode ser também uma fronteira para a nossa evolução e felicidade. A vivência da minha família era quase a de terem sido expulsos do paraíso. Portanto, guardaram apenas as boas memórias e remeteram para o esquecimento (ou

não verbalizavam, pelo menos à minha frente) aquilo que teria sido menos positivo. *Acabei por descobrir muitas más memórias, que só mais tarde me foram reveladas pela minha avó*, por exemplo. (Wieser 2024, 75; ênfase minha)

Essa dama bate bué! é o resultado literário de uma pós-memória, uma vez que, ao contar-nos a história do regresso de Vitória a Angola, em busca de uma mãe perdida, remete para o regresso de Yara à terra onde nasceu – na procura da sua raiz, da sua terra, metaforicamente a "mãe" que lhe deu vida. Para além das evidentes semelhanças biográficas entre a autora e a personagem, destacam-se as múltiplas camadas de violência que o romance expressa: a guerra, as sequelas na vida das mulheres assumem o plano principal.

Se tivermos em conta o depoimento de Monteiro e se o romance "Ha convertido a la memoria y al sujeto – historizado, pulsional, interpersonal – en campo privilegiado de la génesis de ficciones" (Mattalia 1988, 173), então, *Essa dama bate bué!* move-se do terreno da memória para o da pós-memória. A distância geracional da autora relativamente à guerra e as representações autobiográficas no romance lançam luz sobre a construção da pós-memória por meio de estratégias narrativas que acentuam o verbal e o não-verbal, bem como a exploração da memória histórica. A fusão do tempo real com o tempo reconstruído, abrangendo momentos cruciais da guerra colonial e da guerra civil, depende da voz feminina para articular relatos históricos e narrativas ficcionais através da vida de três gerações de mulheres. O ato de pós-memória é, neste caso, uma resposta à perda dos "primary bearers of memory" (Leggott 2015, 101), exemplificada na inacessibilidade de Vitória à sua mãe. O livro é, assim, um "simulacro de recuerdo, una prótesis para recordar, un intento desesperado por hacer un poco más perdurable lo que es irremediablemente finito", como nos lembra Héctor Abad Faciolince (2007, 317). Como explica Marianne Hirsch, "'Postmemory' describes the relationship that the 'generation after' bears to the personal, collective, and cultural trauma of those who came before – to experiences they 'remember' only by means of the stories, images, and behaviors among which they grew up" (2012, 5).

Hirsch encoraja-nos a pensar em pós-memória como a existência de um grupo social que partilha as experiências dolorosas dos seus pais, mas também como mais do que um simples rótulo para uma geração, ou seja, a pós-memória é a ação empreendida por esse grupo social, o ato de gerar e de criar pós-memória (Khan 2021), através do "reconhecimento e compaixão" (Ribeiro 2021, 23).

A pós-memória descreve, deste modo, o impacto psicológico de certos eventos em pessoas que não os testemunharam e, simultaneamente, a pós-memória constitui o que Hirsch chama de "estrutura" de lembrança. De acordo com esta segunda aceção, a pós-memória caracteriza o modo como o passado é comunicado aos descendentes dos sobreviventes e ao resto da sociedade. Esta ideia está espelhada na declaração de Monteiro: "Acabei por descobrir muitas más memórias, que só mais tarde me foram reveladas pela minha avó, por exemplo" (Wieser 2024, 75). É este segundo sentido, veiculado pelo termo, que fornece uma base mais coerente para uma prática crítica mais inclusiva e eficaz, que pode ser aplicada, também, à representação literária do passado.

Essa dama bate bué! representa uma exibição extratextual de pós-memória conforme Monteiro constrói o romance, bem como uma exibição intratextual, na qual personagens que pertencem à geração pós-guerra refletem ou internalizam as suas próprias pós-memórias.[3] A dupla leitura da pós-memória ilumina as maneiras pelas quais a autora explora as questões da memória como um veículo para combinar a investigação pessoal com a consciência histórica, estabelecendo, assim, uma interação entre o que é uma experiência universal de identidade passada, construída ao longo do tempo, mas particular de Angola.

Razão pela qual, no romance de Monteiro, Vitória é vítima de um trauma individual que resulta de uma experiência, ainda que indireta, coletiva do colonialismo, do neocolonialismo e da guerra. Vitória é um "resto", aquilo que fica como testemunho, do impacto da guerra nos sujeitos femininos. A epígrafe escolhida em *Essa dama bate bué!*, retirada do *Diário* de Miguel Torga, dá o tom ao romance:

O destino exagerou comigo. Baralhou-me a condição.
Plantou-me aqui e arrancou-me daqui.
E nunca mais as raízes me seguraram bem em nenhuma terra.

O conceito de pertença vem imediatamente à mente e este é, em sentido lato, o problema de Vitória: o abandono pela mãe tornou-a numa personagem sem raízes. Os dois primeiros parágrafos do romance, narrado quase na totalidade na primeira pessoa, confirmam os problemas sugeridos pela epígrafe: "A minha primeira memória é uma árvore; a segunda, uma onda. Sem sombra, voo por entre as raízes que sustentam o fundo do mar. Não existo antes daquele momento, nem existo para além dele. São imagens que irrompem os meus sonhos e atemorizam o meu sono" (Monteiro 2018, 9)[4]. Vitória encontra-se presa num momento específico, entre estas duas imagens, vivendo nesse espaço teorizado pelos críticos literários como o espaço *in-between*. Este é ainda o espaço do trânsito, de uma personagem que vive entre o lugar conhecido apenas através da memória familiar e o do seu presente, o da pós-memória, sofrendo internamente as escolhas da mãe e questionando-se sobre elas:

> De quando em quando, o aroma intenso a leite azedo aflora. Junta-se a ele o gosto a suor salgado que sobrevive na minha língua. Parte de mim conforta-se nestas sensações. A outra parte inquieta-se com o vazio de ser só isto tudo o que tenho de recordação da minha mãe. A verdade mais íntima é não a poder reclamar como sendo minha. Sei-o. Rosa Chitula, a minha mãe, mais do que a mim, amou Angola e por ela combateu. Chamo-me Vitória Queiroz da Fonseca. Sou mulher. Sou negra. (Monteiro 2018, 9)

Tal questionamento remete-nos para a pesquisa de Beatriz Sarlo que, no seu livro *Tiempo Pasado*, embora se concentre na história política argentina das décadas de 1960 e 70, alerta-nos sobre o uso dos testemunhos como fontes para narrar a História. Sarlo enfatiza que não lembrar é uma atividade semelhante à de não perceber um cheiro, porque a lembrança, assim como o cheiro, surge inesperadamente. É deste modo que o passado se torna presente, e o ato de recordar adquire um poder incontrolável, que nos afeta subjetiva e politicamente. Para Sarlo, as mulheres tiveram sempre um papel relevante no passado, no entanto, foram ignoradas e excluídas das narrativas históricas. Por esta razão, requerem-se métodos que permitam uma escuta sistemática dos discursos de memória, seja através de cartas, diários ou orações. Contudo, Sarlo questiona igualmente a validade e a confiabilidade do uso da primeira pessoa como forma de abordagem, ao mesmo tempo que discute a legitimidade do testemunho autobiográfico, alertando para a necessidade de criarmos distância crítica quando decidimos recorrer a este tipo de fontes para reconstruir o tempo passado.

Segundo Sarlo, "Las 'vistas al pasado' (según la fórmula de Benveniste) son construcciones" (2005, 13). Esse passado que se tenta reconstruir, essas "vistas al pasado", fazem-se a partir do presente, porque "el tiempo propio del recuerdo es el presente" (2005, 10). A autora reage contra a construção no presente sobre o acontecido no passado porque "es inevitable la marca del presente sobre el acto de narrar el pasado" (2005, 64) e alerta que "no existe testimonio sin experiencia, pero tampoco hay experiencia sin narración" (2005, 29). Se o testemunho dos sujeitos nos traz novas visões sobre os acontecimentos do passado, a verdade do que aconteceu não nos aproxima da experiência: "¿La experiencia se disuelve o se conserva en el relato?" (2005, 27), pergunta-se a autora, "porque a veces la intensidad de la experiencia vivida [...] es lo que el testimonio no es capaz de representar" (2005, 45).

Sarlo leva-nos a pensar sobre a inegável importância da primeira pessoa como "indispensable de restituir aquello que fue borrado por la violencia del terrorismo de Estado" (2005, 162), assim como o problema de escrever uma História apenas com testemunhos, onde entra em conflito a verdade. Então, é preciso ir para além da contraposição entre memória e esquecimento, ou seja, devemos procurar uma compreensão mais abrangente. Para que esta compreensão mais ampla do passado se efetue é necessário que a História recorra a uma variedade de materiais disponíveis.

Em *Essa dama bate bué!* deparamo-nos com uma aproximação a este método. A história de Angola torna-se mais ampla, embora mais subjetiva, através da sua ficcionalização baseada numa memória de família e numa pós-memória. A sua identidade angolana, construída e não vivenciada, é imediatamente posta em causa quando Vitória chega a Luanda: "É a primeira vez que ali estou. Falta-me a espontaneidade de quem regressa à sua pátria. [...] Deduzo que esteja, propositadamente, a criar dúvidas sobre a minha identidade" (Monteiro 2018, 28); e "Sinto o comentário como se fosse uma mão abruptamente lançada à minha cara. Um lembrete áspero de que não pertenço ali. Não tenho o sotaque da terra" (71).

Tal como na viagem de regresso a Angola descrita por Monteiro, Vitória depara-se igualmente com uma Angola desconhecida, estranha, que não se reflete nas memórias que lhe foram passadas. *Essa dama bate bué!* retrata a violência das prisões, da fome, das violações, da guerra e algumas formas silenciadas de violência que não faziam parte do acervo memorialístico familiar. Na história de Vitória, a violência da guerra é perpetuada nos filhos das mulheres guerrilheiras. Não tendo participado na guerra, os filhos tornam-se extensões dos geralmente silenciados traumas de guerra. Na procura da mãe, Vitória muda, mas ainda se encontra à deriva no fim da narrativa. A solução temporária é "[d]eixa[r]-se então a pairar por cima dos escombros da casa incendiada, como se estivesse no limbo entre duas vidas. [...] [A] vida tinha-se tornado um embaraço" (Monteiro 2018, 182). Neste espaço de trânsito, Vitória continua à espera, pois, como refere Juliana, a companheira de guerra da sua mãe: "És de um povo que ainda está à espera, que espera, sempre" (Monteiro 2018, 206). Conferindo-lhe, deste modo, estabilidade nesse espaço limiar entre dois espaços físicos e interiores.

A história de Vitória pode ser descrita como uma narrativa de trauma que funciona como uma ferramenta de reparo, de cura, de resistência e reparação histórica, e, simultaneamente, do dever de memória sobre crimes cometidos contra mulheres em contexto de guerra civil e colonial. Vitória é o produto de uma violação[5]. A história do trauma não é apenas "the story of the individual in relation to the events of his own past", mas, também, "the story of the way in which one's own trauma is tied up with the trauma of another" (Caruth 1996, 8). O romance demonstra essa correlação entre trauma individual, familiar e coletivo, revelando detalhes da violência, escrita no feminino e sobre o feminino, que muitas vezes são esquecidos ou negligenciados.

3. *Memórias Aparições Arritmias*: intertextualidades memorialísticas

No primeiro livro de poesia de Monteiro é impossível, tal como no seu romance, escapar ao papel que a memória aí desempenha. Sendo "memória" a primeira palavra do título, configuram-se, desde logo, as expectativas do leitor. Luciana Moreira e Doris Wieser também o enfatizam, comentando: "É difícil ler *Memórias Aparições Arritmias* sem pensar nos estudos da memória. A memória é uma presença constante neste livro de Yara Nakahanda Monteiro. As suas memórias e as memórias da sua família que lhe foram chegando, ao longo da vida" (2022, s/p)[6]. Dois tipos de memória são identificados pelas críticas na sua análise de *Memórias Aparições Arritmias*: a memória "comunicativa" e a cultural, conceitos desenvolvidos por Jan e Aleida Assmann. Nas suas palavras:

> Esta memória comunicativa, mais pessoal, compõe, a par da memória cultural (mais formal e institucional) diferentes camadas da memória coletiva. Ao publicar, e numa editora reconhecida como a Companhia das Letras (com chancela da Penguin), Yara Nakahanda Monteiro traz para um registo formal – o sistema literário e editorial – uma parte significativa da memória comunicativa que tem marcado a sua família (e tantas outras) nas últimas gerações: os traumas, as perdas, os afetos, o amor, os recomeços. (2022, s/p)

Para além destes tipos de memória presentes no livro de poemas, encontramos também a presença de uma pós-memória, insinuada, embora não assim designada por Moreira e Wieser:

> Aparições, manifestações, visões que trazem uma busca de si, uma compreensão do presente, uma reconquista desse espaço longe, *que só por memória alheia lhe pertencia* e do qual o eu se apropria agora, com o qual se encontra para nele se reencontrar, qual aparição de si e de um espaço e um tempo estagnados que por fim retomam o seu lugar na história, ou na estória. (2022, s/p; ênfase minha)

Os poemas de Monteiro continuam uma linha temática iniciada em *Essa dama bate bué!* e, por vezes, entram em diálogo intertextual com o romance. Como se Yara/Vitória se desdobrassem numa terceira voz dotada de um nível poético já presente no romance, espraiado em toda a sua magnitude. É esse diálogo que aqui tentarei evidenciar, estabelecendo algumas pontes reais ou imaginárias, as quais são sempre o produto da ficção.

"Brylcreem e creme nivea" é um poema que nos remete para o passado, para a infância de uma menina, "maria-rapaz", que suscita uma ligação ao romance através do tema da raça. No poema, a recordação dessa menina que "Era feliz assim: / no relambório desse outro corpo / maria-rapaz" (Monteiro 2021, 11), evoca a discriminação racial presente nas relações sociais do país onde se celebra "o bom golo do Eusébio" (Monteiro 2021, 12), mas que proíbe duas meninas, de tons de pele distintos, de brincarem juntas: "Não mais lhe é permitido brincar com a menina cor de leite. / Maria-negra, passa as costas da mão nua pela boca. / Limpa o chocolate derretido confundido com a sua pele" (Monteiro 2021, 12). Em *Essa dama bate bué!*, o mesmo tipo de memória surge, a certa altura, a Vitória enquanto recupera da malária que a deixou de cama durante oito dias, aquando da sua visita ao Huambo na busca pela mãe perdida. Neste momento, o leitor é remetido para a sua infância num internato em Portugal, local em que é vítima de discriminação racial:

> Simulando uma voz que não é a sua, pergunta apontando o dedo em direcção ao espelho:
>
> – Quem é essa encardida com cabelo de palha-d'aço?
>
> Faz uma outra voz feminina caricaturada e acrescenta:
>
> – Queres *Sonasol* para limpares a pele, café com leite? – e ri-se de forma perversa. – Ah! Ah! Ah! (Monteiro 2018, 149)

Os produtos de limpeza ou de beleza muitas vezes associados a estereótipos raciais, que dão título irónico ao poema (Brylcreem e Nivea), desconstroem-se pela carga emocional implícita na violência a que são expostas as crianças na sua convivência com um sistema construído para criar hierarquias desde a infância. A voz poética expõe a brutalidade e violência psicológica de que é vítima a menina negra que, na sua inocência, usa Brylcreem e creme Nivea na esperança de poder recuperar a amizade proibida com a menina branca:

De novo toca à campainha
Sem fato de treino,
Cabelo curto alisado, arrumado com Brylcreem.

Na face, máscara espessa de creme Nivea.
É agora Mimosa magro.
Talvez voltem a ser amigas.

Talvez,
outra vez,
brinquem.
(Monteiro 2021, 12)

A tentativa de se tornar branca, de pertencer e ser aceite revela-nos o racismo em toda a sua plenitude: a transformação de um sujeito em objeto que, neste caso, se esforça por espelhar a imagem do "sujeito" assim considerado por deter o poder; a construção da diferença, em que alguém é encarado como "diferente" devido a discriminação racial e/ou religiosa, em que a brancura é o ponto de referência a partir do qual todos os "outros raciais" "diferem"; a associação de uma diferença construída a valores hierárquicos que levam ao preconceito.

O poema "Previsão do Tempo" segue igualmente uma linha racial, neste caso aludindo àqueles que, tal como Monteiro, vivem nesses trânsitos que, para além de geográficos, são também o resultado das hierarquias raciais criadas pelo colonialismo. O poema configura-se como um grito assertivo da voz poética, uma reivindicação de um espaço como seu, não importando a localização desse mesmo espaço. As palavras de Vitória, no romance, "aqui sou clara, lá sou escura, o sítio do meio é o segundo pior" (Monteiro 2018, 59), ecoam nas duas primeiras estrofes do poema:

Tranço o cabelo
dizem
quero parecer mais preta

Faço *brushing*
dizem
quero parecer mais branca
(Monteiro 2021, 24)

No final, afirma-se uma voz madura, que encontrou a resposta para a pergunta "quero parecer de onde?" (Monteiro 2021, 24), que não é mais que a procura do passado, do pertencimento. A resposta, "Eu sou de onde estou", converte-se num apaziguamento interior, das águas turbulentas onde se encontrava a personagem Vitória. "Previsão do Tempo" encontra-se ainda na antítese de outros poemas que remetem para a infância, como "Mudez", no qual lemos a angústia da criança recipiente de uma história, de uma memória geracional que terá de carregar consigo como uma maldição, na forma de pós-memória:

Desde criança engulo e choro em seco. A garganta
ecoa a secura do nó a aterrar.
Passados anos, os sapos auguram gritos. Trago no
peito outras dores.
As histórias repetem-se por cinco gerações, dizem
que as maldições também.
Não falamos sobre isso.
(Monteiro 2021, 28)

A poesia e a ficção surgem, assim, como formas de "falar", de se tornar sujeito, de reparar o passado, transformando-se em testemunhos públicos da dor, do trauma, abrindo a possibilidade para uma mudança pessoal e coletiva. Daí que se enterre figurativamente a memória suave da mãe no poema "Às costas leva a Pátria" (Monteiro 2021, 46) numa outra intertextualidade com o romance[7], que se reflete na decisão de partir, que conclui o poema "Campa": "Canto uma canção fúnebre / Pego no meu corpo / Parto" (Monteiro 2021, 39).

Neste gesto, cria-se a possibilidade da esperança de se andar "Lado a Lado" (Monteiro 2021, 78-79), título do poema que encerra o livro. Uma aparição anuncia que as margens do rio Tejo são irmãs que se podem unir e que aqueles que vivem do "outro lado", historicamente famílias africanas e seus descendentes, podem atravessar o rio e ser donos dos seus sonhos "Na *kazukuta*[8] de Lisboa" (Monteiro 2021, 79). Nessa Lisboa imaginária, do futuro, existe a capacidade de reparação, pois, "Nem tudo é exílio" (Monteiro 2021, 79), ou seja, há a possibilidade de se tornar uma cidade verdadeiramente multicultural, multirracial e igualitária, onde se aviam "os sonhos luzentes" (Monteiro 2021, 79).

O conjunto de poemas reunidos em *Memórias Aparições Arritmias* é fruto de uma convicção da autora quando afirma na entrevista com Wieser que "é preciso construir um processo de recuperação, de união, de reconciliação da história, das várias vozes, não só de uma única voz dominadora" (2024, 80). No geral, estes poemas que se agregam na categoria do trauma transmitem também um outro sentido, o da calma. Por outras palavras, a voz poética supera o trauma através da palavra, ganhando um sentido e uma força que se transmitem no apaziguar dos sentimentos. Talvez seja isso que Monteiro/Vitória/voz poética tenham adquirido na busca da raiz, da mãe, das "Guardiãs das sementes" (Monteiro 2021, 44-45), dessas "mãos negras" que "plantam vida, alimentam morte" (Monteiro 2021, 44). Tal como expresso na entrevista: "Como Vitória, eu também fui ao Huambo, fui visitar a minha cidade, e encontrei também uma outra realidade, *encontrei verde, encontrei raiz, encontrei calmaria também, tempo para pensar, para sentir, porque estava longe do frenesim de Luanda*" (Wieser 2024, 78, ênfase minha). Vida, narrativa e poesia fecham, porventura, um ciclo.

4. Conclusão: Os objetos da memória

A jeito de conclusão, gostaria de fazer referência aos objetos que Monteiro traz para a entrevista com Wieser. Eles são fotografias, um envelope da sua família do Bié, uma gramática, uma *Antologia poética angolana*, um *Itinerário da literatura angolana*, uma gramática de umbundo e um cinzeiro que, nas palavras de Monteiro, "representa o mapa de Angola. Tanto na casa dos meus avós como na casa da minha mãe, da minha família, há sempre referências visuais e artísticas de Angola" (Wieser 2024, 77). Em relação às fotografias, a escritora comenta: "É isto que a minha memória herda e estas fotografias, na realidade, provam que nasci em Angola. Para pessoas que tiveram que escapar à guerra, não é muito comum verem registos fotográficos. Às vezes fica um grande vazio e, portanto, para mim estas são imagens preciosas. Eu fico bastante emocionada" (Wieser 2024, 75).

Estes objetos são o que Hirsch e Spitzer chamam de "testimonial objects" (2006, 367), ou seja, objetos que nos permitem considerar "crucial questions about the past, about how the past comes down to us in the present, and about how gender figures in acts of memory and transmission" (2006, 353). Por outras palavras, estes objetos, "carry memory traces from the past, to be sure, but they also embody the very process of its transmission. They testify to the historical contexts and the daily qualities of the past moments in which they were produced" (Hirsch 2012, 178). Os críticos leem estes objetos baseando-se na noção de *punctum* desenvolvida por Roland Barthes, ou seja, leem os objetos do passado como "points of memory – points of intersection between past and present, memory and postmemory, personal and cultural recollection" (2006, 353). Este *punctum of time* ("ponto do tempo") é precisamente, e de acordo com Hirsch e Spitzer, "that incongruity or incommensurability between the meaning of a given object *then* and the one it holds *now*. It is the knowledge of the inevitability of loss, change, and death. And that inevitability constitutes the lens through which we, as humans, look at the past" (2006, 359-360). Em Monteiro encontramos espelhada essa noção do significado que um objeto tem no passado e do significado que ele adquire agora, nas suas mãos, para além da inevitabilidade da perda e da constante procura de mais detalhes: "Esta folha parece-me ser duma aula de português da minha tia. Está datada de 14/05/1975 e está aqui uma classificação dos povos bantos. É bastante interessante, porque vou sempre encontrando mais informação, mais papéis, mais fotografias nas páginas dos livros e cadernos" (Wieser 2024, 77).

Outra forma como Monteiro capta as memórias, o legado do baú, onde a avó de Monteiro guarda tudo (Wieser 2024, 76), liga o passado e o presente narrativos. Esse baú funciona como um guardião da memória da sua avó e, agora, da sua pós-memória. Ao lermos o baú através das lentes do conceito de "hauntology", seguindo Jacques Derrida, esses "objectos de testemunho" tangíveis memorializam o passado. Como explica Jacques Derrida, "Let us call it a *hauntology* [...] larger and more powerful than an ontology or a thinking of Being. After the end of history, the spirit comes by *coming back* [revenant], it figures *both* a dead man who comes back and a ghost whose expected return repeats itself again and again" (1994, 10; ênfase no original). A presença de espectros narrativos, evidenciados no romance e poesia de Monteiro, evoca uma conexão entre o passado e o presente, ativando memórias como um fluxo de conhecimento. A exploração de locais de memória tangíveis e intangíveis, bem como de objetos de testemunho, permite o processamento do trauma de uma geração afastada das complexidades e horrores da guerra. As ramificações de longo alcance da guerra e das décadas do pós-guerra – incluindo os domínios sociocultural, económico e político – exigem um repúdio do silêncio que perpetuou injustiças devido à negação ou recusa dessas injustiças.

Desta forma, a pós-memória não é simplesmente algo que as pessoas possuem, também é um processo encenado por obras de arte, de cidadania e de pensamento dotado de uma missão: a reparação histórica do passado mediante uma intervenção franca e clarividente da urgência de reinterpretar, reequacionar os parâmetros sob os quais uma determinada hegemonia histórica foi construída em detrimento do silêncio, do esquecimento e da invisibilidade de outras narrativas e memórias (Meneses, 2021a, 2021b). A pós-memória sinaliza o caminho para um compromisso histórico construtivo e saudável na esteira de um passado difícil:

> When [...] [traumatic] experiences are communicated through stories and images that can be narrativized, integrated – however uneasily – into a historically different present, they open up the possibility of a form of second-generation remembrance that is based on a more consciously and necessarily mediated form of identification. (Hirsch 2012, 85)

Tal fica explícito nas palavras de Monteiro:

> A oralidade é bastante importante, porque ela explica exatamente como as memórias são preservadas. Se não fosse através da oralidade, eu não saberia a minha história. Depois há os guardiões da memória, que na minha vida é a minha avó. São exemplos disso as conversas que fui tendo com ela, por meio das quais fui descobrindo a minha história e recolhendo informação também para a elaboração do meu livro. Por isso, há que também saber preservar exatamente a palavra falada. (Wieser 2024, 77)

As memórias intergeracionais fluem e permitem dar sentido à vida, criando espaços para que as "outras" vozes se afirmem não apenas num país que também é delas, mas pelo mundo fora, que é de todos, transitando numa cidadania e aceitação que se quer global e inclusiva. Elas são também essa tentativa de adiar o esquecimento inevitável espelhado no famoso poema de Jorge Luis Borges, "Ya somos el olvido que seremos".

NOTAS

1. Para uma leitura mais abrangente dos dois termos, ver, por exemplo Sousa (2022). Yara Monteiro "encaixa-se" perfeitamente nessa definição de afropeineidade se tivermos em conta, por exemplo, a definição do termo nas palavras de Mbembe e a compararmos com a definição da sua identidade em entrevista a Wieser. Mbembe explica: "Afopolitanism refers to a way – the many ways – in which Africans, or people of African origin, understand themselves as being part of the world rather than being apart. [...] Afropolitanism is a name for undertaking a critical reflection on the many ways in which, in fact, there is no world without Africa and there is no Africa that is not part of it" (Balakrishnan 2016, 29). Afirma Monteiro: "Eu gosto de, por exemplo, no sábado comer uma muamba e no domingo um cozido à portuguesa. Não sinto que esteja repartida, não sinto que esteja dividida. Sinto que há um conjunto que faz parte de mim como pessoa, que veio acrescentar mais do que dividir. Tenho muito orgulho da minha ascendência, da minha herança angolana que vem também de uma herança e ascendência portuguesas, com todas as suas complexidades, que me tornam luso-angolana, uma cidadã do mundo. Portanto, até costumo dizer que eu sou de onde estou" (Wieser 2024, 74).

2. *Between Starshine and Clay: Conversations from the African Diaspora* é uma compilação de ensaios sobre os seus encontros com importantes figuras afrodescendentes e de entrevistas feitas a alguns daqueles que, apesar de sua cor de pele, ascenderam, desafiaram os laços da supremacia branca e se tornaram impactantes nas nossas sociedades, dentro e além das fronteiras geográficas de África, tais como Toni Morrison, Wole Soyinka, Henry Louis Gates, Jr, Margaret Busby, Michelle Obama, Cory Booker.

3. Susana Pimenta afirma que, "Em *Essa Dama Bate Bué!*, Yara Monteiro (2018) apresenta um romance de auto-descoberta e uma reflexão sobre as reminiscências e remanescências da situação imperial nos planos cultural e identitário, a nível da língua, da nacionalidade, do género, da sexualidade, da classe social ou da religiosidade, enquadrado no leque de 'narrativa[s] de problemática coesão pessoal e integração social e cultural em autores e personagens quer de primeira ou segunda geração de 'retornados' [...] quer de afrodescendentes maioritariamente disseminados pelas periferias suburbanas de Lisboa' (Pereira 2019, 755)" (2022, 66).

4. Também aqui encontramos referências autobiográficas quando Monteiro afirma na referida entrevista o seguinte em relação à sua primeira memória: "Foi por isso que também quis relacionar a minha primeira memória com a primeira memória da Vitória, sendo a primeira memória da Vitória a árvore, porque a árvore, para mim, no livro, tem a conotação da raiz, e o mar tem a conotação da nova terra, do novo lugar. O ritual não funcionou, porque as mulheres não quiseram que funcionasse. A avó de Vitória deu as voltas à mulemba, mas na realidade não se permitiu o esquecimento porque deixava uma filha para trás, deixava algo que poderia ser uma raiz" (Wieser 2024, 74).

5. O leitor pode depreender este facto através da revelação de Mamã Ju, companheira de pelotão de sua mãe durante a guerra civil. Segundo a história, Palanca, um superior do pelotão, gostava de humilhar as mulheres que a ele pertenciam, pois alguns homens consideravam-nas inferiores (Monteiro 2018, 160). Um dia, a mãe de Vitória mata-o, o que a leva a fugir e esconder-se, pois havia ordens para a matar. Passados onze meses, Mamã Ju, enquanto fazia uma operação de apoio à população, encontra-a escondida numa cubata, grávida. Rosa Chitula nunca menciona o nome do pai de Vitória (Monteiro 2018, 169). O facto de recusar ver a filha é também indício de que Vitória não nasceu de uma relação amorosa consensual. A carta que escreve à filha, "Descamba em justificações desajeitadas para o ódio, rancor e desamor. Uma carta egoísta. Sem nada de nobre ali escrito" (Monteiro 2018, 203).

6. Ver também a interessante recensão que as estudiosas fazem das duas outras palavras que compõem o título do livro de poemas. "**Aparições.** Se as memórias, próprias ou apropriadas, são uma constante, elas serão também interrompidas (ou enriquecidas?) por uma série de aparições. A aparição de uma consciência em relação ao passado, fruto da reflexão a partir dessas memórias que estavam lá, que faziam parte, que eram a vida e o dia-a-dia e que só o distanciamento, a reflexão e a emoção ajudariam a compreender, mais tarde"; "**Arritmias.** As pertenças divergentes que convergem nas vozes que compõem estes poemas. O conflito entre lugares feito ritmo próprio, feito outra ordem, feito ritmo descompassado, mas ritmo" (Moreira e Wieser 2022, s/p).

7. No romance, Mamã Ju oculta de Vitória a realidade de uma mãe que punha de lado as suas roupas, renunciando ao amor pela filha (Monteiro 2018, 171), oferecendo-lhe uma memória mais positiva: "- A tua mãe amava-te muito. Era sempre muito doce e cuidadosa contigo" (Monteiro 2018, 173).

8. Tipo de dança angolana que significa também confusão, desorganização.

REFERÊNCIAS BIBLIOGRÁFICAS

Assmann, Jan. 2016. "Memória comunicativa e memória cultural". Em *Estudos de memória. Teoria e análise cultural*, organização de Fernanda Mota Alves, Luísa Afonso Soares e Cristiana Vasconcelos Rodrigues, 117-28. V.N. Famalicão: Húmus.

Balakrishanan, Sarah. 2016. "Pan-African Legacies, Afropolitan Futures. A Conversation with Achille Mbembe". *Transition: An International Review* 120: 29-37.

Caruth, Cathy. 1996. *Unclaimed Experience: Trauma, Narrative, and History*. Baltimore/London: Johns Hopkins University Press.

Derrida, Jacques. 1994. *Specters of Marx: The State of the Debt, the Work of the Mourning, and the New International*. New York/London: Routledge.

Faciolince, Héctor Abad. 2017. *El olvido que seremos*. Barcelona: Penguin Random House Grupo Editorial.

Henriques, Joana Gorjão. 2019. "Yara Monteiro. Sou trineta da escravatura, bisneta da mestiçagem, neta da independência e filha da diáspora". *Ípsilon*, 21 de março. https://www.publico.pt/2019/03/21/culturaipsilon/noticia/trineta-escravatura-bisneta mesticagem-neta-independencia-filha-diaspora-1865819.

Hirsch, Marianne. 2012. *The Generation of Postmemory: Writing and Visual Culture after the Holocaust*. New York: Columbia University Press.

Hirsch, Marianne, e Leo Spitzer. 2006. "Testimonial Objects: Memory, Gender, and Transmission". *Poetics Today* 27 (2): 353-83.

Khan, Sheila. 2021. "Cartas, solidão e voz para uma pós-memória: *Maremoto*, de Djaimilia Pereira de Almeida". ABRIL, *Revista do Núcleo de Estudos de Literatura Portuguesa e Africana* 13 (27): 125-35.

Kilomba, Grada. 2008. *Plantation Memories: Episodes of Everyday Racism*. Münster: UNRAST-Verlag.

Leggott, Sarah. 2015. *Memory, War, and Dictatorship in Recent Spanish Fiction by Women*. Lewisburg: Bucknell University Press.

Manyika, Sarah Ladipo. 2022. *Between Starshine and Clay: Conversations from the African Diaspora*. London: Footnote Press.

Mattalia, Sonia. 1988. "Entre miradas: Las novelas de Soledad Puértolas". *Ventanal* 14: 171-92.

Meneses, Paula. 2021a. "As estátuas também se abatem: momentos da descolonização em Moçambique". *Cadernos NAUI* 10 (18): 108-28.

Meneses, Paula. 2021b. "Desafios à descolonização epistêmica: práticas, contextos e lutas para além das fraturas abissais". *Contemporânea – revista de sociologia da UFSCa* 10 (3): 1067-97.

Monteiro, Yara Nakahanda. 2018. *Essa dama bate bué!* Lisboa: Guerra & Paz.

Monteiro, Yara Nakahanda. 2021. *Memórias Aparições Arritmias*. Lisboa: Companhia das Letras.

Moreira, Luciana, e Doris Wieser. 2022. "*Memórias Aparições Arritmias*, de Yara Nakahanda Monteiro (Companhia das Letras, 2021)". *Buala*, 30 de janeiro. https://www.buala.org/pt/a-ler/memorias-aparicoes-arritmias-de-yara-nakahanda-monteiro-companhia-das-letras-2021.

Pimenta, Susana. 2022. "O mestiço na 'urgência de existência'. *Essa dama bate bué!* (2018), de Yara Monteiro". *Comunicação e sociedade* 41: 61–73.

Ribeiro, António Sousa. 2021. "Pós-memória: um conceito (ainda) emergente". Em *A cena da pós-memória. O presente do passado na Europa pós-colonial*, organização de António Sousa Ribeiro, 15-28. Porto: Edições Afrontamento.

Sarlo, Beatriz. 2005. *Tiempo pasado. Cultura de la memoria y giro subjetivo. Una discusión*. Buenos Aires: Siglo Veintiuno Editores.

Selasi, Taiye. 2013. "Bye-Bye Barbar". *Callaloo* 36 (3): 528-30. https://doi.org/10.1353/cal.2013.0163.

Sousa, Sandra. 2022. "Legacies of Coloniality and Racialization: Comparative Perspectives in Europe". *Revista Letras-Ciência da Cultura UTAD* 41: 45-61.

Wieser, Doris, dir. 2021a. *Viver e escrever em trânsito: entre Angola e Portugal*. Portugal, 1:02:53. https://www.youtube.com/watch?v=gjx_CtQ1xUs.

Wieser, Doris, dir. 2021b. "Yara Monteiro – Viver e escrever em trânsito: entre Angola e Portugal (parte 5)". *YouTube*, 4:53. https://www.youtube.com/watch?v=hFDRNKffGhc.

Wieser, Doris. 2024. "'As minhas raízes são africanas e as minhas asas são europeias': entrevista a Yara Nakahanda Monteiro". *Portuguese Literary & Cultural Studies* 40/41: 72-82.

SANDRA SOUSA é doutorada em estudos portugueses e brasileiros pela Brown University. É professora associada no Departamento de Línguas e Literaturas Modernas da University of Central Florida. Atualmente é pesquisadora do PielaAfrica (Conselho Nacional de Desenvolvimento Científico e Tecnológico) e do Centro de Literaturas e Culturas Lusófonas e Europeias. Os seus interesses de pesquisa incluem colonialismo e pós-colonialismo; literatura colonial; relações raciais em Moçambique; guerra, ditadura e violência na literatura contemporânea portuguesa e luso-africana. Tem ensaios e recensões publicados nos Estados Unidos, no Brasil e em Portugal. É autora dos livros *Ficções do Outro: Império, Raça e Subjectividade no Moçambique Colonial* (Esfera do Caos, 2015), *Portugal Segundo os Estados Unidos da América* (Theya Editores, 2021), e co-editora dos livros *Visitas a João Paulo Borges Coelho. Leituras, Diálogos e Futuros* (Colibri, 2017), e *The Africas in the World and the World in the Africas: African Literatures and Comparativism* (Quod Manet, 2022).

JESSICA FALCONI

DecliNações "transitórias" sobre e na obra de Djaimilia Pereira de Almeida: *Esse Cabelo*; *Luanda, Lisboa, Paraíso*; *Maremoto*

RESUMO: Introduzindo o debate sobre a emergência de uma literatura afrodescendente em língua portuguesa e enquadrando a obra de Djaimilia Pereira de Almeida nas fronteiras entre literatura portuguesa e afrodescendente, este capítulo discute o lugar dos trânsitos em romances da autora, nomeadamente, *Esse Cabelo* (2015), *Luanda, Lisboa, Paraíso* (2018) e *Maremoto* (2021). Pretende-se demostrar que nos três romances a autora investe na representação de espaços híbridos que questionam as fronteiras – nacionais, identitárias, ficcionais – apontando para a emergência de uma estética "transitória", em linha com aquela traçada pelo documentário de Doris Wieser *Viver e escrever em trânsito: entre Portugal e Angola*.

PALAVRAS-CHAVE: Djaimilia Pereira de Almeida; literatura afrodescendente; trânsitos pós-coloniais; espaços urbanos.

ABSTRACT: Introducing the debate on the emergence of an Afro-descendant literature in Portuguese and framing the work of Djaimilia Pereira de Almeida on the borders between Portuguese and Afro-descendant literature, this chapter discusses the place of transits in the author's novels, namely, *Esse Cabelo* (2015), *Luanda, Lisboa, Paraíso* (2018) and *Maremoto* (2021). The chapter aims at showing that in the three novels the author invests in the representation of hybrid spaces that question borders – national, identity, fictional – pointing to the emergence of a "transitory" aesthetic, in line with that outlined by Doris Wieser's documentary *Viver e escrever em trânsito: entre Portugal e Angola.*

KEYWORDS: Djaimilia Pereira de Almeida; Afrodescendant literature; postcolonial transits; urban spaces.

1. Introdução

Neste artigo abordam-se as representações dos trânsitos e dos espaços urbanos em três romances de Djaimilia Pereira de Almeida, a saber, *Esse Cabelo* (2015), *Luanda, Lisboa, Paraíso* (2018) e *Maremoto* (2021). Após um breve enquadramento da discussão sobre a emergência de uma literatura de afrodescendentes em língua portuguesa, o artigo percorre algumas reflexões produzidas sobre a obra da autora por outros estudiosos e articula a reflexão teórica de cunho pós-colonial sobre as identidades nacionais e culturais com o *close reading* das obras para demostrar a relevância dos trânsitos na estética da autora.

Tendo em conta o êxito das obras de Djaimilia Pereira de Almeida junto da crítica e do público[1], é um facto que esta jovem escritora, nascida em Angola em 1982 e crescida em Portugal, tem vindo a afirmar-se como uma nova e poderosa voz da narrativa portuguesa contemporânea e, ao mesmo tempo, de um novo corpus em construção, isto é, a chamada literatura de afrodescendentes. Tal como foi acontecendo no contexto continental da chamada "literatura afro-europeia" (Brancato 2008), o termo "literatura afrodescendente" ou de autoria afrodescendente emerge como uma designação ainda em construção no que diz respeito aos estudos das produções literárias em língua portuguesa, tanto em Portugal quanto no Brasil (Inácio 2019). A problematização desta designação e do corpus dela decorrente prende-se com duas ordens de fatores principais, isto é, a questão dos sujeitos – quem são os afrodescendentes? – e, decorrente da primeira, a das obras em causa – o que entraria num corpus de literatura afrodescendente?

O número especial da revista *Portuguese Literary and Cultural Studies* intitulado "The Open Veins of the Postcolonial: Afrodescendants and Racisms", coordenado por Inocência Mata e Iolanda Évora, procura debater estas e outras questões, inclusive de cariz literário. Em particular, as coordenadoras mapeiam as múltiplas decliNações da categoria da afrodescendência, salientando o modo como é social e politicamente equacionada, em Portugal, à categoria de imigração, excluindo-se ou silenciando-se a possibilidade da existência de portugueses negros. As autoras convidam para uma investigação mais extensa sobre as diferentes conceptualizações da afrodescendência, alertando também para o risco de esta categoria se tornar, especialmente para a Academia, "uma forma de apaziguamento" (Évora e Mata 2021, 60).

No domínio literário, a reflexão sobre a literatura afrodescendente ou de autoria afrodescendente em Portugal vem-se construindo em diálogo e contraponto com outros contextos – Europa, Américas, África –, gerando assim propostas que, embora não enunciadas em jeito de formulações teórico-críticas, operam categorizações evidentes, como no caso do artigo de Margarida Calafate Ribeiro, que aborda a obra de "três mulheres afrodescendentes portuguesas" (Ribeiro 2021, 331), a saber, Djaimilia Pereira de Almeida, Telma Tvon e Yara Monteiro. Diversamente, Rosângela Sarteschi opta por uma categorização crítica que coloca a questão da raça e da cor da pele no cerne da problematização, propondo indagar a "literatura contemporânea de autoria negra em Portugal" (Sarteschi 2019, 283), tal como o faz Emerson Inácio, ao convocar o comparativismo em língua portuguesa como território privilegiado para se analisarem as "escrituras em negro" (Inácio 2020).[2]

Sem pretender aprofundar aqui todas as propostas em curso, nem validar uma ou outra designação e os critérios a elas subjacentes, interessa identificar esta porosidade entre *corpora* e cânones literários em construção como uma primeira decliNação "transitória" sobre a obra de Djaimilia Pereira de Almeida. A este propósito, vale ainda acrescentar o alerta lançado por Paulo de Medeiros num texto dedicado às obras *Luuanda*, de Luandino Vieira, e *Luanda, Lisboa, Paraíso*, de Djaimilia Pereira de Almeida. Nele, o autor parece apontar, nas entrelinhas do seu raciocínio, para a importância da porosidade entre cânones e tradições literárias, alertando também para que não se considerem estas obras "vinculadas a noções de lusofonia", isto é, avaliando-se o seu alcance a partir dos trânsitos entre fronteiras nacionais, continentais e linguísticas (Medeiros 2020, 146).

A partir destas premissas, e em linha com o espírito do documentário de Doris Wieser *Viver e escrever em trânsito: entre Portugal e Angola* que, a meu ver, pelas escolhas das pessoas entrevistadas, levanta e deixa em aberto as possíveis interrogações sobre novos objetos de estudos, novos *corpora* e novos cânones cujo elemento agregador poderia ser a categoria do trânsito, concentrar-me-ei, precisamente, em decliNações "transitórias" sobre e na obra de Djaimilia Pereira de Almeida, entendendo-as tanto como reflexões críticas quanto como representações ou registos de trânsitos que as obras em foco proporcionam.

A escolha da palavra "decliNação", no singular e no plural, já testada em trabalhos anteriores (Wieser e Falconi 2022), prende-se com a relação complexa que toda a identidade pós-colonial estabelece com o conceito de Nação e de identidade nacional. Tal expressão pretende apontar para uma noção "flexionável" da identidade, capaz de expressar as contradições e tensões que lhe são inerentes, bem como reconhecer as potencialidades das perspetivas interseccionais enquanto possíveis "desinências" plurais que modificam a raiz única de uma suposta identidade homogénea.

No entanto, pensar as decliNações significa também identificar e desconstruir estereótipos. Mireille Rosello propõe utilizar as "declinações" como "crossroads [...] where the principles of sameness and difference are united as two aspects of the same realities" (Rosello 1998, 10) e apostar na enumerabilidade das flexões que as categorias codificadas pelas perspetivas interseccionais por vezes não conseguem apreender quando aplicadas a narrativas de trânsitos e resistências. De facto, Catarina Martins identifica nas narrativas sobre mulheres africanas em trânsito "propostas transgressoras" e "novas formas de emancipação que provêm [...] do infra-colectivo e do infra-individual, no sentido em que não pressupõem subjetividades estabilizadas e com localizações precisas nos sistemas de opressão" (Martins 2018, 93). É nesta perspetiva que as decliNações aqui propostas são também "transitórias" na medida em que procuram registar trânsitos e deslocamentos narrativos que põem em causa as "grelhas cristalizadas de perceção de geografias, sociedades e culturas" (Martins 2018, 100).

Tendo em conta que os trânsitos na obra de Djaimilia Pereira de Almeida são múltiplos – entre lugares, memórias, registos de escritas, narrativas, identidades – e que os mesmos foram abordados também noutras leituras dos seus romances, darei particular destaque aos trânsitos urbanos e suburbanos recriados a nível ficcional e narrativo nos três romances escolhidos, de modo a realçar a contribuição da literatura para um conhecimento "outro" e uma representação distinta da presença africana e afrodescendente naquela que podemos definir de uma "decliNação transitória" do Portugal pós-colonial.

O tópico do trânsito é de tal forma central nas narrativas desta autora que o mesmo tem sido realçado e analisado a partir de diversas perspetivas teórico-críticas em vários ensaios e artigos. Entre eles, o de Doris Wieser enquadra *Esse Cabelo*, lido em perspetiva comparativa com *Os pretos de Pousaflores* de Aida Gomes, no âmbito da chamada "literatura do retorno" e a partir da perspetiva teórica da pós-memória. Analisando as trajetórias dos vários componentes da família da protagonista de *Esse Cabelo* – Mila –, Wieser reconhece que, diversamente de narrativas de retornados portugueses aquando da descolonização em África, ou de refugiados em fuga da guerra civil que se desencadeou em Angola logo a seguir à independência, o romance de Almeida conta a história "of another kind of return form Africa – a voluntary, planned, and much less troubled one that takes place later on" (Wieser 2021, 159).

Assim, mesmo que se trate de outra forma de trânsito em comparação com o retorno propriamente dito, o enquadramento de Wieser remete para a reflexão de Paulo de Medeiros quando alerta que “é preciso ter em mente que a noção de retorno, mesmo quando falsa ou impossível, atravessa a experiência de muitas pessoas de ambos os lados da linha de divisão colonial” (Medeiros 2020, 147). De facto, o ensaio de Wieser acompanha e explicita o trânsito equacionado enquanto itinerário não linear de busca identitária através da dinâmica cuidado/negligência do cabelo, lida como transposição simbólica da oscilação da protagonista em relação à sua herança negro-africana, trazida pelos avós maternos, que se torna motivação de reflexão interseccional sobre o corpo, o género, a raça e a classe.

A articulação entre raça, género, classe, corpo e sexualidade está no cerne também da leitura de Sandra Sousa, que analisa a trajetória do cabelo crespo de Mila à luz de uma geopolítica do corpo (Sousa 2017), claramente evocada por uma das frases mais citadas do livro: “A verdade é que a história do meu cabelo crespo cruza a história de pelo menos dois países e, panoramicamente, a história indireta da relação entre vários continentes: uma geopolítica” (Almeida 2015, 13). Se, por um lado, como observa Wieser, o tópico do cabelo tem um papel relevante na equação identitária de género e raça (Wieser 2021, 162-63), por outro lado, este tópico enquadra-se na mais ampla relação de figuração que liga o corpo e o espaço. No caso de Almeida, trata-se de uma relação que associa o corpo à geografia/geopolítica, isto é, literalmente, o corpo à escrita do espaço, e às relações entre territórios e política.

Esta relação pode ser considerada um tropo da arte e da escrita de mulheres, explorado, de modo especial, pelas artistas da diáspora negra, como no caso de Mónica de Miranda, outra artista portuguesa afrodescendente. Em várias obras, a artista coloca em relação o corpo e o espaço, como por exemplo na obra fotográfica *Back Pack Paradise*, em que retrata paisagens tropicais e mapas desenhados no corpo de uma mulher, aludindo assim a uma geopolítica do corpo.[3] A relação entre corpo e geografia/geopolítica torna-se assim um tropo transversal para dar corpo ao espaço e espaço ao corpo, instaurando o trânsito dos corpos pelos espaços como elemento que permite “declinar” afiliações, laços, pertenças mas também desenraizamentos e fraturas.

Nesta perspetiva, o artigo de Roberta Guimarães Franco investe na ideia de inseparabilidade dos trânsitos entendidos como rede de laços e genealogias que apenas a memória pode reconstituir (Franco 2021, 11). A centralidade da memória acompanha aquela dos trânsitos, sendo *Esse Cabelo*, em particular, um livro fortemente autoreflexivo, também pela sua natureza híbrida entre ficção e autobiografia, no que se refere aos mecanismos da memória. De facto, Franco (2021, 112) recorre à categoria de "ficções de memória", explorada por Birgit Neumann para indagar tanto as narrativas que revelam os mecanismos e o funcionamento da memória, quanto as histórias sobre o passado que indivíduos e culturas relatam para responder às perguntas do presente e, acrescentaria, a sua narrativização (Neumann 2008, 334).

Tal é o caso de *Esse Cabelo*, que investe na memória enquanto fio condutor da escrita e da busca identitária, um fio condutor que, de facto, origina "o encontro do livro com o seu cabelo" (Almeida 2015, 7). Embora não desenvolvendo a ideia, Franco utiliza a expressão "memória capilar" (2021, 113), que julgo ser iluminadora se assumida em seus múltiplos sentidos e potenciais desdobramentos. Se o significado mais imediato é o que remete para uma memória corpórea, isto é, ligada à história não linear do cabelo crespo da protagonista, por outro lado, a ideia de uma memória capilar evoca a capacidade fluída da memória, de acordo com o fenómeno físico da capilaridade, de aflorar por superfícies apertadas e penetrar tramas estreitas. Remete também, em sentido mais figurado e político, para a capacidade de uma organização, movimento, grupo se infiltrar localmente, o que permite equacionar a memória capilar da protagonista Mila como forma narrativa de autoconstituição enquanto sujeito local, isto é, uma rapariga portuguesa mestiça. É nesta perspetiva que analisarei as representações dos trânsitos urbanos e suburbanos em alguns romances da autora, ilustrando as estratégias de construção tanto da identidade quanto da diferença das subjetividades afrodescendentes e imigrantes no Portugal pós-colonial.

2. Trânsitos urbanos: declinando estereótipos e corpos

Quer o artigo já citado de Franco quer um artigo de Luca Fazzini (2020) abordam a representação de Lisboa em obras de Djaimilia Pereira de Almeida. Trata-se de um tópico relevante na medida em que, se por um lado, os estudos históricos, antropológicos e sociais, bem como as artes visuais e o cinema, têm amplamente explorado a presença africana de vária ordem na cidade de Lisboa[4], por seu turno, a literatura de ficção começa agora a fazer mais incursões neste domínio, como no caso do romance de Joaquim Arena *A verdade de Chindo Luz* (2006), do romance de António Lobo Antunes *O meu nome é legião* (2007), e mais recentemente, os romances de Telma Tvon, Kalaf Epalanga e Luisa Semedo. Assim, as obras de Almeida inserem-se nesta procura de preencher uma lacuna no que diz respeito à representação literária da Lisboa africana e afrodescendente.

No seu artigo, Franco foca os itinerários da protagonista de *Esse Cabelo* pelas periferias da cidade, entre os vários salões de estética dos diversos grupos étnico-culturais presentes no espaço urbano (Franco 2021, 114). Esta circunstância aponta para uma das características principais da representação de Lisboa na obra desta autora, isto é, a fuga dos estereótipos da Lisboa mestiça, crioula ou multicultural frequentemente associadas ao centro urbano, constituído pela zona do Martim Moniz, Praça da Figueira e o Rossio. Os salões são descritos com ironia e até sarcasmo, ligados como estão à memória pessoal capilar algo traumática do tratamento do cabelo e à memória igualmente capilar do Portugal pós-colonial de retornos e imigrações, em trânsito para a modernização da década de 1980:

> Tudo aquilo com que posso contar é com um catálogo de salões, com a sua história de transformações étnicas no Portugal que me calhou – das retornadas cinquentonas às manicuras moldavas obrigadas, a contragosto, ao método brasileiro, passando pelos episódios do retraimento da minha exuberância natural numa menina que, nas palavras de todas estas mulheres, "é muito clássica". A história da entrega da aprendizagem da feminilidade a um espaço público que partilho, talvez, com outras pessoas não é o conto de fadas da mestiçagem, mas é uma história de reparação. (Almeida 2015, 15)

Longe da celebração do "conto de fadas da mestiçagem", o tom da voz narrativa "declina" os estereótipos na plena autoconsciência de que resistir-lhes é um exercício complexo e por vezes doloroso de auto-inclusão e auto-exclusão. Também no que se refere à representação do espaço urbano geralmente associado à Lisboa mestiça e multicultural, a voz narrativa aborda-o de forma a declinar o estereótipo, refletindo sobre estratégias de recusa/aceitação. Tais estratégias são ilustradas pelo seguinte trecho, que embora longo, merece citação integral por instaurar, através da "memória capilar", neste caso entendida literalmente como memória dos tratamentos do cabelo, uma teia complexa de identificações e desidentificações na qual o sujeito narrativo se posiciona de forma "transitória", enquanto menina portuguesa mestiça da classe média em interação com os comerciantes portugueses brancos e em situação de analogia – via cabelo – com as mulheres africanas da classe trabalhadora, provavelmente imigrantes:

eu correra à drogaria São Domingos, ao lado da Praça da Figueira, em Lisboa, onde uma equipa de portugueses típicos aconselham como verdadeiros especialistas senhoras e raparigas africanas dos arredores de Lisboa sobre os melhores produtos para os seus cabelos, e que dá, com graça, para uma casa de sementes e adubos e uma manteigaria onde se vende bananas-pão, mandioca e bagre fumado entre queijo de Azeitão e vinho do Porto. Os senhores da São Domingos dão dicas de beleza, dizem "Menina, o seu cabelo precisa é disto, isto é uma maravilha, nem queira saber". De que modo fazer justiça a estes samaritanos, que tantas vezes me valeram e gabam o cabelo de todas as empregadas da limpeza, levam pouco e lhes chamam "minha linda", as senhoras das seis da manhã no comboio, no metro, no cacilheiro, no autocarro, que eu nunca vejo nos corredores, com o cabelo colado à cabeça preso num rabicho esquecido, mal pintado e às vezes ralo, ignorado pelo ocupante do banco de trás; de golas altas sob casacos polares, os filhos perdidos para o ensino público, para quem o Inverno é um tormento de detergente e cera acrílica, pingos de urina, cabelos no lavatório; transportadas em carrinhas por outras mulheres e distribuídas por repartições públicas nas quais mudam os sacos do lixo, lavam sanitas, deitam fora indevidamente garrafas de água e remexem os papéis a que limpam o pó, lavam chávenas de café que reencontro alinhadas, respiram a sua porção de amianto, talvez se sentem à minha secretária e rabisquem o seu nome numa folha, ou teclem fugidiamente nos teclados como meninas dactilógrafas que se penteiam ao nosso espelho antes de saírem rubricando uma folha atrás da porta? Fosse eu capaz de me elevar aos senhores que tratam por "minha linda" senhoras comuns na São Domingos, um "minha linda" automático e comercial que, sabendo a pouco, talvez não oiçam. É à condição de um castiço "minha linda" de balcão que estas páginas aspiram, numa comemoração de palavras que, sendo ditas, logo são ignoradas, por quem as diz, por quem as ouve, força de expressão, perda de tempo, cortesia. (Almeida 2015, 76-77)

Ao convocar os trânsitos diários entre centro e periferias da cidade, o excerto aponta para as interações sociais e raciais que se tecem no dia-a-dia da Lisboa pós-colonial, marcadas por estereótipos, paternalismos, diferença de classe, raça e género. Ao instaurar a ligação entre o cabelo da protagonista e o das empregadas de limpeza, a voz narrativa instaura também uma distância que assinala, de forma ambivalente, tanto a equação – e a empatia – entre mulheres portuguesas negras e mulheres africanas imigrantes, quanto a diferença em relação a elas, dada pela classe social. Por outro lado, tal diferença é assinalada também em relação aos comerciantes portugueses – castiços – de cuja condição de sujeitos locais a voz narrativa se aproxima e se distancia simultaneamente.

O trânsito urbano e suburbano pela Lisboa pós-colonial aponta para um movimento identitário de um sujeito "nómada" e de uma voz narrativa ambivalente, já que os eixos de diferenciação do género, da raça, da classe social, da idade, entre outros, espelham "as complexas interações dos vários níveis da subjetividade" (Braidotti 2002, 13). Através da categoria de Braidotti do sujeito nómada enquanto figuração do posicionamento do sujeito num diagrama de relações (Braidotti 2002), pode-se equacionar o dia-a-dia da cidade apresentado neste trecho como tentativa – decliNação – transitória da voz narrativa de se situar no mapa das relações de poder, expressando conexões e distâncias, empatias e aspirações não cristalizadas em afirmações identitárias unívocas.

Se como afirma Wieser, Mila é dividida entre as heranças brancas e negras, respetivamente, dos avós paternos e maternos, ela surge como intermediária entre a pertença à comunidade imigrante e àquela dos portugueses castiços, acabando por se localizar numa declinação transitória e não fixa entre os dois polos, o que poderá ser considerado como uma forma de registar as dinâmicas assinaladas por Évora e Mata. Este posicionamento não sugere um relativismo identitário, mas sim a complexidade da localização do sujeito num sistema de relações de poder marcado pela "troca" de estereótipos e por memórias individuais e coletivas – capilares – que tornam mais densa a questão da identificação.

A protagonista de *Esse Cabelo* parece ter consciência de que "[o]s afrodescendentes não parecem caber no figurino ainda em vigor aplicado aos sujeitos anteriormente colonizados, entretanto transformados em imigrantes" (Évora e Mata 2021, 44). Por outro lado, como ilustra a teoria de Braidotti sobre o sujeito nómada, a protagonista procura reterritorializar-se através da memória, das trajetórias do passado e de múltiplas interconexões – afetivas, familiares, mas também culturais e políticas, como demostra a poderosa inclusão e convocação narrativa da fotografia de Elizabeth Eckford (Almeida 2015, 102).

Uma estratégia semelhante emerge noutra passagem de *Esse Cabelo*, que adquire relevância no que diz respeito à representação do espaço urbano aqui focada. Ao refletir sobre a falta de vivência de Lisboa por parte da avó materna, Maria da Luz, doente, instalada com o marido em São Gens, "um bairro clandestino nos arredores de Lisboa" (Almeida 2015, 23), Mila relembra o que define como "roteiro turístico e parcial que então nos era Lisboa", vivenciada enquanto "cidade truncada" (Almeida 2015, 46). Mais adiante, a protagonista reflete:

> Quais seriam as consequências íntimas do nosso conceito amputado de Lisboa, de as nossas esperanças andarem a reboque da reconfiguração dos Restauradores e do Colégio Militar, desvios no trânsito e no plano da calçada, da tubagem exposta sob tábuas de madeira, tapumes através de cujas frestas surpreendíamos o almoço e a higiene dos homens das obras, nossos conterrâneos, da perspectiva da abertura de megastores de discos, como se ali acorrêssemos para comprar café e luvas, admirar gatos à janela, beber uma ginjinha, posar com o Pessoa, e não apenas para, sem qualquer outro propósito, desentorpecer o espírito – e a vida dos lisboetas nos estivesse vedada, como a nossa lhes estava, e fossem eles os invisíveis? (Almeida 2015, 47)

A imagem da cidade em remodelação e em transição para a modernização própria das décadas de 1980 e 1990, em que se vão afirmando "novas cidadanias" (Lobo 2016), é evocada aqui para relatar as deambulações da jovem protagonista e dos seus primos, revelando, mais uma vez, um posicionamento em trânsito entre a cidade dos lisboetas e a cidade truncada para a avó Maria da Luz, para quem Portugal sempre foi "a roupa ao vento" (Almeida 2015, 46) no bairro de São Gens. Vedada provavelmente aos africanos imigrantes, a cidade é novamente o cenário que a autora utiliza para expressar o trânsito entre identidades e a subjetividade nómada da protagonista de *Esse Cabelo*: a cidade dos lisboetas não está vedada a Mila e aos seus primos, não são eles os invisíveis, mas um terceiro sujeito representado por Maria da Luz, a imigrada africana que mora num subúrbio quase rural, ou ainda os trabalhadores das obras, definidos de forma ambivalente como "nossos conterrâneos". Neste trecho, a memória da cidade da adolescência leva Mila a posicionar-se, simultânea e nomadicamente, no centro e na margem de um mapa de relações de poder desiguais que envolvem os diferentes níveis da construção da subjetividade, onde raça, classe e idade funcionam como eixos de diferenciação e identificação principais no trânsito diário pela cidade pós-colonial. A cidade mesma é representada em suas estratificações, divisões e zonas de contacto materiais – a calçada, a tubagem, os tapumes.

Ainda em contraste com a imagem da cidade multicultural e mestiça, celebrada de forma massiva pelos meios de comunicação social e por discursos oficiais a partir da década de 2010[5], mas em contraste também com a tranquilidade pequeno-burguesa retratada pelas memórias de Mila em Oeiras, em casa dos avós paternos, a dimensão "capilar" da memória penetra outros mapas e traça roteiros distintos, individuais e geracionais, que fazem parte de uma "etnografia suja" (Almeida 2105, 108) inscrevendo o sujeito nómada noutras margens ligadas à vida noturna da capital, à difusão da música eletrónica de dança em Portugal[6] ou ao consumo de drogas. E suja é também a cidade vivenciada na década de 1990 e de 2000, e descrita através de "cheiro a urina, preservativos e seringas usadas, copos de plástico vazios dos quais também eu bebera" (Almeida 2015, 114).

No entanto, trânsitos por uma cidade sórdida são convocados também no que diz respeito à chegada de africanos das antigas colónias portuguesas, não necessariamente em qualidade de imigrantes. É o caso do avô materno de Mila, o velho Castro Pinto, chegado a Lisboa para proporcionar os tratamentos médicos necessários a um dos filhos que nascera com uma perna mais curta. Assim, no que concerne o cabelo de Mila como elemento corpóreo a partir do qual se empreende a narrativa, o corpo doente do filho de Castro Pinto é o motivo para a descrição de uma outra parcela da cidade que também se coloca nas antípodas da imagem da cidade multicultural divulgada pelos meios de comunicação social e pelo discurso oficial.

Teatro sórdido de outra representação truncada de Lisboa, a Pensão Covilhã, que acolhe muitos enfermos vindos de África, é descrita como "uma colónia de leprosos à beira da estrada, ao mesmo tempo no centro da cidade e ostracizada, porque para chegarmos a nenhures basta virar uma esquina suja" (Almeida 2105, 22). A descrição da Pensão Covilhã lembra as descrições do hotel do romance *O retorno*, de Dulce Maria Cardoso, ou aquelas das pensões de *As Naus*, de António Lobo Antunes. De facto, ao definir os enfermos chegados de África como "despojos do Império" (Almeida 2015, 20), *Esse Cabelo* ilumina trânsitos pouco conhecidos entre ex-colónias e ex-metrópole, sugerindo, ao mesmo tempo, um paralelismo implícito entre a chegada dos doentes e a dos retornados, também alojados em hotéis e pensões. No coração da cidade pós-colonial, a pensão e seus doentes funcionam também, por analogia, como lugares e corpos que lembram um passado incómodo e traumático – o da guerra colonial – para os velhos da "tasca ao lado" (Almeida 2015, 21).

Os corpos doentes são recorrentes na obra de Almeida: a Pensão Covilhã reaparece em *Luanda, Lisboa, Paraíso* (2018), romance fortemente marcado pela representação ficcionalizada dos espaços urbanos e suburbanos da cidade pós-colonial. É nesta mesma pensão que virão a residir as duas personagens principais, o velho Cartola e o seu filho Aquiles, personagens que o romance retrata antes em Angola e depois na sua difícil adaptação em Portugal. Novamente, narrar significa dar espaço ao corpo e dar corpo aos espaços, isto é, estabelecer uma relação intrínseca entre corpo e geopolítica, apontando para as localizações complexas dos sujeitos em razão dos seus eixos identitários diferenciadores.

Se *Esse Cabelo* escolhe o cabelo, em *Luanda, Lisboa, Paraíso* a autora, através do narrador, escolhe contar a história a partir de um calcanhar, o calcanhar malformado de Aquiles, razão pela qual pai e filho se deslocam a Portugal. Também a personagem principal de *Maremoto* (2021), o angolano Boa Morte da Silva – personagem-narrador de boa parte do romance – antigo combatente do exército português na Guiné, tem um corpo doente e deformado. Como observa Sandra Sousa a propósito de *Esse Cabelo*, todos estes corpos doentes que povoam as narrativas de Almeida podem ser lidos "como uma metáfora do fim do Império; um Império cujos membros quebraram, em ferida aberta, sem braços para acolher os seus filhos, também eles despojados" (Sousa 2017, 62).

3. Trânsitos urbanos e suburbanos: espaços híbridos

Se, como já foi salientado, *Esse Cabelo* é narrado em primeira pessoa, num registo híbrido entre a ficção e a autobiografia, as opções narrativas de *Luanda, Lisboa, Paraíso* são distintas, já que a narrativa em terceira pessoa é intercalada por aquilo que Paulo de Medeiros define de "objetos da memória" (Medeiros 2020, 145) – cartas, transcrições de telefonemas, apontamentos, desenhos. A escolha da narração em terceira pessoa remete, possivelmente, para um distanciamento maior entre a autoria afrodescendente e as personagens imigrantes. Convém salientar que, tal como os avós maternos de Mila em *Esse Cabelo*, também Cartola e Aquiles emigram de Angola para Portugal por razões não económicas, mas acabam por adquirir caraterísticas – a profissão, a domiciliação no subúrbio, a marginalização socioeconómica – que os definem como "imigrantes". Há evidentes analogias entre a personagem do avô Castro Pinto e a personagem de Cartola: ambos oriundos de M'Banza Kongo, filhos de pai albino, emigram para Portugal para tratar de um problema de saúde de um filho. Ambos foram enfermeiros em Angola e se tornam sujeitos marginais em Portugal. Cria-se, deste modo, um efeito de trânsito das personagens também através das próprias narrativas que as criam, sugerindo que as personagens, como os sujeitos, não são entidades fixas e suas histórias se reinventam a cada narrativa. Além disto, cabe salientar que se trata de personagens inspiradas na família da autora, ficcionalizadas de modo diferente nas várias obras.

Depois de sonhar a ex-metrópole a partir de um bairro popular de Luanda, Cartola e Aquiles chegam a Lisboa em 1985, e, tal como Castro Pinto e Maria da Luz, têm uma experiência truncada da cidade. O "Rossio de sonhos", isto é, a cidade sonhada por ambos antes da chegada, revela-se ser uma cidade "pequena e escura" (Almeida 2018, 19) e sobretudo inóspita, vivida entre a miséria da pensão e a desilusão perante imagens apreendidas em deambulações urbanas que aparecem como momentos de transtorno identitário, mas que traduzem a hibridez intrínseca dos espaços pós-coloniais vivenciados pelos africanos ex-colonizados e seus descendentes. Como afirma Paulo de Medeiros,

> uma das características que definem a obra de Djaimilia Pereira de Almeida é precisamente a forma como transcende as fronteiras nacionais e convida os leitores a imaginarem antes todos esses espaços híbridos entre África e a Europa, entre Angola e Portugal, todos eles intrinsecamente ligados. (Medeiros 2020, 139)

Trata-se de uma hibridez que pouco tem a ver com "o conto de fadas da mestiçagem" ou com as versões celebratórias da cidade – seja ela mestiça, crioula ou multicultural e multiétnica – traduzindo a pós-colonialidade enquanto ligação íntima entre (ex-)colónias e (ex-)metrópole, entre o Portugal (pós-)colonial e o (antigo) Império, ligação constantemente atualizada pela presença obsidiante do passado colonial e imperial nos espaços e nas relações da contemporaneidade. É nesta perspetiva que o conceito de "cidade pós-colonial" se revela especialmente relevante quando aplicado às cidades outrora capitais de impérios, na medida em que elas também foram produzidas por trânsitos e travessias, tanto materiais quanto simbólicas. Como realça Brenda S.A. Yeoh, o conceito de cidade pós-colonial, aplicado tanto as cidades das ex-colónias quanto às ex-metrópoles, precisamente por conectar territórios distantes e distintos, permite abordar as relações, as histórias e as configurações identitárias que sempre circularam entre centros e periferias (Yeoh, 2001: 457).

No contexto da Lisboa pós-colonial, a hibridez dos espaços retratados na obra de Almeida funciona como a outra cara do lusotropicalismo e da assimilação, versões antigas das modernas mestiçagens e crioulizações das cidades pós-coloniais ocidentais. Tal hibridez põe a descoberto, no dizer de Évora e Mata, "as veias abertas do pós-colonial", na medida em que mostra de que modo a memória – capilar, infra-individual e infra-coletiva – equaciona corpos e espaços em trânsito entre o passado e o presente, entre África e Europa, entre Portugal e Angola. Em *Esse Cabelo*, o espaço híbrido, produto dos trânsitos familiares e da geopolítica pós-colonial, surge através do exercício da memória capilar, como "uma sensação de *déjá-vu*" (Almeida 2015, 18) na evocação das peregrinações pelos salões de beleza:

> "Sapadores" era então o destino indicado num autocarro com que por vezes me cruzava na cidade, tão absolutamente obscuro como o "Senhor Roubado" ou o "Poço do Bispo", lugares para fazer tranças, necessidade que tinha o condão de me ir ampliando Lisboa. Se me acontecesse ter de apanhar um desses autocarros, não juro que as minhas idas de infância a cabeleireiros não me fizessem supor já ali ter estado alguma vez, sem saber distinguir a verdade das minhas impressões. Em incidentes de percurso, ocorre por vezes esta sensação de déjà-vu, a de andarmos por lugares novos com a intuição de os conhecermos. Reparo, porém, com surpresa, tal ser a expressão exata da minha memória de Angola. [...] É como se Luanda ficasse ali para os lados de Odivelas, um destino de autocarro próximo, mas confuso. (Almeida 2015, 18)

Em *Luanda, Lisboa, Paraíso*, o velho Cartola, como realça Fazzini (2020, 168), é um antigo assimilado que "[t]inha chegado a Lisboa tarde demais, depois de lhe ser possível domesticar a cidade. De cabeça, decalcava Lisboa por cima de Luanda: Sagrada Família-Mosteiro dos Jerónimos, Ilha-Cacilhas, Prenda-Prior Velho" (Almeida 2018, 21). No entanto, também Aquiles, nascido na década de 1970, em Angola, mas já desligado do conceito e da política da assimilação, acaba por partilhar o imaginário e a vivência do pai. De facto, o quarto da pensão Covilhã também se configura como espaço híbrido entre passado e presente e entre Angola e Portugal. Nesse quarto (já descrito em *Esse Cabelo*), "as coisas de Luanda se misturavam com coisas de Lisboa, calendários, uma ou outra peça de roupa, uma garrafa de vinho vazia, um cachecol do Belenenses, uma telefonia. Nas rodilhas de roupa do quarto 111 e nos rostos de pai e filho, um império permanecia intacto" (Almeida 2018, 46).

À medida que as duas personagens experienciam a deceção em relação à cidade sonhada, esta revela o seu ritmo de cegueira, engolindo pai e filho na indiferença e na falta de oportunidades de ascensão social e económica e por isto repelindo-os.

O tópico da invisibilidade é equacionado no romance como um mecanismo intrínseco da cidade. Mesmo se aparece como vontade das personagens de se auto-invisibilizarem, na verdade é o ritmo urbano que as torna como fantasmas, um ritmo marcadamente paradoxal que, ao excluir, inclui e vice-versa:

> [Cartola c]onseguia a magia de passar pelos outros como um fantasma. Parecia até que o tinha escolhido. Talvez essa tenha sido a última aparição da sua ingenuidade: a de se julgar senhor do seu disfarce e da velocidade com que se esquivava à memória de quem passava por ele pela rua. Quando, na realidade, caminhando como se estivesse atarefado mas sem pressa para chegar a lado algum, apenas outro metido na sua vida, estava em sintonia com o ritmo da cidade, que o arrastava como uma maré. (Almeida 2018, 41)

Os protagonistas de *Luanda, Lisboa, Paraíso* acabam por sair da Pensão Covilhã para um bairro fictício nos arredores de Lisboa chamado Quinta do Paraíso, empregando-se como pedreiros em estaleiros de obras, dos quais o narrador fornece uma atenta descrição das condições precárias de trabalho. No subúrbio, cujas feições relembram um espaço quase rural, Cartola e Aquiles vão constituir um novo agregado humano e social, alternativo à família, juntamente com o galego Pepe, o filho dele, Amândio, o cão Tristão e uma criança chamada Iuri.

A chegada a Paraíso de Justina, filha de Cartola, revela também aqui a existência de um espaço híbrido atravessado por memórias e traços identitários simbolizados pelos objetos da antiga vida em Luanda, ainda guardados numa mala que materializa a esperança e a ambição não realizada, o destino ainda não atingido, como revela esta passagem:

> Das malas saíram lâminas de barbear soltas caídas das suas caixinhas de cartão, faixas de gaze que o tempo e mercurocromo tinham manchado de borrões alaranjados; certidões e documentos em que a caligrafia de Cartola se esbatera, facturas, radiografias do calcanhar de Aquiles, um antigo cartão de sócio do Clube de Pingue-Pongue de Moçâmedes, receitas médicas fora de validade, calendários de um restaurante, um apito de alumínio, um pisa-papéis com a forma de uma avioneta, uma lanterna a pilhas avariada. [...] Não fora por descuido que não tinham desfeito as malas. Fora por esperança. Sabiam não ter ainda chegado ao destino. Da noite para o dia, Justina forçava-os a um desembarque [...]. (Almeida 2018, 82)

Mesmo morando no subúrbio *Paraíso*, suspensos entre a miséria material e a riqueza humana de relações sociais solidárias, Cartola e Aquiles continuam, cada um por sua conta, as suas deambulações por Lisboa. É significativo que o Rossio, área urbana historicamente marcada pela presença africana, onde as novas diásporas revitalizam antigas memórias culturais (Henriques 2021; Gama 2005) aparece no romance não como lugar de agregação coletiva, mas como lugar sonhado na distância e depois cenário de momentos chave da relação entre pai e filho e da autorreflexão das personagens sobre a sua própria identidade. É na loja de Ginjinha do Rossio que Cartola chama o filho "Papá Aquiles", querendo significar que o rapaz se tornou um homem, entregando-lhe simbolicamente uma possível chave de futuro na cidade (Almeida 2018, 46-47). É ainda numa loja de chapéus do Rossio que Cartola dá pela sua imagem no espelho e se descobre profundamente transformado pela vida em Portugal, deteriorado pela miséria, quase esvaziado de identidade, um estranho a si mesmo: "O rosto pareceu-lhe o rascunho de um mau pintor. Teve de se conter de perguntar àquele estranho se precisava de ajuda, se lhe podia dar uma mão, se queria um cigarro" (Almeida 2018, 62). É também no Rossio que Aquiles tenta apoderar-se de si próprio na cidade, tirando partido da sua própria invisibilidade e anonimato, sobretudo de noite, momento em que

> perde o medo: é da cor da cidade, caminha sem o fardo de ser visto, ninguém dá por ele. Tem a cor dos pombos, dos vagabundos, dos gatos, das putas do Cais do Sodré, cuja cara não distingue vendo-as de passagem, os seus cabelos caju lambidos, os lábios gastos; da cor dos táxis estacionados a ouvirem relatos, da cor dos telhados, das estátuas, da cor do céu. (Almeida 2018, 112)

O centro da cidade, o antigo coração do império é, na pós-colonialidade, um lugar ora de estranhamento, ora de possibilidades, ora de desencantos, por isto, um lugar emblemático da Lisboa pós-colonial retratada no romance, embora distante das representações correntes de lugar de agregação e interação entre as várias comunidades africanas na diáspora.

Em *Maremoto* (2021), o centro da cidade e, em particular, o Chiado e a Baixa de Lisboa, são os cenários privilegiados da narração, já que o protagonista-narrador, Boa Morte da Silva, trabalha como arrumador de carros nestas zonas da cidade, conhecendo-lhes todos os movimentos, os trânsitos, os hábitos, porque "a cidade é feita da nossa mania de fazer o mesmo à mesma hora" (Almeida

2021, 10). O mapa do centro da cidade desenhado neste novo romance é bem mais amplo e mais específico, mas, como nos outros livros, o subúrbio mantém-se como lugar de domiciliação e possibilidade de habitar o espaço através de relações humanas solidárias. Não é difícil, de facto, ver analogias entre a casinha de telhado de zinco em São Gens onde moram os avós maternos de Mila em *Esse Cabelo*, o casebre de Cartola e Aquiles na Quinta do Paraíso, destruído e reconstruído após uma explosão, e o alojamento de Boa Morte em Prior Velho. Nesse alojamento, Boa Morte escreve as suas longas cartas para a filha Aurora, que só viu nascer em Bissau, e sonha implantar uma horta nas traseiras da casa da senhoria dona Idalina.

Longe de romantizar a vida nos subúrbios, que se configuram como espaços quase rurais pelos laços de solidariedade e a possibilidade de criação de infraestrutura de auto-sustentamento, os livros de Almeida retratam até com um certo grau de realismo estes espaços suburbanos de marginalização. O que a autora retrata aproxima-se do conceito da teoria urbanística de "pessoas como infraestruturas", um conceito que põe a ênfase nos processos colaborativos entre residentes marginalizados (Simone 2004, 407). Este conceito revisita a noção de infraestrutura, geralmente ligada à eficiência e produtividade e concebida em termos materiais, enquanto o conceito de pessoas como infraestrutura estende a noção às "complexas combinações de objetos, espaços, pessoas e práticas" que se tornam plataformas híbridas – em termos nacionais, étnicos, raciais e até de espécies – para a produção e reprodução da vida nas margens das grandes cidades (Simone 2004, 408).

No entanto, em *Maremoto*, a relação mais forte em termos de afeto e solidariedade – aquela que une o arrumador Boa Morte e Fatinha, uma mulher sem-abrigo são-tomense nascida em Portugal – é deslocada para o centro da cidade, sugerindo um novo movimento da ficção da autora em direção à reocupação do centro pelos sujeitos marginalizados. Fatinha, mulher perdida no tempo e no espaço, que acredita na existência de uma cidade no fundo das águas do Tejo, e da qual sabemos muito pouco, é entre todas as personagens das ficções da autora a mais vulnerável, por habitar a "zona de indistinção" (Agamben 1998) que é a rua, espaço que se furta à regulação da normatividade dominante. Os corpos que nela vivem são constantemente expostos à arbitrariedade das interações e à possibilidade da violência (Aldeia 2016). Fatinha é potencialmente também um sujeito que padece de múltiplas formas de colonialidade, intersetando-se no seu corpo a colonialidade de género, raça, poder, classe, tendo em conta os eixos diferenciadores da sua identidade, aos quais se junta a condição de sem-abrigo enquanto vida considerada "indigna de ser vivida" (Agamben 1998, 132). É apenas o arrumador Boa Morte quem consegue enxergar a humanidade e a vida de Fatinha: "atrás de cada papel amachucado, de cada bilhete de autocarro usado, da bula de medicamento jogada ao chão, do desportivo da véspera deixado no banco, Boa Morte via revelar-se uma casa, alguém, uma vida na qual cada parte tivera um nexo numa arrumação primeira" (Almeida 2021, 31).

Assim, com este romance, Almeida convoca novamente um conjunto de tópicos centrais para a reflexão sobre a "decliNação" da Lisboa e do Portugal pós-coloniais, isto é, as formas de vulnerabilidade vividas por sujeitos cujas afiliações e pertenças são controversas, transitórias, precárias. Não é por acaso que a autora junta no coração da cidade uma mulher negra nascida em Portugal, que procura os fragmentos do seu passado e da sua identidade no lixo e no fundo do rio, e um antigo combatente angolano do exército português que reclama o seu chão em Portugal – autoproclamando-se funcionário da cidade de Lisboa pelo seu trabalho informal e precário. Boa Morte traz materializada numa hérnia umbilical toda a carga do trauma de ter lutado contra os seus conterrâneos africanos na guerra colonial por ter acreditado na sua condição de cidadão português. O corpo doente volta a ser central em sua relação com o espaço e com a memória, como revela o sonho relatado por Boa Morte:

> Minha hérnia é minha vida inteira, o que fiz à tua mãe [...] outro dia sonhei que minha barriga era o Chiado, da Rua Nova do Almada até à Rua do Loreto. Tinha engolido tudo. O bairro continuava, dentro de mim, gente em passo de corrida, senhores, senhoras, menininhas, namorados, Rua do Alecrim, Igreja de São Roque, os mendigos da Igreja dos Italianos a pedirem esmola ao meu estômago, o Largo Camões, motorizadas, livrarias, restaurantes, carros, tudo ficava aqui dentro, a barriga cada vez mais inchada, a cada hora mais gente na rua, e os passos das pessoas para cima e para baixo a me moerem o ventre. (Almeida 2021, 24)

O sonho do sujeito que engole a cidade no seu corpo parece sugerir uma estratégia de inclusão distinta daquela dominante e normativa, isto é, em lugar de ser engolido e de certo modo incluído no espaço urbano, o sujeito tentar incluir este espaço e o seu movimento no seu próprio corpo, como forma onírica e irreal de criar uma identificação e reclamar uma pertença.

Outra estratégia de sobrevivência que Boa Morte ativa também está relacionada com a memória e o trânsito: as viagens de comboio que o levam de um lado para o outro da cidade tornam-se os seus momentos de mergulho no passado e a sua forma de reviver a sua própria história, tal como as deambulações pelas montras da Baixa, como revelam estes trechos:

> Meu passado corre diante dos meus olhos quando vou à janela do comboio. Vejo minha mãe, minha terra, tua mãe, o teu nascimento, os dias da guerra, minha chegada a Lisboa. Encosto-me ao banco e assisto o filme da minha vida [...]. Olho as montras das lojas, na Baixa, mas já não vejo nelas o reflexo da minha cara, não reparo no que está à venda. Vejo minha vida nos vidros enquanto subo a Rua Nova do Almada, os vidros das montras contam-me quem fui. (Almeida 2021, 49)

O espaço urbano e o trânsito que por ele a personagem cumpre à procura de si mesma são ressignificados pela memória individual que é também memória coletiva dos africanos que, como Boa Morte, participaram na guerra colonial ficando em condição de múltipla exclusão após o fim da guerra e na sequência da descolonização. Como realça Roberta Franco, em *Maremoto*, a destruição e a perda familiar é maior que em todos os outros romances, já que o único laço familiar de Boa Morte é por ele mesmo criado e alimentado através das cartas à filha quase desconhecida (Franco 2021, 118). No entanto, é na relação com Fatinha, com o cão Jardel, e outras figuras da rua e do espaço suburbano onde mora que Boa Morte tenta reconstituir novas formas de afiliação que, porém, serão frustradas pelo desaparecimento da mulher, traduzindo uma visão profundamente desprovida de romantização por parte da autora.

4. Conclusões

Apresentando várias diferenças no que se refere às opções narrativas, os romances de Djaimilia Pereira de Almeida, analisados neste ensaio na perspetiva dos trânsitos urbanos e suburbanos pela cidade pós-colonial, mostram também fazer parte de um projeto amplo e coerente de "decliNação" transitória do Portugal pós-colonial, a partir da descolonização, com incursões no passado colonial através da memória das personagens. As fronteiras por vezes porosas entre as narrativas em questão e os traços semelhantes que existem entre as personagens não apontam para uma intenção de homogeneizar categorias, mas para um projeto de representação, na lógica das "ficções da memória", dos mecanismos de uma memória "capilar", capaz de atravessar corpos e espaços distintos, trazendo as suas ligações e interconexões, mas também as suas diferenças e declinações de sujeitos que se constituem, cada um à sua maneira e de acordo com as suas estratégias – frustradas ou bem sucedidas – como sujeitos "locais".

O avô Castro Pinto, a avó Maria da Luz, bem como Cartola e Boa Morte são os antigos colonizados que habitam a ex-metrópole transformando-a num espaço híbrido de lembranças, identidades e memórias. São também sujeitos que padecem os efeitos contemporâneos das complexas "malhas que o império teceu", parafraseando Fernando Pessoa. Através dos romances de Almeida, marcados pela centralidade dos trânsitos, as vidas destas personagens, bem como as suas memórias e os seus corpos acabam por "ocupar" o espaço pós-colonial, pertencendo-lhe de acordo com mecanismos complexos de identificação e afiliação. Assimilados frustrados em sua ambição de serem portugueses, Castro Pinto, Cartola e o próprio Boa Morte acabam, de certa forma, por renunciar a esta ambição, como se lê nas entrelinhas dos seus gestos ou movimentos, abrindo espaço para novas formas de identificação que, porém, ficam suspensas.

A autora constrói narrativas não acabadas, cujos desfechos deixam imaginar novos trânsitos capazes de interligar tempos, espaços, sujeitos. Pense-se nos desfechos de *Luanda, Lisboa, Paraíso* e de *Maremoto*, em que, respetivamente, vemos Cartola deitar ao rio o seu chapéu e Boa Morte ser engolido na maré de pessoas na boca do metro. Ambas as personagens perderam os afetos e os laços travados nos meandros do espaço urbano e suburbano da cidade pós-colonial e ambos se sentem desiludidos, mas seus corpos ficam suspensos num futuro ainda indecidível. Em contraponto, antes do desfecho interrogante e enigmático de *Esse Cabelo*, aparece uma fotografia de um ator em *black-face*. Como realça Medeiros, "[a] complexa e dolorosa história da imitação e do desejo branco de assumir todos os atributos do Outro racializado, incluindo a própria cor da pele como fetiche, na tentativa de eliminar sua diferença, ainda queima como um fogo à nossa frente" (Medeiros 2020, 148).

Antes da fotografia final, a voz narrativa de *Esse Cabelo* enuncia uma reflexão complexa sobre a memória individual e coletiva, voltando à ideia da cidade truncada e transpondo-a para a sua própria identidade. Convoca também a incindível relação entre identidade e representação, entre decliNações e estereótipos, entre o Outro e o Mesmo, entre a cor da pele e a da máscara: "No entanto, e arrepio-me de pensá-lo, é dessa máscara que sinto saudades [...] o rosto de que sinto saudades, o mesmo que julgo não ser o meu, não me anuncia senão a mim" (Almeida 2015, 96-97).

Se, por um lado, o conceito da pós-memória funciona para equacionar a impossibilidade de reconstituição total da memória em que se inscreve a construção da subjetividade de Mila, por outro lado, a ideia de uma identidade truncada terá que ver, por vezes, com a equação ainda incipiente da subjetividade afrodescendente assinalada por Évora e Mata (2021). Uma subjetividade que, de acordo com o raciocínio das autoras, precisa de encontrar, a meu ver, sua inscrição, tanto política quanto histórica e criativa, na *longue durée* da presença africana em Portugal e da mútua constituição entre África e Europa. Ao convocar antigos assimilados e os seus descendentes, jovens portugueses negros ou retornados de cabelo crespo (Wieser 2021), corpos negros e doentes, a autora transita por semelhanças e diferenças, solidariedades e distâncias, construindo um retrato não acabado mas em constante indagação: "quem é ainda a Mila?" (Almeida 2015, 99).

Assim, como sugere o documentário de Doris Wieser, *Viver e escrever em trânsito: entre Angola e Portugal* (2021), entre África e Europa parece ser, também no caso de Djaimilia Pereira de Almeida, uma decliNação possível – e transitória – de um projeto estético e de cidadania política e ficcional. E transitória deverá ser, por vezes, a fronteira entre o cânone da literatura portuguesa e a categoria emergente da literatura de afrodescendentes onde a obra de Almeida se coloca, desde que a identidade nacional portuguesa se assuma como plural e múltipla.

NOTAS

1. Entre vários reconhecimentos, a autora foi distinguida, em 2016, com o Prémio Novos, na categoria de literatura, por *Esse Cabelo*. A mesma obra foi finalista ao Prémio Literário Casino da Póvoa em 2018. *Luanda, Lisboa, Paraíso* foi galardoado com o Prémio Literário Fundação Inês de Castro e o Prémio Literário Fundação Eça de Queiroz, ambos em 2019. No mesmo ano, a autora ganhou o prestigiado Prémio Oceanos e em 2020 conquistou o segundo lugar da mesma competição com *A visão das plantas*. Diversas são também as resenhas dos seus livros, bem como as entrevistas publicadas na imprensa digital e em revistas académicas, o que confirma o grande interesse suscitado pela autora. Ver por exemplo Masseno et al. (2021).

2. Sobre a literatura afrodescendente em língua portuguesa como cânone em construção, ver também a chamada de artigos para o dossiê 45 da Revista *Via Atlântica*, intitulado "As literaturas de autoria afrodescendente no Brasil e em Portugal". Ver também a área temática dedicada à literatura afrodescendente do projeto Afrolab, coordenado por Ana Paula Tavares e Marco Bucaioni: http://afrolab.letras.ulisboa.pt/projecto/.

3. Ver http://artafrica.letras.ulisboa.pt/pt/artist/420.html.

4. Ver, a este propósito, entre outros, os trabalhos de Isabel Castro Henriques (2021); Jean-Yves Loude (2005); José Ramos Tinhorão (1988); Nuno Domingos e Elsa Peralta (2013); Fernando Arenas (2012).

5. Entendo por "discursos oficiais" um conjunto heterogéneo de discursos sobre a cidade emanados principalmente com o patrocínio da Câmara Municipal de Lisboa. Veja-se, por exemplo, o projeto Lisboa Criola, https://www.lisboacriola.pt/project, ou o livro *Guia Ler e Ver Lisboa*, editado pela EGEAC em 2016. Para uma análise mais aprofundada deste guia, veja-se o artigo de Fazzini (2020). Como contraponto destas representações, veja-se o projeto *Remapping Memories Lisboa-Hamburg: Lugares de Memória (Pós)Coloniais*, que procura indagar de que modo "o colonialismo e a resistência anticolonial [...] surgem concretizados no espaço público das cidades portuárias de Hamburgo e Lisboa": https://www.re-mapping.eu/pt/o-projeto. Ver também o Memorial de Homenagem às Pessoas Escravizadas, projeto proposto em 2017 pela Djass – Associação de Afrodescendentes e aprovado no âmbito do Orçamento Participativo de Lisboa. https://www.memorialescravatura.com/

6. A referência às *raves* e ao espaço *Clímax* no Jardim Constantino apontam para este fenómeno. Ver a este propósito Feitor 2021.

REFERÊNCIAS BIBLIOGRÁFICAS

Agamben, Giorgio. 1998. *O poder soberano e a vida nua*. Lisboa: Presença.

Aldeia, João Miguel Marques Alves. 2016. *Governar a vida na rua. Ensaio sobre a bio-tanato-política que faz os sem-abrigo sobreviver*. Tese de doutoramento em Sociologia. Coimbra: Universidade de Coimbra.

Almeida, Djaimilia Pereira de. 2015. *Esse Cabelo*. Alfragide: Teorema.

Almeida, Djaimilia Pereira de. 2018. *Luanda, Lisboa, Paraíso*. Lisboa: Companhia das Letras.

Almeida, Djaimilia Pereira de. 2021. *Maremoto*. Lisboa: Relógio d'Água.

Antunes, António Lobo. 2007. *O meu nome é legião*. Lisboa: Dom Quixote.

Arena, Joaquim. 2006. *A verdade de Chindo Luz*. Dafundo: Oficina do Livro.

Arenas, Fernando. 2012. "Cinematics and Literary Representations of Africans and Afro- Descendants in Contemporary Portugal: Conviviality and Conflict on the Margins". *Cadernos de Estudos Africanos* 24, 165-86.

Braidotti, Rosi. 2002. *Nuovi soggetti nomadi*. Roma: Luca Sossella editore.

Brancato, Sabrina. 2008. "Afro-European Literature(s): A New Discursive Category?". *Research in African Literatures* 39 (3): 1-13.

Cardoso, Dulce Maria. 2012. *O retorno*. Lisboa: Tinta da China.

Domingos, Nuno, e Elsa Peralta. 2013. *Cidade e império: dinâmicas coloniais e reconfigurações pós-coloniais*. Lisboa: Edições 70.

d'Santiago, Dino, et al., org. 2021. *Lisboa Criola*. Lisboa: Câmara Municipal de Lisboa. https://www.lisboacriola.pt/project.

Évora, Iolanda, e Inocência Mata. 2021. "As veias abertas da afrodescendência: herança colonial e contemporaneidade". *Portuguese Literary & Cultural Studies* 34-35: 42-65.

Fazzini, Luca. 2020. "Visões de Lisboa em dissonância: dinâmicas do poder no espaço urbano e escritas em trânsito". *Cadernos de Literatura Comparada* 43 (12): 155-74.

Feitor, Gabriel de Oliveira. 2021. "Uma pequena história da música eletrónica de dança em Portugal (Parte II)". *Comunidade Cultura e Arte*, 8 de junho. https://comunidadeculturaearte.com/uma-pequena-historia-da-musica-electronica-de-danca-em-portugal-parte-ii/.

Franco, Roberta Guimarães. 2021. "A 'inseparabilidade' dos trânsitos na obra de Djaimilia Pereira de Almeida". *Abril* 13 (27): 109-24.

Gama, Henrique Dinis da. 2005. *Baixa pombalina: a luz obscura do Iluminismo. Lisboa:* Caminho.

Henda, Kiluanji Kia. 2019. "Plantação – memorial de homenagem às pessoas escravizadas". *Djass – Associação de Afrodescendentes*. https://www.memorialescravatura.com/.

Henriques, Isabel Castro. 2021. *Roteiro histórico de uma Lisboa africana*. Lisboa: Colibri.

Inácio, Emerson da Cruz. 2019. "Novas perspectivas para o Comparatismo Literário de Língua Portuguesa: as séries Afrodescendentes". *Revista Crioula* 23, 12-33.

"Literaturas africanas em língua portuguesa e afrodescendentes hoje". *Afrolab – a construção de literaturas africanas em português*. Lisboa: Centro de Literaturas e Culturas Lusófonas e Europeias (CLEPUL). http://afrolab.letras.ulisboa.pt/projecto/.

Loude, Jean-Yves. 2005. *Lisboa, na Cidade Negra*. Lisboa: Dom Quixote.

Martins, Catarina. 2018. "O reverso-do-moderno nas narrativas migrantes de mulheres africanas contemporâneas". Em *Identidades em trânsito*, organização de Fernanda Mota Alves, Gerard Hammer e Patrícia Lourenço, 81-101. Vila Nova de Famalicão: Humus.

Masseno, André, Eduardo Jorge de Oliveira, Nazaré Torrão, e Octavio Páez Granados. 2021. "Entrevista com Djaimilia Pereira de Almeida". *Língua-lugar: Literatura, História, Estudos Culturais* 2: 174–83.

Mata, Inocência, Rosângela Sarteschi, e Luiz Maurício Azevedo, eds. "As literaturas de autoria afrodescendente no Brasil e em Portugal". *Via Atlântica* 45 (em revisão).

Medeiros, Paulo de. 2020. "Memórias Pós-imperiais: *Luuanda*, de José Luandino Vieira, e *Luanda, Lisboa, Paraíso*, de Djaimilia Pereira de Almeida". *Revista Língua-Lugar* 1: 136-49.

Mezzadra, Sandro. 2008. *La condizione postcoloniale*. Verona: Ombre Corte.

Miranda, Mónica. "Back Pack Paradise – Montagem Fotográfica". *ArtAfrica*. Lisboa: Centro de Estudos Comparatistas, Universidade de Lisboa. http://artafrica.letras.ulisboa.pt/pt/artist/420.html.

Neumann, Birgit. 2008. "The Literary Representation of Memory". Em *Media and Cultural Memory*, organização de Astrid Erll e Ansgar Nünning, 333-44. New York: De Gruyter.

Rosello, Mireille. 1998. *Declining the Stereotype: Ethnicity and Representation in French Cultures*. Hanover/London: University Press of New England.

Sarteschi, Rosângela. 2019. "Literatura contemporânea de autoria negra em Portugal: impasses e tensões". *Via Atlântica* 1 (36): 283-304.

Simone, AbdouMaliq. 2004. "People as Infrastructure: Intersecting Fragments in Johannesburg". *Public Culture* 16 (3): 407-29.

Sousa, Sandra. 2017. "A descoberta de uma identidade pós-colonial em *Esse Cabelo* de Djaimilia Pereira de Almeida". *Abril* 9 (18): 57-68.

Sporrer, Susanne, dir. 2019-22. *ReMapping Memories Lisboa-Hamburg: Lugares de Memórias (Pós)Coloniais*. Lisboa: Goethe-Institut Portugal. https://www.re-mapping.eu/pt/o-projeto.

Tinhorão, José Ramos. (1988) 2019. *Os negros em Portugal*. Lisboa: Caminho.

Wieser, Doris. 2021. "The Frizzy Hair of the Retornados. 'Race' and Gender in Literature on Mixed-Race Identities in Portugal". Em *The Retornados from the Portuguese Colonies in Africa*, organização de Elsa Peralta, 150-70. New York: Routledge.

Wieser, Doris, dir. 2021. *Viver e escrever em trânsito: entre Angola e Portugal*. Portugal, 1:02:53. https://www.youtube.com/watch?v=gjx_CtQ1xUs.

Wieser, Doris, e Jessica Falconi. 2022. *DecliNações: género e nação nas literaturas e culturas africanas de língua portuguesa*. Coimbra: Almedina.

Yeoh, Brenda S.A. 2001. "Postcolonial Cities". *Progress in Human Geography* 25 (3): 456-68.

JESSICA FALCONI é investigadora do Centro de Estudos sobre África e Desenvolvimento do Instituto Superior de Economia e Gestão, Universidade de Lisboa (desde 2019). Foi professora visitante na Universitat Autònoma de Barcelona (2018-2019) e bolseira de pós-doutoramento da FCT (2010-2017). Os seus interesses de investigação incluem as literaturas e os cinemas africanos de língua portuguesa, os estudos de género e pós-coloniais e os estudos do Oceano Índico. Tem participado em diversos projetos de investigação e tem publicado em revistas nacionais e internacionais.

PATRICE MENDES PACHECO

A estética literária de raquellima: um cruzamento interartes como (res)significação do mundo e da Humanidade

RESUMO: O propósito deste trabalho é elaborar uma leitura da poesia de Raquel Lima, tendo em conta as marcas do Afrofuturismo. Este artigo constitui um contributo analítico da relação interartes: poesia, música e pintura. Tomar-se-á por base *Ingenuidade Inocência Ignorância* (2019), uma vez que, nesta obra, germinam silêncios no vociferar poético das palavras que permitem acrescentar sentidos ocultos. Além disso, é imperativo dar conta da performance artística espelhada nas *spokenwords* e nas narrativas do "eu" fragmentado, contadas a partir da pós-memória. De salientar é ainda a revitalização da oralidade ao serviço da partilha de ideias e mensagens através da prática da *poetry slam*, o que se reflete na sua arte poética.

PALAVRAS-CHAVE: poesia; música; pintura; pós-memória; Afrofuturismo; *spokenwords*.

ABSTRACT: The purpose of this work is to prepare a reading of Raquel Lima's poetry, taking into account the marks of Afrofuturism. This article constitutes an analytical contribution to the interart relationship: poetry, music, and painting. It will be based on *Ingenuidade Inocência Ignorância* (2019), since, in this work, silences germinate in the poetic vociferation of words that allow the addition of hidden meanings. Furthermore, it is imperative to account for the artistic performance mirrored in the spoken words and in the narratives of the fragmented "I," told from post-memory. Of note is also the revitalization of orality in the service of sharing ideas and messages through the practice of poetry slam, which is reflected in her poetic art.

KEYWORDS: poetry; music; painting; Afrofuturism; post-memory; spokenwords.

Pré/Destinada Mulher

Subterrânea e de profundas origens
Mulher pai de oriundas vertigens
sempre parecendo ainda virgem
engolindo mil olhares que não lhe atingem.

Palmilhando em suas místicas andanças
Ramificando a esperança de mudanças
Pelo porvir sem o ir e vir das crianças
Enjoadas de girar no contexto das danças.

Sendo mulheres pais e mães no fundo
Sois vós a gênese do provérbio ancestral
Carregastes no ventre o cordão umbilical
Que nos une às poeiras do fim do mundo.

J.A.S. Lopito Feijóo K.[1]

1. Considerações iniciais

Raquel Lima nasceu em Lisboa em 1983, tem ascendência angolana, são-tomense, senegalesa e brasileira, sendo uma afrodescendente convicta.[2] Como ela própria refere numa entrevista realizada por Doris Wieser em 2020, uma grande percentagem da sua identidade e da sua subjetividade encontra-se em Angola (Wieser 2024, 84). É poeta, *performer* e arte-educadora, tendo apresentado a sua arte na Europa, América do Sul e África. A escritora participou em eventos de literatura, narração oral, *poetry slam*, *spokenwords*, performance e música. Em outubro de 2019, publicou o seu primeiro livro de poesia, intitulado *Ingenuidade Inocência Ignorância*, que servirá de base a este ensaio. A obra está repleta de arte e humanidade, sobretudo na medida em que regista as desigualdades sociais e a procura incessante da compreensão das raízes da autora. Cada vocábulo quebra paradigmas e valoriza as culturas africanas, criando mundos futurísticos. A sua poesia assume-se como ferramenta de transfiguração do real e de ativismo intelectual, destacando-se como espaço de luta em prol de comunidades mais fragilizadas. Assim, apresenta a arte poética como espaço educativo e de transformação social.

É possível afiançar que a mensagem do poema em epígrafe acerca da mulher africana reflete a essência de Raquel Lima como uma "pré/destinada mulher", já que as suas origens trilham o percurso vivencial. Lopito Feijóo soube ler a alma feminina, apresentando-a como alguém que deglute os olhares reprovadores, não se deixando vencer por esses vislumbres. Trata-se de um ser que palmilha, verso a verso, a sua essência mítica, ramificando uma mudança esperançosa, potenciada pela arte. O ensaísta reflete a intensidade do ser mulher como sustentáculo da ancestralidade, alguém que carrega a energia umbilical que permite vencer todas as lutas ao ser capaz de proporcionar uma união universal. É exatamente esta a demanda de Lima, marcar a diferença num mundo de indiferença.

A obra de Lima revela uma extraordinária capacidade de plasmar artisticamente e de prolongar no tempo as pós-memórias que permitem a exploração de aspetos sociais e culturais e admitem interpretações desafiadoras, espelhando diversas linguagens artísticas. Segundo Sheila Khan (2016),

> vigiar e praticar este dever de pós-memória é ir ao encontro dos silêncios, criar a "hospitalidade" prudente para acolher essas narrativas que, sem esta reivindicação, acabarão por esmorecer, por cair no esquecimento e por desaparecer sem sequer deixarem um laivo testemunhal da sua existência. [...] [É] assumir, corajosamente, o papel de curador da sobrevivência e da manutenção dessas memórias como um trabalho de consciência histórica e de coragem cívica. (Khan 2016, 354-55)

A poesia da autora possui traços indeléveis de hipercontemporâneo, revelando a perceção do mundo em profunda mutação, marcada por uma ligação entre corpo e espírito, permitindo uma efusão criativa que potencia a originalidade. Este movimento implica "a criação como testemunho de uma evolução, tecnológica, económica e social, que o obriga a encontrar novas formas de dizer o indizível, de ordenar o caos, de adivinhar o homem do futuro que ele já é" (Binet e Angelini 2016, 477). Assim, tateia, com eficácia, estruturas fragmentárias e estilhaçadas, procurando enraizar as suas figurações de poeta, assumindo um papel interventivo perante um mundo que exige uma insistente análise e (re)construção.

Nos seus versos, é possível descortinar a índole melódica das palavras, a estrutura frásica que imprime liberdade, o ritmo saboreado, sílaba a sílaba, e a construção fónica e plástica. Observar-se-ão também na obra os temas e as mensagens inerentes aos silêncios dos vocábulos, numa sementeira vocabular emocional de identidade, tentando perceber a missão que os vocábulos assumem para agitar as consciências, uma vez que "as palavras, diferentemente das pedras, das matérias corantes ou do ar em movimento, são já, por si mesmas, significação do humano, às quais [a] poeta [dá] uma nova significação" (Reis 2001, 308).

Nesta linha de pensamento, será possível escapar dos ritmos, dos intervalos inaudíveis, dos gestos, das hesitações, das respirações, das frequências e das performances que respiram nesta poética intersecional? Haverá nesta melodia ecos de uma história revisitada através da cognição humana? Terão emoção e memória o mesmo compasso na construção do equilíbrio dinâmico da identidade?

A tarefa hercúlea de inscrever e refletir as experiências vividas como afrodescendente na diáspora leva Raquel Lima a sentir influências do Afrofuturismo como movimento estético e a assumir particularidades identitárias do sujeito afrofuturista, localizadas entre o afrocentrismo e o eurocentrismo:

> trata-se de um movimento intelectual, um conceito, uma filosofia ou um género artístico transdisciplinar que combina afrocentrismo, fantasia, tecnologia, religião, espiritualidade e misticismo não ocidentais, numerologia, sátira, ficção científica e realidade virtual, para desafiar as representações estéticas sobre África. (Lima 2019, 4)

Assim, o Afrofuturismo é realizado "através de uma estética que 'emagina', isto é, o processo de imaginar de dentro para fora, e propõe um passado, presente e futuro da experiência negra na diáspora transnacional" (Lima 2019, 4)[3].

No palco artístico, a oratura pulsa na tessitura textual e a expressividade filosófica dos termos agiganta-se como ecos nos ritmos que as páginas decifram com energia. A simbologia do título, vocábulo a vocábulo, desvenda o véu paradoxal de três valores conceptuais, "Ingenuidade", "Inocência" e "Ignorância", como se se tratassem de *spokenwords*, que dão ritmo, voz e movimento à mensagem que se pretende transmitir, ecoando no sentir e no pensar, ao serviço da performance artística. Estes conceitos ascendem ao inteligível e transportam o/a leitor/a para a capa do livro, na qual os vocábulos foram colocados um em cima do outro, o que permitiria inferir que a "Ignorância" é a base da "Inocência" e estas são o sustentáculo da "Ingenuidade".

O primeiro poema, "Ingenuidade", provoca, de imediato, a estranheza do mundo digital espelhado na página (/u-i/), um *user interface* que agita o leitor para a interação que se avizinha, estreitando laços digitais com a curiosidade.

Contudo, o *user* está separado através do hífen do *interface*, o que parece promover uma rutura com a janela virtual. As barras oblíquas registam, no momento, os *bips* da máquina humana que marcam sossegos, trejeitos, perplexidades e fôlegos, ao se depararem com a antitética figura, uma vez que, por um lado, é a idealização de uma virtude cristalina – "candura", "simplicidade extrema", "ausência de artifícios", "condição da pessoa que nasceu livre", "honradez", "honestidade" – e, por outro, surge como despropósito e necessidade: "fraqueza", "falta de bom senso prático", "incredulidade excessiva" e "parvoíce" (raquellima 2019, 19).

O segundo elemento unificador do *corpus* textual, "Inocência", surge como outra entrada de dicionário, que leva o/a leitor/a curioso/a a mais ambiguidades. Segundo a própria autora (Wieser 2024, 91-92), há uma preocupação com a questão de descolonização da língua e da linguagem, para perceber como é que a língua oprime e liberta. Para tal, faz um mapeamento dos vários significados possíveis e, nesse percurso, foi surpreendida pela dimensão colonial da linguagem. A autora indagou como uma pessoa ingénua consegue autodeterminar essa lhaneza, se como escrava não está na sua condição natural, ou seja, como é que a própria língua legitima uma série de diferenças sociais e de vida.

Neste registo emblemático, "Inocência" impõe-se, positivamente, como autenticidade e surge alegoricamente representada no Bem, espelhando-se na jurisprudência da alma e num vestígio sagrado do corpo, pautado por uma virtude reguladora de prazeres: "a pureza", "ignorância do mal", "isenção de culpa", "virgindade" e "castidade" (raquellima 2019, 35). Contudo, a duplicidade do vocábulo promove o palco paradoxal do ser, registando a falta de inteligência, no absurdo e no dislate: "inépcia" e "tolice" (raquellima 2019, 35).

A última *spokenword*, "Ignorância", propicia um encontro perverso com a língua, uma vez que a ausência de conhecimento e de sapiência, a imperícia, a ineptidão, a descortesia e a indelicadeza assumem a centralidade do conteúdo, como se o ser se encontrasse desprovido de qualquer capacidade profícua: "falta de ciência ou de saber", "ausência de experiência", "incompetência", "grosseria", "incivilidade" (raquellima 2019, 51). Todavia, a contradição espreita filosoficamente; afinal, o "só sei que nada sei" socrático exprime a "ignorância" filosófica, ou seja, a que permite o verdadeiro acesso ao saber, pois "o conhecimento da ignorância é o início da sabedoria" (Japiassú 2008).

A partir da análise do título da obra, é possível conjugar, "pelas intermitências do silêncio e do som, a musicalidade e o andamento rítmico e melódico que são centrais para a construção dos sentidos" (Lima *apud* Fernandes 2020, 14).

2. A fragmentação do "eu" no palco hipercontemporâneo da performance identitária

No ponto de vista de Stuart Hall (2006, 13; 21), é uma fantasia considerar a identidade totalmente unificada, completa, segura e coerente, já que a sua existência muda de acordo com a forma como o sujeito é interpelado ou representado. A identificação não é automática, mas pode ser ganha ou perdida e esse processo é, às vezes, descrito como constitutivo da mudança de uma política de identidade (de classe) para uma política da diferença. Assim, segundo o teórico (2006, 11), a identidade é fragmentária, sendo formada através da interação entre o "eu" e a sociedade.

Desta forma, a poesia de Raquel Lima permite um diálogo entre o ser, o outro e o mundo, dizendo o indizível, regatando, como afiança Sheila Khan, "todo o património de experiências e de narrativas daqueles homens e mulheres que nunca encontraram o seu 'tempo' de confiança e de partilha" (2016, 354). Nesta empreitada para escapar do rio do esquecimento, torna-se compreensível que "tanto quem viveu a situação, quem viveu a vida lembrada, como quem é seu ouvinte, acede a toda a memória após a sua montagem" (Peralta e Oliveira 2016, 194). Nesta perspetiva, a poesia de Lima oferece uma visão retrospetiva de narrativas transmitidas pelas gerações anteriores:

> então abro mais uma gaveta
> à procura de sentido
> no formato circular da oratura
> porque a tradição não é só feita de livros
> fotos e palavras por traduzir
> línguas que desconheço
> lutas por persistir
> vitórias que não sonhei.
> (raquellima 2019, 24-25)

Contudo, imprime-se uma inovadora forma de comunicação placentária, pautada pelo hipercontemporâneo, em que se apresenta a violência e a desregulação e na qual se deixam extravasar oxímoros: simplicidade e complexidade, imediatismo e distanciação, inautenticidade e legitimidade, como apanágio de transmissão de uma mensagem que se pretende inusitada. Assim, a viagem poética provoca uma multi-perceção que transcende os vocábulos, através de olhares múltiplos que reconhecem a proliferação de imagens, sons e significações.

Em "ser poeta é ser mais baixo" (raquellima 2019, 61), a disrupção semântica do título do poema de Florbela Espanca, "Ser poeta é ser mais alto" (Espanca 2017, 109), contribui para expulsar as grilhetas da expiação ("ter no peito uma ferida que não cicatriza / uma ferida aberta a prenunciar uma crise poético-existencial"), através da fragmentação de um "eu" impelido pelo pragmatismo de quem tem de assumir a essência da portugalidade, não deixando respirar a sua múltipla identidade, apresentando "uma memória e uma identidade em constante transformação e reescrita"[4]: "estar cansado de representar Portugal / e viver dentro das suas margens" (raquellima 2019, 61). A ressonância cultural impulsiona a enigmática sensação de "ter sede de infinito mas falta de coragem" e nada escapa ao caleidoscópico e vertiginoso movimento que se deseja implementar, amplificado no grotesco:

> ter um berro no papel e as garras cortadas, pintadas
> não ter asas para voar como as princesas aladas
> mas sim pesos nas pernas e arrastar-se em caminhadas
> mergulhar em ocorrências recorrentes.
> (raquellima 2019, 61)

Em certa medida, este ambiente realça as figurações do/a poeta como um "ser pequeno e medíocre na sua insignificância" e destaca a enfática aceitação do fatalismo – "é perder a esperança a não ser em palavras" (raquellima 2019, 61). Segundo a autora, em entrevista a Wieser (2024, 89), a resistência expressa no poema está relacionada com a tensão que sente pelo facto de, de repente, ter de responder a uma expectativa do que é ser poeta portuguesa, sentindo que uma grande parte de si é retirada, quando tem de carregar essa bagagem da portugalidade. Afinal, quando se fala de uma mulher negra em Portugal, revela-se um constante apagamento e silenciamento daquilo que é a produção não só cultural mas também científica que essas mulheres realizam. Por isso, a artista acredita que, enquanto elemento da diáspora africana, tem o papel de revisitar, de reconstruir as suas memórias e de reconsiderar outras mulheres que deram um grande contributo a Portugal. Assim, considera que esta contenda implica procurar tanto as referências e as influências como a responsabilidade de estar em constante negociação sobre os espaços que ocupam, as parcerias que fazem e as pessoas com quem trabalham (Wieser 2024, 88). Qual será, então, a identidade da escritora? Que amálgama de influências permite determinar a essência identitária de um ser em trânsito?

Através da tradição literária, o poema sugere a descoberta de outros caminhos vivenciais, numa perspetiva lógica e reflexiva, já que o eu lírico parece perder o endeusamento, limitando-se a "cuspir letras no seu desejo de ser alto", por "não ter força para dar esse salto". Neste sentido, cria-se um ambiente caótico do "ser contemporâneo", em que a diversidade de objetos auxilia o diálogo entre a técnica e a imaginação ("é fazer colagens, clonagens, citações, reproduções"). Todavia, este homizio propicia um tédio existencial de revolta contra a poética oca e infrutífera que procura a aparência e esquece o ser: "não suportar o silêncio nem os aplausos, nem as condolências / nem os elogios feitos de eloquência"; "e é escrever mais poema inconsequente / e vir lê-lo ao palco a toda a gente" (raquellima 2019, 62).

Afinal, é compreensível a crítica do eu à ambição desmedida de querer atingir a glória, o *glamour* e a fama com versos desfasados de sentido pleno, como se isso lhe trouxesse a imortalidade:

querer ser famoso e aparecer
à espera de ser entrevistado
polemizar por falar mal do poeta ao lado
não ter medo de ser crucificado, ou cometer suicídio um dia
na esperança de dar uma boa biografia
(raquellima 2019, 62)

Neste caminho de insensatez, desvirtua-se a essência da arte poética, pois esse/a poeta encenado/a nos versos parece modelar-se por aspirações despropositadas ("é ser best-seller"; "garantir-se lusitano como Camões e ambicionar ser Pessoa / é escrever versos à toa e tentar ter piada / subir ao palco de papel na mão e língua afiada"; "querer ser aplaudido depois de morto / ganhar direitos de autor e escrever sem amor") e por um egocentrismo megalómano que desprestigia a poesia – "alimentar o ego a copos de vinho em vernissages/ lamber o ego de quem critica" (raquellima 2019, 6163). De facto, no palco das *spokenwords*, não há lugar para o/a poeta que perdeu a majestade do ser e se deixou manipular pela decrepitude do ter.

3. Os silêncios do discurso no mistério audível da palavra: *Ut musica poesis*

A arte poética de Raquel Lima permite a receção e interceção de linguagens como voz pungente, associadas à *poetry slam* e às *spokenwords*, realçando a experimentação poética, a artisticidade, o compromisso e a responsabilidade sociais com o outro e com o mundo. Nesta poesia, a explicitação da linguagem artística impõe-se como determinante na construção da identidade em trânsito, imprimindo uma musicalidade que permitirá o decifrar de muitos sentidos, que ecoam no sistema de conhecimentos, emoções e vivências silenciadas nas palavras, já que estas estão "cheias de sentidos a não dizer" (Orlandi 2007, 11). Poder-se-á afiançar que tudo

> reside nesse intervalo
> inaudível entre duas letras
> e vive desse silêncio que grita
> sobre
> a minha ingenuidade
> a minha inocência
> e a minha ignorância.
> (raquellima 2019, 21)

Efetivamente, o ritmo, a voz e o silêncio ganham uma dimensão extraordinária, criando-se laços sólidos entre a poesia e a musicalidade, o que possibilita o sentir da performance. A voz entra em consonância com o corpo, levando o/a leitor/a a reagir a cada momento. A própria autora assevera que, devido ao seu percurso, percebeu que o corpo tem um papel de destaque na poesia, o de coreografar o que as palavras estão a dizer e de tornar flagrante a hesitação, a respiração e a insegurança (Wieser 2024, 94).

Na verdade, o som aliado à mestria com que a poeta maneja a língua promove o despertar das consciências para a vivacidade espontânea da pauta coronária. Como afirma Vítor Manuel de Aguiar e Silva (2001, 175), no texto literário, os sons, na sua materialidade, com o seu timbre, a sua intensidade, a sua harmonia, a sua altura, as suas combinações e repetições, originam fenómenos que podem ser apropriadamente caracterizados como eventos de fono-estesia e que se assemelham muito às manifestações musicais.

Ao escutar a poesia de Raquel Lima, nota-se que a melodia assume uma surpreendente vitalidade impelida pela expressividade semântica. No poema "democracia/democoração" (raquellima 2019, 33-34), o ritmo oscila como sustentáculo através de versos curtos e longos, que obrigam a um percurso deambulatório na página. Na matemática da vida democrática, o eu lírico subtrai "-cracia" e soma o "coração", salientando a importância do sentir. Tendo por base o movimento melódico da emoção, a aliteração sibilante traz um "desassossego/

desassossegado" que desafia "ao ouvido sussurrado um *brief*" e, no quiasmo dos vocábulos, o discurso cala a "constrição que preocupa" e a "preocupação que constringe", dando voz ao silêncio, na brevidade do momento que agiganta o inaudível – "briefly walking / briefly talking / just... being briefly" (raquellima 2019, 33). Como caucaciona Daniel Quaranta,

> a poesia sonora poderia ser definida como aquela que evita usar a palavra enquanto mero veículo de significados e a composição do poema (ou texto fonético) está estruturada com sons que requerem uma realização acústica e uma performance. Esta se diferenciaria da poesia declamada ou recitada tradicionalmente pela introdução de técnicas fonéticas, ruídos e, sobretudo, por seu caráter experimental no uso da linguagem [...]. Essa mistura de timbre e de linguagem talvez seja a chave para encontrar uma ponte entre uma música que poder-se-á chamar poética e uma poesia fundada na materialidade do som. (2017, 2)

Em "práticas e instruções anti-terroristas para a explosão de uma bomba interior" (raquellima 2019, 38-40), a ária explode nos versos com o lema *bellum sine bello*[5]. Para tal, serve-se de uma deflagração de aliterações das fricativas e vibrantes bem como assonâncias que, de braço dado com as palavras, promovem uma relação umbilical com a terra e permitem sacudir a mente, impelindo-a para a luta por um mundo melhor e sem violência: "sem descer dos saltos vou fixar os pés na terra/ dizer adeus às armas e partir para a guerra";

> procuramos a explosão da bomba interior
> mas com palavras, por vezes tão bélicas e fatais
> tanto podem ser cravos como granadas, intemporais
> vou pegar nessas armas e partir para a guerra
> como uma abelha que ferra, uma mulher que berra
> com os olhos cheios de raiva fixados na hipocrisia
> internacionalizada
> na corrupção globalizada, nos sonhos roubados.
> (raquellima 2019, 38)

O poema aproveita a sonoridade das palavras e o reconhecimento da tecnologia para evidenciar uma inércia instalada, o que proporciona ao sujeito poético a revisitação do passado sofrido e evidencia a falta de coragem para escrever uma nova história no futuro ("e nós freeze / a lamber a ferida para que cicatrize/ pois o sangue continua a escorrer com juros"). No entanto, a composição poética marca a diferença e dedica-se à construção de um trilho distinto ("fabrico uma bomba poética, pratico terrorismo literário/ numa vontade sublime e senil de não querer ser mais um número em mil"), grafando as cicatrizes da "escrava e serva da era colonial", da "máquina do mundo industrial" e da vassalagem "da rapidez digital". Ao mesmo tempo, a sua espiritualidade assume uma dimensão transcendente de transformação, já que "leva na viagem, na bagagem, as palavras, a brotar em flor / e a procura da explosão de uma bomba interior" (raquellima 2019, 38).

Segundo Marta Lança (2019, 71), a haver armas será o som de uma bomba interior, a mais poética e difícil de fazer explodir. Acrescenta, ainda, que se assiste ao derramar da corda para içar velas, ao dar uso à bússola que se carrega no bolso sem fundo do eu e ao exterminar os anátemas paralisantes e seguir caminho, visto que crescer dói e o processo mental e físico que metamorfoseia o ser humano, a cada momento, não tem termo.

Em suma, a composição poética apresenta-se, assim, como texto-manifesto que se aproxima do "Terrorismo literário". Deste modo, à semelhança da demanda de compromisso social apresentada no seu manifesto – "Literatura de rua com sentido sim, com um princípio sim, e com um ideal sim, trazer melhoras para o povo que constrói esse país e não recebe a sua parte" (Ferréz 2005, 10) –, raquellima mostra-se em sintonia com a diversidade, sendo impulsionadora de um confronto efetivo com o contexto sociocultural. Além disso, ambos percecionam a escrita como veículo de denúncia, isto é, produzem uma literatura que espelha uma realidade marcada pela vulnerabilidade social, pela violência e pela miséria, encontrando na palavra uma arma de luta contra a opressão: "agora reagimos com a palavra, porque pouca coisa mudou, principalmente para nós. [...] e na moral agora a gente escreve [...]. Não somos o retrato, pelo contrário, mudamos o foco e tiramos nós mesmos a nossa foto" (Ferréz 2005, 10).

Nesta adrenalina provocada pelo rastilho de pólvora da hipercontemporaneidade (ver Lipovetsky 2004, 9), surge a figura aterradora do fim de linha, concretizada pela passagem inexorável do tempo. Na composição poética "time passing" (raquellima 2019, 41-44), a efemeridade da vida comunga da mesma vertiginosa velocidade da evolução tecnológica e a incapacidade de travar o curso dos dias assenta no onomatopaico e inflexível som dos ponteiros do relógio:

olhos no ecrã iluminado
uma silhueta perdida ao lado
teclados, linhas e frases
sentimentos audazes
vontade de contrariar o tic tac tic tac tic tac.
(raquellima 2019, 42)

O som ensurdecedor dos segundos que passam irremediavelmente aumenta o volume interior com a presença aterradora dos

relógios de cucu
um cronómetro atrasado
uma carícia perdida
uma bússola esquecida
time passing.
(raquellima 2019, 42)

A sinfonia da existência evidencia o termo:

time passing and running and fighting against
mistakes, tapes
trote, galope
passo
passeio
salto
alto
stop
(raquellima 2019, 41)

O trampolim, que impulsionou o salto inicial para viver em plenitude e com esperança, ultrapassando os erros cometidos, deixou-se convencer por esta força implacável que envelheceu o corpo e assumiu os acordes da oclusiva acompanhada das assonâncias que explicitam a transitoriedade humana:

o tempo passou, calou, frustrou, de repente
o tempo torce o trânsito no trâmite transitório
de uma tarde atordoada
atada ao atrelado das trevas e tentáculos
de um triste tufão estagnado
oráculos, horóscopos e astrologia
enchem a barriga de fantasia.
(raquellima 2019, 41-44)

Assim,

> a polipoesia propõe uma intervenção que ultrapassa o signo gráfico, o significado da linguagem, o espaço no papel, e tende a um tipo de performance que irrompe no domínio do som. Esta mudança de foco produz uma transformação na qual a sonoridade é o elemento que ocupa o lugar da palavra, transformando-se no grande protagonista a par da mensagem. (Quaranta 2017, 2)

No espetáculo de sons, surge "Sucubu" (raquellima 2019, 46-47), um vocábulo que permite absorver uma permeabilidade de sentidos. Será um animal, um fruto ou uma figura demoníaca? Serão todas estas coisas ou apenas um caleidoscópio de interpretações fluídas na sua melodia? Na verdade, a divisão da palavra, sílaba a sílaba, parece uma espécie de brincadeira que trilha o caminho de encontro e de identificação com elas ("su cu bu" e "sin to / sin to / sin to"), acentuando a fragmentação do "eu", impelindo ao reconhecimento de cada estilhaço como parte integrante do ser, sentindo-se uno na diversidade de sonoridades e de neologismos como recetáculo da amálgama identitária:

su cu bu
sucumbu
suculento
sucuri
sucumbir
sucumbrigar
sucumbrigo
sôco umbigo
sucumbu.
(raquellima 2019, 46)

Segundo a autora (Lima *apud* Fernandes 2020, 14), nos seus versos, a voz amplifica a poesia escrita, porque, sendo uma dimensão do próprio corpo, traz consigo marcas da sua genealogia pessoal em que, no entanto, ressoa uma experiência coletiva, garantindo que guarda uma dimensão política de intervenção, porque, quando diz, afirma-se. Deste modo, na entrevista concedida a Doris Wieser (2024), revela que o seu trabalho assume o papel histórico da resistência política, fortalecendo um olhar cada vez mais direto e objetivo, por meio de dezenas de vozes que emergem dos seus textos, evocando narrativas e distanciando-se de uma projeção ideológica e oficial de um Estado dominante que as restringem à subserviência social. São vozes que rompem com o jogo de opressões dentro do qual foram compulsoriamente inseridas.

Na sequência, a musicalidade abraça a tecnologia, num solfejo mecânico de humanidade. Em "entrevista" (raquellima 2019, 64-66), cria-se uma orquestra de modernidade que inebria a audição, provocando o espasmo sonoro, eufórico, triunfalista e sensacionista de quem abraça a celeridade futurista com vigor ("faço projectos em bom *timing* tenho em conta a *deadline* / e se houver aqui wireless faço já um download e imprimo a cores / *it's just* fine / nos tempos livres sou *freelance*, mas para si estarei *free as a bird*"), mesclando os efeitos enérgicos do inglês infiltrado no português. Entre os ecos das palavras, desvenda-se uma força centrífuga em que o sujeito poético se assume como multifacetado, parecendo desejar materializar-se na máquina ("sou muito funcional, da era digital, multicultural, cibernética, / sou super atlética / sou polivalente, omnipresente, aliás, eu já estou no seu / subconsciente"). Os versos curtos e longos enfatizam a força centrípeta, pois, ao apresentar a epinefrina do movimento, na tentativa fracassada de comprovar a sua capacidade *multitask*, parece transformar-se num maquinismo:

faço gestão de conteúdos, de recursos humanos e financeira
para mim dormir com excéis e sonhar com orçamentos
é brincadeira
faço balanços, balancetes, sei calcular o IRS, o IRC ou IVA
consigo atender ao telefone enquanto escrevo um email
enfim eu sou proativa.
(raquellima 2019, 65)

Ao longo deste delírio extático, ousa afirmar que valoriza "a honestidade, [a]competência e [a] transparência". Contudo, no silêncio das reticências, adivinha-se o vociferar de um "não" estridente. Neste arrebatamento, a poesia entrelaça-se com a musicalidade e desenha a polifonia da identidade. De facto, o poema eleva o ritmo e sugere a "hora de ponta" constante da civilização moderna, na qual tudo parece ser insuficiente, pois

> no tecnicista contexto contemporâneo, com supremacia de um nítido mercantilismo cibertecnológico, poesia e música só se mantêm "legítimas" se trabalhadas, também hipertextualmente, pelo/a poeta-músico/a-pessoa de essência simples e natural, sendo possível, ainda, descrever o que se chama de regime de luta poética entre o mundo-da-vida e os modos de ser dos atuais sistemas dominantes como capitalismo, tecnocracia, burocracia, cibercracia e indústria cultural. (Bosi 2003, 357)

Apesar de a contemporaneidade de Raquel Lima ser distinta da do autor citado, poder-se-á observar esta relação estreita entre a música, a poesia e a pessoa, num movimento de luta poética. Efetivamente, surge como uma orquestração interna da linguagem, através de uma ponderação eficaz na escolha de cada palavra ou silêncio, abala as consciências, tentando metamorfosear a psique do/a leitor/a, incitando a luta por um mundo melhor. Poder-se-á considerar que, na obra, existe um encontro aglutinador entre os vocábulos e a melodia, uma vez que "a escrita e a música (lida/vista pela partitura) não deixam de ser representações virtuais da memória" (Coelho e Alexandria 2010, 130).

4. A tela pálida de uma pintora de letras: *Ut pictura poesis*[6]

Na arte poética de Raquel Lima, assiste-se a um paralelismo entre o literário e o pictórico, já que, através da observação das manchas gráficas na tela branca da página, o seu texto provoca sensações visuais, permitindo agitar a consciência do/a leitor/a e mostrando a importância de aliar o prazer da leitura à tessitura desenhada do texto. Segundo Eunice Ribeiro (2000, 23), o experimentalismo poético e a poesia visual constituem um exemplo flagrante desta recuperação da objetualidade da própria escrita, criando intimidades com o espaço plástico, maximizando as propriedades icónicas do material verbal e recorrendo a uma sintaxe analógico-visual baseada em relações de proximidade e semelhança gráfica e fónica.

A sua poesia imprime a ilusão de uma superfície delineada com letras, sílabas, vocábulos e espaços, de modo a expressar uma mensagem poética de cariz identitário e social. Deste modo, "graças ao aproveitamento visual da materialidade dos seus grafemas e à disposição tipográfica dos seus significantes no espaço da página, espacializa-se, adquire características estruturais que a fazem funcionar semioticamente de modo semelhante ao texto pictórico" (Silva 2001, 169).

Em "'v' de vida" (raquellima 2019, 22-23), o eu lírico cria uma imagem inovadora de inteligência artificial, com ligações imagísticas entre palavras, o que transmite a ideia de uma identidade em construção ("tenho o 'v' da vida à espera") e as vantagens potenciadas por esta forma de ligar o "corpo" ao espírito. Como revela Geovanna Marcela Guimarães (2018, 603), certos poemas encenam o corpo tanto no tempo quanto no espaço, na tentativa de simular o movimento e a metamorfose das coisas do mundo real. Destarte, os fios invisíveis ligam a casa estilhaçada à inteireza do corpo ("c a s a corpo"); a arte ritmada à fisicalidade do ser impelido pela sua performance vivencial ("música corpo") e o diálogo audível dão cor ao monólogo interior da matéria que silencia ("conversa corpo"). Entre o "dentro e fora" e o "perto e o longe", promove-se a visão do corpo-território, pautado por imaginários coletivos e individuais, atuando num espaço de interseção de territórios geográficos, de dignidade humana, de sonhos paradoxalmente concretizáveis ("tudo é utopia possível / expectativa cruel") e de memórias como garantia para uma tomada de posição consciente, pois "o corpo [que], ao mesmo tempo, significa e é significado, interpreta e é interpretado, representa e é representado . . . é . . . índice, ícone e símbolo. Daí que o corpo não é apenas um organismo biológico, mas um tecido cultural" (Oliveira 2003, 25) em Lima:

> assumo a nova condição
> de simplesmente ser e estar
> livre na espera
> livre na véspera
> livre na vida
> livrar o v' da vida
> e ser só ida.
> (raquellima 2019, 23)

A exaltação corpórea surge, assim, como espaço primordial de vitalidade e alude à lhaneza dos afetos humanos, numa espécie de mosaico virtual de resistência. Deste modo, ao "se inscrever, literariamente, esse corpo rasura e reinstaura a noção de escrita literária e memorialística, principalmente no que se refere à busca por reconhecer-se como sujeito de sua própria história, sua própria comunidade, mesmo via rede de diáspora atlântica" (Cruz 2011, 11).

Outrossim, o aspeto visual do texto acompanha o eu lírico na sua aventura de descoberta de si e das suas representações do contemporâneo, num compromisso de ser e de estar em constante busca e aperfeiçoamento. Em "abro mais uma gaveta" (raquellima 2019, 24-25), o quotidiano transfigura-se para ser elevado à matéria poética, promovendo a poetização do real em prol da mensagem. Cada gaveta é aberta em busca de réplicas encobertas ("abro mais uma gaveta / à procura de respostas ocultas"), implementando o hercúleo empreendimento de desvendar a identidade ("sobre a minha existência incompleta / e na árdua tarefa de juntar peças"). Neste sentido, cada fragmento identitário constitui uma peça do puzzle cultural que compõe uma epifania de diversidade despedaçada no seu drama feito de gente ("de um puzzle fragmentado / estilhaçado por água fria / em diferentes cantos do mundo / e não tenho um sentido como guia").

Na sequência, a pintura ultrapassa a técnica e evidencia a poetização do real, pois, através da ausência de experimentação daquilo que as gavetas sensoriais grafaram no papel, esboça-se a escada das sensações sem conhecimento experiencial:

> não vejo
> não toco
> não oiço
> não cheiro
> nem saboreio a verdade do que me falta.
> (raquellima 2019, 24)

Deste modo, os sentidos são de outro que cooperou no delinear do seu ser, assumindo-se como testemunho. A identidade do sujeito poético parece ter sido formada a partir de narrativas que lhe foram transmitidas pelas gerações anteriores, através da tradição oral, já que estas, como comenta Jan Vansina (2010, 144), compreendem a maioria das mensagens históricas conscientes, deixando ao/à artista a liberdade de fazer numerosas combinações, muitas remodelações, reajustes dos episódios e a ampliação das descrições:

então abro mais uma gaveta
à procura de um sentido
no formato circular da oratura
porque a tradição não é só feita de livros
fotos e palavras por traduzir
línguas que desconheço
lutas por persistir
vitórias que não sonhei
fracassos e demência
tenho presente a ausência.
(raquellima 2019, 24-25)

Nesta gaveta ecfrástica, lateja uma África colonizada, com feridas humanas que não sanaram e com a dor marcada na pele ("o outro lado do oceano / feridas em carnes vivas / força e medo à flor de peles fundidas"). Todavia, as histórias transmitidas pela família permitem ao sujeito poético e à autora perceber que as suas origens com cicatrizes contribuirão para criar verdadeiras raízes, como se as asas se estendessem até um terreno arável, como ponto nevrálgico de um movimento interior criador de laços – "e tenho sementes com cicatrizes / já não basta ter asas que voam / é preciso ter asas com raízes" (raquellima 2019, 25).

Como a jornalista Carla Fernandes assevera,

> a gaveta destitui a escrita como única forma de ler o mundo ao mesmo tempo que liberta a voz do cenário da opressão colonial, alçando-a para o epicentro poético em que novas perspetivas podem ser desenhadas, resgatando a inteireza dos corpos negros e impelindo os ouvidos a escutar uma voz pujante capaz de ultrapassar a ingenuidade, a inocência e a ignorância. [...] As questões da oralidade como traço fundacional da cultura afrodiaspórica são seminais na trajetória vivencial do "eu". (Fernandes 2020)

Em "Planeta África", sobressai o caráter interativo da poesia e presentifica-se a linha da *spokenword*, como se fosse possível clicar em cada palavra e encontrar hiperligações capazes de propiciar uma viagem para lugares grafados na memória:

sou afrodescendente
afrodisíaca
afrodiaspórica
afroconsciente
afrofuturista
afroresiliente
afro não-condescendente
gostaria que áfrica não fosse um prefixo inconsequente
que fosse um planeta em vez de um continente.
(raquellima 2019, 26)

Assim, manifesta-se uma necessidade do toque humano para descodificar a mensagem subjacente, em nuvens de conhecimento do "eu" reveladoras destas sete facetas que o definem, através das marcas dos múltiplos "eus" no mundo, numa visão fragmentária, multifacetada e disseminada de ser.

Segundo a escritora (Wieser 2024, 90), este poema está relacionado com o facto de esta se ver numa diáspora africana sem conhecer o território daquele continente. Trata-se da criação de uma ilusão sobre o que isso pode significar em termos de lugar original, de todo o processo neocolonial e a forma como esse corpo-território é explorado, violado e roubado, provocando a ansiedade de fuga, que tem a ver também com a procura dum lugar que desconhece e que não é só um continente. Então, afiança que se trata de algo relacionado com dilemas de viver na diáspora e de ser mulher negra na Europa. O sujeito poético assume-se como "afrodescendente", "alguém que, por meio de muita luta, organização e resistência, subverte a lógica da exclusão, afirmando a sua identidade cultural e racial, contribuindo positivamente para que mais sujeitos deste e de outros grupos culturais em situação de desvantagem se sintam encorajados/as para lutar" (Backes 2006, 433).

No segundo verso, Lima adiciona a sua característica "afrodisíaca", numa tentativa peculiar de desinibição dos sentidos para uma revelação emocional fortalecida. Surge, ainda, como *influencer*, dado que possui as propriedades do afrodisíaco natural, pois desperta a oxitocina, fabricada no hipotálamo e guardada na hipófise, evidenciando a capacidade de se doar, o altruísmo e a honestidade, despertando a molécula da moralidade, ou seja, "la oxitocina orquesta la clase de comportamiento generoso y afectivo que toda cultura, en cualquier lugar del mundo, aprueba como la forma correcta de vivir, la benigna, cooperativa y prosocial forma de vida que toda cultura, en cualquier rincón del planeta, describe como 'moral'" (Zak 2012, 4).

No terceiro verso, apresenta-se como "afrodiaspórica", iniciando a dimensão sociocultural, para ressignificar a dor, associada à escravidão, à colonização e ao racismo, no sentir da pós-memória, instalando-se a "possibilidade de romper com o pensamento que trata os povos negros na diáspora como menos humanos" (Pessanha et al. 2019, 124). Assim, a voz poética, assumindo-se africana, reflete as marcas de ancestralidade, pois

> as pessoas da diáspora possuem uma experiência cultural que as ligam ao útero cósmico até se tornarem criaturas nascidas no ventre-terra deste continente metafórico. Este espaço produziu a sua experiência histórica e desse continente histórico que produziu as suas metonímias em territórios de além-mar, sem duplicar, mas mantendo uma relação trans-histórica e trans-simbólica com os territórios para onde a sorte espalhou os seus filhos. Esta ligação umbilical a África é profundamente sentida em cada expressão. (Oliveira 2012, 39)

Na sequência, revela-se "afroconsciente", "afroresiliente" e "afro não-condescendente", numa hercúlea tentativa de expressar como "o homem está ligado à palavra que profere. Está comprometido por ela. Ele é a palavra, e a palavra encerra um testemunho daquilo que ele é. A própria coesão da sociedade repousa no valor e no respeito pela palavra" (Hampâté Bâ 2010, 168). A reiteração de "afro" destaca o valor moral e etéreo de respeito pelas raízes que potenciam a capacidade de discernimento, de resistência e de luta permanente.

Por fim, a sétima faceta, "afrofuturista", amplifica a missão do eu da enunciação, evidenciando as suas aptidões para enveredar por "uma interseção entre a imaginação, a tecnologia, o futuro e a liberação" (Womack 2015, 30). Esta faceta artística acarreta, como propõe Lisa Yaszek (2013, 1-2), três objetivos fundamentais: primeiramente, narrar boas histórias de ficção científica; segundo, recuperar histórias negras perdidas (pensando no impacto destas no presente); e, em terceiro lugar, cogitar como essas histórias e culturas podem inspirar "novas visões do amanhã", podendo, desta forma, oferecer a África uma dimensão planetária – "gostaria que áfrica não fosse um prefixo inconsequente / que fosse um planeta em vez de um continente" (raquellima 2019, 26).

O poema "liberdade mais cruel" é muito íntimo e traduz o incontestável desassossego do eu lírico em desequilíbrio:

a minha liberdade sempre foi a mais cruel
a que deriva na alvorada
adormece ao relento
à beira da estrada, a da casa ocupada
a do amor inquieto
rebenta tudo pelo caminho.
(raquellima 2019, 27)

Nele, as feridas afloram e as fragilidades mais profundas surgem como se a tela ganhasse movimentação e o ritmo explodisse num gigantesco grito de sensibilidade artística:

explode em papel A2 dobrado em 3
diminui-se, martiriza-se
oprime-se, fragiliza-se
liberdade da diva frustrada
que não conta nada.
(raquellima 2019, 27)

Nestes versos, o retrato do sofrimento revela-se como reflexo de um acentuado desconforto e o contorno expressionista surge como responsável por uma maior dramaticidade, pela manifestação efetiva da miséria humana e pela loucura de marcar a diferença, numa mancha gráfica, em que o ser humano e a máquina se tornam presentes:

além do arrepio brando do seu tamanco
de salto alto, ingénuo canta
uma regra de régua e esquadro
de ecrã e teclado
é a liberdade da puta amedrontada
que sente tudo mas não sente nada
numa paranóia de encruzilhada
de pensamentos bloqueados na
vontade de ser reta e não incerta.
(raquellima 2019, 27)

Verso a verso, intensificam-se as linhas dramáticas do ser humano aprisionado, cuja força é castrada pela aprovação do outro: "ter um caminho considerado / aplaudido pelos vizinhos / compatriotas desconhecidos em terra alheia / ser pessoa, ser poeta" (raquellima 2019, 27-28).

Para terminar, a frustração salienta as figuras luciferinas e os gritos são silenciados na tela, delineando o cenário pavoroso de um mundo inquietante:

> que apenas nua existiria
> exposta na balada, na insónia, no castigo
> liberdade sem religião, nem cura nem terço, sem abrigo
> liberdade de abraçar os demónios mais cruéis
> porque o segredo da liberdade é deixá-los passar por aqui.
> (raquellima 2019, 28)

Apresenta-se, ainda, um ser que conta a sua história, assumindo, através da escrita literária, uma missão pedagógica e interventiva, o arquétipo do/a sonhador/a, ou seja, aquele/a "que não se encaixa em parâmetros sociais [...], indo contra o *status quo* vigente. As suas maiores armas contra a padronização são a inquietude mental, a criatividade, a inventividade, o pragmatismo e, acima de tudo, a sua genialidade" (Senra 2013, 219).

O poema "como?" (raquellima 2019, 67) adita mais uma mancha gráfica de linhas desniveladas. Um conjunto de interrogações retóricas exprime a inquietação voraz do sujeito poético, calcorreando os limites entre o alcançável e o inacessível, numa reinvenção enigmática do ser. A reflexão adota um movimento ondulatório que leva o eu lírico a deambular, de forma pavorosa, entre o racismo ("denegrir o negro?"), a xenofobia ("afugentar o refugiado?"), a absorção manipuladora ("assimilar o excluído?"), a ambição desmedida ("mercantilizar a mercadoria?"), a capitalização voraz ("capitalizar o capital?"), a urgente necessidade de enobrecimento ("gentrificar o turismo?"), a cosmopolitização exagerada ("generalizar o género?"), a manipulação genética ("transgenizar a semente?"), a alienação absurda ("alienar o alien?"), o vilipendiar do oxigénio do planeta ("desoxigenar a atmosfera?"), a eliminação propositada da camada do ozono ("carbonizar o ozono?"), o assumir de atitudes monstruosas ("aterrorizar o terrorista?") e a perda do sentido de hombridade e da retidão de caráter ("desumanizar a humanidade?"), provocando, em suma, a aniquilação total do ser humano ("extinguir a espécie? / matar o morto?").

5. Considerações Finais

Depois do contacto mais efetivo com a poesia de Raquel Lima, foi possível encontrar um mundo imagético *sui generis*, que espelha uma relação profícua entre várias artes e promove um desafio entre o sentir, o ser e o pensar como eco de uma mente ativa e proativa, já que é, precisamente, "no carácter intrinsecamente conectado entre diferentes linguagens que vão desde a música, a pintura, a performance, a dança ou o vídeo", que se encontra "um dos principais motores para a [sua] incursão no território da poesia como ponte, [...] como elo ou simplesmente como corpo permeável que contagia e se deixa contagiar"[7].

Neste sentido, o material linguístico da obra forneceu um conjunto de fonemas e sintagmas que permitiram registar, na pauta da identidade, o ritmo e a melodia dos sentimentos que constituem traços indeléveis. Nesta desafiante orquestra das *spokenwords*, os sons instigam a audição.

Poder-se-á afirmar que esta poesia se encontra, como a autora[8], na falha e no intervalo da não-pertença, mas, ao trabalhar nessas dinâmicas, a artista procura o movimento de unidade e integridade, de maneira que o processo criativo seja também um processo de cura e terapia. Nesse sentido, a fragmentação aparece como ponto de partida para o encontro de uma identidade que nada tem a ver com territórios fixos, mas com movimentos, com a possibilidade de transitar, de estar e não estar, de reencontrar, de entrecruzar e de produzir memórias e pós-memórias. Acredita, ainda, que a condição afrodiaspórica abre essa possibilidade de fabular criticamente sobre as pós-memórias fragmentadas.

Entre silêncios e sons, as disposições gráficas de *Ingenuidade Inocência Ignorância* ganharam sentido, desenhando a expedição artística ao interior da memória, que agiganta o papel da poeta no mundo e a eficácia da sua poesia como arma de luta por um planeta, humanamente melhor, numa dimensão geopoética. Afinal, "a fantasia não passa de uma forma de memória emancipada da ordem do tempo e do espaço que recebe os seus materiais já preparados através da lei da associação mental, enquanto a imaginação corresponde, esta sim, à verdadeira potencialidade criadora, origem de toda a inspiração" (Carmelo 2015, 43).

Assim, em Lima, tanto a literatura como as outras artes possibilitam revelar a sua identidade, especialmente quando estão conjugadas no virar da página. A sua riqueza literária contribui para uma luta mais ampla no domínio artístico, político e social. Além disso, potencia uma maior compreensão da forma como as identidades são construídas em diálogo com o(s) outro(os), permitindo a exposição da autoimagem da artista e da sua perceção da realidade circundante que esta pretende moldar, de modo a transformar o mundo num lugar melhor. Para tal, adota um comportamento e um modo de pensar e sentir consentâneos com a sua missão.

NOTAS

1. Poema inédito do prestigiado poeta e ensaísta angolano e membro da União de Escritores Angolanos, João André da Silva Feijóo, gentilmente cedido para este artigo.

2. Neste artigo, farei a distinção entre o nome legal da autora, Raquel Lima, quando me referindo aos factos da sua vida e enquanto autora do artigo "Afrofuturismo: A construção de uma Estética [Artística e Política] Pós-Abissal", e o nome artístico com que assina os poemas de *Ingenuidade Inocência Ignorância*, raquellima.

3. "A expressão 'afrofuturismo' é cunhada no início da década de 1990 por Mark Dery para caracterizar as criações artísticas que exploram futuros possíveis para as populações negras por meio da ficção especulativa" (Freitas e Messias 2018).

4. Excerto de uma entrevista inédita dada pela autora para integrar este artigo, em anexo.

5. Em tradução livre, a expressão significa "guerra sem combate" e representa a recusa consciente da violência.

6. Máxima de Horácio na sua *Arte Poética*.

7. Entrevista inédita dada pela autora para integrar este artigo, em anexo.

8. Entrevista inédita dada pela autora para integrar este artigo, em anexo.

REFERÊNCIAS BIBLIOGRÁFICAS

Backes, José Licínio. 2006. "Articulando raça e classe: efeitos para a construção da identidade afrodescendente". *Educ. Soc.* 27 (95): 429-43.

Binet, Maria Ana, e Paulo Ricardo Kralik Angelini. 2016. "Literatura hipercontemporânea". *Letras de hoje* 51 (4): 447-49. https://doi.org/10.15448/1984-7726.2016.4.26164.

Bosi, Alfredo. 2003. *O ser e o tempo da poesia*, 3ª. ed. São Paulo: Companhia. das Letras.

Carmelo, Luís. 2015. *Gnaisse*. Lisboa: Abysmo.

Coelho, Robson, e Marília Alexandria. 2010. "Poesia e Música(s): dialogia contemporânea em hipersuportes textuais". *Ipotesi – Revista de estudos literários* 14 (1): 127-41.

Cruz, Adélio de Sousa. 2011. "Performance e afromineiridade: relações entre literatura e música". *Aletria: Revista de Estudos de Literatura* 1 (21): 9-25.

Espanca, Florbela. 2017. *Florbela Espanca – Poesia*. Lisboa: Expresso.

Ferréz (Org.). 2005. *Literatura marginal: talentos da escrita periférica*. Rio de Janeiro: Agir.

Fernandes, Carla. 2020. "Ingenuidade, inocência e ignorância na palma da mão". *Público*. Ípsilon. 18 de maio. https://www.publico.pt/2020/05/18/culturaipsilon/noticia/ingenuidade-inocencia-ignorancia-palma-mao-1916161

Freitas, Kênia, e José Messias. 2018. "O futuro será negro ou não erá: Afrofuturismo versus Afropessimismo – as distopias do presente". *Revista de la Asociación Argentina de estudios de Cine y Audiovisual* 17: 402-24.

Guimarães, Geovanna Marcela da S. 2018. "Sobre pintura e poesia". *Macapá* 8 (1): 595-621.

Hall, Stuart. 2006. "A identidade cultural na pós-modernidade". Tradução de Tomaz Tadeu da Silva e Guacira Lopes Louro, 11.ª ed. Rio de Janeiro: DP&A.

Hampâté, Bâ Amadeu. 2010. "A Tradição Viva". Em *História geral da África. Vol. I: Metodologia e pré-história da África*, organização de Joseph Ki-Zerbo, 167-212. Brasília: UNESCO.

Japassú, Hilton, e Danilo Marcondes. 2008. *Dicionário Básico de Filosofia*. 5ª. ed., Rio de Janeiro: Zahar.

Khan, Sheila. 2016. "A pós-memória como coragem cívica. Palavra de ordem: resistir, resistir, resistir". *Comunicação e sociedade* 29: 353–64.

Lança, Marta. 2019. "Carícia e bússola". Em *Ingenuidade Inocência Ignorância*, de raquellima, 71-72. Oeiras: BOCA e Animal Sentimental.

Lima, Raquel. 2019. "Afrofuturismo: a construção de uma estética [artística e política] pós-abissal". *Cabo dos Trabalhos – Pós Colonialismos e Cidadania Global* 16: 1-21.

Lipovetsky, Gilles. 2004. *Os tempos hipermodernos*. São Paulo: Barcarolla.

Oliveira, Eduardo David. 2012. "Filosofia da ancestralidade como filosofia africana: educação e cultura afro-brasileira". *Revista sul-americana de filosofia e educação – RESAFE* 18: 28-47.

Oliveira, Eduardo. 2003. *Cosmovisão africana no Brasil: elementos para uma filosofia afrodescendente*. Fortaleza: LCR.

Orlandi, Eni Puccinelli. 2007. *As formas do silêncio: no movimento dos sentidos*, 6.ª ed. Campinas: Editora da Unicamp.

Peralta, Elsa, e Joana Gonçalo Oliveira. 2016. "Pós-memória como herança: fotografia e testemunho do 'retorno' de África". *Configurações – Revista de sociologia* 17: 181-97.

Pessanha, Eliseu de Melo, Francisco Phelipe Cunha Paz, e Luís Augusto Ferreira Saraiva. 2019. "Na travessia o negro e desfaz: vida, morte e memória, possíveis leituras a partir de uma filosofia africana e afrodiaspórica". *Voluntas – Revista internacional de filosofia* 10: 110-27.

Quaranta, Daniel. 2007. "Poema sonoro/música poética entre a música e a poesia sonora: uma arte de fronteira". *Anais do XVII Congresso da ANNPOM 2007*, 1-8.

raquellima. 2019. *Ingenuidade Inocência Ignorância*. Oeiras: BOCA e Animal Sentimental.

Reis, Carlos. 2001. *O conhecimento da literatura: introdução aos Estudos Literários*, 2.ª ed. Coimbra: Livraria Almedina.

Ribeiro, Eunice. 2000. *Ver. Escrever – José Régio, o texto iluminado*. Coleção Poliedro 1. Braga: Universidade do Minho.

Senra, Flavio, e Rafael Ottati. 2013. "E-Poetry: a marca do hiper-contemporâneo". *Florianópolis* 9 (2): 210-29.

Silva, Vitor Manuel de Aguiar e. 2001. *Teoria e metodologias literárias*, 1.ª ed. Lisboa: Universidade Aberta.

Vansina, Jan. 2010. "A tradição oral e sua metodologia". Em *História geral da África. Vol. I. Metodologia e pré-história da África*, organização de Joseph Ki-Zerbo, 139-66. Brasília: UNESCO.

Wieser, Doris. 2024. "Fui angolana antes de ser portuguesa: entrevista a Raquel Lima". *Portuguese Literary & Cultural Studies* 40/41: 83-95.

Womack, Ytasha. 2015. "Cadete Espacial". Em *Afrofuturismo: cinema e música em uma diáspora intergaláctica*, organização de Kênia Freitas. São Paulo: Caixa Cultural.

Yaszek, Lisa. 2013. "Race in Science Fiction: The Case of Afrofuturism". Em *A Virtual Introduction to Science Fiction*, edição de Lars Schmeink. http://virtual-sf.com/wp-content/uploads/2012/05/53-536_yaszek_2012-06-19_18-24.mp4.

Zak, Paul. 2012. *La molécula de la felicidad: el origen del amor, la confianza y la prosperidad*. Tradução de Javier Fernández de Castro. Barcelona: Indicios.

PATRICE MENDES PACHECO fez a Licenciatura em Ensino de Humanidades – português, latim e grego – pela Faculdade de Filosofia da Universidade Católica de Braga e Mestrado em Estudos Africanos (2007) na Faculdade de Letras da Universidade do Porto, com uma tese intitulada "Navegando pela Estética Literária *Árvore &Tambor* de Corsino Fortes". Em 2020, iniciou o doutoramento em Literatura de Língua Portuguesa na FLUC com o projeto de investigação "Ser, sentir e pensar: uma aprendizagem afetiva com José Saramago", sob orientação de Ana Paula Arnaut e coorientação de Manuel Quartilho.

Anexo: Entrevista a Raquel Lima

Patrice Pacheco: Na sua poesia, que importância têm os não-ditos e os silêncios para a descodificação de sentidos? Terá o jogo imagético um lugar de destaque?

Raquel Lima: Toda a poesia sobrevive de não-ditos como forma de ampliar os seus sentidos através da interpretação de leitores. Nesse sentido, não procuro uma poesia descritiva ou explicativa, mas uma que reserve sempre um espaço para que as possibilidades de imagens preencham a escrita.

Uma vez que parto da escola da poesia falada/*spokenword*, acredito que os silêncios exercem um papel fundamental. Não apenas como forma de respeitar uma dimensão mais corpórea associada à hesitação e à respiração, mas também para que o gesto contribua na leitura do poema.

Diria que o jogo imagético ocupa um lugar de destaque que abre a poesia para a possibilidade de diálogo com outras disciplinas que vão desde a performance à música e às artes visuais. Tenho trabalhado, no meu percurso, esse diálogo transdisciplinar que amplia significados e conotações.

A nível pessoal e íntimo (quiçá subconsciente), acredito que isso transparece as lacunas que encontro na minha história, a impossibilidade de contá-la de forma integral e a eterna busca por elementos fragmentados que constituam uma memória e uma identidade em constante transformação e reescrita.

PP: Em que medida a pós-memória auxilia na construção do seu processo criativo? Sente-se um ser fragmentário quando escreve ou a diversidade circunscreve a sua unidade?

RL: Encontro-me na falha e no intervalo da não-pertença, mas, ao trabalhar nessas dinâmicas, procuro o movimento de unidade e integridade, de maneira que o processo criativo seja também um processo de cura e terapia. Nesse sentido, a fragmentação aparece como ponto de partida para o encontro de uma identidade que nada tem a ver com territórios fixos, mas com movimentos, com a possibilidade de transitar, de estar e não estar, de reencontrar, de entrecruzar e de produzir memórias e pós-memórias. Acredito (na linha da *critical fabulation* da Saidiya Hartman) que a condição afrodiaspórica nos abre essa possibilidade de fabular criticamente sobre as pós-memórias fragmentadas que nos constituem.

PP: Que papel, no seu entender, deve assumir o poeta na sociedade? Qual a definição de poesia que lhe parece mais consentânea com os objetivos da sua arte poética?

RL: Não queria ser moralista a esse ponto de afirmar, de forma universal, que papel o poeta deve assumir na sociedade. Até porque posso afirmar que, quando escrevo poesia, procuro exatamente um lugar de liberdade face a convenções e amarras sociais, um lugar que possibilite uma articulação sobre o que me oprime a um nível mais abstrato. Por vezes, tendo a procurar uma voz coletiva, é certo. Identifico limitações, angústias ou sensações que me colocam no seio de um grupo social, uma sociedade ou um planeta. Mas isso é sempre feito desde a assunção de um lugar singular e único que reivindico e, portanto, não pode (nem deve) ser lido como regra ou princípio para todos. A poesia seria a canoa em que remamos à medida que sentimos as ondulações do oceano a que estamos sujeitos, coletivamente. A forma como guio a minha canoa, como direciono o meu olhar, e como determino a minha direção é singular, mas o mar é plural e comum.

PP: Podemos encontrar nas suas composições poéticas a interseção de outras linguagens artísticas? Considera possível fazer uma leitura interartes?

RL: Sim, sem dúvida. Descobri o espaço poético como habitável e confortável desde a sua relação com outras artes. A compreensão de que a distinção entre as artes (tal como das disciplinas) é limitada, porque peca no carácter intrinsecamente conectado entre diferentes linguagens que vão desde a música, a pintura, a performance, a dança ou o vídeo, foi um dos principais motores para a minha incursão no território da poesia como ponte, a poesia como elo, ou simplesmente como corpo permeável que contagia e se deixa contagiar. Mais do que isso, que resulta de outras artes ou evoca criações de diversas naturezas. Desde o início que tenho operado nesse sentido, trazendo também outras áreas para além das artes, como a educação e as ciências sociais.

PP: Como sente na sua poesia a expressão da diáspora, do hipercontemporâneo e do Afrofuturismo?

RL: Deixo essas leituras para quem me lê, porque parece-me indissociável que expresse a diáspora e o afrofuturismo por vários motivos que fui articulando atrás. Não sei quanto ao hipercontemporâneo, nem estou familiarizada com o conceito.

PP: Como vê a interseção/presença das tecnologias de informação na sua obra?

RL: Waw! Não tinha reparado nisso, mas agora que leio a pergunta encontro algumas referências ao "robótico", "maquinal", "redes sociais", "vassala da rapidez digital", etc. Enfim, pelos vistos também sou um produto desta sociedade contemporânea permeada pela rapidez tecnológica.

PP: Obrigada, Raquel Lima.

02 de julho, 2021.

Essay

ALMA GOTTLIEB AND ALLESSANDRA ALMEIDA SOARES

Resilience in Rhode Island: Cape Verdeans Coping Creatively with the COVID-19 Crisis

ABSTRACT: In this article, we profile the exceptional ways in which Cape Verdeans in Rhode Island implemented relief efforts during the coronavirus pandemic to assist the Cape Verdean population of the state, including many individuals who are undocumented. Paying special attention to specific cultural norms, a team of volunteers assembled and distributed hundreds of hygiene and food packages as well as Cape Verde (CV)–themed face masks. They also produced CV Kriolu oral and written translations of critical information and health guidelines regarding the virus and vaccines. In the second year, the group coordinated with the Rhode Island Department of Health to host community vaccine clinics featuring CV Kriolu interpreters and COVID-19 fact sheets in CV Kriolu. To support their efforts, a new coalition coordinated these projects and raised substantial funds through private donations as well as eight grants. Partnering with foundations, state agencies, and diverse CV groups, the coalition's efforts have demonstrated that collaboration can make a dramatic difference for immigrant communities of color—even in moments of crisis, and even for immigrant groups with significant internal diversity.

RESUMO: Neste artigo, traçamos o perfil das formas excecionais como os cabo-verdianos em Rhode Island implementaram esforços de assistência durante a pandemia do coronavírus para ajudar a população de cabo-verdiana de Rhode Island, incluindo muitos imigrantes cabo-verdianos indocumentados. Dando especial atenção às normas culturais de Cabo Verde, uma equipe de voluntários montou e distribuiu centenas de embalagens de higiene e alimentos, além de máscaras alusivas a temas Cabo-verdianos. Eles também produziram traduções orais e escritas em CV Kriolu de informações críticas e diretrizes de saúde relacionadas com o vírus e com a vacina. Mais recentemente, o grupo coordenou com o Departamento de Saúde em Rhode Island para hospedar clínicas de vacinas comunitárias com intérpretes de CV Kriolu e fichas técnicas COVID-19 em CV Kriolu.

Para apoiar seus esforços, uma aliança recém-criada coordenou esses projetos e engariou fundos por meio de doações privadas, bem como oito subsídios. Em parceria com fundações, agências estaduais e diversos grupos de CV, os esforços da Aliança demonstraram que a colaboração pode fazer uma diferença dramática para comunidades de imigrantes africanos, mesmo em momentos de crise, e até mesmo para grupos de imigrantes com diversidade interna significativa.

Introduction

Barely a few months after a novel coronavirus hijacked the planet in early 2020, US journalists began to document that communities of color were falling sick, suffering, and dying from the devastating virus in disproportionate numbers when compared with Euro-Americans. In many places, death rates remained two to three times higher among Blacks, in particular, relative to whites (Eligon, Burch, Searcey, and Oppel 2020; Villarosa 2020b); for Blacks aged forty-five to fifty-four, death rates were seven times higher (Ford, Reber, and Reeves 2020). Scholars have pointed to a variety of troubling factors, mostly tracking with poverty, that produced this disturbing disparity. In this article, we focus on Cape Verdeans of Rhode Island (RI) as one community that has suffered deeply—both medically and in other ways—as a result of the pandemic.[1]

Although not all Cape Verdeans identify individually as Black, in US society at large, they tend to be included under the "community of color" rubric—insofar as they are acknowledged at all. That socio-racial association is far from perfect. The very notion of "communities of color," and the particular groups it includes, is a recent US construction that sits uneasily with the complex socio-racial profiles encompassed by many immigrant groups. Of course, all racial categories are cultural rather than biological, but such cultural constructions create their own sociopolitical, economic, and emotional realities. In the current social landscape, it is fair to say that most Cape Verdeans in the United States are perceived, at least loosely, as belonging to a "community of color." As such, they joined other groups of color in having suffered disproportionately from COVID-19.

That said, on the nine inhabited islands of the archipelago as well as in the diaspora, Cape Verdeans are a strikingly diverse group. The two factors that mark difference initially are an individual's island of origin and that island's distinct dialect and speech style. Beyond these foundational distinctions lies a host of others, including a given family's ethnic heritage; education level and socioeconomic class; religious orientation (Catholic majority vs. Protestant minority, with varying levels of underlying Jewish background); racialized identity (which operates differently in Cape Verde than in diasporic nations); and, in the diaspora, legal status.[2]

Given this multilayered diversity, Cape Verdeans in RI offer a unique perspective on the pandemic. They reveal how one strikingly heterogeneous immigrant group, despite that heterogeneity, managed to forge impressive strategies for aiding—and uniting—their multifaceted diasporic community in the face of a medical, economic, and social emergency.

Poverty and racism coproduced this constellation of crises. Over the long months of the pandemic, which coincided with a new national conversation about the continuing effects of racism in American life, many scholars and journalists astutely analyzed the multiple factors conspiring to produce disproportionately high rates of COVID-caused suffering and death among communities of color. Here, we want to underscore two factors that prove especially relevant to Cape Verdeans in RI.

Poverty forces many immigrant families of color to live in crowded quarters, often with three generations cohabiting. Overpacked apartments or houses lack the luxury of extra bedrooms or "guest rooms" in which patients could recuperate safely at home, without infecting family members or housemates, during a pandemic. This housing challenge caused the highly contagious virus to spread easily among many CV families in New England, sometimes infecting eight or more coresident family members.

Poverty also compelled many CV Americans to work during the pandemic, even if underlying medical conditions made them susceptible to grave outcomes if they contracted COVID-19—and even if they tested positive for the virus. To pay their rent or mortgage, car loans, and credit card bills, let alone buy food, hygiene supplies, and other necessities in the modern world, they needed to work. Staying home to avoid medical risk (to themselves or to others) was not a financially viable option in the absence of employer-provided sick leave or other sources of government-funded support.[3]

The scholars and journalists who have analyzed the sociohistorical foundations of such COVID inequities—inequities documented by public health scientists—have critically highlighted deep-seated, persistent racial injustices in North America.[4] Bracketed by growing reports of police violence against Black people, socio-medical accounts documenting the racialized impact of COVID-19 have further awakened the nation to the structural nature of racism, whose systemic effects can only be effectively counteracted systematically.

At the same time, accounts of the suffering of communities of color from the pandemic have largely elided the extraordinary resilience that marks some of these communities. In this article, we profile efforts undertaken by a recently formed coalition of Cape Verdean groups in RI to mitigate the effects of the pandemic. Garnering funding from public and private agencies, and actively partnering with local and state organizations, this coalition successfully assisted medically and economically vulnerable Cape Verdeans—both legal residents and those who are categorized as "undocumented." The group created networks to distribute both food and hygiene supplies as well as scientifically grounded information and advice in a language readily accessible to immigrants not fluent in English. In the face of the disproportionate suffering of Cape Verdeans vis-à-vis the white population of RI, the efforts of this coalition of CV organizations in RI are notable. We argue that these efforts were inspired by particular cultural practices that Cape Verdeans learned in their homeland and carried with them in the diaspora. These include both the Cape Verdean version of African collective work parties, termed *djunta mon*, and the exceptionally high level of remittances that diasporic Cape Verdeans regularly send back to relatives in their homeland. Both of these homeland-oriented practices inspired diasporic relief efforts required by the extraordinary challenges of the pandemic.

By no means do we dismiss the devastating impact of COVID-19 among Cape Verdeans. Rather, that impact serves as a backdrop to our account, which complements accounts that emphasize suffering. We take inspiration from the work of Black photographer Tyler Mitchell, whose recent book of beautiful photographs, *I Can Make You Feel Good* (2020), insists on the political importance of documenting not just pain but also the quotidian joys marking ordinary Black lives. Mitchell's tactic embraces the broader strategy of advancing what scholars in fields such as education, psychology, and social work refer to as a "strength-based approach" (e.g., Adams and Grieder 2005); in finance and accounting, authors similarly evoke an "asset-based approach" (e.g., Young 2020). We apply this perspective to appreciate the creative and focused solutions that one affected Lusophone community of color has crafted to cope with the pandemic. That theoretical approach echoes a practice, at the ethnographic level, that Cape Verdeans term *djunta mon*—a practice of sharing work burdens among households in times of need. (In a later section of this article, we highlight the role that a model of *djunta mon* has played for Cape Verdeans of Rhode Island coping with the COVID-19 pandemic.)

The challenges that Cape Verdeans face in adapting to life in the United States are not only numerous in quantity and varied in type but also culturally unique. Their singular history includes the fact that they were the first group of Africans to arrive in America as free rather than enslaved people. Their singular geographic profile linked to an archipelago often produces an identification with their island of origin more than with the nation. Lack of efficient transportation linking all the islands compounds the sense of isolation felt in any island community. As Waltraud Coli and Richard Lobban have written (1990, 3), "The difficulties of interisland transportation and communication led to limited contact among the islands, causing each to develop its own cultural and linguistic distinctiveness." That sense of independence can sometimes transform pride in one's home island into competition with other islands and, from there, into a sense of superiority over those from other islands. All Cape Verdeans are well aware of these island rivalries, although they often remain unspoken. Indeed, in some contexts, they become virtually taboo to discuss.

Yet, these inter-island tensions cross the Atlantic. When Cape Verdeans move to New England, they frequently make their way to neighborhoods largely inhabited by former residents of their own island, as they recognize each other by name, ancestry, and island origin. There, they may find themselves interacting predominantly with people from their island networks. Institutionalizing this personal tendency, social clubs have sprung up in diasporic CV communities in RI and elsewhere that recruit members from a single island. In this way, micro-communities of former residents of each CV island often replicate some version of life back home. This familiarity reproduces a sense of proximity and safety within communities—one that risked undermining COVID-19 prescriptions of social distance. Conviviality among neighbors is often spontaneous, making social and physical distance harder to maintain.

While that level of familiarity may prove comforting, it can also produce its own adverse dynamic, re-creating inter-island rivalries in a new land. In the US diaspora, acute awareness of island identity has long impeded the development of pan-CV cooperative projects. Instead, philanthropic projects proposed in the diaspora often aim at improving life on only one CV island. In effect, the geographic barrier separating the CV islands—in the form of ocean currents—has become symbolically duplicated in a new land lacking such a maritime feature.[5]

Given these centrifugal tendencies, it is all the more striking that, during the COVID-19 pandemic, a newly formed coalition in RI galvanized volunteers to serve diasporic Cape Verdeans from multiple islands. The motivation included a desire among CV Americans to finally make themselves visible in a state in which, despite their significant population, they have remained virtually invisible to others. Under COVID-19, that invisibility threatened to have fatal consequences.

Challenges of Representation

"Cape Verde . . . ? Oh, you mean Cape Cod!" Such is the reaction of many perplexed New Englanders on first meeting Cape Verdeans in the United States.

Although CV men began migrating to the United States as early as 1765 with the whaling trade, then centered in Boston and New Bedford (CV women began arriving in 1864), and nowadays maintain a large presence in Boston, one of the nation's major cities, Cape Verdeans remain a virtually unknown group in the United States outside of their typical ethnic enclaves.[6] While they occupy many regions across the United States, in 2000, some 87 percent resided in southeastern New England (Halter 2008, 39). A recent demographic study reveals that RI is the state with the largest proportion of CV residents (1.9 percent), followed by Massachusetts (1.1 percent) (Byrnes 2020). Even in this epicenter of the CV diaspora, the group remains largely imperceptible to outsiders.

Ironically, one mark of this invisibility is demographic, insofar as exact population figures for Cape Verdeans in the United States vary wildly. As Jane Spear (2014) has written, "According to the 2010 United States Census, 91,000 people report having Cape Verdean ancestry. However, the actual number is thought to be much higher. The Cape Verdean Embassy, for example, estimates that close to 200,000 people of Cape Verdean descent live in the United States." In 2007, *New York Times* journalist Jason DeParle (2007) wrote of 265,000 CV Americans, based on an estimate by geographer Jørgen Carling; in 2009, historian Marilyn Halter estimated the population at "several hundred thousand" (Bishop, Halter, and DePina 2009).

These population figures diverge so wildly for a multitude of reasons.[7] First, since the CV community is not widely recognized in the United States as an ethnic group, virtually no surveys include Cape Verdeans as a category. It is impossible to count accurately those who are unnamed and culturally unrecognized. Some twenty-five years ago, José Figueiredo Ramos (1998) argued that the recognition of "Cape Verdean" as a distinct ethnic category in the United States was overdue. At the same time, those CV Americans whose ancestors disembarked many generations ago may no longer categorize themselves primarily as "Cape Verdean" but instead as "American."

A third reason for their invisibility concerns race. Given that individual Cape Verdeans recognize a wide variety of ethnic as well as racial backgrounds, they sometimes find it difficult to locate themselves among standard US demographic categories. On surveys, some Cape Verdean-Americans check boxes for "Black" or "African-American"; some check "White" or "Caucasian"; some check "European" or "Euro-American" or "Portuguese"; some check "African"; some check "Mixed"; and some simply check "Other." As anthropologist Richard Lobban has written (1996), "Capeverdeans compel you to see the hopelessness of placing people into archaic categories of racial taxonomy." Nevertheless, those "archaic categories" persist in contemporary North America, poorly accommodating Cape Verdeans' complicated heritages.

A fourth issue is more parochial. As a former colony of Portugal located in the North Atlantic between 283 and 448 miles off the coast of West Africa, the small Lusophone, island nation of Cape Verde itself remains largely unknown in the United States. Few Americans could locate the archipelago on a world map.

Finally, legal complications conceal segments of the diasporic population. An unknown number and proportion of CV immigrants currently reside in the United States without legal standing, mostly from having overstayed short-term visas. Together, all these factors challenge any accurate count of the CV population in RI (and elsewhere). Recursively, the lack of precise demographic statistics further contributes to Cape Verdeans' invisibility.

In the absence of cultural recognition of their identity in the United States, Cape Verdeans are often misperceived either as African American or—as the premier CV American filmmaker Claire Andrade-Watkins put it in her highly regarded documentary, *Some Funny Kind of Porto Rican?*—as Latinx. This long-standing sociological invisibility has threatened the very well-being of CV Americans. At no time was the risk of their invisibility highlighted so dramatically as in the early days of the COVID-19 pandemic.

Once COVID-19 was publicly identified as a danger in the United States in January 2020, government officials and scientists began proposing a variety of behavioral changes to reduce the spread of infection. Yet the novelty of this coronavirus meant that scientists had much to learn about the new pathogen and its effects on humans. As both scientific understanding of the vectors and the pace of contagion deepened, recommendations for how humans could best stay safe changed. The speed of emerging knowledge produced frequent updates. With new data and safety measures emerging almost daily in the early months of the pandemic, non-English speakers were easily left in the dark. In New England, the CV community struggled to receive adequate translations of new information. One major reason: the country hardly knows that CV Americans exist. In RI, those government officials who knew of the CV population in the state assumed that Cape Verdeans could understand the Spanish or (more rarely) Portuguese translations of COVID-oriented documents that were starting to be produced. Some Cape Verdeans can read and understand Spanish, but it is far from their mother tongue. Nor is Portuguese fully understood by all Cape Verdeans.

Language

The first language spoken by virtually all Cape Verdeans is CV Kriolu.[8] With its historical roots in the colonial empire of Portugal, Kriolu vocabulary predominantly derives from Portuguese. However, CV Kriolu also reflects the history of how the previously uninhabited archipelago was first populated, beginning in the fifteenth century: it incorporates words from quite a few mainland West African languages (belonging especially to the Mande and, to a lesser extent, West Atlantic language families) as well as from some other European languages (especially English and French). Moreover, its grammar departs from that of Portuguese in significant ways.[9] The high number of shared cognates with Portuguese conceals abundant differences, which often combine to confound CV students when they begin schooling in Portuguese.

As a result of this colonial history, Portuguese is the official written language of the modern CV nation and is thus the language of education. However, those who leave high school before graduating—about 44 percent, as of 2013 (Braham 2018, 4)—rarely achieve full fluency in Portuguese. No matter how many years of Portuguese-based schooling they complete, the language in which most Cape Verdeans continue to feel most comfortable, both at home and abroad, is their mother tongue, CV Kriolu.

Of further relevance to the diaspora in New England is the fact that many CV emigrants leave their homeland as infants or children. Depending on the highest grade in school that they completed before leaving Cape Verde, some migrants have little to no competence in Portuguese when they arrive in the United States, where they continue speaking CV Kriolu with family and friends. Thus, during the COVID-19 pandemic, cities with significant CV populations across New England (especially Boston, Brockton, New Bedford, and Pawtucket) housed many CV residents who struggled with language as a barrier to receiving reliable updates.

In March 2020, scientific information about COVID-19 began spreading across multiple platforms in RI, both online and in print. RI's then governor, Gina Raimondo, began holding daily press briefings with up-to-the-minute knowledge and recommendations, accompanied by informative press releases. However, in the early months, neither oral events nor reliable texts were translated into Spanish or Portuguese, let alone CV Kriolu. Highlighting this issue, few Cape Verdeans who tested positive for COVID-19 early on were confident English speakers or readers. Indeed, one of the first challenges that CV leaders in RI noted was not that CV families in RI were intentionally ignoring safety directives recommended by scientists or government officials, but that they literally did not understand those directives.

Many CV families live in three-generation households with variable degrees of English fluency. Adding to linguistic challenges, then, were additional sources of misunderstanding about COVID-19, depending on the medium of communication. While direct channels of reliable communication were not reaching the CV community fast enough, social media—used by virtually everyone in the community—contributed to the dissemination of conflicting and sometimes misguided epidemiological information.

Translating scientific data and expert-recommended health practices regarding COVID-19 into CV Kriolu therefore became a priority early on for leaders in the CV community of RI. To coordinate and consolidate these and other relief efforts, they tapped into the recently created CV Coalition of RI (see below). Leaders ranked the translation of reliable information about COVID-19 into CV Kriolu as one of the group's most urgent goals.

Going Live

After a few meetings, the group's leaders decided to host a live online meeting in which CV medical professionals based in RI would provide information in CV Kriolu, sharing knowledge from their areas of expertise concerning the pandemic. On April 9, 2020, a Facebook Live event was held on the online Zoom platform. Native CV Kriolu speakers included five health professionals,[10] who were joined by a CV community organizer as well as one non-CV doctor with a special interest in the diasporic CV community.[11]

The six CV presenters all spoke in CV Kriolu; when the one non-CV participant offered comments, another participant (Elizabeth da Moura Moreira) interpreted his remarks into CV Kriolu. Allotting time for questions from the audience, the panelists invited listeners to seek clear information and advice on topics ranging from safety and preventive measures to medical insurance, unemployment, and food insecurity, as well as the emotional costs of isolation. This two-hour live session was shared on so many websites frequented by Cape Verdeans that it was viewed in real time by more than two thousand community members. Clearly, Cape Verdeans in the North American diaspora welcomed the information they received from trusted experts from their community. For the first time since the pandemic had invaded their lives, the CV community of RI felt "seen." Moreover, since social media have such a global "ripple effect," these measures contributed to the dissemination of trusted information across the CV diaspora.

Soon after that presentation, the organizing team received an abundance of positive feedback, encouraging these community leaders to plan a second online event. For the follow-up Facebook Live session (held on April 23, 2020), participants from the first panel were joined by four additional CV professionals.[12]

Although these two livestreams proved welcome, the leaders of the CV Coalition of RI recognized the need to complement these fleeting verbal events with written translations of updated, published texts about the pandemic. In April 2020, representatives of the Coalition had joined BEAT COVID-19!, a newly formed, statewide organization of government agencies, private companies, and community leaders to combat the pandemic in the two cities in RI with the highest COVID-19 infection rates: Central Falls and Pawtucket (see below). When non-CV members of the BEAT COVID-19! team learned how many Cape Verdeans in those two cities neither spoke nor read English (or Spanish) comfortably, they quickly understood one obvious reason for the rapid spread of the coronavirus among this population.

The committee recognized that information, flyers, and government-issued press releases needed to be available in CV Kriolu in order to slow the spread of the disease. One CV member of the BEAT COVID-19! team, Elizabeth da Moura Moreira, sought assistance from CV community leaders in Boston to identify qualified translators. As the BEAT COVID-19! initiative lacked funds for such emergency translations, unpaid volunteers from a number of CV organizations in MA and RI offered their translation services. While few Cape Verdeans have received formal training in translating and interpreting into CV Kriolu, many *have* received such training for Portuguese, and several were able to apply their skills to translating printed and online information about COVID-19 into CV

Kriolu. Finally, reliable printed information began to reach large numbers of CV families in RI and beyond.

Anyone translating written information into CV Kriolu immediately faces two formidable challenges: which spelling system and which dialect to use. Initially, different translators in the CV Coalition suggested different strategies. Given the inter-island competition referenced earlier, such conversations could well have turned bitter. Indeed, the multiplicity of ways to respond to these questions of spelling and dialect may be one reason that few written Kriolu translations of important government and scientific information have been produced anywhere.

The basic question of spelling looms large. In 2009, the CV government approved a standard orthography for CV Kriolu (based on the International Phonetic Alphabet, or IPA) that a team of linguists developed in 1979 and called ALUPEC.[13] The fact that it took thirty years for the national government to formally recognize this alphabet hints at its fraught foundations. Moreover, that governmental recognition is, in effect, only a suggestion. Portuguese remains the nation's official language.

Many Cape Verdeans remain unaware of the existence of the ALUPEC spelling system. Among those who know about this alphabet, many reject it, and for diverse reasons. Those who have completed high school in Portuguese and have learned Portuguese orthography often prefer to apply standard Portuguese principles for writing CV Kriolu. By contrast, those who have not completed high school in Portuguese often write Kriolu as they hear or speak it, with multiple spellings for a given word.[14] Regardless of their level of education, quite a few Cape Verdeans simply find the novel spelling of many words incomprehensible.[15]

Nevertheless, those who translated information and recommendations about COVID-19 opted early on to (more or less) use the ALUPEC (or AK) writing system. Their rationale was that the alphabet is consistent, was developed thoughtfully by trained linguists, and is conceptually simple. Indeed, despite island-based regionalisms, ALUPEC has gained more acceptance in the United States than in Cape Verde (perhaps due to the hierarchy of diasporas).[16] For these reasons, it made sense that the group opted to use ALUPEC, even if imperfectly. Some Cape Verdeans in RI who do not enjoy reading Kriolu with the ALUPEC writing system complained about this decision, but they made their peace with it.

Alongside the question of orthography looms the equally important question of dialect. The CV archipelago is often divided into two geo-linguistic regions: the Barlavento (i.e., windward) Islands to the north, with five occupied islands—Santo Antão, São Vicente, São Nicolau, Boa Vista, and Sal—and the Sotavento (i.e., leeward) Islands to the south, with four occupied islands—Santiago, Brava, Fogo, and Maio. Although two basic dialects have been identified that correspond to these two zones (and are named as such), further dialectical variations distinguish each island (Lima 2014).

Speakers of each dialect often perceive their island's speech style to be the "real" Kriolu, adding stereotypes about other dialects. Broad generalizations include the widespread perception that the southern dialects have more West African language foundations while the northern dialects have deeper Portuguese language roots. In turn, these linguistic observations sometimes bring with them broader, two-way claims about racial identity that can often feel hurtful. When it comes to translating written documents, the choice of dialect thus carries implications of wide import. Yet, given the geo-linguistic diversity of the archipelago, no single decision can satisfy everyone. Recognition of this vexing issue has surely contributed to the CV government's reluctance to adopt a single standardized version of the archipelago's first language.

Nevertheless, any written translation inevitably requires a decision about dialect. Quite simply, which dialect should prevail? Regarding coronavirus updates, could all documents be produced in two dialects—one from the windward islands, another from the leeward islands?

Given the emergency of the pandemic, translators working with the Coalition opted for expediency. Doubling all translations into northern and southern versions would require doubling the time necessary to produce them. The real-world misery produced by the coronavirus argued against that labor-intensive option. Instead, translators used the dialect most familiar to them from their home island. As it happened, the three most active translators were most comfortable with the Sotavento dialect from Santiago. Thus, for reasons of efficiency rather than any ideological preference, that island's dialect became the standard for written documents about COVID-19.

In short, when discussions about both the "best" orthography and the "best" dialect to use in translating written materials into CV Kriolu threatened to slow down translation, the translators operated on the principle that, as the saying goes, "the perfect is the enemy of the good." Working with an alphabet and a dialect that, by definition, would not be accepted with equal enthusiasm among all Cape Verdeans—given their allegiances to nine separate dialects—the translators forged ahead with translations that would, at least, be intelligible to Kriolu speakers, if

Fig. 1. A trilingual translation of information about Covid-19 disseminated by the BEAT COVID-19! initiative.

not universally loved. There was widespread recognition that allotting time to correct orthographic inconsistencies or mistakes, producing multiple translations to accommodate dialectical variations, and writing in more than one spelling system were all unaffordable luxuries. The life-and-death urgency of these translations was palpable. While they may never win translation awards for technical consistency, equal comfort across dialects, or literary merit, these translated documents—which were often created (literally) overnight by unpaid volunteers, only some of whom were formally certified translators—may well have saved lives.

Two Coalitions: Ethnic and Geographic

Although it is the smallest state in the United States, RI contains not only the nation's proportionally largest CV population but also a surprisingly large number of CV organizations. Amazingly, dozens of CV organizations and informal clubs exist in RI, both large and small.[17] How could a pandemic harness the energy of these multiple entities?

The Cape Verdean Coalition of Rhode Island

In April 2018, CV educator Silas Pinto determined to unite the larger groups into an umbrella organization to serve the CV community with greater and more coordinated impact. Deploying multiple skills and networks drawing on his doctorate in psychology from the University of Rhode Island, his teaching at Tufts University in Boston, his running of a martial arts studio, and his chairing of one of the larger CV organizations in RI, Pinto created the Cape Verdean Coalition of Rhode Island. With the onset of the pandemic, it became clear that this newly formed Coalition might demonstrate its efficacy in life-saving ways. The constituent organizations that have partnered most actively in the Coalition have specific foci, but all share a commitment to strengthening the CV community in RI. As Pinto explained (pers. comm.): "The Coalition is not an organization but a mentality. It's about coming together to do even greater things."[18]

Once the scope of the pandemic became clear, Coalition members understood how the newly created umbrella structure could prove effective. Given the alarming spread of COVID-19 both locally and globally, a coordinated coalition could undoubtedly achieve faster and more significant progress than any individual association might in reducing the virus's calamitous effect in the CV community.

In creating the Coalition, the leaders of all the constituent groups had recognized that the centrifugal force of the archipelago nation's nine inhabited islands continued to be a sociological pressure point in the diaspora. Given that the very point of a coalition is to unite people, the group's leaders had deliberately sought to transcend the usual insular divisions. The Coalition has intentionally resisted focusing on one island, both in leadership and in outreach, and it has welcomed team members who grew up on multiple islands in the Barlavento and Sotavento chains.

Early in the pandemic, leaders from the seven constituent organizations met; later, additional CV organizations joined the Coalition's work.[19] The urgent need for help with food, unemployment compensation, and rent had already emerged from conversations with CV families. All these major needs, while palpable,

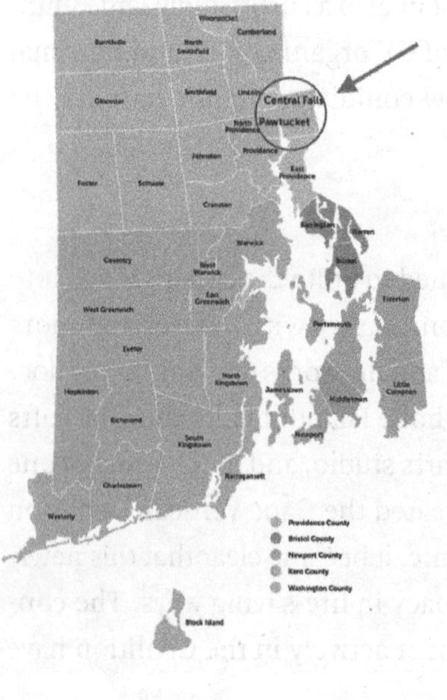

Fig. 2. Map of RI's main cities, with Central Falls and Pawtucket highlighted. Source: "Resources: Municipal Fact Sheets," RI Food Policy Council, https://rifoodcouncil.org/municipal-fact-sheets/.

felt beyond the capacity of the as-yet-unfunded Coalition to address. However, Coalition leaders also reported the need for hygiene products and personal toiletries. Purchase of these more modest items for families in need seemed a feasible goal. Accordingly, Coalition member Ineida Rocha conceived of an initiative to buy and create "care packages" with essential hygiene items.

Once all Coalition members had approved the initiative, the group began fundraising in order to implement the program as quickly as possible (see below). After receiving donations, volunteers began buying the items most sought by those requesting assistance. Simultaneously, the Coalition joined forces with a multiagency initiative centering on residents of Central Falls and Pawtucket, two peri-urban cities on the northern edge of Providence.

The BEAT COVID-19! Initiative

From the earliest statistical profiles of COVID-19's ravages, the cities of Central Falls and Pawtucket stood out for having high numbers of positive cases—numbers comparable to those of New York's heavily infected Bronx. Increasingly nervous about the local spread of the pandemic, city officials from both of these RI cities contacted a strikingly diverse group—including community leaders, medical professionals, National Guard officers, police chiefs, and local business owners—to brainstorm ideas that might have a significant impact in slowing the spread of disease. Together, these leaders created an innovative initiative. For the first several months, the BEAT COVID-19! team met online daily (later, weekly) to establish a plan to disseminate accurate information about the novel coronavirus, including testing, isolation options, and relief sources. For over two years, the initiative helped CV and other minority families in Central Falls and Pawtucket gain access to medical and other essential resources.

Indeed, the initiative became a model of active, sociologically attentive, public-private cooperation. Focusing on immigrant families and others with limited means, dozens of volunteers felt motivated to organize, assemble, and input data to spreadsheets, make initial and follow-up calls to patients, and refer patients to testing sites and other resources.[20] At least one representative of the CV Coalition typically joined the Zoom meetings, providing invaluable perspectives to government officials and medical personnel about the pandemic's lived realities in the two cities. In turn, the BEAT COVID-19! initiative informed the Coalition of new funding sources that could help CV organizations do the ground-level community work of effectively disseminating information and supplies to curtail the pandemic.

Fig. 3. BEAT COVID-19! team meeting on Zoom, December 30, 2020.

Funding

Before state and local funds became available, the Coalition recognized the need to raise funds for urgently needed relief. The group began with appeals for the Hygiene Package Project.

Online Fundraising and Donations

Executive board members of two of the Coalition's groups (RI Cape Verdean Heritage [RICVH] Subcommittee and Capeverdean American Community Development [CACD]) initiated a fundraising campaign through personal donations. A broader appeal followed for the other Coalition associations. With sufficient funds received, Coalition volunteers began purchasing toiletries and delivering them to families in need.

With the Hygiene Package Project an immediate success, the Coalition recognized the necessity for continued funding to alleviate hardships that would clearly continue for months. Accordingly, in early April 2020, the Coalition promoted the campaign on a larger scale. To attract donations from the general public, the group established a portal on the CACD website (see fig. 4). Importantly, the objective was explained in CV Kriolu. Coalition members shared the web

Fig. 4. Donation page on the CACD website.

page widely on several social media platforms (Facebook, Instagram, e-mail blast). We believe that the decision to explain the project in CV Kriolu on the website contributed to the dramatic and rapid success of the fundraising campaign. Within several weeks, the Coalition had raised over $11,000.[21] The donations allowed the Coalition to sustain the Hygiene Package Project for some two months.

Despite the generosity of the CV community in supporting this charitable project for the less fortunate among them, the Coalition anticipated that privately donated funds would run out before the need for pandemic-induced help abated. Grant-writing teams decided to seek funding from both public and private sources.[22]

Grant Writing

In March 2020, CACD brainstormed ways to access relief funds for CV families seeking assistance from our community center. With the pandemic already taking its grim toll on health, jobs, and family budgets, a variety of COVID-19 relief sources quickly became available. The first opportunity came from the Rhode Island Foundation, the state's premier nonprofit grant agency, which announced a fund for COVID relief for which nonprofit organizations might apply. Taking into account the needs of the CV community, as assessed by calls and requested referrals for resources, CACD's grant committee learned that hunger already loomed large. Later, data collected by the RI Food Bank confirmed these impressions: in 2020, "[r]acial and ethnic disparities played a huge role in food access as 36 *percent of Black households and*

Fig. 5. Screenshot of the CACD website publicizing, in CV Kriolu, one initiative offering supermarket gift cards.

Fig. 6. Application portal on the CACD website, written in CV Kriolu, for $50 supermarket gift cards.

40 percent of Latinx households were food insecure [in RI] compared to 21 percent of White households" (Rhode Island Food Bank 2021; emphasis in original).

Hearing heart-wrenching stories of hunger firsthand, the CACD grant committee applied for funds to support a Food Gift Card Giveaway. This project would supply COVID-affected CV families with gift cards to local supermarkets in their neighborhoods. The grant especially prioritized undocumented families who, by definition, were legally excluded from government-funded relief programs.

In May 2020, CACD received $35,000 in funds from the RI Foundation.[23] CACD invited families in need to follow COVID-19 safety measures in entering its community center building to apply for a gift card. The application was short, simple, and written in CV Kriolu. All individuals and families received at least one $50 food gift card; anyone who was undocumented or for other reasons did not receive government assistance, or whose household contained more than five people, received two gift cards. By June 2020, CACD had distributed 568 gift cards of $50 each to CV families in RI.

The first set of gift cards could be used at a large supermarket chain with a wide variety of products. After learning that some recipients found the supermarket's prices too high, project organizers purchased remaining gift cards from two discount supermarkets that offered less product variety but lower prices. Clearly, being able to stretch food dollars was a strong priority for recipients, and the Coalition responded accordingly.

Although the Food Gift Card Giveaway ended, hunger in the CV community did not. Later that spring, CACD sought additional funds to continue aiding CV families under stress. In July 2020, CACD received a Community Development

Fig. 7. CACD–Elisha Project collaboration flyer designed by the Elisha Project marketing team.

Block Grant (CDBG) of $20,000 from the city of Pawtucket. Originating in the US Department of Housing and Urban Development, these funds came with many federal guidelines. To accommodate complicated bureaucratic strictures, CACD partnered with another local organization, the Elisha Project. A nonprofit organization founded in 2011 by George Ortiz to feed the hungry, the Elisha Project uses repurposed foods donated from vendors, organizations, and companies across the United States to distribute to communities most in need—typically five thousand families each week. Partnering with the Elisha Project, CACD split the CDBG funds into two projects: half supporting the Coalition's Hygiene Care Package Project, the other half supporting food packages prepared and offered by the Elisha Project.

On September 20, 2020, CACD and the Elisha Project co-organized a distribution day for two hundred residents of Pawtucket to receive both a hygiene package and a food package. Following appropriate COVID-19 safety precautions, Pawtucket residents drove to the distribution site and waited inside their vehicles, receiving packages in their trunks via contactless delivery.

Although two hundred food and hygiene packages were available for distribution that September day, more than two hundred cars arrived, and many families left empty-handed, despite waiting in the car line for hours. The success of the food and hygiene package projects revealed the urgent need for continuing food distribution.

Thankfully, back in July 2020, CACD had sought additional grant funds from another agency—the Local Initiatives Support Corporation (LISC), the nation's largest community development support organization, whose local office has operated in RI since 1991. Within LISC, the Health Equity Zone (HEZ) had recently forged a four-year initiative with RIDOH to "reduce health disparities for the residents of Central Falls and Pawtucket." In July, CACD received $20,000

Fig. 8. Jacinto Fernandes (from Sabor di Terra) and colleague unloading food boxes for distribution to CV families affected by COVID-19, August 7, 2020. Photo by Allessandra Soares.

Fig. 9. Cars lined up awaiting distribution of food and hygiene packets in front of the CACD building, Pawtucket, RI.

from LISC to further support the Hygiene Package Project and to add a new Food Package Project.[24] With these funds, the CV Coalition was able to distribute an additional 571 hygiene packages and an additional 250 food packages.

In September 2020, RIDOH inaugurated a new funding opportunity: the Crush COVID-19 Mini-Grant program to aid businesses and organizations in promoting COVID-19 safety measures and distributing information (via flyers and posters) and protective items (masks, hand sanitizers). CACD submitted a plan to provide masks to families in Pawtucket and Central Falls through the existing COVID-19 relief projects, targeting local businesses and institutions identified as prime locations frequented by Cape Verdeans in RI. Within a few weeks, CACD had received $4,900 to fund this new project. Volunteers from the Coalition worked together to produce and distribute the informational flyers and masks.

Of course, the substantial funds received from multiple agencies to support these various projects proved critical. But financial support was not the only requirement for success. Equally critical was attention to the cultural expectations and values of those who would receive the relief products made available through the funds.

Three Major Supply Distribution Projects: Shaping Relief Efforts around Cultural Norms

Inspiration for the Hygiene Package Project came from a CACD and RICVH board member who raised the idea with the CV Coalition.

Hygiene Package Distribution

Early in the pandemic, CV community leader Ineida Rocha was being contacted by CV families in Pawtucket and Central Falls who eagerly sought the hygiene supplies that scientists and government officials promoted as crucial to controlling the virus. Although government assistance for RI families in need increased and food pantries expanded their schedules, essential hygiene items were neither offered at the food pantries nor often available on store shelves due to "panic buying." Even when spotted in stores, for families experiencing a COVID-19-related loss of income, such items were often out of reach: they were ineligible for purchase with an EBT card provided by the government SNAP and WIC food assistance programs on which many of these families relied.[25] (For their part, undocumented families remained ineligible for all such government programs.) To support purchases of essential hygiene products for all of these families, Coalition members created an online chat group to plan fundraising, marketing, purchasing, assembling, and distribution for essential hygiene supplies.

A web page describing the project in CV Kriolu was created on the CACD website and shared on numerous social media platforms. A simple application invited families to select the hygiene items they needed. Paying attention to early requests made to Coalition members, the items initially offered included dish and laundry detergent, infant and adult diapers, wet wipes, shampoo and conditioner, lotion, toothpaste, bar soap, deodorant, razors, and menstrual products. Later, the Coalition added hand soap, hand sanitizer, toilet paper, and bleach, while eliminating razors and feminine hygiene products (due to lack of continued demand).

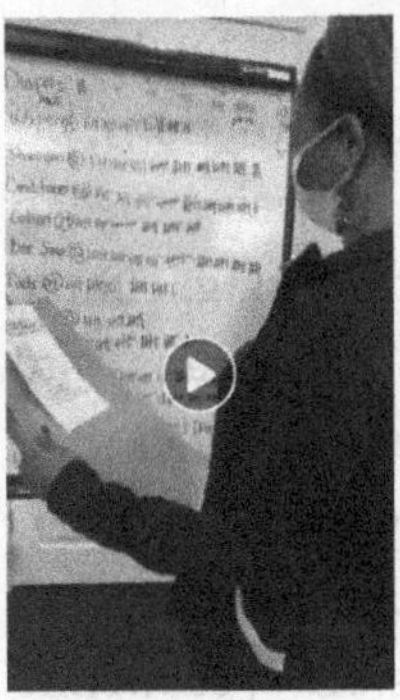

Fig. 10. CV Coalition volunteer Ineida Rocha logging hygiene package contents before distribution.

Coalition leaders and CV community volunteers logged the requests, bought supplies, and packaged them weekly in the CACD building before making contactless deliveries to the homes of requesters. The CV Coalition served an average of forty to eighty families each week with this initiative. Once a strong list of more than five hundred families was established, the Coalition closed the application portal and continued to serve those families on a monthly basis. Each week, forty to eighty of the approximately five hundred families were served in rotation; additional families might call or walk into the CACD offices any time to request a bag.

Fig. 11. Coalition members Ineida Rocha and Rosy Tavares assembling hygiene packets in the CACD building to distribute to CV families in need. Photo by Allessandra Soares.

Fig. 12. Hygiene and toiletry items ready for delivery to CV families affected by COVID-19. Photo by Allessandra Soares.

This system proved fluid and dynamic enough to respond to changing needs and, at the same time, predictable and structured enough to prove a reliable source of relief for more than five hundred (mostly CV) families. Supplying brands and product types familiar to recipients added a further layer of comfort during this stressful time.

Food Package Distribution

Throughout the spring, Coalition members were hearing from many CV families who continued to seek food resources despite the many food pantries and other food programs in RI.[26] The reason? CV families had tired of receiving foods that they did not normally eat, could not eat due to dietary or health restrictions, or, in the case of prepackaged foods, did not know how to prepare, not being used to cooking industrially produced foods they found foreign and confusing. Simple foods that were identifiable to the CV community, such as rice, beans, and canned fish, were rarely offered in the food pantries. Families wondered what they could do with prepackaged ravioli, frozen taquitos, or dried bread stuffing.

As anthropologists have long documented, all humans consider food far more than a simple source of calories. Foods also contain social histories, economic foundations, political orientations, and religious and other assumptions shaping values. In effect, all foods originate and live in culinary landscapes shaped by a myriad of social factors that classify some items as edible and others not. Thus, it should come as no surprise that Cape Verdeans declined to accept, cook, and/

or eat certain foods offered to them at no cost. Some packages simply did not fit their culturally shaped definitions of "food."[27]

CACD took these concerns seriously and shared them with potential funders. The grant-reviewing team at RIDOH encouraged the conversation, and the CV Coalition created a list of familiar foods that all CV families could recognize (including jasmine rice, canned tuna, dried beans, powdered milk, and tea). RIDOH ultimately awarded CACD an additional $4,000 in December to buy and distribute more foods that would speak meaningfully to the CV community. With a culturally legible list in place, Coalition members contacted a local CV vendor, Sabor di Terra ("flavors of the homeland"), which sold the group a selection of favorite CV ingredients at a deep discount. This partnership built on community ties and helped a small business, in contrast with large-scale food assistance programs that are often linked to major supermarket chains.[28]

Socioemotionally, food package recipients appreciated that some items came directly from Cape Verde, with reminders of "home" providing a level of comfort. Financially, the Coalition appreciated buying all these items from a sympathetic CV small-business owner at wholesale prices, allowing grant funds to stretch to accommodate more families. Once the items were purchased, CACD hired youth from Pawtucket to assemble the packages. In the end, CACD distributed 250 boxes filled with CV-friendly foods to CV families with one or more member(s) who had tested positive for COVID-19 and were at risk of going hungry.

Beyond food supplies, the Coalition also prioritized culturally appropriate responses to mask-wearing. Attracting funding to support this priority proved more challenging.

Mask Production and Distribution

The increasing politicization of mask-wearing by the Trump administration was countered by growing pleas by public health experts for everyone to wear masks while outside and, especially, while indoors anywhere other than in one's home. Resistance to this message nevertheless remained widespread across the United States—including in Central Falls and Pawtucket. Why were Cape Verdeans reluctant to wear masks?

From our observations, few Cape Verdeans rejected mask-wearing for the political or ideological reasons that journalists were reporting for other groups (supporting notions of "individual liberty"). Instead, CV leaders deduced other reasons. One was a simple lack of access. Especially for financially stressed families, buying masks was perceived as an unaffordable expenditure. Other Cape Verdeans may not have understood the importance of mask-wearing because of insufficient information available in a language they could read.

A further consideration lay in the diasporic experience of new immigrants. Mask-wearing was not being promoted actively in Cape Verde itself. Cape Verdeans in the United States saw images online of unmasked CV attendees at popular parades and political campaigns—and did not see mask-wearing role models from "back home" who might encourage emulation.

Another factor may concern the nature of ethnic community making. Many diasporic Cape Verdeans live in neighborhoods populated in large part by fellow Cape Verdeans. In a new land that often proves inhospitable to immigrants of color not fluent in English, Cape Verdeans have found "sticking together" an essential mechanism for emotional survival. In this context, wearing a mask in the presence of fellow Cape Verdeans may intensify feelings of alienation already present in a sometimes hostile climate. Racially disproportionate policing ("racial profiling") and inappropriate blame for the COVID-19 pandemic added new anxieties about wearing masks in Black and Asian communities, respectively (Kahn & Money 2021).

Given these challenges, encouraging individuals to wear masks in New England required out-of-the-box thinking. The CV Coalition decided to submit an application for a Crush COVID Mini-Grant from RIDOH and propose a creative approach. This grant program had access to tens of thousands of industrially made masks distributed by the US Department of Health and Human Services, and the unit had invited proposals from community organizations hoping to distribute these masks in places frequented by members of specific ethnic communities. The CACD leadership suggested a different tactic. Since so few Cape Verdeans had embraced mask-wearing, CACD proposed turning mask-wearing

Fig. 13. Blondina Neves, a CV seamstress and founder of Custom Designs & Styling for Royalty, wearing a mask—featuring the CV flag—that she designed for this project.

Fig. 14. Flyer written in CV Kriolu to promote distribution of the CV flag–themed masks.

Fig. 15. CV man in RI wearing a CV flag–themed mask while preparing boxes of medical supplies and personal protective equipment to send to Cape Verde in collaboration with Project Health CV, a project directed by Elizabeth da Moura Moreira (director of operations at Project Health CV and public health and equity leader for the City of Pawtucket). Photo by Elizabeth da Moura Moreira.

into a way to display pride in one's CV heritage. Tapping into long-standing frustration with invisibility even in the state with the largest proportion of CV residents, wearing a mask that displayed CV identity could become a means of challenging that invisibility: any Cape Verdean wearing such a mask could become, literally, the face of Cape Verde.

With this in mind, Coalition representatives worked with Blondina Neves, a talented CV seamstress based in RI, to consider several designs that would readily represent Cape Verdean identity. In the end, the CACD leadership chose masks featuring the CV flag. Accordingly, CACD applied for state funding to support large-scale production of hand-sewn masks featuring the colorful CV flag, easily recognized from afar by any Cape Verdean.

Given that RIDOH already had access to large quantities of industrially produced masks at no cost, the government grant committee initially discouraged such a proposal. Nevertheless, the committee invited our submission and, in September 2020, awarded CACD $4,975 to support this custom-designed mask production. By the end of the project, CACD had distributed 800 hand-sewn masks sporting the CV flag, complemented by 1,950 generic, industrially produced masks donated by RIDOH.

Among the five grants received to curtail the pandemic, we consider this grant as having the most symbolic weight. Wearing these masks, Cape Verdeans in New England simultaneously announced that they understood the science behind mask-wearing to reduce the spread of the coronavirus; felt emotionally comfortable participating in a public health campaign to promote safety in their adopted homeland; and publicly declared pride in their CV heritage. We judged RIDOH's welcome decision to fund this initiative to have positive implications for other ethnic minority communities in RI, too, beyond Cape Verdeans. Indeed, we envisioned it becoming a model in other COVID-affected states with significant minority populations reluctant to don masks.

An African Model of Mutual Aid

In actively partnering with both private foundations and state agencies, the CV Coalition of RI demonstrated that coordinating efforts made a difference for communities of color in moments of crisis. This coordination did not come without its challenges. As discussed, the inter-island rivalries among Cape Verde's scattered Atlantic islands have tended to emerge in diasporic spaces as well. The Coalition began with a goal of avoiding reproducing insular fragmentation. Like the leadership team of the CV Coalition, recipients of aid offered by the Coalition hail from across the CV archipelago. At the same time, volunteers distributing supplies often did not know a recipient's island of origin, further underscoring the extent to which island identities have been downplayed in this project.

What might account for the successful structures of coordination we have highlighted here that offered significant solace for Cape Verdeans in RI during the devastating pandemic?

Djunta Mon—"Join Hands"

The collaborative efforts we have profiled in the foregoing pages have counterparts in rural practices in Africa. We suggest that village-based practices from historical homelands may well have served as deep historical roots, implicitly providing meaningful models from which contemporary Cape Verdeans have drawn in forging urban public-health projects across the Atlantic.

In many sections of rural Africa, anthropologists have long documented forms of collective labor—sometimes dubbed "work parties" in English. Traditionally, these efforts mobilize large numbers of individuals to work collectively on a single project. Among the Beng people of Côte d'Ivoire, for example, each village chief directs all villagers annually to sweep and weed paths throughout the village as well as paths leading from the village into sections of the forest where farmers cultivate their crops. Weeding plants to keep paths flat and clear eliminates cover for snakes, scorpions, millipedes, and other dangerous wildlife.[29] Among the linguistically related Bamana people of Mali, individual farmers may mobilize collective labor for their own fields by offering copious amounts of food and drink to seventy-five or more able-bodied men on a given day (Wooten 1997).[30]

Traditional social institutions such as these collective rural work efforts may well have served as models for the first generations of Africans who were brought by force from the mainland to the previously uninhabited islands of Cape Verde. On the archipelago, a practice known as *djunta mon*—"join hands"—developed as a model for collective farm labor on shared tasks. The practice still exists as "a loosely organized mechanism to distribute labor during peak periods of the growing season" (Weeks 2012, 7). It has also been adapted to CV women's house-building work (Burgo 1997), and one scholar has suggested its relevance to cooperative musical practices in the Cape Verdean dance, *batuku* (Lopes 2020).

In recent years, researchers have noted that such rural social formations for work projects in Africa—along with the basic value underlying them, which prizes collective labor—have sometimes found their way to urban settings. For example, Thomas Kimeli Cheruiyot and Patrick Onsando (2016) note that in Kenya, this model (where it is known as *harambee*) may undergird local efforts encouraging corporate social responsibility concerning business dealings in urban Kenya.[31] Closer to our case study, cultural anthropologist Samuel Weeks has argued that in Portugal, the rural CV institution of *djunta mon* has been transposed to a major European metropolis. In Lisbon, he notes, "Cape Verdean immigrants . . . have adapted the mutual-help practices of rural Cape Verde to a new, transnational context" (Weeks 2012, n.p.).[32]

Although Weeks does not focus on the question of whether the Lisbon self-help associations replicate specific island networks, he writes that the mutual-help groups to which a given individual belongs typically feature "a combination of ties initially made in the islands with others formed on the Lisbon periphery," with "island of origin [and] . . . Kriolu dialect" often determining the constitution of these associations (15). Similarly, Weeks notes that participation in the related CV version of "rotating credit associations" (*totokaxa*) in Lisbon is frequently constituted by "people with strong communal ties based on kinship or common identification with a place of cohabitation or island of origin" (59). In other words, one's island of origin remains a powerful force in CV migrants' self-help networks in Lisbon.

Following Weeks, we suggest that *djunta mon* serves as a model for the sorts of mutual-aid mobilizations we have seen operating among Cape Verdeans coping with the current pandemic in RI. However, the transposition is not isomorphic: rural cooperative efforts confined to small villages on a single island are hardly identical to diasporic urban efforts linking individuals from multiple islands.

Indeed, in RI more than in Lisbon, efforts to transcend island identities came to the forefront in the recent COVID-19 Coalition efforts. In that sense, *djunta mon* not only crossed the Atlantic but expanded in scope, as its efforts intentionally transcended not only household projects but also island divisions—aiming, instead, to support the CV diasporic community as a whole.

Indeed, in New England, the CV Coalition rejected an "island mentality" in favor of an archipelago-wide model for cooperation. Despite this sociological innovation, we suggest that the traditional practice of *djunta mon* has, nevertheless, provided a historical foundation to valuing shared work efforts. With historical roots in the structure of collective rural work in the islands, the CV Coalition of RI may be living out a proverb noted a century ago for the CV island of Fogo: "One is like none" (Parsons 1923, 195).[33] In RI, that basic principle—highlighting the key value of collaborative labor—now transcends island identity.[34]

Remittances to the Islands and Back Again

In recent years, the nation of Cape Verde has extricated itself from the highest levels of poverty and its associated forms of extreme human suffering.[35] Nevertheless, Cape Verde is still a country engaged in developing its potential and improving the quality of life for most of its citizens, and much economic development on the islands is funded by remittances from the diaspora. According to the US Central Intelligence Agency, "Cape Verde annually runs a high trade deficit financed by foreign aid and remittances from its large pool of emigrants; remittances as a share of GDP [gross domestic product] are one of the highest in Sub-Saharan Africa" (United States, Central Intelligence Agency 2020). World Bank economists have estimated that in 2020, remittances constituted 12 percent of Cape Verde's GDP—the fourth-largest share among sub-Saharan African nations (Ratha et al. 2020). Beyond financial transfers, many Cape Verdeans abroad regularly send clothes, household supplies, toiletries, food, and other items, packed in large metal or plastic barrels (called either *tambor* or *bidon*), back to family members on the islands. Broadly, one might argue that these remittances represent part of a commitment to *djunta mon* as a model of "giving back" to the community—albeit a community of memory located in a place that is distant in both time and space, while remaining close at heart.[36]

We suggest that these remittance commitments signal the extent to which diasporic Cape Verdeans have felt motivated to retain active connections with their homeland in ways that encompass both emotional and financial ties. In New England, we propose, the CV Coalition has drawn on the model of sending trans-Atlantic remittances to the home country, returning that model back to the United States. While they have expanded to welcome inter-island cooperation, the effective ethnic aid networks we have described in this article, loosely modeled on a form of rural collective labor common in the homeland, may evoke for diasporic Cape Verdeans a sense of the quintessential feeling of *morabeza*. Referring to the expectation of offering a high level of hospitality to guests, *morabeza* encapsulates a deep-seated CV value that remains salient in the diaspora.[37] In fact, before the pandemic swept the planet, one of the key organizations involved in the COVID-19 efforts described here, CACD, named its occasional newsletter, *Morabeza*. Yet, if the new, US-based variety of *djunta mon* evokes the feeling of home as embodied in the quintessential CV concept of *morabeza*, it also embodies a significant innovation in both institutions with its insistence on cooperation irrespective of one's island of origin.

Concluding Thoughts

Early in the pandemic, officials at state agencies in RI expressed frustration over their efforts to contact some ethnic minority communities and persuade them to follow scientific guidelines for reducing the spread of the coronavirus. These officials lumped together all these groups as "hard to reach." Prime among them was the CV community.

The term "hard to reach" implies a community that is geographically remote and inaccessible in other (less tangible) ways as well. Yet, as we have argued in this article, Cape Verdeans of RI are, indeed, "reachable," when approached in terms that make sense to them. It simply requires sociologically informed and collaborative efforts.

In the first instance, clear communication literally entails a language that is intelligible. During the COVID-19 crisis, once adequate translations into CV Kriolu were made available (both orally and in writing), more metaphorical translations became possible. "Meeting Cape Verdeans where they are"—an anthropologically founded perspective ideally adopted for *any* public policy effort—inspired the CV Coalition of RI to prioritize offering supplies that made sense to CV migrants living in the state. For families in severe financial distress, these included basic hygiene supplies, indispensable in a pandemic spread by a highly contagious virus, and foods that embodied the sensory qualities of longed-for meals. For all families (not just those needing financial assistance), the relief efforts also included commissioning the production of protective masks that depicted the CV flag as a means of displaying pride in CV heritage, worn in a foreign land not always welcoming to immigrants.

Taking these concerns seriously requires resources. Any state agency committed to respecting its multiple minority communities can only hope to be effective if it commits funding to support outreach efforts. Dare we suggest that a line item for translation—linguistic as well as cultural—should be included in all state budgets? Beyond such direct funding, promoting social justice also requires actively recruiting Cape Verdean (and other immigrant) candidates for staffing positions in all relevant state agencies—from political offices and schools to health, social service, and other agencies.

Among Cape Verdeans themselves, forging the various COVID relief efforts outlined here required transcending multiple barriers, both external and internal. Perhaps the most unexpected barrier derived from afar—the geography of Cape Verde itself, an archipelago whose nine inhabited islands tend to reproduce insular distinctions among diasporic communities. In the face of a lethal pandemic, Cape Verdeans of RI forged a new sense of shared identity that transcended their island particularities. Whether that sense of national identity remains strong after the bitter memories of the pandemic have fully receded is a story yet to be told. But for now, we signal broader lessons applicable to heterogeneous ethnic enclaves elsewhere.

As a community of color suffering disproportionately from the effects of the novel coronavirus, Cape Verdeans in RI crafted viable self-help strategies by partnering both with public and private agencies poised to offer help, and with one another. Their resilience has special historical roots and significance. Cape Verde's unique history, as a society created *de novo* on previously uninhabited islands, reminds us (perhaps more dramatically than most places) that identity is, above all, a social construction. As a CV American scholar, Lelia Lomba de Andrade, once wrote of racial issues on the archipelago (1997): "The most important lesson that the Cape Verdean experience can teach about race is that this powerful and destructive concept is not necessarily a fixed and factual human dimension that can not be challenged. It is rooted in a social and cultural reality that we create every day in our interaction with each other." For CV Americans, that lesson expands beyond race. During a global health crisis, re-visioning ethnic identity to transcend island distinctions and forge a new sense of community via a coalition is one way that Cape Verdeans in RI demonstrated the life-and-death value of resilience at multiple levels—conceptual, emotional, linguistic, sociological, and, yes, racial.

Update, November 2023

Since completing this article, we have observed many changes in the lives of Cape Verdeans in Rhode Island. We acknowledge the economically devastating and personally tragic effects of the pandemic on some CV families. At the same time, we are heartened that the pandemic actually produced some positive changes. We believe that the multiple grant proposals that CV organizations submitted to both governmental and private agencies in the state have contributed to some of these welcome changes. They include:

- RIDOH and some other agencies and private organizations are now making noticeable efforts to recognize Cape Verdeans as a culturally distinctive community in the state, rather than subsuming them as part of broader heterogenous groups, whether Latinx, Black, or Portuguese.
- More specifically, the assumption that all Cape Verdeans in RI speak and read Portuguese (or, even less accurately, Spanish) has now been acknowledged by key government agencies as unfounded. Efforts to approach members of the CV community with intention, using the CV Kriolu language, are increasing significantly by RIDOH and other state agencies. The mayor of the city of Providence now meets online monthly with a group of Cape Verdeans—convened during the pandemic as the Cape Verdean Ambassadors Group—to discuss mutually relevant issues, challenges, and opportunities.
- Clear and useful information about health is now being offered at many CV community events and gatherings.
- The first CV American health liaison, Elizabeth da Moura Moreira, was recently hired to work full-time for the city of Pawtucket to address health equity issues in the RI city that houses the largest number of Cape Verdeans.
- A CV surgeon affiliated with the Brown University Medical School and School of Public Health, Dr. Carla Moreira, had a significant impact on promoting health equity among Cape Verdeans through her energetic advocacy efforts. Thanks to her clear communication in the CV language during the pandemic, many Cape Verdeans embraced mask-wearing, vaccines, and social distancing at public events, at social gatherings, and in other community spaces.
- Despite the triple challenges of poverty, structural racism, and xenophobia, many Cape Verdeans in RI feel proud of their resilience in surviving the pandemic. For its part, as a community center, CACD learned the importance

of advocating firmly, strategically, and publicly for Cape Verdeans' interests. Following CACD's multiple grant proposals and relief projects, many new doors have opened with new ideas and opportunities, encouraging Cape Verdeans to feel even more comfortable emerging from ethnic shadows and making their voices heard.

Acknowledgments

We are grateful to Isabel F. Rodrigues and Mario Pereira for the invitation to write this article; Isabel F. Rodrigues for exceedingly thoughtful and engaged comments and suggestions on this article; an anonymous peer reviewer for a helpful reader's report; our esteemed colleagues at CACD and the CV Coalition, including Denise DeBarros, Elmer Pina de Carvalho, John Delgado, Alipio Filho, Lidia Gomes, João O. Gonçalves, John Goncalves, Judith Grant, Luisa Modesto, Belinda Phillippe, Nichole Pinto, Silas Pinto, Susan Pires, Ineida Rocha, Jose Luis Santos Spencer, Julie Spencer-Santos, James Tavares, Rosy Tavares, and Kerri Varela; George Ortiz of the Elisha Project; the many dedicated members of the BEAT COVID-19! initiative; esteemed Writing Group partners Beverly Haviland, Susan Scheckel, and Claudia Strauss (AG); and our families, for their patience with our many late-night hours spent on this collaboration (especially Philip Graham [AG] and Pericles Soares [AAS]). We thank the following entities for funding the projects described herein: Capeverdean American Community Development; the Rhode Island Foundation; the City of Pawtucket/US Department of Housing and Urban Development; the Rhode Island Department of Health/Local Initiatives Support Corporation/Health Equity Zone/US Cares Act; and multiple private donors.

The above individuals and many more have contributed enormously to this project and to our thinking about it. Nevertheless, we alone bear full responsibility for the analysis offered herein.

NOTES

1. The government of Cabo Verde urges all Anglophone speakers and writers to use the Portuguese terms ("Cabo Verde," "Cabo Verdeano/a"). However, in this article we use the English terms ("Cape Verde/an") to reflect common usage among Cape Verdeans of RI.

2. Nuanced discussions of racialized identity among Cape Verdeans on and off the islands include Fikes 2007, Gibau 2005, Halter 1993, Meintel 1978, and Pilgrim 2015.

3. US *federal* law lacks any requirement for employers to pay workers to remain at home while sick (US Department of Labor n.d.). In RI, *state* law does require some employers to offer some workers five days of paid sick leave—far fewer days than the ten- to fourteen-day quarantine period recommended for COVID-19 patients. Moreover, RI businesses with fewer than eighteen employees must only offer *unpaid* sick leave. Part-time workers, self-employed workers, and those who work in the "gig" or informal economy almost never enjoy paid sick days (Rhode Island Department of Labor and Training n.d.).

4. Illuminating discussions of these disturbing socio-medical correlations include American Psychological Association 2012; Chapman, Kaatz, and Carnes 2013; DeWitte 2020; Eligon and Burch 2020; Maxwell 2020; Shonkoff 2012; Thames et al. 2019; and Villarosa 2020a.

5. On island mentalities among Cape Verdean women in Lisbon, see Lam 2021; for a provocative essay on the tone of contemporary island life in general, as shaped in response to global tourism, see Baldacchino 2012.

6. Historical accounts of CV migration to the United States include Coli and Lobban 1990, Halter 1993, and Meintel 2002.

7. For an expanded and still relevant discussion of these issues, see Carling 1997.

8. Also spelt "Crioulo," the language is sometimes referred to more simply as "Capeverdean." Some linguists prefer the latter term for technical reasons concerning the nature and development of creole languages (e.g., Pratas 2019). Other Cape Verdean scholars reject any version of the term "Creole" because of its racist roots in colonial history. A further reason to refer to the language of CV Americans as Capeverdean (rather than Kriolu) is to avoid confusion with Haitian Creole; in southeastern New England, especially in and around Boston, a large number of Haitians speak the French-based Creole as their first language. While recognizing all these points, we use the term "Kriolu" here because it is how the vast majority of Cape Verdeans refer to their native language.

9. For illuminating discussions of Portuguese and African language influences in CV Kriolu, see, respectively, Rodrigues 2016 and Quint 2012.

10. These were Ana Novais, the deputy director of RIDOH; Dr. João Tavares, an infectious disease specialist; Dr. Carla Moreira, a vascular surgeon; Elizabeth da Moura Moreira, then director of operations of a Boston-based charitable organization dedicated to improving the health of residents of CV, Project Health CV; and Maria Fatima Barros, a registered nurse.

11. These were, respectively, Rosy Tavares and Dr. Michael Fine, a family medicine physician who previously served as director of RIDOH.

12. The additional CV participants were Lidia Gomes and Regina Monteiro, two nurses; Dr. Mariza Goncalves Lopes, a licensed clinical therapist; and Nancy de Macedo, a community leader from Brockton, MA; they were joined by Tatiana Vicente, a (non-CV) registered nurse working with COVID-19 patients in Boston.

13. Decree-Law No. 8/2009. ALUPEC stands for Alfabeto Unificado para a Escrita do Caboverdiano, or Unified Alphabet for Cape Verdean Writing. This orthography is now called simply AK (Alfabetu Kabuverdianu) by some. In theory, each character in an IPA-based alphabet represents only one phoneme, and each phoneme is represented by only one character, although ALUPEC contains a few exceptions to this ideal. On the IPA in general, see the International Phonetic Association website, https://www.internationalphoneticassociation.org/.

14. For a thoughtful discussion of ALUPEC usage in the context of the New England diaspora, see Pratas 2019. For a related discussion of ethical considerations involved in presenting a first dictionary of the West African language of Beng using the International Phonetic Alphabet, see Gottlieb and Murphy 1997, 151–55.

15. Frequent complaints concern the absence of the letter *c* in ALUPEC—with *k* used for a hard *c* sound and *s* used for a soft *c* sound—and the use of *x* for the "tch" sound. An entire paper could be written on the CV disgust with *k*!

16. In the US diaspora, ALUPEC has been taught in bilingual schools in Boston and at several universities in New England, including Harvard University, University of Massachusetts at Dartmouth, and Bridgewater State University.

17. For a discussion of the numerous CV associations that proliferated in RI through the twentieth century, see Coli and Lobban 1990. Some cut across island affiliations through religious, gender, age, or political affiliations, but many have explicitly or implicitly attracted fellow islanders (or even fellow hometown villagers).

18. As of this writing, the seven large organizations that constitute the Cape Verdean Coalition of Rhode Island are the Rhode Island Cape Verdean Heritage Sub-Committee, Capeverdean American Community Development, Cape Verdean Progressive Center, Grupo Ondas/Pangea Art Center, Cape Verdean Museum, Cape Verdean Memorial Project, and Fox Point Cape Verdean Heritage Place.

19. For example, staff from Project Health CV, which had previously focused on providing medical resources and services for CV island communities, contributed Kriolu translations and distributed information and masks.

20. For additional background on how the BEAT COVID-19! initiative was formed and has operated, see Nilsson 2020.

21. The site raised more than $12,500 in donations.

22. In this article, we focus on grant activities undertaken by the grant-writing team from CACD, with whose proposals the authors have been directly involved. Several other CV organizations both within and outside the CV Coalition (including RICVH and Project Health CV) also applied for, and received, grants to cope with the effects of the pandemic in the CV population of RI; although we do not detail those grants here, we signal their importance.

23. The Foundation funded this project from $4 million received from the Nonprofit Support Fund portion of $1.25 billion received by the state of RI through the federal CARES Act for COVID-19 Relief (Milkovits 2020).

24. For further discussion of the history, goals, and activities of these two worthy organizations, see the RI website for LISC (https://www.lisc.org/rhode-island/) and the associated page for the HEZ (https://www.lisc.org/rhode-island/our-work/health/pawtucket-central-falls-health-equity-zone/).

25. Electronic Benefits Transfer (EBT) cards are used in stores to buy food with funds supplied by federal food assistance programs (e.g., the Supplemental Nutritional Assistance Program, or SNAP, and the Women, Infants and Children program, or WIC). The cards resemble bank debit cards and were introduced to avoid the stigma some welfare recipients felt when paying for food with "food stamps," which were more readily identifiable. For basic information about these programs, see the US government's "Food Assistance" web page (https://www.usa.gov/food-help) and the USDA Food and Nutrition Service's "What Can SNAP Buy?" page (https://www.fns.usda.gov/snap/eligible-food-items).

26. For a user-friendly list and map of food pantries in RI, see the Rhode Island Food Bank's "Find Food" page (https://rifoodbank.org/find-food/).

27. An early articulation of this perspective was offered by the British anthropologist Mary Douglas (1972). Since then, the anthropology of food has burgeoned. Journals include *Anthropology of Food*, *Food, Culture & Society*, and *Food and Foodways*. For a discussion of the importance of traditional CV foods circulating as care packages across Europe, see de Oliveira 2018.

28. According to research conducted for the Washington, DC-based Center on Budget and Policy Priorities, "over 80 percent of SNAP benefits are used at larger stores, including superstores (like Walmart, Target, and Costco) and supermarkets (like Food Lion and Safeway)" (Bolen and Wolkomir 2020). In 2014, Walmart alone accounted for some 18 percent of all food stamp revenues (Clark 2014).

29. Unpublished field notes (Alma Gottlieb).

30. For another discussion of collective farmwork projects in southern Africa, see Kuckertz 1985.

31. Independence leader Jomo Kenyatta introduced "Harambee" as the motto for the new nation of Kenya. The word's disputed etymology may include derivation from *halumbe*, a term from the local Mijikenda language meaning "to pull or push together," and/or from

a reference to Hara, the divine power of the Hindu god, and Amba, the Hindu goddess of strength (as invoked by Indian workers building the Uganda Railway) (Musau 2020).

32. For a discussion of CV men's *djunta mon* efforts in house building in a CV neighborhood in Lisbon, see Sampaio 2013 (cited in Lam 2021).

33. CV Kriolu/Portuguese: "Um é sima ninhum" (translation by Alma Gottlieb).

34. Sociologist Redy Wilson Lima (2020) has recently noted a contemporary version of a self-help association uniting urban youth (*djunta mon transcomunitário*) in Cape Verde's capital city, Praia.

35. In 2007, Cape Verde exited the United Nations list of "least developed countries." Currently, the Human Development Index, which ranks all countries on a scale of 0-1 by measuring life expectancy, education, and *per capita* income, lists Cabo Verde at 0.651 (United Nations Development Programme n.d.). That number puts Cabo Verde among the group of countries categorized as "medium human development"—the second of four ranked options. But its rank of 0.651 also puts it at 126th among the 189 countries listed.

36. For a discussion of the two-way social foundations of remittances from diasporic Cape Verdeans, see Åkesson 2011.

37. For a recent critique of the concept of *morabeza* as rooted in a racist and colonialist fantasy concerning Cape Verde, however, see Redy and Robalo 2019.

WORKS CITED

Adams, Neal, and Diane Grieder. 2005. *Treatment Planning for Person-Centered Care: The Road to Mental Health and Addiction Recovery*. Amsterdam: Elsevier.

Åkesson, Lisa. 2011. "Remittances and Relationships: Exchange in Cape Verdean Transnational Families." *Ethnos* 76 (3): 326–47.

American Psychological Association. 2012. "Fact Sheet: Health Disparities and Stress." https://www.apa.org/topics/health-disparities/fact-sheet-stress.

Baldacchino, Godfrey. 2012. "The Lure of the Island: A Spatial Analysis of Power Relations." *Journal of Marine and Island Cultures* 1 (2): 55–62.

Bishop, Marlon, Marilyn Halter, and Marcy DePina. 2009. "Diaspora Encounters: Kriolu in New England, the Cape Verdean-American Story." Interview. Afropop Worldwide: Music and Stories from the African Planet. https://web.archive.org/web/20110923085937/http://www.afropop.org/multi/interview/ID/148.

Bolen, Ed, and Elizabeth Wolkomir. 2020. "SNAP Boosts Retailers and Local Economies." Center on Budget and Policy Priorities, May 28, 2020. https://www.cbpp.org/research/food-assistance/snap-boosts-retailers-and-local-economies.

Braham, Kamel. 2018. "Cape Verde Education Project" (P164294). World Bank. http://documents1.worldbank.org/curated/en/945981525459773352/pdf/Concept-Project-Information-Document-Integrated-Safeguards-Data-Sheet-Cabo-Verde-Education-Project-P164294.pdf.

Burgo, Barbara. 1997. "URI Summer Seminar in Cape Verde." *Cimboa* 4 (2): 49. https://www.proquest.com/docview/274714731.

Byrnes, Hristina. 2020. "The Most Unusual Ancestry by State." 24/7 Wall St, December 17. Updated December 18, 2020. https://247wallst.com/special-report/2020/12/17/most-unusual-ancestry-by-state-4/6/.

Carling, Jørgen. 1997. "Figuring out the Cape Verdean Diaspora." *Cimboa* 4 (2): 3–9.

Chapman, Elizabeth N., Anna Kaatz, and Molly Carnes. 2013. "Physicians and Implicit Bias: How Doctors May Unwittingly Perpetuate Health Care Disparities." *Journal of General Internal Medicine* 28 (11): 1504–10. https://www.ncbi.nlm.nih.gov/pmc/articles/PMC3797360/.

Cheruiyot, Thomas Kimeli, and Patrick Onsando. 2016. "Corporate Social Responsibility in Africa: Context, Paradoxes, Stakeholder Orientations, Contestations and Reflections." In *Corporate Social Performance in the Age of Irresponsibility: Cross National Perspective*, edited by Agata Stachowicz-Stanusch, 89–110. Charlotte, NC: Information Age Publishing.

Clark, Krissy. 2014. "The Secret Life of a Food Stamp." *Slate*, April 1. http://www.slate.com/articles/business/moneybox/2014/04/big_box_stores_make_billions_off_food_stamps_often_it_s_their_own_workers.html.

Coli, Waltraud Berger, and Richard A. Lobban Jr. 1990. *The Cape Verdeans in Rhode Island*. Rhode Island Ethnic Heritage Pamphlet Series. Providence: The Rhode Island Ethnic Heritage Commission and the Rhode Island Publication Society.

de Andrade, Lelia Lomba. 1997. "The Question of Race: Cape Verdean Americans Talk about Their Race and Identity." *Cimboa* 4 (2): 23-25. https://www.proquest.com/docview/274714617.

de Oliveira, Tiago Silveiro. 2018. "*Inkumenda di téra*: The Informal Circulation of Cabo Verdean Food Products." In *Food Parcels in International Migration: Intimate Connections*, edited by Diana Mata-Codesal and Maria Abranches, 169–90. London: Palgrave Macmillan. https://doi.org/10.1007/978-3-319-40373-1_8.

DeParle, Jason. 2007. "In a World on the Move, a Tiny Land Strains to Cope." *New York Times*, June 24. https://www.nytimes.com/2007/06/24/world/africa/24verde.html.

DeWitte, Sharon N. 2020. "Social Inequality in Times of Pandemics." *Anthropology News*, June 19. https://www.anthropology-news.org/articles/social-inequality-in-times-of-pandemics/.

Douglas, Mary. 1972. "Deciphering a Meal." *Daedalus* 101 (1): 61–81.

Eligon, John, and Audra D. S. Burch. 2020. "Questions of Bias in Covid-19 Treatment Add to the Mourning for Black Families." *New York Times*, May 10. Updated May 20, 2020. https://www.nytimes.com/2020/05/10/us/coronavirus-african-americans-bias.html.

Eligon, John, Audra D. S. Burch, Dionne Searcey, and Richard A. Oppel Jr. 2020. "Black Americans Face Alarming Rates of Coronavirus Infection in Some States." *New York Times*, April 14. https://www.nytimes.com/2020/04/07/us/coronavirus-race.html.

Figueiredo Ramos, José. 1998. "An Argument for Capeverdean Recognition in the United States." *Cimboa* 5 (5): 27.

Fikes, Kesha. 2007. "Emigration and the Spatial Production of Difference from Cape Verde." In *Cultures of the Lusophone Black Atlantic*, edited by Nancy Priscilla Naro, Roger Sansi-Roca, and David H. Treece, 97–118. New York: Palgrave Macmillan.

Ford, Tiffany N., Sarah Reber, and Richard V. Reeves. 2020. "Race Gaps in COVID-19 Deaths Are Even Bigger than They Appear." Brookings Institution Blog, June 16. https://www.brookings.edu/blog/up-front/2020/06/16/race-gaps-in-covid-19-deaths-are-even-bigger-than-they-appear/.

Gibau, Gina Sánchez. 2005. "Contested Identities: Narratives of Race and Ethnicity in the Cape Verdean Diaspora." *Identities: Global Studies in Culture and Power* 12 (3): 405–38.

Gottlieb, Alma, and M. Lynne Murphy. 1997. "Fabrication d'un premier dictionnaire de la langue beng: Quelques considérations éthiques." *Journal des anthropologues* 70: 147–62.

Halter, Marilyn. 1993. *Between Race and Ethnicity: Cape Verdean American Immigrants, 1860–1965*. Urbana: University of Illinois Press.

———. 2008. "Cape Verdeans in the United States." In *Transnational Archipelago: Perspectives on Cape Verdean Migration and Diaspora*, edited by Luís Batalha and Jørgen Carling, 35–46. Amsterdam: Amsterdam University Press.

Kuckertz, H. 1985. "Labour Forces in Mpondoland: A New Perspective on Work-parties." *Africa* 55 (4): 115–32.

Lam, Kaian. 2021. "Island-Raised but Foreign-Made: Lived Experiences, Transnational Relationships, and Expressions of Womanhood among Cape Verdean Migrant Women in Greater Lisbon." *Island Studies Journal* 16 (1): 101–14.

Lima, Ambrizeth. 2014. "Continuum and Variation in Creoles: Out of Many Voices, One Language." *Journal of Pidgin and Creole Languages* 30 (25): 225–64. doi: 10.1075/jpcl.30.2.02bap.

Lima, Redy Wilson. 2020. "'Na noz zona, di noz manera i ritmo': RACMS e novas formas de ativismo juvenil e comunitário na cidade da Praia." *A Nação: Jornal Independente*, December 31. https://anacao.cv/2020/12/31/na-noz-zona-di-noz-manera-i-ritmo-racms-e-novas-formas-de-ativismo-juvenil-e-comunitario-na-cidade-da-praia/.

Lima, Redy Wilson and Alexssandro Robalo. 2019. "Entre o Mito da *Morabeza* e a (Negada) Questão Racial em Cabo Verde: Um Olhar Contracolonial." In *Tecendo Redes Antirracistas: Áfricas, Brasis, Portugal*, edited by A. R. Oliva et al., 77–97. Belo Horizonte, Brazil: Autêntica.

Lobban, Richard A., Jr. 1996. "A Synthesis of Capeverdean Culture and History." *Cimboa* 1 (1): 5–9.

Lopes, Alcides José Delgado. 2020. "Tradições, Música e Expressões Orais: Elementos de Identidade dos Ilhéus – 'Bu Náci, Só pa Bu Kâ Fika na Bariga' – Batuko e Maternidade Transnacional." In *Questões de Identidade Insular na Macronésia*, edited by Duarte Nuno Chaves, 169–86. São Jorge, Açores: Santa Casa da Misericórdia das Velas CHAM.

Maxwell, Connor. 2020. "Workers of Color Are Disproportionately at Risk of Serious Complications from the Coronavirus." Center for American Progress, May 4. https://www.americanprogress.org/issues/race/news/2020/05/04/484339/workers-color-disproportionately-risk-serious-complications-coronavirus/.

Meintel, Deirdre. 1978. "Cape Verdean-Americans: Their Cultural and Historical Background." PhD diss., Brown University.

———. 2002. "Cape Verdean Transnationalism, Old and New." *Anthropologica* 44 (1): 25–42.

Milkovits, Amanda. 2020. "Rhode Island Foundation Distributes $5 Million to Nonprofits Helping People Survive the Pandemic." *Boston Globe*, December 22. https://www.bostonglobe.com/2020/12/21/metro/rhode-island-foundation-distributes-5-million-nonprofits-helping-people-survive-pandemic/.

Mitchell, Tyler. *I Can Make You Feel Good.* Munich: Prestel, 2020.

Musau, Mwende Mutuli. "Harambee: The Law of Generosity that Rules Kenya." BBC Travel, October 5, 2020. https://www.bbc.com/travel/article/20201004-harambee-the-kenyan-word-that-birthed-a-nation.

Nilsson, Casey. 2020. "What Happened with COVID-19 in Central Falls?" *Rhode Island Monthly*, December 10. https://www.rimonthly.com/coronavirus-central-falls/.

Parsons, Elsie Clewe. 1923. *Folk-Lore from the Cape Verde Islands.* Memoirs of the American Folk-Lore Society 15, part 2. Cambridge, MA: Cosmos Press.

Pilgrim, Aminah Nailah. 2015. "'Free Men Name Themselves': U.S. Cape Verdeans and Black Identity Politics in the Era of Revolutions, 1955–75." *Journal of Cape Verdean Studies* 1 (1): 101–20.

Pratas, Fernanda. 2019. "Capeverdean in New England: Finding Unity in Diversity." Paper presented at the Annual Meeting of the African Studies Association, November 21.

Quint, Nicolas. 2012. "African Words and Calques in Capeverdean Creole (Santiago Variety)." In *Black through White: African Words and Calques which Survived Slavery in Creoles and Transplanted European Languages*, edited by Angela Bartens and Philip Baker, 3–29. London: Battlebridge Publications. http://www.academia.edu/6598262/African_words_and_calques_in_Capeverdean_Creole_Santiago_variety_.

Ratha, Dilip, Supriyo De, Eung Ju Kim, Sonia Plaza, Ganesh Seshan, and Nadege Desiree Yameogo. 2020. *Migration and Development Brief 33: Phase II: COVID-19 Crisis through a Migration Lens*. Washington, DC: KNOMAD-World Bank.

Rhode Island Department of Labor and Training. N.d. "Labor Standards." https://dlt.ri.gov/regulation-and-safety/labor-standards.

Rhode Island Food Bank. 2021. "Hunger Facts & Resources: The Latest Facts and Figures." https://rifoodbank.org/what-we-do/hunger-facts-resources/.

Rodrigues, Isabel P. B. Fêo. 2016. "Grammars of Faith for Unruly Speakers: Creolization and the Transmission of Portuguese in Cabo Verde." In "Lusophoning Mande Studies: Perspectives from the Cape Verde Islands and Their 550-Year Diaspora," edited by Alma Gottlieb. Special issue, *Mande Studies* 16–17: 5–29.

Sampaio, C. 2013. "Habitar o 6 de Maio: As Casas, os Homens, o Bairro." Master's thesis, Institute of Social Sciences, University of Lisbon.

Shonkoff, J. P. 2012. "Leveraging the Biology of Adversity to Address the Roots of Disparities in Health and Development." *Proceedings of the National Academy of Sciences* 109 (suppl. 2): 17302–7. doi:10.1073/pnas.1121259109.

Spear, Jane E. 2014. "Cape Verdean Americans." In *Gale Encyclopedia of Multicultural America*, 3rd ed., vol. 1, edited by Thomas Riggs, 407–18. Farmington Hills, MI: Gale.

Thames, April D., Michael R. Irwin, Elizabeth C. Breen, and Steve W. Cole. 2019. "Experienced Discrimination and Racial Differences in Leukocyte Gene Expression." *Psychoneuroendocrinology* 106: 277–83. https://pubmed.ncbi.nlm.nih.gov/31029930/.

United Nations Development Programme. n.d. "Cabo Verde: Human Development Indicators." *Human Development Reports*. http://hdr.undp.org/en/countries/profiles/CPV.

United States Central Intelligence Agency. 2020. "Cabo Verde Economy 2020." *2020 CIA World Factbook and Other Sources*, January 27. https://theodora.com/wfbcurrent/cabo_verde/cabo_verde_economy.html.

United States Department of Labor. n.d. "Sick Leave." https://www.dol.gov/general/topic/workhours/sickleave.

Villarosa, Linda. 2020a. "Pollution Is Killing Black Americans: This Community Fought Back." *New York Times*, July 28. https://www.nytimes.com/2020/07/28/magazine/pollution-philadelphia-black-americans.htm.

———. 2020b. "A Terrible Price: The Deadly Disparities of Covid-19 in America." *New York Times*, April 29. Updated May 20, 2020. https://www.nytimes.com/2020/04/29/magazine/racial-disparities-covid-19.html.

Weeks, Samuel. 2012. "'As You Receive with One Hand, So Should You Give with the Other': The Mutual-Help Practices of Cape Verdeans on the Lisbon Periphery." Master's thesis, University of Lisbon.

Wooten, Stephen. 1997. "'Gardens Are for Cash, Grain Is for Life': The Social Organization of Parallel Production Processes in a Rural Bamana Village." PhD diss., University of Illinois at Urbana-Champaign.

Young, Julie. 2020. "Asset-Based Approach." Investopedia, July 21. Updated October 28. https://www.investopedia.com/terms/a/asset-based-approach.asp.

ALMA GOTTLIEB is Visiting Scholar in Anthropology, Brown University *and* Professor Emerita of Anthropology and African Studies, University of Illinois at Urbana-Champaign.

ALLESSANDRA ALMEIDA SOARES is Executive Director, Cape Verdean American Community Development *and* Academic Program Coordinator, Watson Institute, Brown University.